Pollert/Spieler
Die Arbeitnehmerüberlassung in der betrieblichen Praxis

Personaleinsatz bedarfsgerecht steuern
und rechtssicher gestalten

Es gibt kein so großes Unglück,
aus dem ein kluger Mensch nicht Vorteil ziehen,
und kein so großes Glück, das sich für einen Dummkopf
nicht zum Nachteil gestalten könnte.

FRANÇOIS DE LA ROCHEFOUCAULD

Urteilen Sie niemals zu früh und unbesehen über Ereignisse, die Einfluss auf Ihr Berufs- oder Privatleben haben. Oftmals täuscht der erste Eindruck, was insbesondere für scheinbare Katastrophen gilt. Klopfen Sie diese auf Chancen ab – und Sie werden solche entdecken!

Vorwort

Die hohe Beweglichkeit, durch die sich die Entwicklung der Geschäftstätigkeit von Unternehmen und Betrieben auszeichnet, ist eine der maßgeblichen Herausforderungen der Unternehmer. Dafür ist es von Bedeutung, die in den Betrieben eingesetzten Ressourcen mit den wirtschaftlichen Anforderungen ständig anpassen zu können. Die Idee vom „atmenden Betrieb" und dem bedarfsgesteuerten Personaleinsatz ist hieraus hervorgegangen. Daneben bilden Unternehmen und Konzerne Personalstrukturen wie eigene Personalpools heraus, die den kurzfristigen Einsatz von qualifiziertem Personal erleichtern.

Aus der wachsenden wirtschaftlichen Bedeutung der Beweglichkeit von Unternehmen ist in den neueren Bemühungen zur Förderung des Arbeitsmarktes die Akzeptanz des Gesetzgebers gegenüber der Zeitarbeit und der Überlassung von Arbeitskräften gestiegen. Im Jahr 2006 betrug der Anteil der Zeitarbeitnehmer in Deutschland nach Zahlen der Bundesagentur für Arbeit 1,3 %, im Jahr 2010 bereits 2 % der Erwerbstätigen. Die Zeitarbeit hat sich auch hierzulande zu einem Instrument der Beschäftigung und des Arbeitsmarktes entwickelt. Insbesondere für Geringqualifizierte fungiert die Überlassung in Unternehmen als Sprungbrett in den Arbeitsmarkt. Im Jahr 2010 waren 60 % der neu eingestellten Zeitarbeitskräfte zuvor arbeitslos, ein Drittel wechselte aber gleichzeitig aus anderen Beschäftigungen in eine Anstellung als Zeitarbeitnehmer. Gleichermaßen sind hochqualifizierte Tätigkeiten im Portfolio der Zeitarbeitsfirmen zu finden.

Nachdem der Schutz der Zeitarbeitnehmer lange durch das Verbot der Zeitarbeit erreicht werden sollte, hat sich diese Form der Beschäftigung seit der Legitimation durch das Bundesverfassungsgericht zu einer beachtlichen Branche herangebildet. Die Reformen des Arbeitnehmerüberlassungsgesetzes durch das Job-Aqtiv-Gesetz und die Gesetze für moderne Dienstleistungen am Arbeitsmarkt haben zusätzlich Hürden für den Einsatz von Zeitarbeitskräften abbauen können. Die rasante Entwicklung der Zeitarbeitsbranchen in vielen europäischen Nachbarländern zeigt den Trend hin zu flexiblen Beschäftigungsformen. Mit den Gesetzesänderungen im Jahr 2011 hat der Gesetzgeber die europäische Zeitarbeitsrichtlinie umgesetzt und Fehlentwicklungen in der Zeitarbeit zu korrigieren versucht.

Die Beschäftigungsbedingungen von Zeitarbeitskräften stehen mithin auch im Fokus der Sozialpartner. Die Branche der Zeitarbeitsfirmen hat nahezu flächendeckend Tarifverträge für Zeitarbeitnehmer geschlossen.

Vorwort

Auch außerhalb der Zeitarbeitsbranche findet die Überlassung von Arbeitnehmern aufgrund der Unbeherrschbarkeit der Equal-Pay-Grundsatzes in der Regel zu tariflichen Arbeitsbedingungen statt. Zeitarbeitsfirmen haben das Image des schlecht zahlenden Arbeitgebers längst abgelegt. Neben den klassischen tariflichen Arbeitsbedingungen sichert auch das AÜG die Beschäftigungsbedingungen für Zeitarbeitnehmer z. B. durch die Doppelverantwortlichkeit von Verleiher und Entleiher für den Arbeitsschutz und die Sozialversicherungsbeiträge sowie die wechselseitige Einbindung der Betriebsräte ab.

Beim Einsatz von Fremdpersonal und für die Arbeitnehmerüberlassung sind vielfältige Vorschriften über die arbeitsrechtliche Gestaltung, die Verwaltungsverfahren zur Erlaubniserteilung und die Behandlung von Zeitarbeitnehmern im Betrieb zu beachten, und zwar sowohl vom verleihenden als auch vom entleihenden Arbeitgeber.

Mit der vorliegenden Darstellung zur Arbeitnehmerüberlassung soll eine Hilfestellung und Anleitung zu den wichtigen rechtlichen und praktischen Fragen für die Beteiligten an der Arbeitnehmerüberlassung gegeben werden. Anhand von praktischen Beispielen und Mustern wird ein Leitfaden über die typischen Einsatzfelder der Zeitarbeit geliefert und es werden weiterführende Hinweise gegeben.

Mit dem zielgerichteten Einsatz von Fremdpersonal kann oft bereits kurzfristig viel gewonnen werden. Voraussetzung ist aber eine sorgfältige Vorbereitung und Handhabung der dabei entstehenden Beschäftigungsbeziehungen.

München, im November 2011   Dirk Pollert, Sven Spieler

Inhaltsverzeichnis

Seite

Vorwort V
Inhaltsverzeichnis VII
Inhaltsverzeichnis VII
Abkürzungsverzeichnis XVII

1.	**Allgemeines**	1
1.1	Entwicklung der Gesetzgebung	2
1.2	Erste gesetzliche Regelungen (Verbot)	2
1.3	Die Grundsatzurteile von BVerfG und BSG zur Differenzierung von Arbeitsvermittlung und Arbeitnehmerüberlassung	3
1.4	Aufhebung des Verbots (gesetzl. Novellierungen)	4
1.5	Entwicklung des AÜG und gesetzgeberische Ziele	5
1.6	Die Arbeitsmarktreformen der Hartz-Gesetze	6
1.7	BVerfG-Entscheidungen zu den sog. Hartz-Gesetzen ...	7
1.8	Entscheidung des BAG zur Tarifunfähigkeit der CGZP ...	8
1.9	Gesetze zur EU-Zeitarbeitsrichlinie und Missbrauchsbekämpfung	9
2.	**Überblick zum AÜG und anderen Regelungen**	10
2.1	Inhalt des AÜG, Überblick über die Regelungen	10
2.2	Regelungen der Behörden	11
2.3	Ausländische Regelungen	12
2.3.1	Belgien	12
2.3.2	Dänemark	13
2.3.3	Frankreich	13
2.3.4	Griechenland	14
2.3.5	Großbritannien	14
2.3.6	Italien	15
2.3.7	Luxemburg	16
2.3.8	Niederlande	16
2.3.9	Norwegen	16
2.3.10	Österreich	17

Inhaltsübersicht

		Seite
2.3.11	Polen	17
2.3.12	Portugal	18
2.3.13	Rumänien	18
2.3.14	Schweden	19
2.3.15	Schweiz	19
2.3.16	Slowakei	19
2.3.17	Slowenien	19
2.3.18	Spanien	20
2.3.19	Tschechien	20
2.3.20	Ungarn	21
2.3.21	Vereinigte Staaten von Amerika (USA)	21
3.	**Begriffe der Arbeitnehmerüberlassung**	22
3.1	Verleiher und Arbeitgeber	22
3.2	Entleiher	23
3.3	Leiharbeitnehmer	23
3.4	Echtes und unechtes (gewerbsmäßiges) Leiharbeitsverhältnis	25
3.5	Personalpools	27
3.5.1	Anforderungen flexibler Personalkapazitäten	27
3.5.2	Personalpool zur Vermittlung	28
3.5.3	Personalpool zur Überlassung	29
3.5.4	Personalpool im Konzern	30
3.5.5	Leiharbeitsverhältnisse im Personalpool	32
3.6	Beschäftigungsgesellschaften	33
4.	**Zeitarbeit**	33
4.1	Rechtsgrundlagen	34
4.2	Abgrenzung zur Arbeitsvermittlung	34
4.3	Personal-Service-Agenturen	34
5.	**Begriff der Arbeitnehmerüberlassung und andere Formen des Fremdpersonaleinsatzes**	35
5.1	Begriff und Rechtsgrundlagen der Arbeitnehmerüberlassung	35
5.2	Abgrenzung zu anderen Formen des drittbezogenen Fremdpersonaleinsatzes	38

Inhaltsübersicht

		Seite
5.2.1	Abgrenzung zum Werkvertrag	39
5.2.1.1	Inhalt des Werkvertrages	40
5.2.1.2	Gegenstand des Werkvertrages	40
5.2.1.3	Eingliederung der Arbeitnehmer	44
5.2.1.4	Verhältnis zwischen Werkvertragsunternehmer und Auftraggeber (Besteller)	47
5.2.1.5	Vermeidung von rechtlichen Grauzonen	49
5.2.1.6	Checkliste zur Abgrenzung vom Werkvertrag	50
5.2.2	Abgrenzung zum Arbeitsvertrag	51
5.2.3	Abgrenzung zum Dienstvertrag	52
5.2.4	Abgrenzung zum Geschäftsbesorgungsvertrag	53
5.2.5	Abgrenzung zu Service- und Nebenleistungen aus gemischten Verträgen	54
5.3	Werkarbeitsgemeinschaft im Bundesrahmentarifvertrag für das Baugewerbe (Gesellschaftsvertrag)	56
5.4	Überblick über die Arbeitshilfen der Bundesagentur für Arbeit (Merkblätter)	56
6.	**Vertragsgestaltung, Kriterien des Überlassungsvertrages**	**57**
6.1	Form des Überlassungsvertrages	57
6.2	Gegenstand und Inhalt des Überlassungsvertrages	57
6.2.1	Vermittlungsprovision	58
6.2.2	Gemeinschaftseinrichtungen beim Eintleiher	59
6.2.3	Vergütung	60
6.3	Muster des Arbeitnehmerüberlassungsvertrages	61
6.4	Erläuterungen zum Muster Arbeitnehmerüberlassungsvertrag	65
6.5	Checkliste zum Überlassungsvertrag	70
6.6	Unzulässige Vereinbarungen	71
7.	**Erlaubnispflicht nach AÜG**	**71**
7.1	Überblick über die Regelungen	72
7.2	Erlaubnis der Bundesagentur für Arbeit	72
7.3	Befreiung von der Erlaubnispflicht	72
7.4	Besondere gesetzliche Regelungen	72

Inhaltsübersicht

		Seite
8.	**Arbeitsgemeinschaften (ARGE)/Abordnung von Arbeitnehmern**	73
9.	**Erlaubnisfreie Arbeitnehmerüberlassung**	74
9.1	Wirtschaftszweiginterne Leiharbeit	74
9.2	Konzerninterne Arbeitnehmerüberlassung	75
9.3	Gelegentliche Arbeitnehmerüberlassung	76
9.4	Deutsch-ausländisches Gemeinschaftsunternehmen	77
9.5	Kleinunternehmen/Vermeidung von Kurzarbeit oder Entlassungen	78
9.5.1	Voraussetzungen nach dem AÜG	78
9.5.2	Anzeige bei der Bundesagentur für Arbeit	80
9.5.3	Formular zur Anzeige der Arbeitnehmerüberlassung nach § 1a AÜG	81
9.6	Meldepflichten	85
9.7	Arbeitnehmerüberlassungsvertrag für die erlaubnisfreie Arbeitnehmerüberlassung	85
9.7.1	Form des Vertrages	85
9.7.2	Inhalt des Vertrages	85
9.7.3	Muster des Überlassungsvertrages ohne Erlaubnispflicht	86
9.8	Betriebsverfassungsrechtliche Besonderheiten bei der erlaubnisfreien Arbeitnehmerüberlassung und Beteiligungsrechte des Betriebsrates	88
9.9	Erlaubnisfreie Arbeitnehmerüberlassung im Baugewerbe	89
10.	**Erlaubnispflichtige Arbeitnehmerüberlassung**	89
10.1	Begriff der Gewerbsmäßigkeit	90
10.1.1	Auf Dauer angelegte Tätigkeit	90
10.1.2	Gewinnerzielungsabsicht	91
10.2	Im Rahmen der wirtschaftlichen Tätigkeit	92
11.	**Grenzüberschreitende Arbeitnehmerüberlassung**	92
11.1	Besonderheiten im Baugewerbe	94
11.2	Einsatz ausländischer Arbeitnehmer	95

Inhaltsübersicht

Seite

12.	**Voraussetzungen für die Erteilung der Erlaubnis/ Erlaubnisverfahren**	**96**
12.1	Berechtigte Unternehmen	96
12.1.1	Inländische Unternehmen	96
12.1.2	Unternehmen aus EU- und EWR-Staaten	97
12.1.3	Unternehmen aus sonstigen Staaten	98
12.2	Erteilung der Erlaubnis, gesetzl. Voraussetzungen	98
12.3	Gründe für die Versagung der Erlaubnis	98
12.3.1	Mangelnde Zuverlässigkeit	98
12.3.2	Mangelnde Betriebsorganisation	101
12.3.3	Gleichstellungsgrundsatz	102
12.3.4	Ausländische Betriebsstätte	103
12.3.5	Verleiher ohne deutsche Staatsangehörigkeit	103
13.	**Erlaubnisverfahren**	**104**
13.1	Antrag im Erlaubnisverfahren	104
13.1.1	Checkliste zur Antragstellung	106
13.1.2	Antragsvordruck der Bundesagentur für Arbeit	109
13.1.3	Erläuterungen zum Antragsvordruck der Bundesagentur für Arbeit	113
13.2	Antragsteller und zuständige Behörden	114
13.3	Inhalt der Erlaubnis	115
13.4	Erlaubnis mit Nebenbestimmungen	117
13.4.1	Auflagen	117
13.4.2	Bedingung	118
13.4.3	Widerrufsvorbehalt	119
13.5	Befristete Erlaubnis und Abwicklungsfrist	120
13.6	Verlängerungsantrag	120
13.7	Unbefristete Erlaubnis	123
13.8	Erlöschen der Erlaubnis	124
13.8.1	Rücknahme	125
13.8.2	Widerruf	126
13.8.3	Ablauf der Befristung	128
13.8.4	Nichtgebrauch	128
13.8.5	Auflösung des Unternehmens/Tod des Erlaubnisinhabers	129

Inhaltsübersicht

		Seite
13.8.6	Insolvenz	129
13.8.7	Betriebsübergang/Unternehmensübergang	129
13.8.8	Umwandlung	130
14.	**Anzeige und Auskunftspflichten des Verleihers**	**130**
15.	**Rechtsschutz im Erlaubnisverfahren**	**131**
15.1	Widerspruch	131
15.2	Anfechtungs- und Verpflichtungsklage	132
15.3	Sonderfall: Untätigkeit der Behörde	133
15.4	Vorläufiger Rechtsschutz (Aussetzung des Vollzugs)	133
16.	**Rechtsfolgen illegaler Arbeitnehmerüberlassung**	**135**
16.1	Grenzen der erlaubten Arbeitnehmerüberlassung	135
16.2	Unwirksamkeit der vertraglichen Vereinbarungen	136
16.3	Fiktion des Arbeitsverhältnisses zwischen Entleiher und Leiharbeitnehmer	136
16.3.1	Inhalt des Fiktions-Arbeitsverhältnisses	138
16.3.2	Auswirkung für Entleiher und Leiharbeitnehmer	139
16.3.3	Dauer und Beendigung des Fiktions-Arbeitsverhältnisses	139
16.4	Haftung des Entleihers und des Verleihers	141
16.5	Rückabwicklung erbrachter Leistungen	142
16.6	Vermittlungsvermutung	143
17.	**Rechtsverhältnis zwischen Verleiher und Leiharbeitnehmer**	**144**
17.1	Abschluss eines Arbeitsvertrages zwischen Verleiher und Leiharbeitnehmer	144
17.2	Vertragsinhalt	145
17.2.1	Verleiher, Leiharbeitnehmer und Erlaubnisbehörde	145
17.2.2	Leistungen für Zeiten des Nichtverleihs	145
17.2.3	Arbeitszeit	146
17.2.4	Anwendung eines Tarifvertrages	147
17.2.5	Zulagenvereinbarungen	148
17.2.6	Ausschlussfristen	149
17.2.7	Checkliste zum Vertragsinhalt gemäß Nachweisgesetz	150
17.2.8	Ergänzende Qualifizierungsvereinbarung	150
17.2.9	Muster	152

Inhaltsübersicht

		Seite
17.3	Gleichstellungsgrundsatz „Equal Pay"	153
17.4	Unzulässige Vereinbarungen	154
17.4.1	Gleichstellungsgrundsatz	154
17.4.2	Folgearbeitsverhältnis mit dem Entleiher	154
17.4.3	Keine verkürzte Kündigungsfrist	155
17.4.4	Ausschluss des Annahmeverzugs	155
17.5	Muster eines Leiharbeitsvertrages	156
17.6	Befristungsmöglichkeiten	163
17.7	Rechte und Pflichten aus dem Leiharbeitsvertrag	165
17.7.1	Verleiher	166
17.7.1.1	Beschäftigung und Vergütung	166
17.7.1.2	Ausnahmen vom Gleichstellungsgrundsatz	167
17.7.1.3	Direktionsrecht des Arbeitgebers	170
17.7.1.4	Nachweis- und Auskunftspflichten	170
17.7.1.5	Ersatz von Aufwendungen	171
17.7.1.6	Fürsorgepflicht	172
17.7.1.7	Arbeitszeugnis	172
17.7.2	Leiharbeitnehmer	173
17.7.2.1	Arbeitsleistung	173
17.7.2.2	Verschwiegenheit und Geheimhaltung	174
17.8	Pflichtverletzungen und Rechtsfolgen	174
17.8.1	Pflichtverletzung des Leiharbeitnehmers	174
17.8.2	Pflichtverletzung des Verleihers	175
17.9	Besonderheiten bei ausländischen Leiharbeitnehmern und Auslandstätigkeit	176
17.10	Besonderheiten zur Beendigung des Leiharbeitsvertrages	177
17.11	Personalakte des Leiharbeitnehmers	178
18.	**Rechtsverhältnis Entleiher–Verleiher**	180
18.1	Pflichten des Verleihers	180
18.2	Pflichten des Entleihers	181
18.3	Leistungsstörungen und Pflichtverletzungen aus dem Arbeitnehmerüberlassungsvertrag	183
18.3.1	Nichtleistung des Verleihers	183
18.3.2	Schlechtleistung des Leiharbeitnehmers	184

Inhaltsübersicht

		Seite
18.3.3	Schadensverursachung durch den Leiharbeitnehmer	185
18.3.4	Zahlungsverzug des Entleihers	186
18.3.5	Rechte des Entleihers	186
18.3.6	Rechte des Verleihers	187
19.	**Rechtsverhältnis Entleiher–Leiharbeitnehmer**	187
19.1	Direktionsrecht/Einsatz im Entleiher-Betrieb	188
19.2	Rechte und Pflichten des Leiharbeitnehmers	189
19.2.1	Auskunftsanspruch	189
19.2.2	Eingliederung des Leiharbeitnehmers in den Betrieb	190
19.2.3	Arbeitnehmererfindungen und betriebliches Vorschlagswesen	190
19.2.4	Zugang zu Gemeinschaftseinrichtungen und -diensten	191
19.2.5	Information über freie Arbeitsplätze	192
19.3	Arbeitsschutz/Schutz- und Fürsorgepflicht	192
20.	**Haftung für Personen- und Sachschäden in der Arbeitnehmerüberlassung**	193
20.1	Haftung des Leiharbeitnehmers	193
20.2	Haftung des Verleihers (Arbeitgeber)	194
20.3	Haftung des Entleihers	195
21.	**Betriebsverfassungsrecht**	195
21.1	Betriebszugehörigkeit der Leiharbeitnehmer	195
21.2	Wahlrecht	196
21.3	Rechte des Leiharbeitnehmers	197
21.4	Mitbestimmungsrechte des Betriebsrates im Entleiherbetrieb	197
21.4.1	In personellen Angelegenheiten	198
21.4.2	Soziale Angelegenheiten	203
21.4.3	Allgemeine Aufgaben	204
21.5	Mitbestimmungsrechte des Betriebsrates im Verleiherbetrieb	204

Inhaltsübersicht

		Seite
22.	**Lohnsteuerrecht**	205
22.1	Steuerschuldner und Arbeitgebereigenschaft	206
22.2	Gesamtschuldnerische Haftung von Verleiher und Entleiher	206
22.3	Verfahren	207
23.	**Sozialversicherungsrecht**	208
23.1	Erlaubte Arbeitnehmerüberlassung	208
23.2	Grenzüberschreitende Arbeitnehmerüberlassung	209
23.3	Illegale Arbeitnehmerüberlassung	212
24.	**Arbeitsschutzrecht**	213
24.1	Pflichten des Verleihers	213
24.2	Pflichten des Entleihers	216
25.	**Öffentlicher Dienst**	217
25.1	Personalvertretungsrecht	217
25.2	Arbeitnehmerüberlassung im öffentlichen Dienst	218
25.3	Zugehörigkeit der Leiharbeitnehmer zur Dienststelle	218
25.4	Rechte und Pflichten der Leiharbeitnehmer im öffentlichen Dienst	219
25.4.1	Wahlrecht zur Personalvertretung	219
25.4.2	Sonstige Rechte	220
25.5	Beteiligung des Personalrats	220
25.6	Besondere Fälle	221
26.	**Anhang**	222
26.1	Arbeitnehmerüberlassungsgesetz (AÜG)	222
26.2	Teilzeit- und Befristungsgesetz	243
26.3	Zuständigkeiten der Regionaldirektionen der Bundesagentur für Arbeit	253
Stichwortverzeichnis		255

Abkürzungsverzeichnis

A

AEntG	Arbeitnehmerentsendegesetz
AFG	Arbeitsförderungsgesetz
AktG	Aktiengesetz
ANG	Arbeitsnachweisgesetz
AO	Abgabenordnung
AP	Arbeitsrechtliche Praxis
ArbnErfG	Arbeitnehmererfindungsgesetz
ArbschG	Arbeitsschutzgesetz
ARGE	Arbeitsgemeinschaften
ASiG	Arbeitssicherheitsgesetz
AsylVfG	Asylverfahrensgesetz
AÜG	Arbeitnehmerüberlassungsgesetz
AVAVG	Gesetz über Arbeitvermittlung u. Arbeitslosenversicherung

B

BAG	Bundesarbeitsgericht
BB	Der Betriebsberater
BetrVG	Betriebsverfassungsgesetz
BGB	Bürgerliches Gesetzbuch
BPersVG	Bundespersonalvertretungsgesetz
BRTV	Bundesrahmentarifvertrag
BSchFG	Beschäftigungsförderungsgesetz
BSG	Bundessozialgericht
BVerfGE	Bundesverfassungsgerichtsentscheidungen
BVerwG	Bundesverwaltungsgericht

D

DB	Der Betrieb

Abkürzungsverzeichnis

E

EG	Einführungsgesetz
EStG	Einkommensteuergesetz
EzAÜG	Entscheidungssammlung und Vorschriften zum Recht der Arbeitnehmerüberlassung

G

GbR	Gesellschaft bürgerlichen Rechts
GewO	Gewerbeordnung
GG	Grundgesetz

I

InsO	Insolvenzordnung

K

KSchG	Kündigungsschutzgesetz

N

NachwG	Nachweisgesetz
NZA	Neue Zeitschrift für Arbeits- und Sozialrecht

S

SGB III	Sozialgesetzbuch III
SGB IV	Sozialgesetzbuch IV
SGB IX	Sozialgesetzbuch IX
SGG	Sozialgerichtsgesetz

T

TVG	Tarifvertragsgesetz
TzBfG	Teilzeitbefristungsgesetz

V

VwVfG	Verwaltungsverfahrensgesetz

Arbeitnehmerüberlassung

1. Allgemeines

Die Überlassung von Arbeitskräften an andere Arbeitgeber und der Einsatz von betriebsfremden Arbeitskräften im eigenen Betrieb findet im wirtschaftlichen Tagesgeschehen in verschiedenen rechtlichen Gestaltungsformen statt. In der Arbeitnehmerüberlassung finden sich die als „Zeitarbeit" und „Leiharbeit" bezeichnete Beschäftigung von Fremdpersonal wieder. Die stetig wachsende Branche der Zeitarbeitsunternehmen erschöpft sich längst nicht mehr in unterstützenden einfachen Tätigkeiten, sondern bildet einen fachübergreifenden Spiegel des Personalbedarfs einschließlich hochqualifizierter Arbeits- und Führungskräfte.

Der Einsatz von Fremdpersonal im Unternehmen erhält in seinen unterschiedlichen Gestaltungsformen gegenwärtig ein wachsendes Gewicht. Dem Unternehmer ermöglicht der Einsatz von Leiharbeitnehmern den kurzfristigen Einsatz von zusätzlichem Personal bei einer gleichzeitig möglichst kleinen eigenen Personalreserve. Dem Bedarf vieler Unternehmen an flexibler Nutzung personeller Ressourcen und hoher Effizienz der dafür eingesetzten Kosten wird die Zeitarbeit daher in hohem Maße gerecht. Arbeitgeber können beim Entleih von Zeitarbeitskräften zeit- und passgenau auf genau definierte Qualifikationen zugreifen, die ihnen auf dem inzwischen zahllose Berufsfelder umspannenden Zeitarbeitsmarkt zur Verfügung stehen. Es geht dabei nicht mehr nur um die zeitweise Ergänzung des eigenen Personalstamms, sondern auch um den direkten „Zukauf" von qualifiziertem Personal im Projektgeschäft. Umgekehrt ist die Zeitarbeit auch zu einem guten Mittel bei der Rekrutierung neuer Mitarbeiter geworden. Die Mitarbeiter der Zeitarbeitsfirmen sind regelmäßig geschult und qualifiziert. Die Qualifikation von Zeitarbeitskräften liegt nicht zuletzt im eigenen Interesse des Verleihers, der seine Mitarbeiter auf einem Ausbildungsniveau hält, das es ihnen ermöglicht, sich binnen kurzer Zeit in den Arbeits- und Produktionsabläufen fremder Betriebe zurechtzufinden. Dem Beschäftigungsmarkt gibt die Arbeitnehmerüberlassung Impulse, indem sie Zeitarbeitern oder zuvor arbeitslosen Leiharbeitnehmern einen Zugang zum Arbeitsmarkt und die Chance auf eine Anschlussbeschäftigung bei einem entleihenden Unternehmen eröffnet. Nach den von der Bundesagentur für Arbeit im Juli 2011 veröffentlichten Arbeitsmarktdaten waren 823.509 Arbeitnehmer zum 31. Dezember 2010 in der Zeitarbeitsbranche – 17.577 Arbeitnehmer mehr als am 30. Juni

2010, beschäftigt. Am Stichtag 31. Dezember 2010 kämen davon 333.764 Zeitarbeitnehmer unmittelbar aus der Arbeitslosigkeit – 67.945 Arbeitnehmer seien vorher langzeitarbeitslos gewesen. Der Anteil der Hilfskräfte an der Gesamtzahl der Zeitarbeitnehmer pendele sich nach Mitteilung des Interessenverbands Deutscher Zeitarbeitsunternehmen (iGZ) für ungelernte Hilfskräfte bei rund 30 Prozent ein. Die Zahl der ungelernten Hilfskräfte stieg im Vergleich zum Juni 2010 um 10.962 auf 282.536 Arbeitnehmer. Der Gesetzgeber hat mit den jüngsten gesetzlichen Änderungen des AÜG (siehe Ziffer 1.9) die Wirtschaftlichkeit der Zeitarbeit und ihrer Anwendung erschwert. Andere Formen des Fremd-Personaleinsatzes, wie z. B. Werkverträge gewinnen so wieder an Relevanz. Ferner ist zu erwarten, dass der bereits sichtbare Fachkräftemangel die Zahl der zum Einsatz gelangenden Zeitarbeitsverhältnisse im Bereich der höher qualifizierten Arbeitnehmer begrenzen wird.

Die vielfältigen rechtlichen Gestaltungsmöglichkeiten des Fremdpersonaleinsatzes bedingen insbesondere für die beteiligten Unternehmen eine sorgfältige Unterscheidung und Einordnung solcher Beschäftigungsmaßnahmen und die Beachtung umfangreicher Verfahrensweisen, die das Arbeitnehmerüberlassungsgesetz und andere Bestimmungen hierfür vorsehen.

1.1 Entwicklung der Gesetzgebung

Die Arbeitnehmerüberlassung liegt nach heutiger Definition nur dann vor, wenn beim Einsatz eines Arbeitnehmers durch den Arbeitgeber ein dritter Vertragspartner in dieses Verhältnis einbezogen ist, man spricht hierbei auch vom drittbezogenen Personaleinsatz. Im Rahmen der Arbeitnehmerüberlassung werden einem Dritten für die Durchführung dessen Arbeitsaufgaben vom Arbeitgeber Arbeitskräfte zur Arbeitsleistung zur Verfügung gestellt. Die heute im Arbeitnehmerüberlassungsgesetz vorgenommene Regulierung der Arbeitnehmerüberlassung geht neben der Umsetzung beschäftigungspolitischer Zielsetzungen zu einem großen Teil auch auf richtungsweisende Rechtsprechung des Bundesverfassungsgerichts und des Bundessozialgerichts zurück.

1.2 Erste gesetzliche Regelungen (Verbot)

Der Einsatz solcher vermittelter Arbeitskräfte hat bereits früh in der Gesetzgebung Niederschlag gefunden und war aufgrund der drohenden Entstehung unklarer Vertragsverhältnisse und der Umgehung von sozialversicherungsrechtlichen und arbeitsrechtlichen Vorschriften weitgehend verboten.

Die sog. gewerbsmäßige Stellenvermittlung wurde erstmals durch das Arbeitsnachweisgesetz (ANG) aus dem Jahre 1922 definiert. Später nahmen das AVAVG von 1927 und verschiedene Verordnungen aus den 30er Jahren diese Regelung auf. Mit der Novelle des AVAVG im Jahr 1956 untersagte der Gesetzgeber Leiharbeitsverhältnisse, die den Charakter der Arbeitsvermittlung aufwiesen. Das AVAVG normierte das alleinige Recht der Arbeitsvermittlung für die damalige Bundesanstalt für Arbeitsvermittlung und Arbeitslosenhilfe. Das hiermit einhergehende Verbot der gewerbsmäßigen Arbeitsvermittlung, welches zu diesem Zeitpunkt auch die Arbeitnehmerüberlassungsverträge erfasste, hatte bis zum Jahre 1967 Bestand.

1.3 Die Grundsatzurteile von BVerfG und BSG zur Differenzierung von Arbeitsvermittlung und Arbeitnehmerüberlassung

Das Bundesverfassungsgericht bestätigte in seinem Urteil vom 4.4.1967 (BVerfGE 21, 261) die Verfassungsmäßigkeit des Alleinvermittlungsrechts der damaligen Bundesanstalt für Arbeitsvermittlung und Arbeitslosenhilfe. Gleichzeitig stellte das Bundesverfassungsgericht aber fest, dass das Verbot der Arbeitsvermittlung in der Gestalt des auf dem Prüfstand stehenden § 37 Abs. 3 AVAVG unter Einbeziehung der Arbeitnehmerüberlassung das Grundrecht der Berufsfreiheit aus Art. 12 GG verletze. Das Gericht führte aus, der Gesetzgeber könne eine gewerbliche Tätigkeit nur dann untersagen, wenn dies zum Schutz des Gemeinschaftsgutes unerlässlich sei. Dies treffe für die vom Verbot der gewerbsmäßigen Arbeitsvermittlung erfassten Arbeitnehmerüberlassungsverträge nicht zu. Das Bundesverfassungsgericht stellte dabei auch erstmalig die begriffliche Abgrenzung zwischen der Arbeitnehmerüberlassung und der Arbeitsvermittlung klar. Bei der Arbeitnehmerüberlassung sei charakteristisch, dass der Arbeitnehmer unabhängig von der Dauer der eigentlichen Überlassung lediglich in arbeitsrechtlicher Beziehung zum Verleiher bleibe; dagegen sei die Arbeitsvermittlung auf die Begründung eines Arbeitsverhältnisses gerichtet und mit dem Abschluss des anvisierten Vertragsverhältnisses beendet. Ein solches Arbeitsvertragsverhältnis komme zustande, wenn der Entleiher die zugewiesenen Arbeitnehmer so in seinen Betrieb einordne, dass dieser nach der ganzen Gestaltung der gegenseitigen Beziehungen wie sein Arbeitnehmer behandelt werde. Wenn danach überlassene Arbeitnehmer längere Zeit in demselben Betrieb tätig seien, spreche die Lebenserfahrung dafür, dass sie in Rechtsbeziehung zu diesem Betrieb bzw. Arbeitgeber träten und dessen Weisungsbefugnis unterlägen.

Die Entscheidung des Bundesverfassungsgerichts wurde später durch die Entscheidung des Bundessozialgerichts vom 29.7.1970 hinsichtlich der Abgrenzungskriterien zur Unterscheidung der Fälle der Arbeitnehmerüberlassung von denen der Arbeitsvermittlung konkretisiert.

Als Voraussetzung für die zulässige Arbeitnehmerüberlassung stellte das Bundessozialgericht darauf ab, dass der Schwerpunkt der arbeitsrechtlichen Beziehungen im Verhältnis zwischen dem Leiharbeitnehmer und dem Verleiher liegen müsse. Bei Vorliegen eines sog. **echten** Leiharbeitsverhältnisses sei dies regelmäßig der Fall. Beim sog. **unechten Leiharbeitsverhältnis** sei entscheidend, ob der Verleiher das Arbeitgeberrisiko trage. Das Arbeitgeberrisiko bestehe bei der Arbeitnehmerüberlassung vor allem in dem Bestand des Arbeitsverhältnisses unabhängig von der Dauer der Überlassung, also darin, dass der Leiharbeitnehmer auch dann Anspruch auf Vergütung hat, wenn er mangels Auftrag nicht bei einem Entleiher tätig sein kann. Ohne die Übernahme dieses Risikos begrenze sich die Funktion des Verleihers auf den fortgesetzten Nachweis von Arbeitsgelegenheiten für den Leiharbeitnehmer. Dies stelle begrifflich eine Arbeitsvermittlung dar.

In dem zu entscheidenden Fall hatte das Bundessozialgericht moniert, der klagende Verleihunternehmer nehme praktisch keine wesentlichen Arbeitgeberfunktionen war, sondern trete lediglich als Durchgangsstation und der Funktion einer Lohnauszahlstelle auf. Er verschaffe den Leiharbeitnehmern nicht selbst eine Arbeitsaufgabe, sondern weise ihnen nur Arbeitsgelegenheiten bei anderen Unternehmen zu. Darin liege ein bloßes Zusammenführen von Arbeitssuchenden mit Arbeitgebern zur Begründung von Arbeitsverhältnissen im Sinne des § 35 Abs. 2 SGB III (damals § 13 Abs. 1 AFG). Die überlassenen Arbeitskräfte seien in den Betrieb des Entleihers eingegliedert worden.

1.4 Aufhebung des Verbots (gesetzl. Novellierungen)

Das Bundesverfassungsgericht war in seiner Entscheidung davon ausgegangen, dass die Arbeitnehmerüberlassungsverträge besondere wirtschaftliche Bedürfnisse erfüllten. Diese Annahme fand sich in der zunehmenden Nachfrage nach Leiharbeitskräften und der wachsenden Zahl an Verleihunternehmern.

Bedarf für den Einsatz von Leiharbeitnehmern melden zum Beispiel Arbeitgeber, die kurzfristig einen vorübergehenden Mehrbedarf an Personal z. B. aufgrund von Arbeitsspitzen, Projekten, der Überbrückung von Krankheit oder Urlaub abdecken wollen. Denn durch den Einsatz von Leiharbeitskräften entfallen die zusätzlichen Kosten für Einstellung und Personalverwaltung, die etwa bei der Begründung befristeter Arbeitsverhältnisse entstehen, ferner die Beiträge zur Sozialversicherung und freiwillige Sozialleistungen im Unternehmen.

Außerdem entstehen zwischen dem Leiharbeitnehmer und dem Entleiher keine arbeitsrechtlichen Bindungen wie beispielsweise der Kündigungsschutz, wodurch der Entleiher beim Wegfall seines Beschäftigungsbedarfs schnell und vergleichsweise unkompliziert mit der Beendigung der Beschäftigung reagieren kann.

Der Aufwand ist für den Entleiher damit regelmäßig ein geringerer als bei der befristeten Beschäftigung von Arbeitnehmern.

Die rechtliche Einordnung und Abgrenzung der Arbeitnehmerüberlassung bereitete nach den Entscheidungen des Bundesverfassungsgerichts und des Bundessozialgerichts weiterhin Schwierigkeiten, beispielsweise bei der Frage inwieweit langfristige Arbeitnehmerüberlassungsverhältnisse von der Arbeitsvermittlung abzugrenzen seien.

Dies drückte sich in <u>zunehmender Überwachung solcher Beschäftigungsverhältnisse unter den Gesichtspunkten der Umgehung von arbeitsrechtlichen</u> und sozialversicherungsrechtlichen Vorschriften durch <u>die entsprechenden Behörden aus und</u> rief Anfang des Jahres 1971 den Gesetzgeber mit den Regierungsentwürfen zum Arbeitnehmerüberlassungsgesetz (AÜG) auf den Plan.

1.5 Entwicklung des AÜG und gesetzgeberische Ziele

Mit der Schaffung des Arbeitnehmerüberlassungsgesetzes wurden neben den gerichtlichen Entscheidungen auch gesetzgeberische, auf den Arbeitsmarkt gerichtete Ziele umgesetzt.

Im Rahmen des Fremdpersonaleinsatzes durch Arbeitnehmerüberlassung sollte verhindert werden, dass durch die Abkoppelung der Beschäftigung von Arbeitnehmern im Betrieb von dem Bestand eines Arbeitsverhältnisses zum Betriebsinhaber der soziale und arbeitsrechtliche Schutz der Arbeitnehmer eingeschränkt wird.

Die Einhaltung der sozialversicherungsrechtlichen Meldeverfahren und Arbeitgeberpflichten sollten ebenso sichergestellt werden wie der Schutz von ausländischen Leiharbeitnehmern vor der Schlechterstellung durch Arbeitsbedingungen, die in einem Missverhältnis zu den Arbeitsbedingungen deutscher Arbeitnehmer stehen.

Zudem sollte eine ständige Überwachung der Verleiher durch die Bundesagentur für Arbeit und die Regelung des Erlaubnis- und Kontrollwesens unseriöse Verleiher ausschalten.

Die Regelungen des AÜG gingen dabei von einer Konstellation aus, in der zwischen Verleiher und Leiharbeitnehmer ein unbefristetes Arbeitsverhältnis besteht, und der Leiharbeitnehmer vorübergehend an verschiedene Entleiher überlassen wird, um dort einen vorübergehenden Arbeitsbedarf abzudecken.

Durch die Änderungen des AÜG durch das Beschäftigungsförderungsgesetz (BSchFG) vom 26.7.1994 und das Gesetz zur Reform der Arbeitsförderung vom 27.3.1997 wurden neben der Gestattung privater Arbeitsvermittlung vor allem der besondere Schutz der Leiharbeitnehmer mehr dem Schutz von Arbeitnehmern nach den allgemeinen arbeitsrechtlichen Vorschriften angepasst.

1.6 Die Arbeitsmarktreformen der Hartz-Gesetze

Weitere Veränderungen brachte die Reform des AÜG durch das Erste Gesetz für moderne Dienstleistungen am Arbeitsmarkt vom 23.12.2002 (BGBl. I 4607) (sog. Hartz-Gesetze) ab dem Jahr 2004.

Die Auswirkungen auf das Arbeitnehmerüberlassungsgesetz (AÜG) lassen sich wie folgt grob zusammenfassen:

Aus den Bestimmungen über die Beschäftigung von Leiharbeitnehmern wurden die maßgeblichen Restriktionen (§ 3 Abs. 1 Nr. 3–6 AÜG a. F.) für die Zeitarbeit aus dem Gesetz gestrichen. Hierzu gehörten das Synchronisationsverbot, Begrenzung der maximalen Überlassungsdauer auf 24 Monate, das Verbot der wiederholten Befristung und das Wiedereinstellungsverbot.

Das AÜG erlaubte den Abschluss eines befristeten Leiharbeitsvertrages nur dann, wenn in der Person des Leiharbeitnehmers sachliche Gründe für die Befristung vorlagen (§ 3 Abs. 1 Nr. 3 AÜG a. F.) oder sich der befristete Vertrag unmittelbar an einen vorangegangenen Vertrag mit demselben Verleiher anschloss. Im Übrigen war die wiederholte Befristung eines Leiharbeitsverhältnisses für die Dauer eines bestimmten Einsatzes beim Entleiher (also synchron zum Überlassungsvertrag) nicht zulässig (sog. Synchronisationsverbot; § 3 Abs. 1 Nr. 5 AÜG a. F.).

Für die Befristung des Leiharbeitsverhältnisses gelten nun die allgemeinen Bestimmungen des Teilzeit- und Befristungsgesetzes.

Dafür wurde durch die Einführung des sog. Gleichstellungsgrundsatzes hinsichtlich der wesentlichen Beschäftigungsbedingungen für Leiharbeitnehmer geregelt, dass Leiharbeitnehmern für die Zeit der Überlassung jeweils die wesentlichen Arbeitsbedingungen einschließlich des Arbeitsentgelts der im Betrieb des Entleihers beschäftigten, vergleichbaren Arbeitnehmer zu gewähren sind (§ 3 Abs. 1 Nr. 3, § 9 Nr. 2 AÜG), soweit nicht Tarifverträge Anwendung finden, welche die Arbeitsbedingungen der Leiharbeitnehmer regeln.

Allgemeines

Diese Gleichstellungsregelung ist auch unter dem Synonym „Equal Pay" und „Equal Treatment" geläufig. Solche und ähnliche Bestimmungen, die Leiharbeitnehmern meist das Entgelt der mit ihnen vergleichbaren Arbeitnehmer im Entleiherbetrieb als Mindestarbeitsbedingungen sichern, existieren in einer Reihe von anderen Mitgliedstaaten der Europäischen Union. Die EU-Kommission ist auch bereits in der Vergangenheit bestrebt gewesen, eine europäische Richtlinie über die Arbeitsbedingungen von Leiharbeitnehmern zu initiieren. Vorschläge der Kommission hierzu enthielten ebenfalls derartige Bestimmungen.

Vor dem Hintergrund der gesetzlichen Neuregelung des „Equal-Pay" folgte der Abschluss zahlreicher Tarifverträge über die Arbeitsbedingungen für Leiharbeitnehmer. Solche Tarifverträge bestehen heute zwischen der DGB-Tarifgemeinschaft, bzw. den christlichen Gewerkschaften und PSA (Personal-Service-Agenturen) und Arbeitgebervereinigungen für Zeitarbeitsunternehmen sowie zwischen dem Interessenverband deutscher Zeitarbeitsunternehmen (IGZ), dem Bundesverband Zeitarbeit Personal-Dienstleistungen (BZA), dem Arbeitgeberverband Mittelständischer Personaldienstleister (AMP), später fusioniert zum Verband BAP, und dem Arbeitgeberverband qualifizierter Personaldienstleister (Mercedarius). Der Tarifgemeinschaft der christlichen Gewerkschaften Zeitarbeit (CGZP) hat das Bundesarbeitsgericht in seiner Entscheidung vom 14.12.2010 (1 ABR 219/10) die Tariffähigkeit mit der Rechtsfolge der Nichtigkeit der von dieser Tarifgemeinschaft geschlossenen Zeitarbeitstarifverträge, aberkannt (siehe Ziffer 1.8).

Daneben existieren in manchen Branchen entsprechende tarifliche Bestimmungen, die beim Verleih von Arbeitskräften aus Betrieben, die nicht einem Zeitarbeitsunternehmen angehören, die Arbeitsbedingungen der Leiharbeitnehmer regeln.

Zwischen dem DGB und Verbänden der Zeitarbeitsbranche wurden im Jahr 2006 Tarifverträge über die Mindestarbeitsbedingungen in der Zeitarbeit geschlossen, welcher Regelungen zum Mindesturlaub, Mindestentgelt und zusätzlichem Urlaubsgeld enthält und der nach dem Wunsch der Tarifparteien für allgemeinverbindlich erklärt werden soll. Innerhalb der Zeitarbeitsbranche wird auch die Einführung von Mindestarbeitsbedingungen für Leiharbeitnehmer durch die Aufnahme der Branche in das Arbeitnehmerentsendegesetz verbreitet befürwortet.

1.7 BVerfG-Entscheidungen zu den sog. Hartz-Gesetzen

Auch die Novellierung des Arbeitnehmerüberlassungsgesetzes durch die Gesetze für moderne Dienstleistungen am Arbeitsmarkt (sog. „Hartz-Gesetze") standen mittlerweile auf dem Prüfstand des Bundesverfassungsgerichts (BVerfG vom 29.12.2004, 1 BvR 2283/03, 1 BvR 2504/03 und 1 BvR 2582/03, DB 2005, 110).

Das Bundesverfassungsgericht hatte dabei die Verfassungsmäßigkeit u. a. des sog. Gleichstellungsgrundsatzes (insbesondere „Equal Pay") zu beurteilen. Das Arbeitnehmerüberlassungsgesetz sieht darin vor, dass die bei einem Verleiher beschäftigten Leiharbeitnehmer für die Zeit der Überlassung an einen Entleiher die Gewährung der im Betrieb des Entleihers für vergleichbare Arbeitnehmer des Entleihers geltenden wesentlichen Arbeitsbedingungen einschließlich des Arbeitsentgelts verlangen können. Abweichungen davon können nur durch Tarifvertrag vereinbart werden.

Arbeitgeberverbände der Zeitarbeitsbranche und Verleihunternehmen hatten geltend gemacht, dass die Unternehmer in Grundrechten verletzt seien. Die Verpflichtungen aus dem Gleichstellungsgrundsatz („Equal Pay") schränkten vor allem die freie Entscheidung der Unternehmer ein, einem tarifschließenden Verband auch fernzubleiben (Art. 9 Abs. 3 GG), da in diesem Fall die wesentlichen Arbeitsbedingungen einschließlich des Arbeitsentgelts des jeweiligen Entleihers zu beachten und zu gewähren seien. Dies könne der Verleihunternehmer nur durch Beitritt oder Vereinbarung der Anwendung eines entsprechenden Tarifvertrages verhindern. Die beschwerdeführenden Arbeitgeberverbände sahen zudem ihrerseits die Koalitionsfreiheit (Art. 9 Abs. 3 GG) verletzt. Das Bundesverfassungsgericht hat klargestellt, dass die gesetzliche Regelung des „Equal Pay" der Verbesserung der Stellung von Leiharbeitnehmern und damit ihrer Berufsfreiheit diene. Für die Verleihunternehmen sind die angegriffenen Regelungen zumutbar, weil eine steigende Qualität und Akzeptanz der Leiharbeit, die gesetzgeberisches Ziel war, auch ihnen nützen werde.

Auch die gerügte Verletzung der Berufsfreiheit (Art. 12 Abs. 1 GG) der beschwerdeführenden Verleihunternehmen seien nicht in rechtswidriger Weise verletzt. Da sowohl Leiharbeitnehmer wie auch Arbeitgeber (Verleihunternehmer) den Schutz der Berufsfreiheit genießen, sind beiderseits Eingriffe hinzunehmen, wenn, wie im entschiedenen Fall, die kollidierenden Grundrechtspositionen so begrenzt werden, dass sie für alle Beteiligten noch möglichst weitgehend wirken.

1.8 Entscheidung des BAG zur Tarifunfähigkeit der CGZP

Das Bundesarbeitsgericht hat die Tariflandschaft in der Zeitarbeitsbranche mit seinem Beschluss vom 14.12.2010 (BAG – 1 ABR 19/10, NZA 2011, S. 289) verändert. Das BAG entschied, dass die Tarifgemeinschaft der christlichen Gewerkschaften CGZP keine tariffähige Spitzenorganisation sei, weil u. a. aufgrund einer zu geringen Zahl an Mitgliedern die

Allgemeines

erforderliche Tarifmächtigkeit fehle. Die Tarifverträge zwischen der CGZP und dem AMP hatten zu diesem Zeitpunkt jedoch beachtliche Marktanteile in der Branche der Personaldienstleister. Die Rechtsfolge dieser Entscheidung, die Unwirksamkeit der betroffenen Tarifverträge, hatte demgemäß erhebliche Auswirkungen, die rechtliche Abwicklung ist umstritten. Zum einen stellte sich die Frage nach der Rückwirkung der BAG-Entscheidung auf die Leiharbeitverhältnisse, die ohne das Zugrundliegen eines Tarifvertrages nach den Grundsätzen des Equal Pay zu behandeln sind (vgl. Lützeler/Bissels, DB 2011 S. 1636). Die beteiligten Christlichen Gewerkschaften hatten vor dem Hintergrund der sich abzeichnenden Risiken aus der Entscheidung des BAG über die CGZP im Jahr 2010 mehrgliedrige Tarifverträge geschlossen, in denen nicht mehr die CGZP sondern die einzelnen Gewerkschaften in einem gemeinsamen Tarifvertrag als Tarifpartner auftreten. Diese Tarifverträge waren nicht Gegenstand der Entscheidung des BAG vom 14.12.2010, sind aber ihrerseits bereits Inhalt juristischer Auseinandersetzungen (zum Streitstand Lützeler/Bissels, DB 2011 S. 1636). Der Beschluss des BAG und die darin erhobenen Anforderungen an die satzungsmäßige Organisation und Struktur der Tarifparteien für ihre Zuständigkeit zum Abschluss von Tarifen für die Zeitarbeitsbranche lassen inzwischen auch Skepsis hinsichtlich anderer Zeitarbeitstarife, auch solcher von DGB Gewerkschaften aufkommen.

1.9 Gesetze zur EU-Zeitarbeitsrichlinie und Missbrauchsbekämpfung

Mit dem Gesetz zur Änderung des Arbeitnehmerüberlassungsgesetzes vom 29.4.2011 (BGBl. I S. 642) und dem Gesetz zur Änderung des Arbeitnehmerüberlassungsgesetzes und des Schwarzarbeitsbekämpfungsgesetzes vom 29.7.2011 (BGBl. I S. 1506) hat der Gesetzgeber Teile der Zeitarbeit wieder stärker reglementiert, nach dem mit den Hartz-Reformen eine Liberalisierung der Zeitarbeitsbranche vorgenommen worden war, die auch zur deutlichen Belebung der Zeitarbeit beitrug. Mit den Gesetzen setzt der Gesetzgeber einerseits die EU-Leiharbeitsrichtlinie 2008/104/EG vom 5.12.2008 um. Die Umsetzungsfrist endete für den nationalen Gesetzgeber zum 5.12.2011. Darüber hinaus nimmt der Gesetzgeber aktuelle Arbeitsmarktentwicklungen auf und ergänzt Regelungen im Arbeitnehmerüberlassungsgesetz zur Verhinderung missbräuchlicher Arbeitnehmerüberlassung sowie zur Einführung eines Mindestlohns in der Zeitarbeit. Das AÜG hatte bereits viele Regelungen der EU-Richtlinie zum Inhalt, so dass zur Umsetzung der Richtlinie lediglich noch einzelne Änderungen des AÜG vorgenommen wurden. Wichtigste Änderungen des AÜG waren die Erfassung der nicht-gewerbsmäßigen

Überlassung im Rahmen der wirtschaftlichen Tätigkeit des Verleihers, die Einschränkung der Privilegien für konzerninterne Überlassung sowie die Regelungen zur Missbrauchsverhinderung durch die sog. Drehtürklausel.

2. Überblick zum AÜG und anderen Regelungen

2.1 Inhalt des AÜG, Überblick über die Regelungen

Durch das Arbeitnehmerüberlassungsgesetz (AÜG) in der aktuellen Fassung (Fassung der Bekanntmachung vom 3. Februar 1995, BGBl. I 1995, S. 158, zuletzt geändert durch Gesetz vom 29.4.2011 (BGBl. I S. 642) und Gesetz vom 29.7.2011 (BGBl. I S. 1506) wird die gesamte Arbeitnehmerüberlassung geregelt. Die früher relevante Unterscheidung zwischen gewerbsmäßiger und nicht-gewerbsmäßiger Tätigkeit tritt nicht mehr in den Vordergrund. Man sprach dabei von der sogenannten „unechten" Arbeitnehmerüberlassung, wobei die begriffliche Unterscheidung zwischen echter und unechter Arbeitnehmerüberlassung aus der Zeit vor der Schaffung der gesetzlichen Regelungen stammt.

Eine Definition der Arbeitnehmerüberlassung enthält des AÜG nicht. In § 1 Abs. 1 AÜG ist insoweit lediglich von der vorübergehenden Überlassung von Arbeitskräften zur Arbeitsleistung die Rede.

Vom Gesetzgeber war in Kauf genommen worden, dass hieraus in der Praxis rechtliche Unsicherheiten entstehen. Ergänzende Regelungen sollten sich vor allem aus den Dienstanweisungen der heutigen Bundesagentur für Arbeit ergeben. Nicht zur gewerbsmäßigen Arbeitnehmerüberlassung gehörte bereits nach der früheren Regelung die gemeinnützige Arbeitnehmerüberlassung, deren Ziel es ist, die Wiedereingliederung von Arbeitslosen in feste Beschäftigungsverhältnisse zu unterstützen.

Der Gesetzgeber hat die Arbeitnehmerüberlassung grundsätzlich unter die Aufsicht der Bundesagentur für Arbeit gestellt.

Für die Sicherung des sozialen Schutzes der Leiharbeitnehmer und die Überwachung der ordnungsgemäßen Handhabung der erlaubten Arbeitnehmerüberlassung beauftragt das AÜG die Bundesagentur für Arbeit mit Durchführung und Überwachung des Gesetzes. Die zentrale Ordnungsfunktion der Bundesagentur für Arbeit am Arbeitsmarkt beinhaltet für die Arbeitnehmerüberlassung vor allem die Durchführung des Erlaubnisverfahrens.

Nach § 17 AÜG führt die Bundesagentur für Arbeit das AÜG nach den fachlichen Weisungen des Bundesministeriums für Arbeit und Soziales durch. Dies äußert sich in den gesetzliche Regelungen vor allem darin, dass die Arbeitnehmerüberlassung, soweit sie nicht bereits durch die gesetzlichen Regelungen wie in § 1b AÜG für das Baugewerbe eingeschränkt oder verboten ist, einem Erlaubnisvorbehalt untersteht. Das heißt, die Arbeitnehmerüberlassung ist in weiten Teilen nur mit einer entsprechenden Verleiherlaubnis der Bundesagentur für Arbeit erlaubt (§ 1 Abs. 1 Satz 1 AÜG).

Wie viele arbeitsrechtlichen Regelwerke beschränkt sich das Arbeitnehmerüberlassungsgesetz auf die Regelung von Besonderheiten und geht daneben vom Rückgriff auf andere gesetzliche Regelungen aus dem Zivil- und öffentlichen Recht aus. Das Arbeitnehmerüberlassungsgesetz regelt im Wesentlichen die Besonderheiten der Arbeitgeberstellung gegenüber den an einen anderen Arbeitgeber überlassenen Arbeitnehmer. Für die Ausgestaltung der Leiharbeitsverhältnisse und die gegenseitigen Rechte und Pflichten von Arbeitnehmer, Verleiher und Entleiher sind wie in sonstigen (zweiseitigen) Arbeitsverhältnissen auch die arbeits- und zivilrechtlichen Regelungen maßgeblich.

Das Arbeitnehmerüberlassungsgesetz beinhaltet neben seinem arbeitsrechtlichen Schwerpunkt Regelungen zum Sozialrecht, zum Steuer- und Gewerberecht und zum Verwaltungsverfahren sowie Vorschriften zur Behandlung von Gesetzesverstößen nach dem Straf- und Ordnungswidrigkeitenrecht.

2.2 Regelungen der Behörden

Die Bundesagentur für Arbeit hat eine ihr vom Gesetzgeber auferlegte Ordnungsfunktion für den Arbeitsmarkt. Diese Ordnungsfunktion äußert sich in den Vorschriften des AÜG in Bestimmungen, welche den Arbeitsagenturen die Aufgaben zur Erteilung oder Versagung bzw. der Rücknahme oder dem Widerruf einer Verleiherlaubnis (§§ 2, 3, 4, 5 AÜG) sowie zur Sicherstellung einer ordnungsgemäßen Überwachung (§ 7 AÜG) einschließlich der Verfolgung und Ahndung von Ordnungswidrigkeiten (§§ 16, 18 AÜG) übertragen.

Außerdem sind der Bundesagentur für Arbeit die Ausgestaltung und Konkretisierung von Bestimmungen zur Arbeitnehmerüberlassung zuerkannt. Diese Bestimmungen erlässt die Bundesagentur für Arbeit z. B. durch sog. Durchführungsanordnungen oder Runderlasse.

Die Durchführungsanweisungen der Bundesagentur für Arbeit richten sich an die Dienststellen der Agentur für Arbeit. Sie entfalten darüber hinaus keine unmittelbare Bindungswirkung für einzelne Personen. Auch sind Gerichte nicht an die Regelungen in den Organisationsanweisungen gebunden. Mit ihr werden die Verfahren bei den Agenturen für Arbeit nor-

Ausländische Regelungen

miert, soweit diese im Rahmen des Verwaltungsverfahrens für die Durchführung des AÜG zuständig sind.

2.3 Ausländische Regelungen

Auf der Ebene der Europäischen Union bestand lange keine einheitliche Regelung der Arbeitnehmerüberlassung. Zwar existierten Richtlinienvorschläge der Kommission, die auf die Regelungen von Arbeitsbedingungen ausgerichtet sind und auch das nationale Recht der Arbeitnehmerüberlassung betreffen können. Die Richtlinie 91/383/EWG des Rates vom 25.6.1991 zur Ergänzung der Maßnahmen zur Verbesserung der Sicherheit und des Gesundheitsschutzes von Arbeitnehmern mit befristetem Arbeitsverhältnis und Zeitarbeitnehmern enthält hierzu Regelungen zu Verantwortlichkeiten und Schutzmaßnahmen der Arbeitgeber.

Die Richtlinie zur Zeitarbeit wurde lange zusammenhängend mit der Anpassung der EU-Richtlinie über die Arbeitszeit behandelt. Uneinigkeit bestand unter den europäischen Mitgliedstaaten u. a. in der Gestaltung einer Karenzzeit, ab der der im deutschen Recht bereits geregelte Gleichstellungsgrundsatz für Leiharbeitnehmer gelten soll. Die EU-Richtlinie zur Zeitarbeit 2008/104/EG (ABIEG Nr. L 327/9) wurde zum 5.12.2008 in Kraft gesetzt und war von den Mitgliedstaaten bis zum 5.12.2011 in nationales Recht umzusetzen.

Die Bestimmungen im nationalen Recht der Mitgliedstaaten der EU gestalten sich insbesondere hinsichtlich der gewerberechtlichen Voraussezuungen der Überlassung von Arbeitnehmern verschieden.

2.3.1 Belgien

Nach belgischem Recht ist die Überlassung von Arbeitnehmern in fremde Betriebe in Form der gewerbsmäßigen Zeitarbeit vorgesehen, anderenfalls als Entsendung zur Verfügung eines anderen Nutzers als dem Arbeitgeber. Für die Arbeitnehmerüberlassung ist eine behördliche Genehmigung erforderlich. Diese kann regional unterschiedliche Laufzeiten haben.

Für die Zeitarbeit wird von der Bewältigung eines vorübergehend zusätzlichem Arbeitsbedarfs ausgegangen. Demzufolge ist die zulässige Überlassungsdauer zeitlich befristet, kann jedoch mit Zustimmung der Gewerkschaft oder der Arbeitnehmervertretung in Einzelfällen verlängert werden. Die Überlassung ist nur zulässig zum Ersatz abwesender Angestellter oder eines ausgeschiedenen Mitarbeiters, bei zeitlich begrenztem außergewöhnlichen Mehrbedarf an Mitarbeitern, bei außergewöhnlichen Tätigkeiten.

Überblick zum AÜG und anderen Regelungen

Der Leiharbeitsvertrag bedarf der Schriftform und muss einen gesetzlich vorgeschriebenen Mindestinhalt aufweisen. Es besteht eine gesetzliche Gleichbehandlungspflicht von Stamm- und Leiharbeitkräften, außerdem ein gesetzlicher Mindestlohn.

Die Arbeitnehmerüberlassung außerhalb der reinen unternehmerischen Betätigung als Zeitarbeitsunternehmen ist grundsätzlich nicht zulässig. Ausnahmen sind durch behördliche Genehmigung jedoch möglich. Ähnlich dem französischen Recht sind viele Bestimmungen Gegenstand von Verordnungen und Tarifverträgen.

2.3.2 Dänemark

In Dänemark ist die Arbeitnehmerüberlassung grundsätzlich zulässig. Eine Genehmigung für die Überlassung ist nur für bestimmte Tätigkeiten und Berufsgruppen erforderlich. Zu diesen gehören Krankenschwestern, Chauffeure. Für die Überlassung bestehen nur vereinzelt gesetzliche Bestimmungen wie Informationspflichten des Entleihers über Arbeitssicherheit und Arbeitsschutz. Die erforderlichen vertraglichen Grundlagen sind in Tarifverträgen unterschiedlich geregelt.

2.3.3 Frankreich

Im französischen Recht ist die Arbeitnehmerüberlassung im Wesentlichen als Teil der Vorschriften über befristete Arbeitsverhältnisse (Contracts de durée determiné) geregelt.

Sowohl der Überlassungsvertrag zwischen Verleiher und Entleiher als auch der Leiharbeitsvertrag bedürfen der Schriftform. Das Leiharbeitsverhältnis genießt eine Ausnahmestellung in der französischen Rechtsordnung und ist hinsichtlich der Höchstdauer sowie der möglichen Zahl der Überlassungen hinsichtlich eines bestimmten Leiharbeitnehmers beschränkt. Die Arbeitnehmerüberlassung ist für verschiedene Tatbestände ausgeschlossen. Sie ist z. B. bis sechs Monate nach einer Massenentlassung, während eines Streiks oder zum dauerhaften Einsatz auf Regelarbeitsplätzen beim Entleiher nicht zulässig. Arbeitnehmerüberlassung darf zum Ersatz abwesender Angestellter, als Ersatz eines ausgeschiedenen Mitarbeiters, bei zeitlich begrenztem außergewöhnlichen Mehrbedarf an Mitarbeitern, zur Ermöglichung von Fortbildungsveranstaltungen oder zur Ermöglichung der Einstellung Arbeitsloser mit besonderen sozialen Problemen vereinbart werden. Die Vergütung des Leiharbeitnehmers muss der eines Stammarbeitnehmers entsprechen. Bei Überlassung als Vertretung oder aufgrund kurzzeitig erhöhten Arbeitsanfall haben Leiharbeitnehmer zum Ende des Einsatzes besteht Anspruch auf eine Zulage i. H. v. 10 % des gesamten Bruttolohns. Bei Gesetzesverstößen kann durch gerichtliche Entscheidung ein unbefristetes Arbeitsverhältnis des Leiharbeitnehmers zum Entleiher begründet werden. Es besteht ferner ein gesetzlicher Mindestlohn.

Die Arbeitnehmerüberlassung bedarf einer behördlichen Anmeldung.

Ähnlich dem deutschen Recht besteht für den Entleiher eine Art Ersatzhaftung für Sozialversicherungsbeiträge und Steuern aus dem Leiharbeitsverhältnis.

Neben den gesetzlichen Vorschriften bestehen in Frankreich umfangreiche Regelungen in Form von Verordnungen und Kollektivvereinbarungen, die sowohl regional als auch branchenabhängig unterschiedliche Bestimmungen enthalten.

2.3.4 Griechenland

In Griechenland ist die Arbeitnehmerüberlassung mit behördlicher Genehmigung zulässig. Grundlage ist ein Überlassungsvertrag zwischen Verleiher und Entleiher. Darin muss u. a. die Vergütung und Versicherung des Leiharbeitnehmers sowie sein Aufgabenbereich vereinbart werden. Für den Verleiher bestehen besondere Aufklärungs- und Informationspflichten gegenüber dem Leiharbeitnehmer. Die Vergütung des Leiharbeitnehmers muss der eines Regelarbeitnehmers beim Entleiher entsprechen. Die Überlassung eines Leiharbeitnehmers ist bis zu einer Dauer von 8 Monaten zulässig, mit einer Verlängerungsoption von weiteren 8 Monaten. Wird die max. Überlassungsdauer von 16 Monaten um mehr als 2 Monate überschritten, so wandelt sich das Beschäftigungsverhältnis des Leiharbeitnehmers mit dem Zeitarbeitsunternehmen kraft Gesetz in ein unbefristetes Arbeitsverhältnis mit dem Entleiher um. Die Überlassung ist nicht zulässig als Ersatz für einen Stammarbeitnehmer, der sein Recht auf Streik ausübt, ferner wenn das Entleihunternehmen im Vorjahr Massenentlassungen von Arbeitnehmern mit der gleichen Tätigkeit vorgenommen hat und bei Anwendbarkeit der Vorschriften zur Überlassung im öffentlichen Dienst.

2.3.5 Großbritannien

Eine gesonderte Verleiherlaubnis ist für die gewerbsmäßige Arbeitnehmerüberlassung nicht erforderlich. Es existieren aber zahlreiche einschränkende gesetzliche Regelungen. Diese erfassen gleichermaßen Überlassungen, die den Charakter einer Vermittlung des Arbeitnehmers haben. Diese bestehen im Wesentlichen darin, die (Vertrags-)Freiheit des Leiharbeitnehmers zu schützen. So ist beispielsweise das Zurückverleihen eines zuvor abgeworbenen Arbeitnehmers regelmäßig rechtswidrig, andererseits ist der Leiharbeitnehmer besonders geschützt, wenn er mit dem Entleiher selbst ein vertragliches Verhältnis eingeht. Die Beschäftigung von Leiharbeitnehmern im Falle eines Streiks und bei gefährlichen Tätigkeiten ist unzulässig. Aufsichtsbehörden sind für die ordnungsgemäße Durchführung zuständig. Es besteht ein gesetzlicher Mindestlohn.

2.3.6 Italien

Arbeitnehmerüberlassung ist in Italien für Unternehmen zulässig, die anderen Unternehmen Leiharbeitnehmer im Rahmen eines Überlassungsvertrages zur Verfügung stellen. Die Arbeitnehmerüberlassung beinhaltet im Vergleich zum deutschen Recht wesentliche Elemente der Arbeitsvermittlung. Der Entleiher stellt den Leiharbeitnehmer für die Zeit der Überlassung ein und kann mit dem Leiharbeitnehmer im Anschluss an die Überlassung ein Arbeitsverhältnis fortführen. Für die Arbeitnehmerüberlassung benötigen die vermittelnden Unternehmen eine behördliche Genehmigung.

Die zulässige Arbeitnehmerüberlassung ist jedoch per Gesetz auf bestimmte Anwendungsfälle beschränkt. Dazu gehören beispielsweise die Vertretung vorübergehend abwesender Arbeitnehmer des Entleihers oder die Ausführung von Tätigkeiten, die im Entleiherunternehmen sonst nicht durchgeführt werden können. Die Überlassung ist nicht zulässig im Falle eines Streiks, 12 Monate nach einer Massenentlassung, in Unternehmen, die Arbeitsschutzbestimmungen nicht einhalten und als Ersatz für Mitarbeiter, die über den sog. Lohngarantiefonds eingestellt wurden. Tarifverträge regeln branchenabhängig unterschiedliche quantitative Leiharbeiterquoten z. B. 8% der Stammbelegschaft in der Metallbranche, 15% im Transportwesen, 15% im Einzelhandel.

Darüber hinaus bestehen gesetzliche Schutzvorschriften für Leiharbeitnehmer, welche die Leiharbeitnehmer hinsichtlich ihrer Rechte und Pflichten sowie der Arbeitsbedingungen einschließlich der Entlohnung mit den Beschäftigten des entleihenden Unternehmens gleichstellen. Auch bezüglich der Arbeitsbedingungen sind Tarifverträge zu beachten. Ein am Bruttogehalt orientierter Betrag (derzeit 4% des Bruttogehalts) des überlassenden Leiharbeitnehmers müssen in einen Fond eingezahlt werden, aus dem die Weiterbildung der Leiharbeitnehmer finanziert wird.

Hinsichtlich der Sozialversicherungsbeiträge haften Verleiher und Entleiher gesamtschuldnerisch.

Ausländische Regelungen

2.3.7 Luxemburg

Die gewerbsmäßige Arbeitnehmerüberlassung ist in Luxemburg nach den gesetzlichen Regelungen zulässig. Erforderlich ist für Zeitarbeitsunternehmen eine behördliche Erlaubnis. Die Erteilung der Erlaubnis kann von dem Nachweis wirtschaftlicher Sicherheit abhängig gemacht werden. Von der Erlaubnis hängt u. U. die Wirksamkeit des Arbeitsvertrages zwischen Verleiher und Arbeitnehmer ab. Die Verleiherlaubnis wird generell befristet erteilt, kann aber verlängert werden.

Für die Überlassung ist ein Überlassungsvertrag erforderlich, der u. a. den Grund der Überlassung, die Tätigkeit, erforderliche Qualifikationen, Einsatzort, Arbeitszeit und Vergleichslohn regeln muss. Die Überlassung ist für maximal 12 Monate zulässig, kann aber in bestimmten Fällen verlängert werden. Das Entgelt muss nach der Probezeit dem eines vergleichbaren Stammarbeitnehmers entsprechen. Es besteht ein gesetzlicher Mindestlohn.

2.3.8 Niederlande

In den Niederlanden erfolgt zulässige Arbeitnehmerüberlassung über Zeitarbeitsunternehmen. Hierzu wird ein Überlassungsvertrag zwischen Zeitarbeits-(Verleih-)unternehmen und ein Vertrag zwischen dem Entleiher und dem Leiharbeitnehmer geschlossen, der auf die Dauer der Laufzeit des Überlassungsvertrags zwischen Verleiher und Entleiher begrenzt werden kann. Der Überlassungsvertrag gilt als spezieller Arbeitsvertrag, soweit der Leiharbeitnehmer im Entleihbetrieb unter das Direktionsrecht des Entleihers fällt. Daraus folgt die Anwendung der Vorschriften für Arbeitsverträge auch auf Leiharbeitsverhältnisse, die Anwendung des sonstigen Arbeitsrechts findet greift erst nach einer Überlassungsdauer von mehr als 26 Wochen.

Die Arbeitsbedingungen der Leiharbeitnehmer richten sich nach Tarifverträgen, die auf das Unternehmen des Entleihers oder auf das Zeitarbeitsunternehmen Anwendung finden. Außerhalb der tariflichen Regelungen gilt auch hier bezüglich der Entlohnung die Gleichstellung mit den vergleichbaren Beschäftigen des Entleihers. Es besteht ein gesetzlicher Mindestlohn.

2.3.9 Norwegen

Arbeitnehmerüberlassung ist sowohl von Seiten eines Zeitarbeitsunternehmens als auch als nichtgewerbsmäßige Arbeitnehmerüberlassung zulässig, Letztere nur in bestimmtem Umfang in Abhängigkeit zur Gesamtbelegschaft.

Für die gewerbsmäßige Arbeitnehmerüberlassung wird ein dauerhaftes Beschäftigungsverhältnis zwischen Verleiher und Leiharbeitnehmer vorausgesetzt. Nicht erlaubt ist aufgrund verbreiteter tariflicher Vorschriften die Beschäftigung von Leiharbeitnehmern bei Streiks. Der Einsatz von Leiharbeitskräften ist vorgesehen für Tätigkeiten, die das entleihende Unternehmen sonst nicht selbstständig durchführen kann und die sich von der üblichen Geschäftstätigkeit des Entleihers unterscheiden muss.

Leiharbeitsunternehmen müssen darüber hinaus in der Rechtsform einer Kapitalgesellschaft oder Aktiengesellschaft geführt sein oder eine der Höhe der Eigenkapitalanforderungen der Kapitalgesellschaften entsprechende Sicherheitsleistung einer Bank oder Versicherung vorweisen.

Für die Beschäftigung von Leiharbeitnehmern gelten gesetzliche Einschränkungen. So ist, ähnlich dem englischen Recht, die Freiheit des Leiharbeitnehmers besonders geschützt, mit dem Entleiher ein dauerhaftes Arbeitsverhältnis einzugehen. Eine Vermittlungsgebühr darf von dem Leiharbeitnehmer nicht erhoben werden. Leiharbeitnehmer dürfen binnen einer Frist von sechs Monaten seit Beendigung eines Arbeitsverhältnisses auch nicht an den früheren Arbeitgeber zurückentliehen werden.

2.3.10 Österreich

Arbeitnehmerüberlassung ist in Österreich durch das österreichische Arbeitskräfteüberlassungsgesetz geregelt. Die Arbeitnehmerüberlassung bedarf nach der Gewerbeordnung einer behördlichen Genehmigung. Die Gewerbeberechtigung des gewerbsmäßigen Verleihers genügt hierfür. Der überlassende Arbeitgeber bleibt rechtlich voll in der Stellung des Arbeitgebers. Zwischen Entleiher und überlassendem Arbeitnehmer entsteht ein sog. mittelbares Arbeitsverhältnis. Das Arbeitskräfteüberlassungsgesetz enthält Bestimmungen zu den Arbeitsbedingungen und regelt die Anwendung von Kollektivverträgen. Hinsichtlich der Vergütung uns Arbeitszeit besteht eine Pflicht zur Gleichbehandlung mit der Stammbelegschaft.

Für bestimmte Arbeitnehmergruppen bestehen Beschäftigungsverbote, teilweise auch nur für bestimmte Tätigkeiten.

2.3.11 Polen

Die Arbeitnehmerüberlassung ist in Polen mit behördlicher Genehmigung erlaubt. Die Genehmigung wird befristet erteilt und muss jährlich erneuert werden.

Grundlage der Überlassung ist ein Überlassungsvertrag. Die Überlassung ist zulässig für 12 Monate innerhalb eines Zeitraums von 36 aufeinanderfolgenden Monaten; bei Vertretung Abwesender bis zu 36 Monaten, in die-

Ausländische Regelungen

sem Fall ist der Leiharbeitnehmer dann für 3 Jahre von der Überlassung an diesen Entleiher ausgeschlossen. Die Überlassung ist ausgeschlossen im Falle eines Streiks, bei gefährlichen Tätigkeiten, für die Besetzung einer Stelle, deren voriger Inhaber in den letzten drei Monaten aus Gründen, die der Arbeitgeber zu vertreten hat, entlassen worden ist, und bis zu sechs Monaten nach einer Massenentlassung. Erlaubt ist die Überlassung zum Ersatz abwesender Angestellter, für saisonale oder periodisch anfallende Arbeiten und bei zeitlich begrenztem außergewöhnlichen Mehrbedarf an Mitarbeitern.

Die Vergütung des Leiharbeitnehmers muss der von vergleichbaren Arbeitnehmern beim Entleiher entsprechen. Ferner besteht ein gesetzlicher Mindestlohn.

2.3.12 Portugal

Für die Arbeitnehmerüberlassung in Portugal ist eine behördliche Genehmigung erforderlich.

Die Überlassung von Arbeitnehmern ist nur in bestimmten Fällen erlaubt. Diese bestehen in verschiedenen Fällen des vorübergehenden Mehrbedarfs an Arbeitskräften oder in der Vertretung von Arbeitnehmern. Diese sind der Ersatz abwesender Angestellter für die Dauer der Abwesenheit, als Ersatz eines ausgeschiedenen Mitarbeiters (max. sechs Monate), der zeitlich begrenzte außergewöhnliche Mehrbedarf an Mitarbeitern (max. 24 Monate), außergewöhnliche Arbeiten, saisonaler Mehrbedarf (max. sechs Monate/Jahr), besondere Projekte, die besonders qualifizierte Mitarbeiter erfordern (max. sechs Monate).

Die Überlassungsdauer ist beschränkt beim Ersatz eines abwesenden Mitarbeiters für die Dauer der Abwesenheit, sechs Monate beim Ersatz eines ausgeschiedenen Mitarbeiters, zwölf Monate bei zeitlich begrenzter Mehrarbeit (mit Einverständnis der Arbeitsinspektion auf 24 Monate verlängerbar), maximal sechs Monate/Jahr bei saisonellem Mehrbedarf, sechs Monate bei besonderen Projekten, welche besonders qualifizierte Mitarbeiter erfordern (mit Einverständnis der Arbeitsinspektion verlängerbar). Es besteht ein gesetzlicher Mindestlohn.

2.3.13 Rumänien

Die Arbeitnehmerüberlassung ist mit behördlicher Genehmigung zulässig. Es bestehen Gleichbehandlungsvorschriften, nach denen das Arbeitsentgelt des Leiharbeitnehmers dem eines vergleichbaren Stammarbeitnehmers, bzw. dem für die Tätigkeit geltenden Tariflohn entsprechen muss. Ferner besteht ein gesetzlicher Mindestlohn. Die Überlassung ist bis zu einer maximalen Dauer von zwölf Monaten, die bis zu einer Gesamtdauer von 18 Monaten verlängert werden darf, zulässig. Leiharbeitnehmer haben Anspruch auf den Zugang zu beruflichen Weiterbildungsmöglichkeiten, die für die Stammbelegschaft im Entleihbetrieb geschaffen werden. Außerdem müssen alle freien Stellen im Betrieb müssen auch dem Leihpersonal bekannt gemacht werden.

2.3.14 Schweden

In Schweden ist die Arbeitnehmerüberlassung ohne besondere behördliche Genehmigung zulässig. Für Mitglieder in der Vereinigung der schwedischen Zeitarbeitsagenturen wird eine (freiwillige) Erlaubnis erteilt. Grundlage ist ein Überlassungsvertrag. Für den Arbeitsvertrag zwischen Verleiher und Arbeitnehmer gelten besondere gesetzliche Bestimmungen hinsichtlich des Vertragsinhaltes und der Form. Gesetzliche Einschränkungen sehen beispielsweise vor, dass der Arbeitnehmer binnen einer Frist von sechs Monaten seit Beendigung eines Arbeitsverhältnisses nicht an den früheren Arbeitgeber zurückentliehen werden darf und dass eine Vermittlungsgebühr zwischen Verleiher und Arbeitnehmer unzulässig ist.

2.3.15 Schweiz

In der Schweiz ist die Arbeitnehmerüberlassung für Unternehmen mit behördlicher Genehmigung zulässig. Besonderheiten sind hinsichtlich der Verbindung mit ausländischen Unternehmen geregelt. So bedarf die Überlassung in das Ausland einer besonderen Erlaubnis. Die Überlassung von Arbeitnehmern aus dem Ausland in die Schweiz ist unzulässig.

2.3.16 Slowakei

Für die Arbeitnehmerüberlassung in der Slowakei ist eine behördliche Genehmigung erforderlich. Die Genehmigung wird befristet erteilt und muss nach fünf Jahren erneuert werden. Die Arbeitnehmerüberlassung wird von der Arbeitsvermittlung abgegrenzt. Es dürfen z. B. keine Vermittlungsgebühren von den Leiharbeitnehmern erhoben werden.

Grundlage ist ein Überlassungsvertrag, für den keine weiteren gesetzlichen Anforderungen bestehen. Eine maximale Überlassungsdauer ist nicht vorgeschrieben. Es besteht ein gesetzlicher Mindestlohn.

2.3.17 Slowenien

Die Arbeitnehmerüberlassung in Slowenien ist mit behördlicher Genehmigung zulässig. Für die Erlaubniserteilung wird der Antragsteller auf entsprechende Ausbildung und über mindestens zweijährige Praxiserfah-

Ausländische Regelungen

rung überprüft. Die Erlaubniserteilung ist auch abhängig von der Arbeitslosigkeit in der Region und der Anzahl aktiver Agenturen. Grundlage ist die Vereinbarung eines Überlassungsvertrages. Im Überlassungsvertrag müssen erforderliche berufliche Qualifikation und Fähigkeiten des Leiharbeitnehmers, Verletzungsgefahren und Gesundheitsrisiken, sowie Rechte des Leiharbeitnehmers und des Entleihbetriebes geregelt sein.

Die maximale Überlassungsdauer beträgt zwölf Monate. Die Arbeitnehmerüberlassung ist für bestimmte Fälle ausgeschlossen, z. B. bis zwölf Monate nach einer Massenentlassung oder im Falle eines Streiks. Es besteht ein gesetzlicher Mindestlohn. Leiharbeitnehmer haben auch während einsatzfreier Zeiten Anspruch auf ein Gehalt in Höhe von 70% des Mindestlohns.

2.3.18 Spanien

Die Arbeitnehmerüberlassung ist in Spanien Zeitarbeitsunternehmen mit behördlicher Genehmigung erlaubt. Die Erlaubnis wird zunächst befristet erteilt. Im spanischen Recht bereitet vor allem die Abgrenzung der erlaubten Arbeitnehmerüberlassung zu anderen Gestaltungsformen des Fremdpersonaleinsatzes, ähnlich dem Werk- oder Dienstvertrag im deutschen Recht, Schwierigkeiten.

Bei der Arbeitnehmerüberlassung besteht ein Arbeitsverhältnis zwischen dem Verleihunternehmen und dem Arbeitnehmer. Dazu wird ein Überlassungsvertrag zwischen dem Verleihunternehmen und dem Entleiher geschlossen.

Es bestehen gesetzliche Regelungen über die Arbeitsbedingungen von Leiharbeitnehmern, so z. B. eine Bestimmung, nach der die Entlohnung des Leiharbeitnehmers die vergleichbarer Arbeitnehmer beim Entleiher nicht unterschreiten darf. Es besteht ein gesetzlicher Mindestlohn.

In bestimmten Fällen, beispielsweise innerhalb eines Konzerns, ist die Arbeitnehmerüberlassung unter vereinfachten Voraussetzungen erlaubt (vgl. hierzu auch: Cremades, Arbeitsrecht in Spanien, 2. Auflage 2004).

2.3.19 Tschechien

Die Arbeitnehmerüberlassung in der Tschechischen Republik ist als vorübergehende Überlassung von Arbeitnehmern grundsätzlich zulässig. Erforderlich ist eine behördliche Genehmigung für den als Verleiher auftretenden Arbeitgeber (im tschechischen Recht wird dieser als Agentur i. S. d. Tschechischen Arbeitsgesetzbuches bezeichnet). Die Genehmigung erteilt das Ministerium für Arbeit und Soziales auf Antrag und für einen Zeitraum von höchstens drei Jahren. Ausnahmen von der Genehmigungspflicht der Überlassung von Arbeitnehmern, etwa bei konzerninterner Überlassung, bestehen nicht. Genehmigungsfrei ist aber die Entsendung von Arbeitkräften zum Zweck der Qualifizierung, bei der keine Arbeitsleistung erfolgt.

Für die Überlassung muss zum einen eine entsprechende Vereinbarung zwischen Verleiher und Arbeitnehmer geschlossen werden. Daneben ist ein schriftlicher Überlassungsvertrag erforderlich, für den gesetzliche Inhaltsanforderungen bestehen, u. a. Angaben zum Arbeitnehmer, der auszuübenden Tätigkeit und die Bezeichnung der Genehmigung.

Die Überlassung ist grundsätzlich für einen Zeitraum von höchstens zwölf Monaten möglich. Eine längere Überlassung ist ausnahmsweise zulässig, wenn sie auf Wunsch des Arbeitnehmers erfolgt, oder der Arbeitnehmer zur Vertretung eines in Mutterschutz oder Erziehungsurlaub befindlichen Arbeitnehmers eingesetzt ist. Leiharbeitnehmer müssen hinsichtlich der Arbeitsbedingungen wie vergleichbare Stammarbeitnehmer des Entleihunternehmens behandelt werden. Es besteht ein gesetzlicher Mindestlohn.

2.3.20 Ungarn

Die Arbeitnehmerüberlassung ist in Ungarn gesetzlich vorgesehen und zulässig. Für die Überlassung ist eine behördliche Genehmigung erforderlich. Grundlage ist ein Überlassungsvertrag zwischen Verleiher und Entleiher. Rechte und Pflichten aus der Arbeitgeberstellung tragen Verleiher und Entleiher gemeinsam. Aus den gesetzlichen Bestimmungen ergeben sich einzelne Einschränkungen der zulässigen Beschäftigung eines Leiharbeitnehmers. Ab dem sechsten Monat der Überlassung muss einem Leiharbeitnehmer der gleiche Lohn und Lohnzusätze wie für Stammarbeitnehmer gezahlt werden. Weitergehende Gleichbehandlungspflichten gelten ab einer Mindestüberlassungsdauer von 2 Jahren.

2.3.21 Vereinigte Staaten von Amerika (USA)

In den Vereinigten Staaten von Amerika ist die Arbeitnehmerüberlassung kein Gegenstand der Bundesgesetzgebung, sondern in den einzelnen Staaten unterschiedlich geregelt. In vielen der Bundesstaaten ist die Arbeitnehmerüberlassung zulässig, in einzelnen Staaten ist eine Erlaubnis erforderlich.

3. Begriffe der Arbeitnehmerüberlassung

3.1 Verleiher und Arbeitgeber

Nach dem Arbeitnehmerüberlassungsgesetz in § 1 Abs. 1 Satz 1 AÜG ist der Verleiher derjenige Arbeitgeber, der Arbeitnehmer (Leiharbeitnehmer) einem Dritten (Entleiher) gewerbsmäßig zur Arbeitsleistung überlässt.

Der Verleiher im Sinne des AÜG ist der Arbeitgeber des Leiharbeitnehmers im arbeitsrechtlichen Sinne. Die Begründung eines Arbeitsverhältnisses zwischen dem Leiharbeitnehmer und dem Verleiher (Arbeitgeber) unterliegt insofern keinen rechtlichen Besonderheiten und beurteilt sich nach den allgemeinen zivilrechtlichen und arbeitsrechtlichen Bestimmungen.

Über das Arbeitsverhältnis wird zwischen Arbeitgeber und Arbeitnehmer ein Arbeitsvertrag geschlossen. Für das Zustandekommen eines Arbeitsvertragsverhältnisses ist der darauf gerichtete Wille der Vertragsparteien maßgeblich, den Arbeitgeber und Arbeitnehmer im Arbeitsvertrag dokumentieren. Liegt ein schriftlicher Vertrag nicht vor, ist das Vorliegen eines Arbeitsverhältnisses abhängig von der tatsächlichen Ausgestaltung und Durchführung der Beziehung zwischen Arbeitnehmer und Arbeitgeber. Diese wiederum gibt im Zweifel Aufschluss über den mutmaßlichen Willen der beiden Arbeitsvertragsparteien, der für das Zustandekommen eines Arbeitsvertrages maßgeblich ist.

Wesentliches Merkmal für das Vorliegen eines Arbeitsverhältnisses ist der Grad der persönlichen Abhängigkeit des Arbeitnehmers von seinem Arbeitgeber hinsichtlich der Bestimmungen von Art, Ort, Dauer und Zeit seiner Arbeitsleistung. Erteilt der Arbeitgeber dem Arbeitnehmer in diesen Fragen Weisungen, die der Arbeitnehmer bei seiner Arbeitsleistung zu befolgen hat, wird von einem Arbeitsverhältnis ausgegangen.

Der Arbeitgeber ist im Arbeitsverhältnis dementsprechend weisungsbefugt gegenüber dem Arbeitnehmer.

Die rechtliche Stellung als Vertragspartner und seine Weisungsbefugnis hinsichtlich der Gestaltung der Arbeitsaufgabe kann jedoch auseinanderfallen. Dies geschieht bei der Überlassung eines Leiharbeitnehmers an einen anderen Arbeitgeber. Hinsichtlich der Arbeitsaufgaben erhält der Leiharbeitnehmer Weisungen von einer Person, die nicht sein Arbeitgeber ist. Die Arbeitgebereigenschaft ist also nicht davon abhängig, ob der Arbeitgeber sein Weisungsrecht auch tatsächlich selbst ausübt. Dies erscheint auf den ersten Blick paradox. Auf den zweiten Blick ist dies jedoch auch in der Praxis der üblichen betriebsbezogenen Arbeitsverhältnisse die Regel. So wird der rechtliche Arbeitgeber sein Weisungsrecht in der Regel auf Fachvorgesetzte oder den Betriebsleiter übertragen haben.

Begriffe der Arbeitnehmerüberlassung

Als Arbeitgeber wird im Arbeitsverhältnis der rechtliche Arbeitgeber bezeichnet. Das ist der Inhaber des Betriebes, dem der Arbeitnehmer angehört und der rechtliche Vertragspartner des Arbeitnehmers im Arbeitsvertrag. Der Begriff des Verleihers im Sinne des AÜG setzt auf die Eigenschaft des arbeitsrechtlichen Arbeitgebers. Der Verleiher zeichnet sich zusätzlich dadurch aus, dass er als rechtlicher Arbeitgeber des Leiharbeitnehmers diesen an andere Unternehmer zur Arbeitsleistung in einem fremden Betrieb überlässt, in dem er den Arbeitnehmer begrifflich verleiht. Der Leiharbeitnehmer wird dann im Betrieb eines anderen Arbeitgebers tätig, ohne dass durch die Überlassung des Arbeitnehmers die Arbeitgeberstellung des Verleihers tangiert wird.

WICHTIG!

Der Verleiher übernimmt mit der Beschäftigung des Leiharbeitnehmers die rechtlichen Pflichten des Arbeitgebers und das Arbeitgeberrisiko. Verleiher kann jede Person sein, die Arbeitgeber sein kann, also neben natürlichen Personen auch juristische Personen, Personengesellschaften und Personengesamtheiten.

3.2 Entleiher

Der Entleiher im Sinne des AÜG beschäftigt den überlassenen Leiharbeitnehmer, wird aber nicht dessen Arbeitgeber. Dem Entleiher werden Leiharbeitnehmer zur Arbeitsleistung überlassen, die er in den Grenzen des Überlassungsvertrages in seinem Betrieb nach seinen Vorstellungen beschäftigen kann.

In arbeitsrechtlichen Vorschriften ist vielerorts die Unterscheidung zwischen Betrieb und Unternehmen von Bedeutung. Als Entleiher im Sinne des AÜG kommt nur das Unternehmen als Rechtsträger des Betriebes, in dem der Leiharbeitnehmer eingesetzt wird, in Betracht. Die Bundesagentur für Arbeit geht in ihrem Runderlass für die vormals aufgrund der gesetzlich beschränkten Höchstüberlassungsdauer noch bedeutsamere Frage der Definition des Entleiherbetriebes davon aus, dass Entleiher der Betrieb ist, der aufgrund des Aufgabenbereiches und der Organisation eigenständig und selbstständig zur selbstständigen Einstellung und Entlassung von Arbeitnehmern der überlassenen Art berechtigt ist.

3.3 Leiharbeitnehmer

Der Begriff des Leiharbeitnehmers bezeichnet nach dem Arbeitnehmerüberlassungsgesetz den Arbeitnehmer, der zu einem Verleiher i. S. d. § 1 Abs. 1 Satz 1 AÜG in einem Arbeitsverhältnis steht und Dritten (Entleihern) gewerbsmäßig zur Arbeitsleistung überlassen wird.

Leiharbeitnehmer

Der im AÜG verwandte Begriff des Leiharbeitnehmers bezeichnet in erster Linie den Arbeitnehmer. Dabei ist der Arbeitnehmerbegriff aus den allgemeinen zivilrechtlichen Bestimmungen und dem Arbeitsrecht gemeint. Arbeitnehmer ist danach im Pendant zum oben beschriebenen Arbeitgeber die Person, die aufgrund eines zivilrechtlichen Vertrages fremdbestimmte Arbeitsleistungen erbringt. Der Arbeitnehmer muss abhängige, fremdbestimmte Arbeitsleistung erbringen. Der Grad der persönlichen Abhängigkeit und die Weisungsgebundenheit im Verhältnis zum Arbeitgeber hinsichtlich Zeit, Dauer, Ort und Art der Arbeitsausführung sind maßgebliches Merkmal für den Arbeitnehmerbegriff.

Die Weisungsgebundenheit hinsichtlich der Arbeitsaufgaben als wichtiger Anknüpfungspunkt kann in besonderen Fällen zurücktreten. Das ist der Fall, wenn der Arbeitnehmer Dienste verrichtet, die in hohem Maße selbstständig ausgeführt werden, z. B. angestellte Architekten, Entwicklungsingenieure, Wissenschaftler mit Forschungsaufgaben, Syndikusanwälte etc. In diesen Fällen, in denen auch von sog. höheren Diensten gesprochen wird, wird die Arbeitnehmereigenschaft vor allem auf die Eingliederung in die betriebliche Organisation des Arbeitgebers gestützt.

Die Bezeichnung Leiharbeitnehmer ändert an den Kriterien für das Vorliegen der Arbeitnehmereigenschaften nichts. Der Begriff Leiharbeitnehmer beschreibt den Arbeitnehmer, der nicht im Betrieb seines Arbeitgebers tätig ist, sondern in dem fremden Betrieb eines Dritten. Der Inhaber des fremden Betriebes übernimmt dadurch gewisse Weisungsrechte, vor allem hinsichtlich der Arbeitsaufgaben des Leiharbeitnehmers, die eigentlich dem Arbeitgeber (dem Verleiher) zustehen. Solange der Leiharbeitnehmer aber in dem fremden Betrieb des Entleihers tätig ist, übernimmt der Entleiher einzelne Funktionen, Rechte und Pflichten des Arbeitgebers. Der Leiharbeitnehmer bleibt aber Arbeitnehmer des Verleihers. Da seine rechtliche und vor allem faktische Stellung gegenüber dem Entleiher in der betrieblichen Praxis der eines Arbeitnehmers sehr ähnelt (man könnte ihn insoweit auch als Quasi-Arbeitnehmer des Entleihers bezeichnen), bezeichnet man ihn im Verhältnis zum Entleiher als Leiharbeitnehmer.

Der Umfang der Beschäftigung spielt für die Arbeitnehmereigenschaft keine Rolle. Zu den Leiharbeitnehmern können also auch Teilzeitbeschäftigte und geringfügig Beschäftigte zählen.

Keine Arbeitnehmer sind beispielsweise Vereinsmitglieder eines Vereins oder Genossenschaftsmitglieder in einer Genossenschaft oder Mitglieder kirchlicher Orden oder Schwesternschaften. Hausgewerbetreibende und

Begriffe der Arbeitnehmerüberlassung

Heimarbeiter sind keine Arbeitnehmer (§ 2 HAG). Sie können demnach nicht als Leiharbeitnehmer zur Arbeitsleistung überlassen werden.

Organe juristischer Personen sind regelmäßig keine Arbeitnehmer. Die Arbeitnehmereigenschaft des Geschäftsführers einer GmbH wird vom Bundesarbeitsgericht nicht generell verneint (BAG v. 26.5.1999, 5 AZR 664/98, NZA 99, 987). Grundsätzlich ist es möglich, dass das Anstellungsverhältnis eines GmbH-Geschäftsführers neben der Arbeitgeberfunktion auch in ein Arbeitsverhältnis mündet. Entscheidend hierfür ist wiederum die für die Arbeitnehmereigenschaft maßgebliche persönliche Abhängigkeit vom Arbeitgeber.

Freie Mitarbeiter sind begrifflich keine Arbeitnehmer. Sie sind selbstständig tätig und stehen mit ihrem Auftraggeber beispielsweise in einer werkvertraglichen Beziehung.

Bei solchen Beschäftigungsverhältnissen ist aber darauf zu achten, ob die formal rechtlich als selbstständig beschriebene Tätigkeit des freien Mitarbeiters in ihrer tatsächlichen Durchführung die oben beschriebenen Merkmale der abhängigen Beschäftigung erfüllt.

Bei diesen Fällen handelt es sich um Fälle der sog. **Scheinselbstständigkeit.** Den Begriff der Beschäftigung definiert § 7 Abs. 1 SGB IV. Zusammen mit den von der Rechtsprechung entwickelten Grundsätzen zur Abgrenzung zwischen selbstständiger und abhängiger Beschäftigung ist für die Beurteilung die tatsächliche Durchführung des Beschäftigungsverhältnisses entscheidend, auch wenn sie von der vertraglichen Gestaltung abweicht.

> **WICHTIG!**
>
> In Zweifelsfällen kann für die Beurteilung der Frage, ob eine selbstständige Tätigkeit oder ein Arbeitsverhältnis vorliegt, zur Klärung der Statusfrage ein sog. Anfrageverfahren bei den Rentenversicherungsträgern durchgeführt werden (Clearingstelle der BfA).

3.4 Echtes und unechtes (gewerbsmäßiges) Leiharbeitsverhältnis

Die begriffliche Unterscheidung zwischen echter und unechter Arbeitnehmerüberlassung stammt noch aus der Zeit vor der gesetzlichen Regelung der Arbeitnehmerüberlassung. Als echte Arbeitnehmerüberlassung bezeichnete man den Sachverhalt, bei dem ein Arbeitgeber einen bei sich beschäftigten Arbeitnehmer gelegentlich und vorübergehend an einen anderen abgibt. Die Regelungen des AÜG betreffen hingegen im Wesentlichen die früher als unechte Arbeitnehmerüberlassung bezeichneten

Echtes und unechtes (gewerbsmäßiges) Leiharbeitsverhältnis

Fälle der Arbeitnehmerüberlassung, bei denen ein allein zum Zweck der Ausleihe an einen Dritten eingestellter Arbeitnehmer überlassen wird.

Eine gesetzliche Definition des Leiharbeitsverhältnisses findet sich im Arbeitnehmerüberlassungsgesetz aber nicht. Die Abgrenzung und definitive Beschreibung der Kriterien hat der Gesetzgeber bewusst den Durchführungsanweisungen und Erlassen der Bundesagentur für Arbeit überlassen, da die Verwaltung solche Kriterien flexibler gestalten können sollte.

In den Beratungen zum Gesetzentwurf über das „Erste Gesetz zur Änderung des AÜG" von 1975 wurde eine Definition vorgeschlagen, die wie folgt lautete:

„Beschränkt sich die Tätigkeit eines Arbeitgebers im Wesentlichen auf die Entsendung seiner Arbeitnehmer in andere Betriebe oder entsendet ein Arbeitgeber Arbeitnehmer in den Betrieb eines anderen Arbeitgebers und leisten die Arbeitnehmer
1. ihre Arbeit nach Anweisungen des anderen Arbeitgebers oder
2. die gleiche Arbeit wie Arbeitnehmer des anderen Arbeitgebers oder
3. ihre Arbeit im Wesentlichen mit Material und Werkzeugen des anderen Arbeitgebers oder
4. ihre Arbeit, ohne dass der entsendende Arbeitgeber für das Ergebnis der Arbeit haftet oder
5. Arbeit, die gegenüber dem entsendenden Arbeitgeber auf der Grundlage von Zeiteinheiten vergütet wird,

so wird vermutet, dass gewerbsmäßige Arbeitnehmerüberlassung vorliegt."

Diese Regelung ist nie Inhalt des Gesetzentwurfs geworden, ihr Inhalt beschreibt jedoch treffend den Kriterienkatalog, an dem sich die später maßgeblichen Regelungen in den Durchführungsanweisungen der Bundesanstalt (heute: Bundesagentur) für Arbeit orientierten.

Das Arbeitnehmerüberlassungsgesetz stellte bis zum 30.11.2011 für sich allein auf die **Gewerbsmäßigkeit der Arbeitnehmerüberlassung** ab. Das Bundesarbeitsgericht (BAG) hat in Anlehnung an die Rechtsprechung des Bundesverwaltungsgerichts (BVerwG) zum Begriff der gewerbsmäßigen Betätigung auf Folgendes abgestellt:

Wenn der Arbeitgeber (Verleiher) im Rahmen seiner auf Gewinnerzielung und planmäßige Wiederholung ausgerichteten Tätigkeit seinen Arbeitnehmer einem anderen Arbeitgeber (Entleiher) für fremdbestimmte Arbeit überlässt, liegt eine gewerbsmäßige Arbeitnehmerüberlassung vor. Das BVerwG hat als Gewerbsmäßigkeit jede auf eine gewisse Dauer und auf die Erzielung unmittelbarer oder mittelbarer wirtschaftlicher Vorteile gerichtete Tätigkeit bezeichnet.

Für die Beurteilung wird in der Praxis in aller Regel davon ausgegangen, dass Unternehmen sich durch die Arbeitnehmerüberlassung wirtschaftliche Vorteile sichern wollen, also in Gewinnerzielungsabsicht handeln. Nur bei besonderen Umständen wie beispielsweise unentgeltlicher Arbeitnehmerüberlassung für den Hilfseinsatz in Katastrophenfällen oder bei Arbeitnehmerüberlassung durch gemeinnützige Organisationen wird die Gewerbsmäßigkeit bei der Arbeitnehmerüberlassung eines Unternehmens verneint werden.

> **WICHTIG!**
> Für die Anwendbarkeit des AÜG in seiner ab 1.12.2011 geltenden Fassung kommt es auf die Gewerbsmäßigkeit nicht mehr an.

3.5 Personalpools

Um Leiharbeitnehmer zielgerichtet und auch für qualifizierte Tätigkeiten kurzfristig einsetzen zu können, bilden Unternehmen nunmehr häufiger Kooperationen zur gemeinsamen Nutzung von Personalkapazitäten. Dabei entstehen Modelle der überbetrieblichen Personalüberlassung in Form von sogenannten Personalpools.

3.5.1 Anforderungen flexibler Personalkapazitäten

Unternehmensgruppen, Konzerne oder einfache Zusammenschlüsse mehrerer rechtlich selbstständiger Arbeitgeber führen sog. Personal- oder Mitarbeiterpools ein, um Personal in ihren Betrieben oder Unternehmen flexibel einsetzen zu können. Dieser Konstellation begegnet man in der Praxis vor allem dort, wo ein Verbund von Unternehmen aufgrund schwankender Auslastung ihrer Personalkapazitäten regelmäßig Personalüberhänge und gleichzeitig Personalbedarf in anderen Bereichen verzeichnet. Idealerweise schaffen Unternehmen hierfür Beschäftigungsstrukturen, welche die vorgehaltene Personalkapazität mit dem budgetierten Arbeitsvolumen „mitatmen" lassen.

Die besonderen Anforderungen der Unternehmen, die hinsichtlich der Aufgabenstellungen an die benötigten Arbeitskräfte gestellt werden, sind dabei aber meist grundlegend verschieden. Unternehmen mit besonders qualifiziertem Personal, beispielsweise in den Branchen der IT oder anderen Hochtechnologiebereichen, können bei schwankendem Personalbedarf meist weniger flexibel reagieren, weil sie für ihr Personal besonders hohe Qualifikationen voraussetzen müssen und darum eine lange Einarbeitungsphase benötigen. Deshalb ist in solchen Unternehmen der Ein-

Personalpools

satz von Leihkräften erst ab einer längeren Einsatzdauer, oft von mehreren Monaten, sinnvoll.

In beiden Fällen wird die Nutzung von Fremdpersonal wesentlich effektiver, wenn die Unternehmen auf Personal zurückgreifen können, das bereits ausreichend qualifiziert und eingearbeitet ist. Das wird möglich, indem die Unternehmen immer wieder auf bereits eingearbeitetes Fachpersonal zugreifen können, das entweder regelmäßig in den gleichen Unternehmen eingesetzt wird, oder in anderen Unternehmen regelmäßig vergleichbare Aufgaben übernimmt.

Wenn sich in dieser Situation mehrere Arbeitgeber zusammenschließen und Mitarbeiter in einer rechtlich selbstständigen Personalservice- oder Personalführungsgesellschaft beschäftigen, besteht die Möglichkeit, diesen Mitarbeiterpool mit einer Verleiherlaubnis auszustatten und den einzelnen Arbeitgebern Personal bedarfsbezogen zur Verfügung stellen zu können. Hierbei handelt es sich regelmäßig um Fälle von Arbeitnehmerüberlassung, wobei diese unter Umständen besonderen Regeln oder Privilegien unterliegen, beispielsweise bei der Einbettung in einen Konzern.

Die personalverwaltende Gesellschaft ist in diesen Fällen der Arbeitgeber. Davon zu unterscheiden sind Dienstleistungsunternehmen, welche die Administration und Verwaltungsaufgaben der Personalverwaltung übernehmen. Sie erfüllen meist ausgelagerte Aufgabenbereiche des Arbeitgebers, ohne selbst Arbeitgeber der „verwalteten" Arbeitnehmer zu sein. Für die verschiedenen Zusammensetzungen der am Personalpool beteiligten Unternehmen sind jedoch einige Unterscheidungen zu beachten.

3.5.2 Personalpool zur Vermittlung

In Unternehmen, die im Rahmen schwankender personeller Auslastung Arbeitsaufgaben zu erfüllen haben, welche an die eingesetzten Arbeitskräfte besondere Anforderungen hinsichtlich Qualifikation oder Einarbeitung in Arbeitsabläufe oder technische Anlagen stellen, ist der Einsatz von entweder individuell qualifiziertem Personal oder der Einsatz der wiederholt gleichen Mitarbeiter wichtig. Für den bedarfsgesteuerten Austausch von Arbeitskräften kann dann ein vermittelnder Personalpool installiert werden, der seinerseits die Überlassung von Arbeitskräften unter den beteiligten Unternehmen herbeiführt.

Der Personalpool hat dabei also die Funktion eines Maklers.

Begriffe der Arbeitnehmerüberlassung

> **WICHTIG!**
>
> Das Makeln oder Vermitteln von Arbeitnehmerüberlassung stellt keine erlaubnispflichtige Tätigkeit im Sinne des AÜG dar. Soweit ein Personalpool selbst gegenüber anderen Unternehmen in der Weise tätig wird, dass er zwar Bedarf und Angebot in vermittelnder Weise und ggf. auch gegen Gebühr zusammenführt, aber selbst nicht als Arbeitgeber eigene Mitarbeiter überlässt, liegt für den Personalpool keine Arbeitnehmerüberlassung vor. Die Arbeitnehmerüberlassung findet dann zwischen den vermittelten Unternehmen statt, die dafür ggf. eine Verleiherlaubnis benötigen.

Die beteiligten Unternehmen melden den Bedarf an zusätzlichem Personal, ggf. auch einen bestehenden Personalüberhang, an den Personalpool. Dem Personalpool kommt zunächst die logistische und verwaltenden Aufgabe zu, Angebot und Nachfrage zusammenzuführen. Der Personalaustausch findet technisch in Form der Arbeitnehmerüberlassung zwischen den beiden beteiligten Unternehmen statt.

Der Personalpool zur Vermittlung tritt also selbst nicht als unmittelbar Beteiligter an der Arbeitnehmerüberlassung auf. Er kann aber zwischen den beteiligten Unternehmen erfolgreich vermitteln, da diese die Qualifikationen und Fachbereiche der zu überlassenden Arbeitskräfte bei ihren jeweiligen Stammunternehmen kennen und anhand der technischen Entwicklung der Unternehmen auch verfolgen können. Die beteiligten Unternehmen gewinnen dadurch ein höheres Vertrauen in die kurzfristige Einsetzbarkeit der Arbeitskräfte, da sie verlässlich verfolgen können, in welchem fachlichen Aufgabenumfeld der überlassene Arbeitnehmer tätig ist.

3.5.3 Personalpool zur Überlassung

Daneben besteht die Möglichkeit, den Personalpool mit eigenem Personal auszustatten. In diesen Fällen betreibt der Personalpool selbst Arbeitnehmerüberlassung, indem er eigenes Personal zur Arbeitsleistung an andere Unternehmen überlässt. Er erfüllt dabei die Aufgaben eines Zeitarbeitunternehmens. Die Gründung eines solchen Unternehmens durch andere beteiligte Unternehmen kann es aber zusätzlich ermöglichen, Personal zur Arbeitnehmerüberlassung besonders spezialisiert zu qualifizieren und für besondere Arbeitsaufgaben einzusetzen, für die sonst ein hoher Aufwand für die Einarbeitung neuer Arbeitskräfte betrieben werden müsste.

Der Betrieb einer solchen „exklusiven" Beschäftigungs- oder Zeitarbeitsgesellschaft bedeutet aber einen nicht unerheblichen Aufwand. Voraussetzung für den wirtschaftlichen Unterhalt eines solchen Personalpools ist daher eine hohe Auslastung durch die beteiligten Unternehmen.

Personalpools

Diese Situation kann aber bei Unternehmen mit einer sich überschneidenden Wertschöpfungskette oder regelmäßig in gleicher Form wiederkehrenden Aufgabenstellungen durchaus gegeben sein.

Beispiel:

Verschiedene Unternehmen sind im Bereich der Fertigung von Fertigelementen für Industrieanlagen wie Öfen, Schornsteinen und Abluftanlagen tätig.

Für die planerische Berechnung und Vorplanung der Bauwerke oder Fertigung von Elementen zu Bauobjekten benötigen verschiedene Unternehmen Arbeitskräfte mit Kenntnissen im Bereich der statischen Berechnung und CAD-Programmierung, die nach dem Anlaufen der Produktion über längere Zeit nicht ausgelastet eingesetzt werden können.

Die Errichtung eines eigenständigen Personalpools zur Überlassung von eigenen Arbeitskräften ist verhältnismäßig aufwendig. Sie kann aber beispielsweise auch dann sinnvoll sein, wenn einzelne Unternehmen einen Personalabbau abfedern wollen.

Daneben besteht ein Vorteil für die beteiligten Arbeitnehmer. Durch den Übertritt der Arbeitnehmer in den Personalpool wird der Weg in die Kurzarbeit oder Arbeitslosigkeit verhindert, daneben bleiben die Arbeitnehmer als kurzfristig einsetzbare Fachkräfte in der Lage, ihre Qualifikationen und Kenntnisse zu erhalten und auszubauen. Beides sind elementare Voraussetzungen für die Bewerbung auf eine Neubeschäftigung in einem anderen Unternehmen.

3.5.4 Personalpool im Konzern

Innerhalb eines Konzernverbundes von Unternehmen besteht die Möglichkeit, die privilegierte konzerninterne (erlaubnisfreie) Arbeitnehmerüberlassung zu nutzen.

Voraussetzung ist dafür aber, dass der Arbeitnehmer zwar innerhalb eines Konzerns überlassen wird, er aber gerade nicht allein zum Zweck der Überlassung an andere Konzernunternehmen beschäftigt wird. Dann lag bereits nach des bisherigen Rechtsprechung (BAG v. 20.4.2005, 7 ABR 20/04) eine erlaubnispflichtige Arbeitnehmerüberlassung nach dem AÜG vor, wenn ein im Konzern errichteter Personalpool in Form eines Konzernunternehmens Arbeitnehmer zum Zweck der Überlassung an andere Konzerngesellschaften beschäftigt *(siehe Ziff. 9.2 Konzerninterne Arbeitnehmerüberlassung).* Für die Erlaubnispflicht der Arbeitnehmerüberlassung ist nach § 1 Abs. 1 AÜG n. F. gewerbsmäßiges Handeln nicht mehr erforderlich sondern jede Überlassungstätigkeit im Rahmen der wirtschaftlichen Tätigkeit des Verleihers erfasst. Die Frage, ob eine konzern-

Begriffe der Arbeitnehmerüberlassung

interne Überlassung zum Selbstkostenpreis mangels Gewinnerzielungsabsicht als nicht gewerbsmäßig gilt und damit auch unter einer Personalführungsgesellschaft außerhalb der Geltung des AÜG erfolgen kann, stellt sich daher nicht mehr, denn die Überlassung ist jedenfalls Gegenstand der wirtschaftlichen Tätigkeit der Personalführungsgesellschaft. Die Ausnahme von Arbeitnehmern, die im Konzern zum Zwecke der Überlassung beschäftigt werden, ist von der Möglichkeit der erlaubnisfreien Überlassung in dem zum 1.12.2011 in Kraft getretenen § 1 Abs. 1, Abs. 3 Nr. 2 AÜG n. F. nunmehr ausdrücklich geregelt.

Beispiel:

> Die S-AG ist mit verschiedenen Gesellschaften zu einem Konzern verbunden. Unter diesen Konzerngesellschaften befindet sich auch die S-Personalpool GmbH. Diese stellt Mitarbeiter u. a. auch aus den Konzerngesellschaften selbst ein, um diese dann an andere Konzerngesellschaften zur Arbeitsleistung zu überlassen.
>
> Die S-Personalpool GmbH führt Arbeitnehmerüberlassung zwar nur innerhalb des Konzerns durch, sie beschäftigt dazu aber eigene Mitarbeiter (Leiharbeitnehmer) zum alleinigen Zweck der Überlassung an andere (Konzern-)Unternehmen. Die S-GmbH benötigt daher für die Überlassung eine Verleiherlaubnis.

Regelmäßig werden konzerninterne Personalpools gebildet, um bestehende Personalkapazitäten aus einzelnen Konzernunternehmen auszulagern **(Outsourcing von Personalkapazität),** oder den Personalbedarf verschiedener Konzerngesellschaften über die konzerninterne Personalpoolgesellschaft decken zu können.

Bei der Errichtung von konzerninternen Personalpools und dem rolierenden Einsatz der Poolmitarbeiter in den verschiedenen Konzernunternehmen muss besonders auf die organisatorisch sorgfältige Arbeitnehmerüberlassung geachtet werden. Denn die häufig enge organisatorische Verflechtung der Unternehmens- und Personaladministrationen unter den Konzernunternehmen kann ungewollt dazu führen, dass die Überlassung von Arbeitskräften aus dem Personalpool die rechtlichen Grenzen der Arbeitnehmerüberlassung nach dem AÜG überschreitet.

Insbesondere kann die Verwaltung des eingesetzten Personals und die Übernahme von Arbeitgeberpflichten durch die entleihende Konzerngesellschaft dazu führen, dass tatsächlich keine Überlassung, sondern eine Arbeitnehmervermittlung durchgeführt wird.

Solche Arbeitgeberpflichten sind insbesondere die Haupt- und Nebenpflichten aus dem Arbeitsvertrag, die arbeitgeberseitige Betreuung, vor allem die Vergütung des Arbeitnehmers.

Personalpools

Das AÜG vermutet auch eine Arbeitsvermittlung nach § 1 Abs. 2 AÜG in den Fällen, in denen ein Tatbestand für die Versagung der Erlaubnis nach § 3 Abs. 1 vorliegt *(siehe Ziff. 12.3 Gründe für die Versagung der Erlaubnis und Ziff. 16.6 Vermittlungsvermutung).*

> **HINWEIS:**
>
> Der Personalpool innerhalb des Konzerns muss darauf achten, dass die arbeitgeberseitige Verwaltung der Arbeitsverhältnisse der Poolmitarbeiter nicht von den Konzerngesellschaften übernommen, sondern ausschließlich durch die Personalpoolgesellschaft übernommen wird.

Neben der arbeitsvertraglichen Gestaltung der Umsetzungsmöglichkeiten der Poolmitarbeiter innerhalb der verschiedenen Konzerngesellschaften sind für die Einsätze der Poolmitarbeiter auch die Betriebsräte der jeweiligen Konzernunternehmen zu beteiligen. Insofern gelten für die Überlassung von Arbeitskräften im Konzern keine Besonderheiten.

3.5.5 Leiharbeitsverhältnisse im Personalpool

Die Beschäftigung von Arbeitnehmern im Personalpool des Konzerns soll den Konzernunternehmen zur Deckung von in der Regel vorübergehendem Personalbedarf dienen. Daher sind die nachgefragten fachlichen Qualifikationen der Poolmitarbeiter mit dem Wandel in Produkt- und Tätigkeitsausrichtung der Unternehmen veränderlich. Für die Personalpoolgesellschaft ist es darum von Interesse, Mitarbeiter mit besonders fachspezifischen Qualifikationen befristet zu beschäftigen. Dabei ist zu beachten, dass die Synchronisation von Überlassung und Bestand des Leiharbeitsverhältnisses zwar nicht mehr generell durch das AÜG (§ 3 Abs. 1 Nr. 5 AÜG a. F.) untersagt ist, aber nur unter den Voraussetzungen des Teilzeit- und Befristungsgesetzes und damit eingeschränkt möglich ist *(siehe Ziff. 17.6 Befristungsmöglichkeiten).*

Wechselt ein Mitarbeiter eines Konzernunternehmens in den Mitarbeiterpool, beispielsweise weil der ursprüngliche Arbeitsplatz bei der Konzerngesellschaft weggefallen ist, so findet ein Arbeitgeberwechsel statt. Der Personalpool könnte mit dem Mitarbeiter, soweit noch keine Vorbeschäftigung in der Personalpoolgesellschaft vorliegt, also zunächst ein befristetes Arbeitsverhältnis bis zur Dauer von zwei Jahren und bis zu dreimaliger Verlängerung ohne die Voraussetzung eines sachlichen Grundes schließen (§ 14 Abs. 1 TzBfG).

Der Personalpool kann in diesem Fall auch ein maximales Maß an Weiterbeschäftigungsmöglichkeiten im ganzen Konzern ausnutzen, da er seinerseits den Mitarbeiter je nach Bedarf an die verschiedenen Konzernunternehmen überlassen kann.

Im Übrigen gelten für die Mitarbeiter im Personalpool die gesetzlichen Vorschriften über die Gestaltung von Arbeitsbedingungen in der Arbeitnehmerüberlassung des AÜG. Insbesondere kann auch hier durch die Vereinbarung abweichender Arbeits- und Entgeltbedingungen nur auf der Grundlage tariflicher Bestimmungen von der Anwendung des Equal-Pay-Grundsatzes abgewichen werden *(siehe Ziff. 13.5 Ausnahmen vom Equal-Pay-Grundsatz).*

◁ **ACHTUNG!**

Nach der Neufassung des AÜG sind die Ausnahmen vom Equal-Pay-Grundsatz eingeschränkt (§ 3 Abs. 1 Nr. 3, § 9 Nr. 2 AÜG n.F). Eine abweichende tarifliche Regelung gilt nicht mehr für Leiharbeitnehmer, die in den letzten sechs Monaten vor der Überlassung an den Entleiher aus einem Arbeitsverhältnis bei diesem oder einem Arbeitgeber, der mit dem Entleiher einen Konzern im Sinne des § 18 des Aktiengesetzes bildet, ausgeschieden sind. Ausbildungsverhältnisse zählen nicht als Vorbeschäftigung in diesem Sinne, geringfügige Beschäftigungen und Neben- oder Aushilfstätigkeiten dagegen ja. Dies gilt bereits für Leiharbeitnehmer, die seit dem 15.12.2010 eingestellt wurden („Drehtürklausel").

Solche Drehtür-Gestaltungen führen auch zwischen Konzerngesellschaften zur zwingenden Anwendung des Equal-Pay-Grundsatzes für die Vergütung und Arbeitsbedingungen des überlassenen Arbeitnehmers.

3.6 Beschäftigungsgesellschaften

Zur übergangsweisen Beschäftigung von Arbeitnehmern, die von einem Personalabbau betroffen sind und ihren früheren Arbeitsplatz verloren haben, werden Beschäftigungsgesellschaften genutzt. Solche Gesellschaften erfüllen unter anderem den Zweck, im betrieblichen Alltag – insbesondere von größeren Unternehmen – häufiger die Vermittlung ihrer Beschäftigten in ein neues Arbeitsverhältnis zu unterstützen. Als Mittel hierfür wird auch auf die Überlassung von Arbeitnehmern zurückgegriffen, um den Beschäftigten den Einstieg in eine neue dauerhafte Beschäftigung zu erleichtern. Ein solches Tätigwerden bedarf also der genauen Abgrenzung, ob im Einzelfall eine Arbeitnehmerüberlassung durchgeführt wird oder ob eine Arbeitsvermittlung vorliegt *(siehe Ziff. 16.6 Vermittlungsvermutung).*

4. Zeitarbeit

Unter dem Begriff der Zeitarbeit werden Unternehmen definiert, die in besonderer Ausgestaltung der Arbeitnehmerüberlassung den Verleih von Arbeitnehmern zum (einzigen) Geschäftsinhalt haben und Arbeitsverhältnisse mit Arbeitnehmern zu dem Zweck eingehen, diese an andere Arbeitgeber zu überlassen.

Personal-Service-Agenturen

4.1 Rechtsgrundlagen

Die Geschäftstätigkeit von Zeitarbeitsunternehmen richtet sich hinsichtlich der Überlassung der Arbeitnehmer an Dritte nach den Bestimmungen des Arbeitnehmerüberlassungsgesetzes, so dass sich hier keine Besonderheiten ergeben. Für die Arbeitsverträge zwischen Verleiher und Leiharbeitnehmer gelten die allgemeinen zivilrechtlichen und arbeitsrechtlichen Bestimmungen.

4.2 Abgrenzung zur Arbeitsvermittlung

Die Vermittlung von Arbeitnehmern unterscheidet sich begrifflich von der durch Zeitarbeitsunternehmen vorgenommenen Überlassung von Arbeitnehmern in dem Bestand des Arbeitsverhältnisses zwischen Verleiher und Leiharbeitnehmer. Das Arbeitsverhältnis zwischen Verleiher und Leiharbeitnehmer wird durch die Überlassung nicht berührt, es konkretisiert sich nur jeweils hinsichtlich einer bestimmten Arbeitsaufgabe, Einsatzort usw. Die Arbeitsvermittlung zeichnet aus, dass der Vermittler ein Arbeitsverhältnis zwischen seinem Arbeitnehmer und dem Dritten anbahnt. Bei erfolgreicher Vermittlung endet das Verhältnis zwischen dem Vermittler und dem Arbeitnehmer. Bei der Arbeitsvermittlung wird der Beschäftigte also nicht nur für eine bestimmte Zeit überlassen, so dass in diesen Fällen keine Arbeitnehmerüberlassung vorliegt.

4.3 Personal-Service-Agenturen

Eine besondere Zielrichtung hatten nach diesen Grundsätzen die sog. Personal-Service-Agenturen. Die Errichtung von Personal-Service-Agenturen geht auf die Vorschläge der Hartz-Kommission zurück und fand ihre gesetzliche Grundlage in § 37c SGB III. Im Zuge der Neuausrichtung der Arbeitsagentur wurde § 37c SGB III zum 1.1.2009 aufgehoben.

Im Gegensatz zu den „üblichen" Zeitarbeitsfirmen waren die Personal-Service-Agenturen letztlich auf die Vermittlung ihrer Arbeitskräfte ausgerichtet. Sie wurden meist als Instrumente „vermittlungsorientierter Arbeitnehmerüberlassung" bezeichnet, da ihre Tätigkeit darin bestand, Arbeitnehmer zu überlassen mit dem Ziel, ein Arbeitsverhältnis zwischen dem Entleiher und dem überlassenen Arbeitnehmer anzubahnen. Personal-Service-Agenturen sollten Arbeitslose einstellen, diese weiterqualifizieren und durch die Überlassung eine Beschäftigung außerhalb der Personal-Service-Agenturen vermitteln.

Nach den Erörterungen in den Vorschlägen der sog. Hartz-Kommission wurde diese als „Klebeeffekt" bezeichnete Anbahnung eines dauerhaften Arbeitsverhältnisses für über 50% der Vermittlungsfälle prognostiziert.

Begriff der Arbeitnehmerüberlassung

Tatsächlich wurde die Übernahme von Leiharbeitnehmern in feste Anstellungsverhältnisse zuletzt bei etwa einem Viertel der Leiharbeitnehmer genannt.

5. Begriff der Arbeitnehmerüberlassung und andere Formen des Fremdpersonaleinsatzes

5.1 Begriff und Rechtsgrundlagen der Arbeitnehmerüberlassung

Das Arbeitnehmerüberlassungsgesetz bietet wie oben bereits dargestellt keine verlässliche Definition des Begriffs der Arbeitnehmerüberlassung. In § 1 Abs. 1 Satz 1 AÜG ist insoweit lediglich die Rede von dem Arbeitgeber, der im Rahmen seiner wirtschaftlichen Tätigkeit als Verleiher einem dritten Entleiher Arbeitnehmer vorübergehend zur Arbeitsleistung überlässt. Das Gesetz setzt die Definitionen dieser Begriffe für die Anwendung der gesetzlichen Bestimmungen voraus.

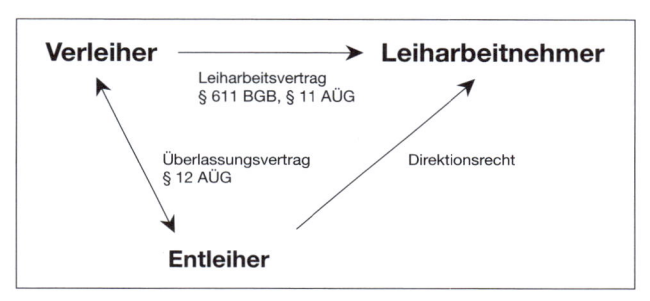

```
Verleiher ──────────────▶ Leiharbeitnehmer
    ▲  │     Leiharbeitsvertrag       ▲
    │  │     § 611 BGB, § 11 AÜG      │
    │  │                              │
    │  │     Überlassungsvertrag      │  Direktionsrecht
    │  │     § 12 AÜG                 │
    │  ▼                              │
           Entleiher
```

Nach der hierzu ergangenen Rechtsprechung des Bundesarbeitsgerichts liegt eine Arbeitnehmerüberlassung vor, wenn ein Arbeitgeber als Verleiher einem Dritten (Entleiher) aufgrund einer Vereinbarung, vorübergehend geeignete, bei ihm angestellte Arbeitskräfte zur Verfügung stellt, die der Entleiher nach seinen Vorstellungen und Zielen in seinem Betrieb wie seine eigenen Arbeitnehmer einsetzen kann (BAG vom 3.12.1997, 7 AZR 764/96, DB 98, 1520).

Weiterhin geht das Bundesarbeitsgericht davon aus, dass ein Arbeitnehmer nicht bereits dann einem anderen Arbeitgeber überlassen wird, wenn er aufgrund seines Arbeitsvertrages Weisungen des anderen Arbeitgebers zur Arbeitsleistung zu befolgen hat. Es ist zusätzlich erforderlich, dass der Arbeitnehmer vollständig in den Betrieb des anderen Arbeitgebers eingegliedert ist und für diesen, und nicht weiterhin für seinen ursprünglichen Arbeitgeber, tätig ist.

Begriff und Rechtsgrundlagen der Arbeitnehmerüberlassung

Darin besteht der wesentliche Unterschied zwischen der Arbeitnehmerüberlassung und der Arbeitsvermittlung.

> Bei der Arbeitsvermittlung geht es darum, den Abschluss eines Arbeitsvertrages und die Aufnahme eines Beschäftigungsverhältnisses mit einem Dritten herbeizuführen.

Mit der Vermittlung des Arbeitnehmers an einen anderen Arbeitgeber soll anschließend nur noch das Arbeitsverhältnis mit dem neuen Arbeitgeber bestehen, eine Anbindung an den Vermittler besteht dann nicht mehr. Der Arbeitsvermittler beendet regelmäßig seine vertraglichen Beziehungen zu dem vermittelten Arbeitnehmer mit der erfolgreichen Vermittlung. Anders als bei der Arbeitsvermittlung, bei der die Beziehungen zwischen dem Überlassenden und dem überlassenen Arbeitnehmer mit der Vermittlung enden, bestehen bei der Arbeitnehmerüberlassung die Rechtsbeziehungen zwischen beiden fort. Zwischen dem Überlassenden und dem überlassenen Arbeitnehmer bleibt auch während der Zeit der Tätigkeit in dem fremden Betrieb des Entleihers ein Rechtsverhältnis bestehen. Der entleihende Arbeitgeber verfolgt nicht das Ziel, den Leiharbeitnehmer an einen anderen Arbeitgeber dauerhaft abzugeben, sondern er stellt Arbeitskräfte zur Verfügung und behält dabei gegenüber diesen Arbeitskräften seine formale Arbeitgeberstellung bei.

Das Arbeitnehmerüberlassungsgesetz erfasst begrifflich nur den **drittbezogenen Personaleinsatz.** Dementsprechend stellt das Bundesarbeitsgericht für die Voraussetzungen des Vorliegens einer Arbeitnehmerüberlassung darauf ab, dass der Arbeitnehmer in einem Drittbetrieb tätig wird.

⚠ WICHTIG!

Für Auszubildende gelten ebenfalls besondere Regelungen. Für die Auszubildenden liegt bei der Überlassung an andere Arbeitgeber zu Ausbildungszwecken, beispielsweise im Rahmen eines Ausbildungsverbundes, keine Arbeitnehmerüberlassung vor.

Problematisch ist die Beteiligung von mehr als zwei Parteien als Verleiher und Entleiher an der Arbeitnehmerüberlassung. Eine Arbeitnehmerüberlassung liegt zwar auch vor, wenn zwischen dem Verleiher und dem Entleiher eine dritte Person steht. Solche Zwischen- oder Kettenverleihe lässt das AÜG jedoch nicht zu. Verleiht der Entleiher als Zwischenperson den Leiharbeitnehmer an einen weiteren Entleiher, wird er dadurch nicht Arbeitgeber (Verleiher) des Leiharbeitnehmers. Arbeitgeber und (einziger) Verleiher bleibt der ursprüngliche Verleiher und rechtliche Arbeitgeber.

Begriff der Arbeitnehmerüberlassung

Dem Zwischenverleiher wäre die Einhaltung von Vorschriften aus dem AÜG (z. B. § 3 Abs. 1 Nr. 1 AÜG) nicht möglich.

Beispiel:

> Der Verleiher A überlässt einen Leiharbeitnehmer an den Entleiher B. B wiederum tritt gegenüber einem weiteren Entleiher C als Verleiher auf und überlässt diesem den Leiharbeitnehmer weiter.
>
> Der Entleiher B kann jedoch mangels Arbeitgebereigenschaft keinen Leiharbeitsvertrag mit dem Leiharbeitnehmer erfüllen. Er ist nicht in der Lage im Rahmen des Gleichstellungsgrundsatzes die bei C üblichen Arbeitsbedingungen (z. B. das Entgelt) zu gewähren, denn die Vergütung etc. erhält der Leiharbeitnehmer von dem Verleiher A.
>
> Verleiher kann auch für die Überlassung des Leiharbeitnehmers an C nur der (Erst-)Verleiher A sein.

Die Definition des § 1 Abs. 1 Satz 2 AÜG in der zum 1.12.2011 geltenden Fassung besagt, dass der Arbeitnehmer vorübergehend zur Arbeitsleistung überlassen wird. Der Begriff „vorübergehend" war bis 30.11.2011 Teil der Definition der konzerninternen Arbeitnehmerüberlassung. Nach der arbeitsgerichtlichen Rechtsprechung zur „vorübergehenden" Überlassung zwischen Konzernunternehmen ist der Begriff weitläufig zu verstehen und bedeutet im Wesentlichen „im Voraus zeitlich begrenzt" (BAG v. 10.3.2004, NZA 2004, S. 1340, BAG v. 20.4.2005, NZA 2005, S. 1006). Es kann sich also durchaus um eine mehrjährige Beschäftigung bei einem anderen Arbeitgeber handeln. Dabei muss allerdings gewährleistet bleiben, dass dem Leiharbeitnehmer im Anschluss an die Überlassungsdauer eine weitere Beschäftigung bei seinem Arbeitgeber (dem Verleiher) sichergestellt ist. Von einem vorübergehenden Arbeitseinsatz wird im Zweifel nicht mehr gesprochen werden können, wenn weder aus der Vereinbarung der Überlassung, noch aus den Umständen der Tätigkeiten, etwa Dauer eines Projekts oder Fertigstellung einer bestimmten Anlage sich ein Ende der Überlassung erkennen lässt.

WICHTIG!

> Für das Merkmal „vorübergehende Arbeitsleistung" ist zu empfehlen, die Überlassung nicht auf unbestimmte Zeit zu vereinbaren. Eine ausdrückliche Befristung bis zu einem genau bezeichneten Zeitpunkt ist zwar nicht erforderlich, da sich der vorübergehende Arbeitseinsatz auch aus den Umständen ergeben kann. Es sollte aber ein von vornherein begrenzter Zeitraum für die Überlassung vorgesehen werden.

5.2 Abgrenzung zu anderen Formen des drittbezogenen Fremdpersonaleinsatzes

Die richtige rechtliche Einordnung des Beschäftigungsverhältnisses unter dem Gesichtspunkt, welcher Art das vollzogene Vertragsverhältnis ist, ist für vielfältige Fragen im Zusammenhang mit der Beschäftigung besonders wichtig. Sie ist nicht allein entscheidend für die Frage der Anwendbarkeit des Arbeitnehmerüberlassungsgesetzes an sich, sondern hat neben den arbeitsrechtlichen Fragen vor allem Bedeutung für die sozialversicherungsrechtliche und steuerrechtliche Behandlung des Beschäftigten. Nicht zuletzt entscheidet sich mit der richtigen Abgrenzung des Leiharbeitsverhältnisses von anderen drittbezogenen Beschäftigungsverhältnissen auch, ob Ordnungswidrigkeiten oder strafrechtlich relevante Sachverhalte verwirklicht werden. Solche werden z. B. durch die Verletzung des AÜG selbst verwirklicht (§ 16 AÜG) oder durch die Nichtabführung von Sozialversicherungsbeiträgen durch den Arbeitgeber (§ 267b StGB).

> **TIPP!**
>
> Vor dem Hintergrund gravierender Rechtsfolgen ist den an der Arbeitnehmerüberlassung beteiligten Unternehmern ständig zu raten, auf die sorgfältige Einordnung der Beschäftigungsverhältnisse besonderen Wert zu legen.

Im Bereich des Zivilrechts gilt der Grundsatz der Vertragsfreiheit hinsichtlich des Inhaltes und des Abschlusses von Verträgen. Verträge unterliegen aber der verfassungsmäßigen Ordnung, d. h. Rechte und Pflichten der Vertragsparteien folgen nicht nur aus dem Vertrag selbst, sondern auch aus den Gesetzen zur Regelung des Rechts der verschiedenen Vertragstypen. Für die Arbeitnehmerüberlassung ist die Vertragsfreiheit z. B. durch § 9 AÜG eingeschränkt.

Für die Abgrenzung des Arbeitnehmerüberlassungsvertrages gegenüber anderen Vertragstypen sind die vertraglich fixierten Rechte und Pflichten der Vertragsparteien sowie die vertragsgemäße Abwicklung maßgeblich. **Welche Bezeichnung oder Überschrift der Vertrag selbst trägt, hat keine Bedeutung.**

Auch die von den Parteien gewünschten Rechtsfolgen der Bezeichnungen im Vertrag legen die rechtliche Einordnung des Vertrages aber nicht zwingend fest. Der Vertrag wird, beurteilt an seinem Inhalt, zwingend einer gesetzlichen Rechtsform zugeordnet (sog. **Rechtsformzwang**). Damit wird verhindert, dass Vorschriften zum Schutz der Arbeitnehmer durch besondere Vertragsgestaltung und Formulierung umgangen werden. Dem folgend wird in der Rechtsprechung des Bundesarbeitsgerichts für die Abgrenzung der verschiedenen Vertragstypen nicht allein auf den

Begriff der Arbeitnehmerüberlassung

Vertragsinhalt, sondern vor allem auf die tatsächliche Durchführung des Beschäftigungsverhältnisses durch die Vertragsparteien abgestellt, und zwar im Wege einer wertenden Gesamtbetrachtung. Im Zweifel ist dabei die tatsächliche Durchführung vorrangig für die Beurteilung der Frage, was für ein Vertrag besteht. Denn der geschlossene Vertrag richtet sich nach dem Willen der Vertragsparteien, der sich am ehesten aus der tatsächlichen Durchführung erkennen lässt.

> **WICHTIG!**
>
> Für die Abgrenzung der Vertragsverhältnisse ist nicht der Vertragstext entscheidend, sondern das, was die Parteien tatsächlich vollziehen und zum Geschäftsinhalt machen. Die Abgrenzung ist also nicht nur beim Vertragsschluss zu beachten, sondern, wenn sich schriftliche Vereinbarung und tatsächliche Durchführung des Vertrages widersprechen, vor allem in der täglichen Praxis der Durchführung eines Vertrages.

Das Bundesarbeitsgericht wendet zur Prüfung des tatsächlich vorliegenden Vertragsverhältnisses ein **dreistufiges Prüfungsverfahren** an. Auf der ersten Stufe werden die ausdrücklichen Vereinbarungen im Vertrag geprüft. Auf der zweiten Stufe untersucht das Gericht die tatsächliche Durchführung. Zuletzt wird auf der dritten Stufe eine abschließende Gesamtbetrachtung durch das Gericht vorgenommen. Dabei werden alle Indizien, die für und wider einen bestimmten Vertragstyp sprechen, gegeneinander abgewogen. Soweit es sich um langfristige vertragliche Beziehungen handelt, ist ein engerer Zeitraum für die Frage zugrunde zu legen, ob die Vertragsparteien von anderen als in den Verträgen schriftlich vereinbarten Rechten und Pflichten ausgegangen sind. Entscheidungserheblich sind nach dem Bundesarbeitsgericht nicht untypische Einzelfälle, sondern die durchgängige Vertragspraxis (BAG v. 30.1.1991, NZA 1992, S. 19). Der Bundesgerichtshof hat bei der Abgrenzung von Arbeitnehmerüberlassungs- und Dienstvertrag nach dem Grundsatz geurteilt, das im Zweifel der Auslegung Vorzug zu geben ist, die nicht zur Nichtigkeit des Vertrages führt. Dies sei in dem Fall, in dem die Überlassungserlaubnis fehlt, regelmäßig nicht der Arbeitnehmerüberlassungsvertrag (BGH v. 2.2.2006, AuA 2006, S. 302).

5.2.1 Abgrenzung zum Werkvertrag

In der Gesetzesbegründung zum AÜG liegt eine Arbeitnehmerüberlassung nicht vor, wenn Arbeitnehmer aufgrund von Verpflichtungen ihres Arbeitgebers aus einem Werkvertrag im Betrieb eines Dritten tätig werden. In der werkvertraglichen Vergabe von Arbeitsaufgaben innerhalb des eigenen Betriebs sind die unternehmerischen Instrumente der **Fremdver-**

Andere Formen des Fremdpersonaleinsatzes

gabe oder des sog. **Outsourcing** beheimatet. Als solche sind sie vom Bundesarbeitsgericht als nach arbeitsrechtlichen Gesichtspunkten zulässige Gestaltungsmittel anerkannt.

Bei drittbezogenem Personaleinsatz durch einen Werkvertragsunternehmer liegt die Organisation der Durchführung des Auftrages einschließlich aller dafür notwendigen Maßnahmen und Handlungen beim beauftragten Werkvertragsunternehmer, der dafür seine Arbeitnehmer als Erfüllungsgehilfen einsetzt. Der Werkvertragsunternehmer bleibt aber selbst für die Erfüllung des im Werkvertrag verabredeten Auftrages, des „Werkes", verantwortlich. Darin liegt der wesentliche Unterschied zur Abgrenzung von der Arbeitnehmerüberlassung.

Bei der Arbeitnehmerüberlassung erhält der Entleiher lediglich die Arbeitskräfte zur Verfügung und zum Einsatz in seinem eigenen Betrieb. Der Entleiher setzt die ihm zur Arbeitsleistung überlassenen Arbeitskräfte nach seinen eigenen Vorstellungen und Weisungen in seinem Betrieb ein. Die Erfüllung eines bestimmten Arbeitserfolges im Sinne der Herstellung eines zuvor verabredeten Werkes vereinbaren Verleiher und Entleiher nicht. Dies bleibt Sache des Entleihers, in dessen Betrieb die Arbeitskräfte eingesetzt werden.

5.2.1.1 Inhalt des Werkvertrages

In der höchstrichterlichen Rechtsprechung werden gefestigte Kriterien für die Beschreibung eines Werkvertrages herausgestellt. Diese sind:

▶ eine Vereinbarung und Erstellung eines qualitativ individualisierbaren und dem Werkunternehmer zurechenbares Werkergebnisses,
▶ die unternehmerische Dispositionsfreiheit des Werkunternehmers gegenüber dem Besteller,
▶ wenn das Werk im Betrieb des Bestellers zu erstellen ist,
▶ das Weisungsrecht des Werkunternehmers gegenüber seinen im Betrieb des Bestellers tätigen Arbeitnehmern (Erfüllungsgehilfen),
▶ das Tragen des unternehmerischen Risikos, insbesondere der Gewährleistung durch den Werkunternehmer.

5.2.1.2 Gegenstand des Werkvertrages

Voraussetzung für die wirksame Vereinbarung eines Werkvertrages nach den Vorschriften des Bürgerlichen Gesetzbuches (§ 631 ff. BGB) ist die Vereinbarung eines qualitativ individualisierbaren und dem Werkvertragsunternehmer zurechenbaren Werkergebnisses.

Begriff der Arbeitnehmerüberlassung

Dazu ist erforderlich, dass die Leistung des beauftragten Unternehmers, das zu erstellende Werk, von Beginn an genau bezeichnet und beschrieben ist. Im Werkvertrag wird klar definiert, mit welchem Ziel der beauftragte Werkunternehmer tätig wird. Es ist aber ausreichend, wenn im Werkvertrag einzelne Arbeitsschritte oder Realisierungsstufen bezeichnet sind, beispielsweise die Installation einzelner System- und Softwarekomponenten zur Erstellung eines Personalverwaltungssystems. Bezeichnet der Vertrag dagegen nicht das Ergebnis der Arbeit, sondern eine bestimmte Arbeitsleistung („Mitarbeit im Betrieb"), so ist davon auszugehen, dass die Herstellung eines bestimmten Werkes nicht beabsichtigter Vertragsgegenstand war, sondern eine Arbeitsleistung. Dies entspricht wiederum dem Wesen des Arbeitsvertrages.

> Typisches Wesen des Werkvertrages ist also das erfolgsbezogene Tätigwerden der im Betrieb des Auftraggebers tätig werdenden Arbeitskräfte des Werkvertragsunternehmers.

Das Arbeitsergebnis, welches durch den Einsatz des Werkvertragsunternehmers erreicht werden soll, ist weiterhin von dem Tätigwerden und den Arbeitsergebnissen der eigenen Arbeitskräfte im Betrieb abzugrenzen.

ACHTUNG!

Diese Abgrenzung ist problematisch, wenn Arbeitnehmer des Auftraggebers mit den Tätigkeiten des Werkvertragsunternehmers vergleichbare Arbeitsaufgaben im Betrieb des Auftraggebers erledigen.

▶ **Beispiel:**

Das Küchenpersonal in der Kantine des Unternehmens X AG soll durch zusätzliche Arbeitskräfte unterstützt werden. Die Geschäftsleitung der X AG schließt dazu einen Werkvertrag mit einem Caterer ab, der fortan seine Arbeitnehmer in der Kantine der X AG Gerichte für die Mitarbeiter der X AG zubereiten lässt. Nebenher sind aber weiterhin auch die Mitarbeiter der X AG in der Kantine tätig.

In diesem Fall bereitet die Abgrenzung des vereinbarten Arbeitsergebnisses des Caterers von den arbeitsvertraglichen Tätigkeiten der Arbeitnehmer X AG Schwierigkeiten.

Für die Arbeitskräfte des Werkvertragsunternehmers ist charakteristisch, dass sie nach dessen Weisungen tätig werden, und in dessen betrieblicher Organisation eingegliedert bleiben. Wenn die Mitarbeiter des Caterers in unserem Beispiel Hand in Hand mit den Mitarbeitern der X AG in der Kantine tätig werden, könnte aufgrund der nicht mehr erkennbaren Abgrenzung diese Trennung verloren gehen und das vom Caterer zur erstellende Werk nicht mehr ausreichend von dem Arbeitsergebnis der Arbeitnehmer der X AG-Mitarbeiter abgrenzbar sein. Es spricht dann die tatsächliche Durchführung des Vertrages mehr für eine Arbeitnehmerüberlassung als für das Tätigwerden im Rahmen eines Werkvertrages.

Andere Formen des Fremdpersonaleinsatzes

Betrachtet man den Vertragsgegenstand, so können bereits die formulierten Vertragsinhalte gegen das Vorliegen eines Werkvertrages sprechen, wenn zum Beispiel lediglich die Leistung einfacherer Arbeiten benötigt wird, die zu keinem bestimmbaren Ergebnis (im Sinne eines Werkes) führen wird.

Solche Vertragsinhalte sind zum Beispiel

- ▶ Botendienste,
- ▶ einfache Dateneingabe oder Schreibarbeiten,
- ▶ Bedienung einzelner Maschinen in einem Produktionsprozess,
- ▶ Zeichenarbeiten etc.

Auch spricht eine zu genaue Aufteilung der einzelnen Arbeitsschritte und Stufen der Fertigstellung des Arbeitsergebnisses wie das Aufteilen in die Erstellung von Schweißnähten, Schneidarbeiten, Montageschritten im Vertrag mehr dafür, dass das Ergebnis der Tätigkeit weniger Vertragsgegenstand ist, als die Arbeitsleistung an sich. Auch in solchen Fällen wird nicht von einem Werkvertrag ausgegangen werden.

Aus dem schriftlich vereinbarten Inhalt des Vertrages kann oft bereits eine Abgrenzung dahingehend vorgenommen werden, ob zwischen den Vertragsparteien ein Werkvertrag vereinbart werden sollte. Allgemeine Formulierungen im Vertrag, die nur eine Vorgehensweise oder Tätigkeit beschreiben, sprechen in der Regel gegen das Vorliegen eines Werkvertrages, wenn aus dem Vertrag nicht genau erkennbar ist, durch wen und mit welchem genauen Ziel die Arbeiten vorgenommen werden sollten. Das zu erstellende Werk muss bereits im Vertrag genau und präzise beschrieben sein.

Um aus dem Vertrag im Zweifel schließen zu können, was die Vertragsparteien vereinbaren wollten, ist für das Vorliegen eines Werkvertrages also die Formulierung des Ziels durch die präzise Beschreibung des Werkes vorrangig.

> **WICHTIG!**
>
> Die Vertragsgestaltung spricht für eine Arbeitnehmerüberlassung, wenn der beauftragte Unternehmer nur die Zurverfügungstellung von Arbeitskräften schuldet, nicht hingegen einen bestimmten Erfolg.

In Fällen, in denen aufgrund der vertraglichen Gestaltung Zweifel an der Zuordnung zum Vertragstyp Werkvertrag bestehen, bekommen auch die die Vertragsparteien umgebenden Umstände Bedeutung. So wird es gegen das Vorliegen eines Werkvertrags sprechen, wenn der Werkunternehmer zur Erstellung des Werkes gegenüber dem Besteller gar nicht allein in der Lage war.

Begriff der Arbeitnehmerüberlassung

Es spielt also eine Rolle, ob der Werkvertragsunternehmer, beurteilt nach:
- seiner fachlichen Kompetenz,
- seiner Organisation und
- materiellen Ausstattung

den Auftrag, nämlich das Erstellen des Werkes beim Besteller überhaupt leisten konnte.

Weitere Kriterien, die für die Beurteilung herangezogen werden, sind beispielsweise:
- die fachliche Ausbildung und Kompetenz des Unternehmers und seiner Mitarbeiter (oder Erfüllungsgehilfen),
- seine betriebliche, büromäßige Organisation,
- Versicherungsschutz,
- besondere behördliche Genehmigungen oder Zulassungen jeweils entsprechend seinem Unternehmen,
- die technische Ausstattung mit Maschinen, Geräten und Arbeitsmitteln sowie vorhandene Materialien und sonstige Betriebsmittel.

Anhand dieser Kriterien wird unter anderem beurteilt, ob die für den Werkvertragsunternehmer wichtige unternehmerische Dispositionsfreiheit realistisch vorhanden ist. Ist der Werkvertragsunternehmer zur eigenverantwortlichen Organisation seiner Arbeiten etwa aus dem Grunde nicht in der Lage, weil sich die Kompetenz oder die wesentlichen Betriebsmittel, die für den Auftrag erforderlich sind, nur beim Besteller befinden, spricht dies dafür, dass tatsächlich eine Arbeitnehmerüberlassung vorliegt, weil der vermeintliche Werkvertragsunternehmer zur Erstellung des Werkes nur die Arbeitskraft liefert, das Werk aber ohne die im Betrieb des Bestellers vorhandenen Betriebsmittel nicht erstellen und den Vertrag nicht selbständig erfüllen kann.

> **WICHTIG!**
> Liegt die Eigenverantwortlichkeit und unternehmerische Dispositionsfreiheit beim Auftraggeber oder Besteller, kann davon ausgegangen werden, dass der Vertragspartner nur Arbeitskräfte zur Verfügung stellt, die unter der Eigenverantwortung des Bestellers tätig werden. Dies spricht für einen Arbeitnehmerüberlassungsvertrag.

Der Einsatz eigener Arbeitsmittel und eigener Betriebsmittel für die zu erledigenden Arbeiten spricht regelmäßig nicht für eine Tätigkeit im Rahmen der Arbeitnehmerüberlassung, wohingegen der Einsatz von Arbeitskräften mit Betriebsmitteln oder an Maschinen des Betriebsinhabers auf eine Arbeitnehmerüberlassung hindeutet.

Andere Formen des Fremdpersonaleinsatzes

5.2.1.3 Eingliederung der Arbeitnehmer

Bei dem Tätigwerden aufgrund eines Werkvertrages im Betrieb des Vertragspartners (Auftraggeber) organisiert der beauftragte Unternehmer die zur Erreichung seines wirtschaftlichen und arbeitstechnischen Ziels notwendigen Handlungen selbst, wobei er sich dabei eigener Mitarbeiter oder weiterer Unternehmer oder Personen als Erfüllungsgehilfen bedienen kann. Der beauftragte Unternehmer bleibt aber für die Erfüllung der im Vertrag vereinbarten Dienste bzw. für die Erstellung des vereinbarten Werkes selbst verantwortlich. Darum kann ein Werkvertrag nur vorliegen, wenn der Unternehmer die Art, den Ablauf, die Organisation und Einteilung der Arbeit selbst bestimmen kann, und der Auftraggeber, in dessen Betrieb die Arbeiten stattfinden, gegenüber den vom Werkvertragsunternehmer eingesetzten Arbeitnehmern kein Weisungsrecht hat.

Bei der gegenseitigen Verteilung der vertragsmäßigen Rechte und Pflichten fallen auf den Werkvertragsunternehmer neben der generellen Entscheidung über die Auswahl der eingesetzten Arbeitnehmer regelmäßig die Entscheidungen über:

▶ die Einarbeitung und Ausbildung der Arbeitnehmer,
▶ die Festlegung der Arbeitszeit und der Pausen, einschließlich der Anordnung von Mehrarbeit,
▶ die Gewährung von Urlaub und Freizeit,
▶ Kontrolle von Anwesenheit und Arbeitsleistung der Arbeitnehmer,
▶ Überwachung der ordnungsgemäßen Arbeitsabläufe.

Umgekehrt spricht die Vertragsdurchführung für eine Arbeitnehmerüberlassung, wenn diese Rechte und Pflichten vom Auftraggeber/Besteller wahrgenommen werden.

Die organisatorische Eingliederung in die betrieblichen Prozesse und die Arbeitsabläufe im Betrieb des Bestellers kennzeichnet grundsätzlich eine Arbeitnehmerüberlassung.

Andererseits kann der Betriebsinhaber auch gegenüber überlassenen Arbeitnehmern durchaus besondere Weisungen erteilen, beispielsweise aufgrund arbeitssicherheitsrechtlicher Vorschriften oder anderer in seinem Betrieb geltenden Bestimmungen (*siehe Ziffer 19. Verhältnis Entleiher – Leiharbeitnehmer*).

Eine Eingliederung in einen fremden Betrieb ist nicht schon dann gegeben, wenn im Rahmen eines Vertrages Entwicklungs- oder Planungsarbeiten von den Vertragsparteien gemeinsam im Betrieb des einen Vertragspartners durchgeführt werden. Es muss aber auch hier eine

Begriff der Arbeitnehmerüberlassung

abgrenzbare und dem einen Vertragspartner zurechenbare Leistung zu erkennen sein.

Beispiel:

> Im Beispiel werden von betriebsangehörigen Arbeitnehmern Fertigungsanlagen in einer neuen Werkhalle eingerichtet. Gleichzeitig nehmen Mitarbeiter eines werkvertraglich beauftragten Unternehmers technische Erweiterungen an den Anlagen vor. Dazu ist eine Koordination und genaue Abstimmung erforderlich, die durch den Fertigungsleiter des Betriebes erfolgt.
>
> Dennoch bleiben die Tätigkeiten des Werkvertragsunternehmers (techn. Erweiterungen) von denen der Arbeitnehmer im Betrieb (Einrichtung der Anlage) abgrenzbar. Der Werkvertragsunternehmer wird allein durch die organisatorisch gemeinsame Planung der Arbeiten hier nicht in den Betrieb eingegliedert.

Der beauftragte Werkvertragsunternehmer hat eigenverantwortlich dafür zu sorgen, dass er Weisungs- und Aufsichtsbefugnisse auch selbst ausübt. Er muss dies freilich nicht persönlich tun, sondern kann sich auch hierzu seiner Mitarbeiter oder beauftragter Personen bedienen. Solche werden in der Praxis Vorarbeiter, Vorgesetzte, Meister, Projektleiter etc. sein. Es muss sich aber um Personen handeln, die selbst in der betrieblichen Organisation des Werkvertragsunternehmers stehen und eine Position in dieser Organisation ausfüllen. Es genügt also nicht, wenn der Werkvertragsunternehmer beispielsweise dem Besteller das Weisungsrecht und die Aufsicht über die eingesetzten Arbeitnehmer überträgt.

Es muss auch für diese Personen wiederum gewährleistet sein, dass sie das übertragene Weisungsrecht und ihre Tätigkeit im Betrieb des Bestellers ebenso selbstständig und ohne Unterstellung unter das Weisungsrecht des Bestellers ausüben können.

Die weisungsrechtlichen Verhältnisse und Aufsichtsbefugnisse und -pflichten schließen jedoch den Besteller im Rahmen eines Werkvertragsverhältnisses nicht vollkommen von der Berechtigung aus, Vorgaben und Anweisungen zu geben. Anweisungen des Bestellers sind im Werkvertragsrecht vorgesehen (§ 645 BGB), soweit es sich um betriebsspezifische Anweisungen oder Vorgaben bezüglich des vereinbarten Vertragsgegenstandes handelt.

Der Werkbesteller kann außerdem gegenüber dem Werkvertragsunternehmer ein vertraglich bedungenes Anweisungsrecht besitzen. Dies kann dann auch gegenüber Arbeitnehmern oder Repräsentanten des Werkvertragsunternehmers bestehen. Es kann Anweisungen beinhalten, die zur Vermeidung von Gefahren oder zur Schadensvermeidung aufgrund der betrieblichen Gegebenheiten im Betrieb des Bestellers bestehen, bei-

Andere Formen des Fremdpersonaleinsatzes

spielsweise bei der Beachtung von Unfallverhütungsvorschriften, Tragen von Schutzkleidung, besonderer Sicherheitskontrollen oder dem zeitlichen Arbeitsablauf zur Synchronisation mit betrieblichen Abläufen des Bestellerbetriebes.

Das Weisungsrecht (bzw. Anweisungsrecht) des Bestellers ist aber grundlegend vom Weisungsrecht des Arbeitgebers zu unterscheiden. Anweisungen des Bestellers können immer nur auf die Ausführung der Erstellung des vereinbarten Werkes bezogen sein und sind damit beschränkt auf die Arbeitsabläufe zur Erfüllung des jeweiligen Vertrages zur Erstellung des bestellten Werkes.

Das Anweisungsrecht des Bestellers beinhaltet nur das Recht, hinsichtlich der generellen Ausführung einzelne Vorgaben, nicht aber einzelne Arbeitsanweisungen zu machen. Es besteht nicht bezogen auf den einzelnen Arbeitsschritt, sondern nur bezogen auf das vereinbarte Arbeitsergebnis und wird daher auch als sog. **Sachfortschrittskontrolle** bezeichnet.

Die Integration der Mitarbeiter des beauftragten Arbeitnehmers in die Arbeitsabläufe und betriebliche Organisation kann dagegen auch nur rein tatsächlich entstehen, ohne im Vertrag zum Ausdruck zu kommen.

Die Mitarbeiter des beauftragten Arbeitnehmers werden in den Betrieb des Bestellers eingegliedert, wenn sie mit den im Betrieb beheimateten Arbeitnehmern dergestalt zusammenarbeiten, dass eine Trennung der Arbeitsvorgänge nicht mehr möglich ist.

Denn die Arbeitsprozesse im eigenen Betrieb unterstehen der Organisation des Betriebsinhabers. Dafür kann sprechen, dass die Arbeitnehmer des Fremdunternehmers mit Maschinen und Ausrüstung oder Werkzeugen des Betriebsinhabers arbeiten oder dies unter Beteiligung von Arbeitnehmern des Betriebsinhabers geschieht.

In Punkto Ausrüstung und Maschinen ist die Indizwirkung aber umso schwächer, je mehr es sich um Spezialwerkzeuge oder besondere Anlagen handelt, die eben nur in dem Betrieb des Bestellers vorhanden sind.

Wenn die Arbeitnehmer des Fremdunternehmers an die Betriebsnutzungszeiten des Betriebsinhabers gebunden sind, so dass sich beispielsweise die Anordnung von Überstunden, Wochenendarbeit etc. auf sie niederschlägt, spricht dies wieder für eine Integration in die Organisation des Betriebsinhabers. Gleiches gilt, wenn die betriebsfremden Arbeitnehmer bei Erkrankung oder Urlaub der eigenen Arbeitnehmer des Betriebsinhabers zur Vertretung eingesetzt werden. In solchen Fällen wird von einer Arbeitnehmerüberlassung ausgegangen.

Begriff der Arbeitnehmerüberlassung

> **WICHTIG!**
>
> Der Arbeitnehmer des Werkunternehmers bleibt auch während seiner Tätigkeit in einem fremden Betrieb in die betriebliche Organisation des Werkvertragsunternehmers eingegliedert und dessen Weisungen unterstellt. Die Eingliederung und das Tätigwerden im Rahmen der betrieblichen Organisation des Werkvertragsunternehmers ist als Abgrenzungsmerkmal von Bedeutung für die Frage, ob in Wirklichkeit eine Arbeitnehmerüberlassung vorliegt.

5.2.1.4 Verhältnis zwischen Werkvertragsunternehmer und Auftraggeber (Besteller)

Im Vergleich zum Werkvertragsunternehmer trägt der Verleiher im Rahmen der Arbeitnehmerüberlassung kein unternehmerisches Risiko für das Erreichen des mit dem Einsatz der Arbeitskräfte anvisierten wirtschaftlichen Ziels. Das Unternehmerrisiko bleibt dem beauftragten Fremdunternehmer im Werkvertragsverhältnis aber erhalten. Der Werkvertragsunternehmer trägt die Vergütungsgefahr (§§ 644, 640, 646 BGB) und die Gewährleistungspflicht für Mängel (§ 633 Abs. 1 BGB). Er vertritt dabei auch Mängel, die auf ein Verschulden seiner Erfüllungsgehilfen (z. B. seiner Arbeitnehmer) zurückzuführen sind.

Die Vergütungsgefahr des Werkvertragsunternehmers beschreibt das Risiko, dass das (teil-)erstellte Werk zufällig und ohne Verschulden zerstört wird oder im Rechtssinne untergeht, bevor es der Besteller abgenommen hat. Obgleich der Werkvertragsunternehmer bis dahin die vertragsgemäßen Leistungen erbracht hat, besteht für die im Betrieb des Bestellers für den Werkvertragsunternehmer tätig gewesenen Arbeitnehmer kein Vergütungsanspruch gegenüber dem Besteller für aufgewandte Arbeitszeit und sonstige Kosten. Solche vertraglichen Absprachen sprechen für die Vereinbarung eines Werkvertrages, weil hier der Besteller nur die Erstellung des Werkes zu vergüten hat, zunächst unabhängig vom dafür erforderlich werdenden Aufwand.

Der Umfang der Gewährleistungspflichten kann ebenfalls auf einen Werkvertrag hindeuten. Für den Werkvertrag ist charakteristisch, dass der Werkvertragsunternehmer dem Besteller die vertragsgemäße, mangelfreie und rechtzeitige Fertigstellung des bestellten Werkes zu erbringen hat (§ 633 Abs. 1 BGB). Ein fehlerhaftes Werk braucht der Besteller dem Werkvertragsunternehmer grundsätzlich nicht abzunehmen.

Die Übernahme der Gewähr wird regelmäßig in Vertragsklauseln mit zum Ausdruck gebracht. Für die Vereinbarung eines Werkvertrages sprechen folgende Rechte des Auftraggebers und Bestellers:

Andere Formen des Fremdpersonaleinsatzes

- Nachbesserung, d. h. Pflicht zur Beseitigung von Mängeln (§ 633 Abs. 2, 3 BGB),
- Minderung, d. h. Herabsetzen der vereinbarten Vergütung (§ 634 BGB),
- Wandelung, d. h. Rückgängigmachen des ganzen Vertrages (§ 634 BGB),
- Einrede des nichterfüllten Vertrages (§ 320 BGB),
- Schadensersatz wegen Nichterfüllung des Vertrages (§ 635 BGB),
- Rücktritt vom Vertrag (§ 636 BGB).

Die vorstehenden Rechte sind unabhängig von ihrer Vereinbarung im Vertrag gesetzliche Regelungen im Werkvertragsrecht.

Die vertragliche Einschränkung der Gewährleistungsrechte kann je nach ihrer Gestaltung aber darauf hindeuten, dass die Vereinbarung des Werkvertrages zur Umgehung einer Arbeitnehmerüberlassung geschlossen wurde. Dafür spricht zum Beispiel der Ausschluss des Rücktrittsrechts, wenn dadurch dem Auftraggeber ein großer Teil des unternehmerischen Risikos zugeschoben wird. Es kommt auch vor, dass in Verträgen Vereinbarungen zur Vergütungsgefahr und Gewährleistung in der Form ausgehebelt werden, als sie unter anderer Bezeichnung später wieder zurückvergütet oder verrechnet werden.

ACHTUNG!

> Solche und ähnliche Absprachen führen regelmäßig dazu, dass der Besteller einen Anteil des unternehmerischen Risikos übernimmt, der eigentlich dem Unternehmer, der für die Erreichung des wirtschaftlichen Ziels verantwortlich sein soll, zukommt. Da in dem eigenverantwortlichen Handeln, gepaart mit dem entsprechenden Risiko, eines der wesentlichen Abgrenzungsmerkmale zwischen Arbeitnehmerüberlassung und Werkvertrag liegt, kommt es bei der Vereinbarung eines Werkvertrages bei einer tatsächlichen andersartigen Risikoverteilung leicht zu dem tatsächlichen Vorliegen einer Arbeitnehmerüberlassung, die, wenn sie unerlaubterweise stattfindet, gravierende Rechtsfolgen herbeiführen kann *(siehe dazu Ziffer 16 Rechtsfolgen illegaler Arbeitnehmerüberlassung).*

Aus dem Werkvertrag selbst können sich weitere Pflichten beispielsweise im Rahmen einer Vertrags- oder Konventionalstrafenvereinbarung ergeben. Unternehmer, die im Rahmen eines Werkvertrages tätig werden, haben sich gegen diese Risiken regelmäßig entsprechend abgesichert, z. B. durch den Abschluss einer Versicherung und Bildung von Rückstellungen. Denn der Werkvertragsunternehmer verpflichtet sich zur (termingerechten) Erstellung des Werkes, also zum Erreichen des arbeitstechnischen und wirtschaftlichen Ziels. Dagegen verpflichtet sich der Verleiher im Rahmen des Arbeitnehmerüberlassungsvertrages nur zur (termingerechten) Überlassung von

Begriff der Arbeitnehmerüberlassung

Arbeitskräften. Eine Gewährleistung trifft den Verleiher demgemäß für die rechtzeitige Auswahl und Bereitstellung des überlassenen Arbeitnehmers, wobei der Verleiher auch für das sog. Auswahlverschulden einstehen muss (vgl. unten Rechtsverhältnis Entleiher – Verleiher).

Die Vergütung des Werkvertragsunternehmers ist allein abhängig von der fehlerfreien Erstellung des Werkes. Die Abrechnungsgrundlagen im Vertrag lassen insofern Rückschlüsse auf das tatsächlich durchgeführte Rechtsverhältnis zu. Ein bestimmter Abrechnungsumfang oder Inhalt ist gesetzlich im Werkvertragsrecht nicht geregelt. Es kann daher eine pauschale Vergütung oder eine ratenweise Vergütung nach Vertragserfüllung oder Teilleistungen vereinbart werden. Grundlage der Vergütung muss aber die Erstellung des Werkes sein, nicht in erster Linie der Aufwand, insbesondere der benötigte Zeitaufwand.

> **ACHTUNG!**
> Vereinbaren die Vertragspartner, die Vergütung der Arbeitnehmer nach der Anzahl der geleisteten Arbeitsstunden zu zahlen, so deutet dies auf eine Arbeitnehmerüberlassung hin (BAG EzAÜG § 1 AÜG Erlaubnispflicht Nr. 3).

Dagegen widerspricht es dem Wesen des Werkvertrages nicht, wenn sich die Vergütung des Werkvertrages an die Tarifentwicklung der Branchenlöhne koppelt (BSG, BB 1988, S. 1184).

> **WICHTIG!**
> Für die Abgrenzung von Werkvertrag und Arbeitnehmerüberlassung wird grundsätzlich eine Gesamtschau vorgenommen, so dass auch bei der Vereinbarung typischer werkvertraglicher Elemente wie der Vergütung nach Materialkosten u. Ä. eine ungewollte (und in diesen Fällen meist unerlaubte) Arbeitnehmerüberlassung entstehen kann.

> **HINWEIS:**
> Zur Abgrenzung der Beschäftigung von Fremdpersonal im Rahmen von Werkverträgen und Arbeitnehmerüberlassungsverträgen ist bei der Agentur für Arbeit ein Merkblatt erschienen: „Merkblatt der Bundesagentur für Arbeit zur Abgrenzung zwischen Arbeitnehmerüberlassung, Entsendung von Arbeitnehmern im Rahmen von Werk- und Dienstverträgen sowie anderen Formen drittbezogenen Personaleinsatzes".

5.2.1.5 Vermeidung von rechtlichen Grauzonen

Der Unternehmer und Betriebsinhaber wird in der Praxis an einer risikofreien Gestaltung hinsichtlich der Gefahr der Herbeiführung ungewollter Rechtsfolgen aus den Beschäftigungsverhältnissen in seinem Betrieb

Andere Formen des Fremdpersonaleinsatzes

festhalten. Es ist daher dazu zu raten, die Gestaltung der Beschäftigungsverhältnisse von Fremdpersonal im eigenen Betrieb hinsichtlich der oben beschriebenen Indizien, die für das Vorliegen der einen oder anderen vertraglichen Beziehung sprechen, sorgfältig zu gestalten. Da die Übergänge in den Fragen der Abgrenzung zwischen den verschiedenen Vertragstypen fließend sind, ist dies nicht immer hinsichtlich aller Merkmale problemlos möglich. Daher sollten in den vermeintlich kleinen Nebenerscheinungen keine Zweifelsfragen geschaffen werden.

TIPP!

Den Leiharbeitnehmer unterscheidet von anderem Fremdpersonal in einem Betrieb, dass er wie ein Arbeitnehmer des Betriebes in den Betrieb eingegliedert wird. Der Mitarbeiter beispielsweise des Werkvertragsunternehmers wird dies nicht. Für die Weisungen gegenüber den Arbeitskräften der Werkvertragsunternehmer sollte sichergestellt werden, dass Führungskräfte und Fachvorgesetzte des Werkvertragsunternehmers vor Ort sind. Da der Werkvertragsunternehmer in freier unternehmerischer Disposition und Organisationshoheit tätig wird, muss diesen Führungskräften als Repräsentanten des Unternehmers ein Bewegungsspielraum entsprechend erhalten bleiben. Der Betriebsinhaber sollte durch organisatorische Maßnahmen sicherstellen, dass fachliche Weisungen gegenüber den Werkvertragsunternehmermitarbeitern nicht von Führungskräften des Betriebsinhabers erteilt werden.

Die Arbeitsaufgaben lassen sich nicht in allen Fällen vollkommen von anderen Arbeitsprozessen im Betrieb abgrenzen. Die Mitarbeiter des Werkvertragsunternehmers sind nur zu Arbeiten heranzuziehen, die der Erstellung des Werkes dienen. Zu anderen Tätigkeiten, und sei es auch nur zur Unterstützung der Mitarbeiter des Betriebes, werden sie nicht eingesetzt.

Anzustreben ist aber, eine Vermengung weitestgehend zu verhindern, und zwar möglichst durch räumliche und organisatorische Trennung.

TIPP!

Eine Vermischung mit betrieblichen Vorgängen auch beispielsweise durch die Ausstattung mit E-Mail-Adressen des Unternehmens, Aufnahme in Post- oder Informationsverteiler, Visitenkarten oder eigenen Telefonnummern im Unternehmen sollte vermieden werden.

5.2.1.6 Checkliste zur Abgrenzung vom Werkvertrag

Folgende Kriterien sprechen bei der Frage, ob ein Werkvertrag oder eine Arbeitnehmerüberlassung vereinbart werden, für den Werkvertrag:

Begriff der Arbeitnehmerüberlassung

- **Vertragsgegenstand** ist ein bezeichnetes Arbeitsergebnis, z. B. die Errichtung eines Bauwerks.
- **Direktionsrecht** steht beim Werkvertrag allein dem Werkvertragsunternehmer zu.
- **Organisation** der Arbeitsabläufe und des eingesetzten Personals erbringt der Werkvertragsunternehmer.
- **Eingliederung** in den Betrieb und den organisatorischen Ablauf der Produktion des Auftraggebers z. B. durch gemeinsame Arbeitsgruppen findet beim Werkvertrag nicht statt.
- **Unternehmerrisiko** trägt im Wesentlichen der Werkvertragsunternehmer.
- **Vergütung** des Werkvertragsunternehmers erfolgt erfolgsorientiert für die Fertigstellung des bestellten Werkes nach der Abnahme, nicht allein für die zu leistende Arbeitszeit der eingesetzten Arbeitnehmer.
- **Haftung und Gewährleistung** für Mängel oder Fehler bei der Arbeitsausführung trifft den Werkvertragsunternehmer.
- **Material** und Arbeitsmittel/Werkzeuge werden vom Werkvertragsunternehmer (Arbeitgeber) zur Verfügung gestellt.

5.2.2 Abgrenzung zum Arbeitsvertrag

Im Rahmen eines Arbeitnehmerüberlassungsvertrages verabreden sich Entleiher und Verleiher über den Einsatz der Arbeitnehmer des Verleihers im Betrieb des Entleihers nach dessen Vorstellungen. Der Bestand des Arbeitsverhältnisses zwischen dem Leiharbeitnehmer und dem Verleiher wird dabei nicht angetastet.

Es ist also zunächst festzuhalten, dass mit den eingesetzten Arbeitnehmern (des Verleihers) durch den Arbeitnehmerüberlassungsvertrag unmittelbar keine Vereinbarung zustande kommt.

Der Vertrag zwischen dem Entleiher und dem Verleiher unterscheidet sich grundlegend dahingehend von einem Arbeitsvertrag, dass der Verleiher sich nicht zu einer fremdbestimmten Tätigkeit verpflichtet, sondern lediglich dazu, Arbeitskräfte oder bei ihm beschäftigte Arbeitnehmer zur Arbeitsleistung im Betrieb des Entleihers zur Verfügung zu stellen.

Andere Formen des Fremdpersonaleinsatzes

Er geht also zum einen nicht die Verpflichtung ein, irgendeine Tätigkeit zu erbringen. Zum anderen ist für den Arbeitsvertrag charakteristisch, dass der Dienstverpflichtete die Arbeitsleistung persönlich erbringt.

Eine Gestaltung einer Arbeitnehmerüberlassung ist also im Rahmen eines Arbeitsvertrages nicht möglich, da der Arbeitnehmer für seine Arbeitsleistung kein eigenes Personal einsetzen darf, an das er die ihm übertragenen Arbeitsaufgaben delegiert.

5.2.3 Abgrenzung zum Dienstvertrag

Näherliegend sind Parallelen zwischen dem Arbeitnehmerüberlassungsvertrag und einem Dienstvertrag. Im Rahmen eines Dienstvertrages verpflichtet sich der Dienstleistende eine bestimmte Tätigkeit zu erbringen. Der Dienstvertrag beinhaltet in Abgrenzung zum Arbeitnehmerüberlassungsvertrag viele Elemente des Werkvertrages. Wesentlicher Unterschied ist aber, dass aus dem Dienstvertrag nicht die Verpflichtung, ein bestimmtes wirtschaftliches und arbeitstechnisches Ziel (wie das Werk aus dem Werkvertrag) zu erreichen folgt, sondern lediglich eine **bestimmte Tätigkeit** zu erbringen ist.

Der wesentliche Unterschied zum Arbeitsvertrag besteht wiederum darin, dass der Dienstleistende die Dienstleistung gerade nicht persönlich und nach einem weitgehenden Weisungsrecht des Dienstgebers auszuführen hat.

> Ein Dienstvertrag liegt nur dann vor, wenn der dienstleistende Unternehmer die Dienstleistung entweder in Person oder mit Hilfe von Erfüllungsgehilfen (z. B. eigenen Arbeitnehmern) unter seiner eigenen Verantwortung ausführt. Dabei wird er in gleichem Maße eigenverantwortlich tätig wie der Werkvertragsunternehmer.

Er erbringt also die betriebliche Organisation einschließlich zeitlicher Dispositionen, Auswahl und Einsatz von Mitarbeitern und Organisation der Arbeitsabläufe selbst. Der Dienstleistende bleibt auch gegenüber den von ihm eingesetzten Mitarbeitern (Erfüllungsgehilfen) weisungsberechtigt, der Dienstnehmer erlangt keine Weisungsrechte hinsichtlich der Art der Ausführung der Dienstleistung. Das bedeutet insbesondere, dass die Erfüllungsgehilfen des Dienstleistenden in Bezug auf die Ausführung der zu erbringenden Dienstleistung frei von Weisungen seitens des Arbeitgebers (bzw. dessen Repräsentanten) des Fremdbetriebes sind und ihre Arbeitszeit und Arbeitsbedingungen selbst bestimmen können. Hierfür eignen sich bereits aufgrund der Art der Ausführung der Dienstleistung nur bestimmte Tätigkeiten.

Begriff der Arbeitnehmerüberlassung

Beispiele:

Ein Fremdpersonaleinsatz im eigenen Betrieb im Rahmen von Dienstleistungsverträgen kommt so z. B. bei Unternehmensberatungen oder Steuerberatungen mit Vor-Ort-Projekten vor, der Arbeit von Sicherheitsdiensten kann ein Dienstvertrag zugrunde liegen. Ein Fremdpersonaleinsatz auf der Basis eines Dienstvertrages ist daher nur in den Grenzen von Dienstleistungen möglich, die gegenständlich beschrieben werden können.

Bei der Abgrenzung des Dienstvertrages von der Arbeitnehmerüberlassung haben im Vergleich zum Werkvertrag die Kriterien der eigenen Organisationsfreiheit der Weisungsungebundenheit ein größeres Gewicht. Da typischerweise im Rahmen von Dienstverträgen erbrachte Leistungen durchaus eng mit anderen Arbeitsprozessen des Betriebs verknüpft sein können, hilft die Betrachtung der Eingliederung des Dienstleistenden allein nicht weiter. In der höchstrichterlichen Rechtsprechung wird die Eingliederung des Dienstleistenden in den Betrieb indes auch nur als Indiz für eine bestehende Weisungsgebundenheit beachtet (so BSG v. 23.6.1982 EzAÜG § 1 AÜG Arbeitsvermittlung Nr. 7).

Entscheidend für das Vorliegen eines Dienstvertrages ist die Erbringung einer selbstständigen Dienstleistung im Betrieb des Dienstnehmers.

Am Beispiel eines Bewachungsvertrages hat das Bundesarbeitsgericht eine Arbeitnehmerüberlassung zugunsten des Dienstvertrages abgegrenzt, da in der Bewachung des Betriebsgeländes eine absonderbare Hilfstätigkeit vorläge, die sich typischerweise eigne, an Fremdfirmen vergeben zu werden (BAG v. 28.11.1989, EzA § 14 AÜG Nr. 12). In dem entschiedenen Fall sprach auch nicht gegen das Vorliegen eines Dienstvertrages, dass die Mitarbeiter des Bewachungsunternehmens in Schichten nach dem Betriebsablauf beim Betriebsinhaber eingeteilt waren und in bestimmten Schichten durch Mitarbeiter des Betriebs ersetzt wurden. In einem weiteren entschiedenen Fall waren besondere Verhaltenspflichten des Wachpersonals und genaue Anweisungen über die Durchführung des Wachdienstes vertraglich geregelt worden. Eine Arbeitnehmerüberlassung lag nach dem Gericht aber nicht vor (BAG v. 31.3.1993, EzAÜG § 10 Fiktion Nr. 76).

5.2.4 Abgrenzung zum Geschäftsbesorgungsvertrag

Eine besondere Form der vertraglichen Beziehung, die in der Ausführung einer Dienstleistung besteht, ist die sog. Geschäftsbesorgung. Gegenstand des Geschäftsbesorgungsvertrages ist eine selbstständige Tätigkeit wirtschaftlicher Art. Hierunter fallen beispielsweise die Prozessführung durch einen Rechtsanwalt, die Bewerbung eines Produkts im Rahmen einer selbstständigen Kampagne einer Werbeagentur.

Andere Formen des Fremdpersonaleinsatzes

> Wesentlich für den Geschäftsbesorgungsvertrag ist, dass die Geschäftsbesorgung durch den Vertragspartner selbstständig, eigenverantwortlich und mit eigenen sächlichen und personellen Mitteln und Ressourcen durchgeführt wird.

Anders als bei der Arbeitnehmerüberlassung wird also auch im Rahmen des Geschäftsbesorgungsvertrages nicht die Arbeitskraft zur Verfügung gestellt, sondern eine bestimmte Geschäftsbesorgung verabredet.

5.2.5 Abgrenzung zu Service- und Nebenleistungen aus gemischten Verträgen

Der Einsatz von Fremdpersonal in einem Betrieb ist auch als quasi Nebenerscheinung aus anderen rechtsgeschäftlichen Beziehungen zwischen dem Betriebsinhaber und dem Arbeitgeber der eingesetzten Arbeitnehmer denkbar. Wird beispielsweise in einem Miet-, Pacht- oder Kaufvertrag über eine technische Anlage, Geräte oder Systeme Personal bereitgestellt, welches die Montage der Anlage oder die Einrichtung eines EDV-Systems als Nebenleistung aus dem Vertrag erbringen soll, stellt sich die Frage nach der rechtlichen Beurteilung des Personaleinsatzes in dem fremden Betrieb. Die Rechtsprechung hierzu stellt in erster Linie auf das **Verhältnis der vertraglichen Haupt- und Nebenleistungen** zueinander ab.

Beispiele:

> Für Fälle wie Montagepersonal zur Montage und Einrichtung einer Fertigungsstraße oder einer Filteranlage, Einweisungspersonal für Computeranlagen, Spezialbaumaschinen (Kräne) mit Fahrer, Flugzeuge mit Pilot kommt dem Hauptgegenstand des Vertrages z. B. Miete des Flugzeuges, des Krans etc. ein wesentlich höheres Gewicht zu als dem Einsatz des Personals als Nebenleistung.

Bei dieser Form der Personalüberlassung wird auch von der sog. **Personalgestellung** gesprochen.

Von einer Arbeitnehmerüberlassung wird aber nur ausgegangen werden, wenn die Überlassung der Arbeitskräfte eigentlicher Hauptbestandteil des Vertrages ist. Bei solchen gemischten Vertragsverhältnissen, wie oben genannt, kommt es also darauf an, ob die Gebrauchsüberlassung der Maschine im Vordergrund steht und die dazu erfolgte Bereitstellung von Personal nur eine ergänzende, der Erfüllung der Hauptvertragspflichten dienende Funktion innehat. Das ist in den oben genannten Beispielsfällen der Fall, insbesondere wird dort die Überlassung der Sache (Miete eines Flugzeuges bei BAG, 17.2.1993 EzAÜG § 1 AÜG Gewerbsmäßige Arbeitnehmerüberlassung Nr. 30) durch die Bereitstellung des Piloten erst

Begriff der Arbeitnehmerüberlassung

ermöglicht. Der Personaleinsatz ist in diesem Fall aufgrund des untergeordneten Verhältnisses zum hauptsächlichen Mietvertrag als Nebenleistung einzustufen.

Dieses Verhältnis kann indes auch anders ausfallen; so wird beispielsweise die Vermietung eines Lkws samt Fahrer an ein Transportunternehmen anders zu beurteilen sein. Hier kann die Arbeitsleistung des Fahrers, das Führen des Lkw, im Vordergrund stehen. Das Führen des gemieteten Lkw verfolgt hier nicht mehr den Hauptzweck, den nach dem Mietvertrag vertragsgemäßen Gebrauch des Lkw zu gewährleisten, sondern den Hauptzweck der Personalgestellung. Damit wäre der Tatbestand einer Arbeitnehmerüberlassung erfüllt.

Das Bundesarbeitsgericht hat in einem Fall entschieden, in dem Baumaschinen für Erdbewegungsarbeiten samt der Fahrer und Bediener vermietet worden waren. Die Baumaschinenführer hatten sich dabei nach Anweisungen der Bauleitung vor Ort zu richten. Auch in diesem Fall ist keine Arbeitnehmerüberlassung angenommen worden, da die Personalgestellung als Nebenleistung anzusehen sei. Dies richtete sich wiederum nach dem wirtschaftlichen Schwerpunkt des gemischten Vertrages, der hier in der Überlassung der Baumaschinen liege.

Diese vom Bundesarbeitsgericht und in den Durchführungsanweisungen der Bundesagentur für Arbeit vertretene Abgrenzung nach dem wirtschaftlichen Schwerpunkt stößt in der juristischen Literatur auf Kritik. Für die Verfahrensweise in der betrieblichen Praxis findet sie freilich Beachtung.

Die Durchführung von Wartungs- und Instandhaltungsarbeiten oder regelmäßige Pflegearbeiten von technischen Anlagen, Einrichtungen oder Systemen durch eigenes Personal in den fremden Betrieben der jeweiligen Betreiber der Anlagen ist zwar grundsätzlich geeignet, eine Arbeitnehmerüberlassung zu begründen. Trägt im Rahmen solcher Verträge aber das entsendende Unternehmen die organisatorische Verantwortung und Disposition sowie das unternehmerische Risiko, so ist von einer Arbeitnehmerüberlassung regelmäßig nicht auszugehen.

Beispiele:

> Hierunter fallen Fremdpersonaleinsätze für die Einrichtung und Wartung oder Erweiterungen technischer Anlagen, Inbetriebnahmen, regelmäßige Ingenieurdienstleistungen und Revisionsarbeiten durch den Hersteller einer technischen Anlage.
>
> Dagegen wird eine Arbeitnehmerüberlassung vorliegen, wenn die Anlagen durch das Fremdpersonal dauerhaft betrieben werden.

Überblick über die Arbeitshilfen

Entsendet ein Unternehmen bei der Zulieferung von technischen Komponenten, Material oder Bauteilen eigenes Personal in den fremden Betrieb, um dort den Einbau der Liefergegenstände durchzuführen, so kann auch dies als Nebenleistung zum Hauptvertrag vereinbart sein und keine Arbeitnehmerüberlassung darstellen, wenn der Personaleinsatz im Verhältnis zum übrigen Vertragsbestandteil in einem Verhältnis steht, nach dem man den **Personaleinsatz als Nebenleistung** ansehen kann. Das wäre nicht der Fall, wenn der wirtschaftliche Wert der Arbeitsleistung des Fremdpersonals nicht erheblich geringer ist als der Wert der im Beispiel eingebauten Bauteile und technischen Komponenten.

Voraussetzung ist in allen aufgeführten Fällen, dass das Unternehmen, welches die Arbeitskräfte entsendet, die unternehmerische Dispositionsfreiheit einschließlich des entsprechenden unternehmerischen Risikos trägt.

5.3 Werkarbeitsgemeinschaft im Bundesrahmentarifvertrag für das Baugewerbe (Gesellschaftsvertrag)

Die Freistellung von Arbeitnehmern im Baugewerbe nach § 9 Bundesrahmentarifvertrag für das Baugewerbe (BRTV) zur Mitarbeit in einer Arbeitsgemeinschaft, an welcher der Arbeitgeber beteiligt ist, stellt keine Arbeitnehmerüberlassung dar. Der Arbeitnehmer kann nach § 9 BRTV freigestellt werden. Das Arbeitsverhältnis mit dem ursprünglichen Arbeitgeber ruht dann für die Dauer der Arbeit in der Arbeitsgemeinschaft, in der der Arbeitnehmer in einem Arbeitsverhältnis zur Arbeitsgemeinschaft steht.

5.4 Überblick über die Arbeitshilfen der Bundesagentur für Arbeit (Merkblätter)

Die Bundesagentur für Arbeit gibt als Anhalt zur Arbeitnehmerüberlassung Merkblätter zu verschiedenen Fragen dieses Themenkomplexes heraus. Derzeit sind erhältlich:

- Merkblatt für Leiharbeitnehmer,
- Informationen zur Arbeitnehmerüberlassung,
- Merkblatt zur Abgrenzung zwischen Arbeitnehmerüberlassung und Entsendung von Arbeitnehmern im Rahmen von Werk- und selbstständigen Dienstverträgen sowie anderen Formen drittbezogenen Personaleinsatzes,
- Arbeitnehmerüberlassungsgesetz.

6. Vertragsgestaltung, Kriterien des Überlassungsvertrages

Der Arbeitnehmerüberlassungsvertrag stellt eine Form der sog. Dienstverschaffung dar. Der Gegenstand des Arbeitnehmerüberlassungsvertrags ist die Verschaffung von Arbeitsleistung. Von dem eigentlichen **Dienstverschaffungsvertrag** wird hingegen dann gesprochen, wenn sich der Vertragspartner verpflichtet, dem anderen Teil nicht nur die Arbeitsleistung zu verschaffen, sondern eine bestimmte selbstständige Dienstleistung eines Dritten. Der Arbeitnehmerüberlassungsvertrag bleibt dahinter noch zurück, da er nur für die Verschaffung der Arbeitskräfte sorgt, allenfalls noch für bestimmte Qualifikationen und Fertigkeiten der überlassenen Arbeitskräfte. Eine bezeichnete Dienstleistung erbringen die überlassenen Arbeitskräfte aber aufgrund des Überlassungsvertrages nicht, sondern erst aufgrund der entsprechenden Weisungen des Entleihers.

Die arbeitsvertragliche Verbindung zwischen dem Verleiher und den von ihm überlassenen Leiharbeitnehmern schließen das Vorliegen eines Dienstverschaffungsvertrages also aus. In diesen Fällen kommt nur eine Arbeitnehmerüberlassung oder eine Arbeitsvermittlung in Betracht.

6.1 Form des Überlassungsvertrages

Der Arbeitnehmerüberlassungsvertrag muss nach § 12 Abs. 1 Satz 1 AÜG schriftlich abgeschlossen werden. Das gesetzliche Schriftformerfordernis ist in § 126 BGB näher definiert. Es verlangt, dass der Vertrag in einer schriftlichen Vertragsurkunde niedergelegt wird und von den Vertragsparteien eigenhändig unterzeichnet wird. Die Namensunterschrift kann erforderlichenfalls durch notariell beglaubigtes Handzeichen ersetzt werden. Die schriftliche Vertragsurkunde muss alle Vereinbarungen der Vertragsparteien beinhalten. Im Arbeitnehmerüberlassungsvertrag muss gemäß § 12 Abs. 1 Satz 1 AÜG zusätzlich die Erklärung des Verleihers über seinen Besitz einer gültigen Verleiherlaubnis enthalten sein.

Die Nichtbeachtung des Schriftformerfordernisses führt zur Nichtigkeit des Vertrages, § 125 Satz 1 BGB. Die Nichtigkeit des Vertrages wegen fehlender Schriftform erfasst grundsätzlich den gesamten Vertrag, einschließlich etwaig getroffener Nebenabreden (§ 139 BGB).

6.2 Gegenstand und Inhalt des Überlassungsvertrages

Der Arbeitnehmerüberlassungsvertrag wird zwischen dem Verleiher und dem Entleiher geschlossen. Er verpflichtet den Verleiher, für eine vereinbarte Zeit Arbeitnehmer zur Arbeitsleistung zur Verfügung zu stellen, die

Gegenstand und Inhalt des Überlassungsvertrages

für die vorgesehene Arbeit geeignet sind und erforderliche berufliche Qualifikationen und Kenntnisse besitzen. Der Entleiher ist nach dem Arbeitnehmerüberlassungsvertrag berechtigt, diese überlassenen Arbeitnehmer nach seinen Vorstellungen in seinem Betrieb wie eigene Arbeitnehmer einzusetzen.

Dazu hat der Entleiher im Vertrag anzugeben, welche berufliche Qualifikationen und Kenntnisse und sonstigen besonderen Merkmale der Leiharbeitnehmer für die vorgesehene Tätigkeit vorweisen können soll.

Zum notwendigen Vertragsinhalt gehört ferner die Angabe der wesentlichen Arbeitsbedingungen vergleichbarer Arbeitnehmer im Betrieb des Entleihers. Hiervon kann abgesehen werden, wenn nach den Voraussetzungen des § 9 Nr. 2 AÜG und § 3 Abs. 1 Nr. 3 AÜG eine gesetzliche Ausnahme vom sog. Gleichstellungsgrundsatz vorliegt *(siehe Ziffer 17.7.1.2 Ausnahmen vom Gleichstellungsgrundsatz).*

6.2.1 Vermittlungsprovision

Der Einsatz des Leiharbeitnehmers im Betrieb des Entleihers kann in die Übernahme in ein Arbeitsverhältnis mit dem Entleiher (sog. Klebeeffekt) münden. Die Übernahme in ein Arbeitsverhältnis liegt häufig im Interesse des Leiharbeitnehmers. Ebenso ist es für den Entleiher günstig, bei entsprechend prognostiziertem Beschäftigungsbedarf bereits eingearbeitete Leiharbeitnehmer langfristig zu binden und in ein Stammarbeitsverhältnis zu übernehmen.

Für den Verleiher liegt darin auch ein wirtschaftliches Risiko. Der Verleiher hat Leiharbeitnehmer für den Einsatz in den Entleiherbetrieben qualifiziert und in Weiterbildungen investiert. Daher hat auch der Verleiher ein wirtschaftliches Interesse an der Bindung qualifizierten Personals und dem Einsatz der Arbeitskraft der Leiharbeitnehmer für sein Unternehmen. Die gesetzgeberische Wertung des AÜG privilegiert aber die Interessen des Leiharbeitnehmers und verbietet es den Parteien des Arbeitnehmerüberlassungsvertrages, einen Wechsel des Leiharbeitnehmers in ein Arbeitsverhältnis zum Entleiher unangemessen zu erschweren.

Für den Fall, dass der Entleiher die Leiharbeitnehmer in ein Arbeitsverhältnis übernimmt, erlaubt das AÜG die Vereinbarung einer Vermittlungsprovision. Nach § 9 Nr. 3 AÜG ist ein vertragliches Verbot der Übernahme eines früheren Leiharbeitnehmers aber unwirksam. Auch Vereinbarungen zwischen Verleiher und Entleiher, die es dem Entleiher verbieten, dem Leiharbeitnehmer eine Tätigkeit als Arbeitnehmer im Entleiherbetrieb anzubieten, sind unwirksam.

Vertragsgestaltung, Kriterien des Überlassungsvertrages

> **HINWEIS**
>
> Nach der Neufassung des AÜG ist eine Vereinbarung, nach der Leiharbeitnehmer selbst eine Vermittlungsgebühr an den Verleiher zahlen müssen, unwirksam sein (§ 9 Nr. 5 AÜG n. F.) Außerdem ist nach § 13a AÜG n. F. der Entleiher verpflichtet sein, Leiharbeitnehmer über offene Stellen bei sich zu informieren.

Eine Vermittlung liegt vor, wenn die spätere Begründung eines Arbeitsverhältnisses zwischen Entleiher und Leiharbeitnehmer ursächlich aus der Überlassung hervorgeht. Nach der Rechtsprechung des BGH ist die Provisionsvereinbarung als allgemeine Geschäftsbedingung nur wirksam, wenn sie nach der Überlassungsdauer gestaffelt wird (BGH 11.3.2010 – III ZR 240/09, NZA 2010, 511). Die Angemessenheit der Provisionshöhe richtet sich ganz wesentlich nach dem in den beteiligten Wirtschaftskreisen Üblichen. Für die Vermittlung von Leiharbeitnehmern im Niedriglohnbereich sollte eine Provision von 1000 € angemessen sein (Vermittlungsprovision bei Überlassung eines Glasbaumonteurs iHv 3000 €, BGH 7.12.2006, III ZR 82/06, NZA 2007, 571).

Das aktive Abwerben von Leiharbeitnehmern durch den Entleiher kann dennoch einen Wettbewerbsverstoß nach § 3 UwG darstellen und eine Verletzung des Arbeitnehmerüberlassungsvertrages (ErfK *Wank*, § 9 AÜG Rn. 8)

6.2.2 Gemeinschaftseinrichtungen beim Eintleiher

Zeitarbeitnehmer sind in den betrieblichen Alltag des Einsatzbetriebes gut zu integrieren. Daher wird Leiharbeitnehmern bereits heute in vielen Betrieben der Zugang zu verschiedenen Gemeinschaftseinrichtungen des Entleiherbetriebes während der Einsatzzeit gewährt.

Nach der Neufassung des AÜG ist der Entleiher verpflichtet, Leiharbeitnehmern Zugang zu Gemeinschaftseinrichtungen oder -diensten, insbesondere Kinderbetreuungseinrichtungen, Gemeinschaftsverpflegung und Beförderungsmittel in seinem Betrieb zu gewähren, es sei denn, eine unterschiedliche Behandlung ist aus sachlichen Gründen gerechtfertigt. (§ 13b AÜG).

Je nach Ausgestaltung der Gemeinschaftseinrichtungen wird dies auch bei den Regelungen des Arbeitnehmerüberlassungsvertrages zu berücksichtigen sein. Im Fokus stehen dabei die Berechnung der Verleihsätze sowie die Auseinandersetzung mit der umsatz- und einkommensteuerrechtlichen Behandlung dieser Leistungen. Der Verleiher wird das Vorliegen von Sachbezügen durch den Zugang zu Gemeinschaftseinrichtungen und -diensten beim Entleiher und die steuer- und sozialversicherungsrechtliche Behandlung prüfen müssen.

Gegenstand und Inhalt des Überlassungsvertrages

> **WICHTIG!**
> Der Entleiher sollte dazu verpflichtet werden, dem Verleiher mitzuteilen, zu welchen Einrichtungen der Leiharbeitnehmer während der Überlassung Zugang hat und welche Sachleistungen dabei erbracht werden.

6.2.3 Vergütung

Die Vergütungsansprüche des Leiharbeitnehmers richten sich gegen den Verleiher als den Arbeitgeber. Rechtsgrundlage ist der Arbeitsvertrag und ggf. betriebliche Bestimmungen beim Arbeitgeber oder einschlägige Tarifverträge, ferner gesetzliche Mindestbestimmungen. Der Entleiher haftet aber für den Überlassungszeitraum für die Sozialversicherungsbeiträge neben dem Verleiher wie ein selbstschuldnerischer Bürge (§ 28e Abs. 2 SGB IV, § 150 Abs. 3 SGB VII). Ein vertraglicher Haftungsausschluss ist nicht zulässig.

> **WICHTIG!**
> Die unsichere Rechtslage nach der Entscheidung des BAG (BAG v. 14.12.2010 – 1 ABR 19/10) über die Tariffähigkeit der CGZP hat gezeigt, dass sich aufgrund des Entstehungsprinzips im Sozialversicherungsrecht bei Nachzahlungsansprüchen der Leiharbeitnehmer Risiken für den Verleiher schnell realisieren. Nach der Entscheidung des BAG v. 23.3.2011 (5 AZR 7/10) gehören Ausschlussfristen beim Entleiher auch nicht zu den wesentlichen Arbeitsbedingungen i. S. d. Equal-Pay und können dem Leiharbeitnehmer nicht entgegengehalten werden.

Wendet der Verleiher Tarifverträge an, hinsichtlich derer der Entleiher ein zukünftiges Risiko sieht, kann mit dem Entleiher zur Risikovermeidung bei Nachforderungen z. B. aufgrund des Equal-Pay Grundsatzes aber die Vorlage einer Bankbürgschaft für die Entrichtung der Sozialversicherungsbeiträge für die überlassenen Leiharbeitnehmer vereinbart werden. Alternativ kann sich der Entleiher die Beibringung einer Bankbürgschaft durch den Verleiher hierfür oder die spätere Freistellung durch den Verleiher bedingen im Arbeitnehmerüberlassungsvertrag zusagen lassen. Im letzteren Fall trüge der Entleiher aber das Insolvenzrisiko. Ob derartige Abreden sinnvoll und möglich sind, sollte der Entleiher unter Berücksichtigung der durch den Verleiher angewandten Tarifverträge entscheiden. Schließlich werden die Kosten einer Bankbürgschaft vom Verleiher bei der Gestaltung der Verleihersätze berücksichtigt werden.

> **PRAXISTIPP**
> In jedem Fall sollte aber eine Klausel aufgenommen werden, nach der der Entleiher sich die ordnungsgemäß abgeführten Lohnsteuer- und Sozialabgaben nachweisen lässt. Dies sollte verbunden werden mit einem Zurückbehaltungsrecht des Entleihers für die Überlassungsvergütung (siehe Anmerkung 11 zu § 8 des Musterüberlassungsvertrages).

Vertragsgestaltung, Kriterien des Überlassungsvertrages

Außerdem wird sich der Entleiher im Überlassungsvertrag mit dem Verleiher dahingehend absichern, dass die Vergütung der überlassenen Arbeitnehmer den gesetzlichen Mindeststandards entspricht. Neben einem gegebenenfalls zu beachtenden gesetzlichen Mindestlohn sollte im Überlassungsvertrag auch die Risikoverteilung zwischen Entleiher und Verleiher für die Fälle geregelt werden, in denen eine nachträgliche Berechnung der Vergütung nach dem Equal-Pay-Grundsatz, etwa wegen der Unwirksamkeit des angewendeten Tarifvertrages oder einer unbeabsichtigten Drehtür-Gestaltung, zu erfolgen hat.

6.3 Muster des Arbeitnehmerüberlassungsvertrages

Arbeitnehmerüberlassungsvertrag

zwischen

der

....

– Verleiher –

und

der

....

– Entleiher –

wird folgender Vertrag geschlossen:

§ 1
Rechtliche Voraussetzungen, Erlaubnis

(1) Der Verleiher ist im Besitz einer Erlaubnis zur Arbeitnehmerüberlassung nach § 1 AÜG, ausgestellt durch die Bundesagentur, Regionaldirektion .... für Arbeit am ....
Der Verleiher verpflichtet sich, den Entleiher für den Fall des Wegfalls, der Nichtverlängerung, der Rücknahme oder des Widerrufs der Erlaubnis (Änderungen gem. § 2 AÜG) unverzüglich zu unterrichten. Eine Kopie der Erlaubnis ist diesem Vertrag als Anlage 1 beigefügt.

– *Anmerkung 1*

(2) Der Verleiher hat in seinen Arbeitsverträgen mit den Arbeitnehmern die Anwendung der Tarifverträge der Zeitarbeit, ... *(Bezeichnung des geltenden oder in Bezug genommenen Tarifvertrages)* in ihrer jeweiligen Fassung, vereinbart. Es handelt sich um Tarifverträge im Sinne von §§ 3 Abs. 1 Nr. 3, 9 Nr. 2 AÜG. Der Verleiher ist verpflichtet, dafür Sorge zu tragen, dass die einschlägigen Lohnuntergrenzen nicht unterschritten werden.

Muster des Arbeitnehmerüberlassungsvertrags

– **Anmerkung 2**

(3) Der Entleiher verpflichtet sich, dem Verleiher in der Anlage 2 die nach § 12 Abs. 1 Satz 3 AÜG erforderlichen Angaben zu erteilen, welche wesentlichen Arbeitsbedingungen einschließlich des Arbeitsentgelts im Betrieb des Entleihers für einen vergleichbaren Arbeitnehmer des Entleihers einschließlich des Arbeitsentgelts gelten.

– **Anmerkung 3**

§ 2
Überlassung

(1) Der Verleiher verpflichtet sich, dem Entleiher die in der Anlage 2 genannten Arbeitnehmer zum Einsatz im Betrieb des Entleihers zu überlassen.

(2) Die besonderen Merkmale der für die Leiharbeitnehmer vorgesehene Tätigkeit und welche berufliche Qualifikation dafür erforderlich ist, sind in der Anlage 2 zu diesem Vertrag enthalten.

– **Anmerkung 4**

§ 3
Beginn und Dauer der Überlassung

(1) Die Überlassung der Arbeitnehmer beginnt am .... und endet am ....

(2) Beide Seiten sind berechtigt, den Arbeitnehmerüberlassungsvertrag mit einer Frist von .... zu kündigen.

– **Anmerkung 5**

§ 4
Arbeitsumfang

(1) Die Arbeitnehmer werden mit einer wöchentlichen Arbeitszeit von .... Stunden eingesetzt. Die Ableistung von Überstunden richtet sich nach den betrieblichen Gegebenheiten des Entleihers.

(2) Der Entleiher führt wöchentliche Zeitnachweise, die von den Leiharbeitnehmern, bei Überlassung einer Gruppe von Arbeitnehmern durch deren Vorarbeiter, abgezeichnet werden.

§ 5
Abberufung und Austausch von Arbeitnehmern

(1) Der Entleiher kann vom Verleiher die Abberufung eines Arbeitnehmers für den nächsten Tag und sofortigen geeigneten Ersatz verlangen, wenn der Entleiher dessen Weiterbeschäftigung aus leistungs-, personen- oder

verhaltensbedingten Gründen ablehnt. Die Gründe müssen nicht die Anforderungen des § 1 Abs. 2 KSchG erfüllen.

(2) Kommt der Verleiher dem Verlangen nach Abberufung, Austausch und Ersatz von Arbeitnehmern nicht nach, kann der Entleiher den Überlassungsvertrag über den betreffenden Arbeitnehmer fristlos kündigen. Etwaige Schadensersatzansprüche des Entleihers bleiben unberührt.
– *Anmerkung 6*

§ 6
Vergütung

(1) Die Vergütung erfolgt nach den tatsächlich abgeleisteten Arbeitsstunden der Leiharbeitnehmer. Die wöchentliche Arbeitszeit beträgt nach § 4 Abs. 1 .... Stunden. Die Anordnung von Mehrarbeit bedarf der Einwilligung des Verleihers.

(2) Es wird ein Stundensatz von .... EUR zuzüglich der gesetzlichen Mehrwertsteuer vereinbart.

(3) Die Vergütung wird aufgrund der Zeitnachweise nach § 4 Abs. 2 abgerechnet und ist bis zum Ende des auf die Arbeitsleistung folgenden Monats zur Zahlung fällig.

Die Zeitnachweise stellt der Entleiher dem Verleiher bis zum Ende des ersten Werktages des auf die Arbeitsleistung folgenden Monats zur Verfügung.
– *Anmerkung 7*

§ 7
Direktionsrecht und Fürsorgepflichten des Entleihers

(1) Der Entleiher ist berechtigt, den Leiharbeitnehmern alle Weisungen zu erteilen, die nach Art und Umfang in den Tätigkeitsbereich der in Anlage 2 genannten Arbeiten fallen, und die Tätigkeiten zu überwachen.

(2) Der Verleiher gewährleistet, dass die vertragliche Verpflichtung der Leiharbeitnehmer zur Tätigkeit nach Art, Ort und Zeit unter Einschluss notwendiger Überstunden besteht.

(3) Der Entleiher verpflichtet sich, den Leiharbeitnehmer über Gefahren für Sicherheit und Gesundheit in seinem Arbeitsbereich, denen er bei der Arbeit ausgesetzt sein kann, sowie über die Maßnahmen zur Abwendung dieser Gefahren und Sicherheitseinrichtungen zu unterrichten.

Muster des Arbeitnehmerüberlassungsvertrags

– *Anmerkung 8*

§ 8
Haftung und Pflichten des Verleihers

(1) Der Verleiher haftet dem Entleiher dafür, dass der Leiharbeitnehmer für die Ausführung der vorgesehenen Tätigkeiten nach den in der Anlage 2 zu diesem Vertrag bezeichneten Merkmalen geeignet ist. Der Verleiher verpflichtet sich zur Vorlage von erforderlichen Qualifikationsnachweisen bezüglich der Leiharbeitnehmer.

– *Anmerkung 9*

(2) Der Verleiher haftet nicht über die Auswahl der Arbeitnehmer hinaus für die vom Leiharbeitnehmer ausgeführten Arbeiten.

– *Anmerkung 10*

(3) Der Verleiher verpflichtet sich, dem Entleiher auf Verlangen jederzeit die Bescheinigungen über die Abführung der Sozialversicherungsbeiträge und der Lohnsteuer für die überlassenen Arbeitnehmer an die zuständigen Einzugsstellen bzw. das Finanzamt vorzulegen.

– *Anmerkung 11*

§ 9
Vermittlung

(1) Übernimmt der Entleiher den Mitarbeiter aus dem Arbeitnehmerüberlassungsvertrag oder innerhalb einer Frist von drei Monaten nach Ende der Überlassung, so gilt dies als Vermittlung.

(2) Für diese Vermittlung gilt eine Vermittlungsprovision als vereinbart:
Bis zu einer Überlassungsdauer von 3 Monaten 1000 Euro, bis zu einer Überlassungsdauer von 6 Monaten 500 Euro, zuzüglich der gesetzlichen Mehrwertsteuer.

Nach einer Überlassungsdauer von mehr als 6 Monaten wird keine Vermittlungsprovision mehr fällig. Die Vermittlungsprovision ist fällig mit Abschluss des Arbeitsvertrags zwischen Leiharbeitnehmer und Verleiher.

§ 10
Vorbeschäftigungen

(1) Der Verleiher ist verpflichtet, dem Entleiher rechtzeitig vor der Arbeitsaufnahme des Leiharbeitnehmers lückenlos mitzuteilen, mit welchen Unternehmen der Leiharbeitnehmer in den 6 Monaten vor der Überlassung in einem Arbeitsverhältnis stand.

(2) Der Entleiher ist verpflichtet, den Verleiher unverzüglich zu unterrichten, wenn der Leiharbeitnehmer in dieser Zeit in einem Arbeitsverhältnis

Vertragsgestaltung, Kriterien des Überlassungsvertrages

zum Entleiher stand oder ein der vom Verleiher mitgeteilten Unternehmen in einem Konzernverhältnis i. S. d. § 18 AktG steht.

Dies gilt auch im Falle des Austauschs eines Leiharbeitnehmers.

(3) Die Überlassung eines Leiharbeitnehmers, der in den 6 Monaten vor der Überlassung in einem Arbeitsverhältnis mit dem Entleiher oder mit einem Unternehmen stand, das mit dem Entleiher einen Konzern i.S. d § 18 AktG bildet, ist nur nach Zustimmung des Entleihers zulässig.

– *Anmerkung 12*

§ 11
Schlussbestimmungen, Gerichtsstand

(1) Änderungen und Ergänzungen des Vertrages bedürfen der Schriftform.

(2) Sollten einzelne Bestimmungen dieses Vertrages ganz oder teilweise unwirksam sein oder werden, oder sollte sich in diesem Vertrag eine Lücke herausstellen, so berührt dies die Gültigkeit der übrigen Bestimmungen nicht. Anstelle der unwirksamen Bestimmung gilt diejenige wirksame Bestimmung als vereinbart, welche dem Sinn und Zweck der unwirksamen Bestimmung am ehesten entspricht. Im Fall einer Lücke gilt diejenige Bestimmung als vereinbart, die dem entspricht, was nach Sinn und Zweck dieses Vertrages vereinbart worden wäre, hätte man die Angelegenheit von vornherein bedacht. Dies gilt auch dann, wenn die Unwirksamkeit einer Bestimmung auf einem Maß der Leistung beruht. Es gilt dann das rechtlich zulässige Maß.

(3) Gerichtsstand.

....
Ort, Datum   Ort, Datum

....
Verleiher   Entleiher

6.4 Erläuterungen zum Muster Arbeitnehmerüberlassungsvertrag

▶ **Anmerkung 1:**
Der Nachweis und die Vorlage der Erlaubnis ist für den Entleiher von Bedeutung, da die erlaubte Arbeitnehmerüberlassung von der Erteilung der Erlaubnis für den Verleiher abhängt. Besitzt der Verleiher keine Erlaubnis, folgt daraus die Unwirksamkeit des Vertrages (§ 9 Nr. 1 AÜG) und es ergeben sich gravierende Rechtsfolgen auch für den Entleiher, beispielsweise die Fiktion eines Arbeitsverhältnisses zwischen Leiharbeitnehmer und Entleiher gem. § 10 Abs. 1 AÜG.

Erläuterungen zum Muster Arbeitnehmerüberlassungsvertrag

▶ **Anmerkung 2:**
Für Verleiher und Entleiher müssen die Kosten, die die Überlassung des Leiharbeitnehmers voraussichtlich verursachen wird und an welchen betrieblichen Einrichtungen und Arbeitsbedingungen beim Entleiher der Leiharbeitnehmer ggf. aufgrund der Gleichbehandlungsanordnung im Falle des Equal-Pay-Grundsatzes partizipiert, präzise kalkulierbar sein. In der Praxis hat sich die Anwendung eines der üblichen Tarifverträge der Zeitarbeitsbranche verbreitet, da deren Kosten exakt berechenbar sind. Das Schicksal der Tarifverträge der CGZP hat gezeigt, dass der Entleiher sich auch vergewissern sollte, welche Tarifverträge dies sind. Ferner besteht ein unternehmenspolitisches Interesse an der Einhaltung der regulären Mindestarbeitsbedingungen.

Diese Klausel kommt zur Anwendung, wenn der Verleiher die Anwendung eines Tarifvertrages im Sinne der §§ 3 Abs. 1 Nr. 3, 9 Nr. 2 AÜG mit den eingesetzten Leiharbeitnehmern arbeitsvertraglich vereinbart hat oder ein solcher Tarifvertrag kraft beiderseitiger Tarifbindung zur Anwendung kommt. In diesem Fall gilt die Ausnahme vom Gleichstellungsgrundsatz in §§ 3 Abs. 1 Nr. 3, 9 Nr. 2 AÜG.

▶ **Anmerkung 3:**
Kommt ein Tarifvertrag im Sinne der §§ 3 Abs. 1 Nr. 3, 9 Nr. 2 AÜG nicht zur Anwendung, gilt für das Arbeitsverhältnis zwischen Verleiher und Leiharbeitnehmer der Gleichstellungsgrundsatz. Der Verleiher ist daher auf die Angabe der wesentlichen Arbeitsbedingungen vergleichbarer Arbeitnehmer im Betrieb des Entleihers angewiesen.

▶ **Anmerkung 4:**
Die Beschreibung der vorgesehenen Tätigkeiten erfolgt in der Regel durch Stellenbeschreibungen und einen Anforderungsplan, z. B. durch eine Qualifikationsmatrix oder ein Anforderungsprofil. Diese Unterlagen sind bei den entleihenden Unternehmen oft bereits vorhanden. Es bietet sich aufgrund des Umfangs meist nicht an, diese Angaben in die Vertragsurkunde einzufügen.

▶ **Anmerkung 5:**
Die Kündigungsfrist kann frei vereinbart werden. Die Vereinbarung einer Höchstlaufzeit ist nach dem Wegfall der gesetzlichen Überlassungshöchstdauer nicht mehr erforderlich.

Soll die Überlassung aber nicht auf unbestimmte Zeit vereinbart werden, bietet sich eine Verlängerungsoptionsklausel an:

Wird der Überlassungsvertrag nicht mit einer Frist von zwei Wochen vor Vertragsende gekündigt, verlängert er sich um weitere .... Monate.

Vertragsgestaltung, Kriterien des Überlassungsvertrages

▶ **Anmerkung 6:**
Für den Fall des unentschuldigten Fehlens kann der Vertrag vorsehen, dass der Verleiher unverzüglich für Ersatz sorgen muss.

Weiterhin kann es im Interesse des Verleihers liegen, sich seinerseits ein Austauschrecht vorzubehalten. Dabei ist aber darauf zu achten, dass der Entleiher vor allem bei Tätigkeiten, die eine Einweisung oder Einarbeitung erfordern, ein großes Interesse daran hat, dass die ihm überlassenen Leiharbeitnehmer nur in dringenden Fällen ausgetauscht werden. Dazu kann vereinbart werden:

„Der Verleiher ist berechtigt, einen anderen Leiharbeitnehmer gleicher Eignung gemäß der Anlage 2 des Vertrages zu stellen, wenn der eingesetzte Leiharbeitnehmer aufgrund Krankheit, unentschuldigtem Fehlen, ruhendem Arbeitsverhältnis, Beschäftigungsverbot, Beendigung des Arbeitsverhältnisses oder ähnlichen Gründen abwesend ist."

Für den Einsatz der Leiharbeitnehmer in den Fällen, in denen im Betrieb des Entleihers nicht gearbeitet wird, können Regelungen über das Ruhen des Leiharbeitnehmereinsatzes getroffen werden. Dazu kann der Vertrag vorsehen, dass bei Streik, Aussperrung, vorübergehender Betriebsschließung oder für die Dauer von Betriebsversammlungen der Einsatz der Leiharbeitnehmer ruht.

▶ **Anmerkung 7:**
Alternativ kann für den Fall, dass Mehrarbeit geleistet wird, ein Mehrarbeitszuschlag vereinbart werden. In diesen Fällen sollte der Begriff der Mehrarbeit im Sinne des Vertrages definiert werden:

„Für Mehrarbeitsstunden wird ein Zuschlag in Höhe von ...... % gezahlt. Als Mehrarbeit gilt die die regelmäßige wöchentliche Arbeitszeit gem. § 4 überschreitende Arbeitszeit."

Für die Zahlung der Vergütung wird meist eine Abschlagszahlung an den Verleiher vereinbart, die der Entleiher zu einem vereinbarten Fälligkeitszeitpunkt in Höhe eines Prozentsatzes der voraussichtlich zu vergütenden Arbeitszeit leistet:

„Der Entleiher hat wöchentlich montags/monatlich bis zum 15. eines Monats einen Abschlag in Höhe von ...... % der Vergütung zu zahlen, die voraussichtlich im laufenden Monat geleistet wird."

Dadurch erreicht der Verleiher eine geringere Vorleistungsbelastung über die Arbeitsentgeltansprüche der Leiharbeitnehmer.

Für die Vergütung kann ebenfalls eine Preisliste des Verleihers ggf. als Anlage zum Vertrag in Bezug genommen werden.

Erläuterungen zum Muster Arbeitnehmerüberlassungsvertrag

▶ **Anmerkung 8:**
Der Verleiher ist aufgrund seiner rechtlichen Arbeitgeberstellung gegenüber dem Leiharbeitnehmer aus den arbeitsrechtlichen Fürsorgepflichten verpflichtet. Diese beinhalten Hinweispflichten gegenüber dem Leiharbeitnehmer, die der Verleiher mangels ausreichender Kenntnisse meist nicht erfüllen kann. Hierzu verpflichtet sich der Entleiher, der als Betriebsinhaber über diese Kenntnisse verfügt, den Leiharbeitnehmer im Rahmen der arbeitgeberseitigen Fürsorgepflicht auf Gefahren hinzuweisen und zu informieren. Der Verleiher wird aber dadurch nicht aus der vertraglichen Pflicht entlassen, sich von der Wahrung der Fürsorgepflichten zu überzeugen.

▶ **Anmerkung 9:**
Bedarf es für die Beschäftigung des Leiharbeitnehmers einer behördlichen Genehmigung, etwa einer Aufenthalts- oder Niederlassungserlaubnis, kann der Vertrag hier vorsehen, dass der Verleiher dem Entleiher dieses Dokument vor Beginn der Beschäftigung vorlegt.

▶ **Anmerkung 10:**
Der Verleiher haftet im Rahmen der vereinbarten Anforderungen an den Leiharbeitnehmer für sein sog. Auswahlverschulden. Als Qualifikationsnachweise können z. B. Meister- oder Gesellenbrief, Facharbeiterbrief, Führerscheine, Staplerschein gelten.

▶ **Anmerkung 11:**
Die Vereinbarung dient der Rechtssicherheit des Entleihers. Der Entleiher hat nach § 28a SGB IV eine Kontrollmitteilung für Krankenkasse und Arbeitsagentur abzugeben, gemäß § 28e Abs. 2 SGB IV haftet der Entleiher für die Erfüllung der Zahlungspflicht der Sozialversicherungsbeiträge wie ein selbstschuldnerischer Bürge. Gemäß § 42d EStG trifft den Entleiher eine Ausfallhaftung für die Lohnsteuer.

Verleiher und Entleiher können dazu vereinbaren, dass der Verleiher als Arbeitgeber seinerseits eine Garantieerklärung für die Abführung der Sozialversicherungsbeiträge und der Lohnsteuer beibringt. Teilweise sind die Verleihunternehmen selbst im Rahmen einer Kreditbürgschaft abgesichert.

Ferner kann ein Recht des Entleihers vereinbart werden, für den Fall der Inanspruchnahme des Entleihers durch das Finanzamt im Rahmen des § 42d EStG bzw. die Einzugsstelle für Sozialversicherungsbeiträge im Rahmen des § 28e SGB IV aufzurechnen, oder die Vergütung aus dem Überlassungsvertrag zurückzubehalten, bis der Verleiher nachweist, Sozialversicherungsbeiträge bzw. Lohnsteuer ordnungsgemäß abgeführt zu haben. Dazu kann vereinbart werden:

Vertragsgestaltung, Kriterien des Überlassungsvertrages

„Der Entleiher hat ein Zurückbehaltungsrecht über die ausstehende Vergütung nach § 6 der Vertrages, solange der Verleiher die Abführungsnachweise nicht vorlegt".

▶ **Anmerkung 12:**
Durch die Neufassung des AÜG sind die Ausnahmen vom Equal-Pay-Grundsatz eingeschränkt (§ 3 Abs. 1 Nr. 3, § 9 Nr. 2 AÜG n. F.). Eine abweichende tarifliche Regelung gilt nicht mehr für Leiharbeitnehmer, die in den letzten sechs Monaten vor der Überlassung an den Entleiher aus einem Arbeitsverhältnis bei diesem oder einem Arbeitgeber, der mit dem Entleiher einen Konzern im Sinne des § 18 des Aktiengesetzes bildet, ausgeschieden sind. Ausbildungsverhältnisse zählen nicht als Vorbeschäftigung in diesem Sinne, geringfügige Beschäftigungen und Neben- oder Aushilfstätigkeiten dagegen ja. Der Verleiher sollte die Vor-Beschäftigungsbiografie der bei ihm beschäftigten Leiharbeitnehmer künftig in Personalfragebögen bei der Einstellung genau erfassen.

Um die neuen gesetzlichen Voraussetzungen prüfen zu können ist für Verleiher wie für Entleiher wichtig, die lückenlose Beschäftigungsbiografie des Leiharbeitnehmers der letzten 6 Monate vor der Überlassung zu kennen. Der Verleiher wird aber selbst nicht überblicken können, welche Unternehmen mit dem Entleiher in einem Konzernverhältnis i. S. d. § 18 AktG stehen.

Für den Entleiher ist außerdem von Interesse, in diesem Fall auch nachträglich noch einen Leiharbeitnehmer abzulehnen und Ersatz verlangen zu können. Aufgrund der Unsicherheiten, wie weit die Anwendung des Equal-Pay-Grundsatzes auf seine betrieblichen Einrichtungen ausstrahlt, muss der Entleiher die zu erwartenden Kosten sowie den Umfang des Haftungsrisikos für Sozialversicherungsbeträge abschätzen können. Der Einsatz von Leiharbeitnehmern zu unterschiedlicher Vergütung (Equal-Pay-Grundsatz und Tarifvertrag) nebeneinander könnte auch im Betrieb Unruhe verursachen.

Wird zum Beispiel eine Drehtür-Überlassung übersehen, etwa weil sich erst während der Überlassung herausstellt, dass der Leiharbeitnehmer zuvor aus einem Arbeitsverhältnis einer Konzerngesellschaft des Entleihers ausgeschieden ist, richtet sich die Haftung im Innenverhältnis zwischen Verleiher und Entleiher danach, inwieweit die Vertragsparteien ihre jeweiligen vertraglichen Pflichten gegenüber dem Vertragspartner verletzt haben.

6.5 Checkliste zum Überlassungsvertrag

Bevor Leiharbeitnehmer im Unternehmen und im Betrieb beschäftigt werden, sollten folgende Punkte im Hinblick auf einen zu schließenden Überlassungsvertrag mit dem Verleihunternehmen beachtet werden:

1. Vor der Vereinbarung einer Arbeitnehmerüberlassung sollte überprüft werden, ob die Überlassung einer Genehmigung bedarf oder *ausnahmsweise erlaubnisfrei* ist (§ 1a AÜG).
2. Die *Verleiherlaubnis* des Verleihers sollte sich der Entleiher vorlegen lassen. Dabei muss beachtet werden, dass die Arbeitsagentur die Erlaubnis für neue Verleihunternehmen zunächst befristet erteilt, es ist also auch darauf zu achten, ob die Erlaubnis für die beabsichtigte Überlassungsdauer noch besteht oder ob bereits eine Verlängerung beantragt wurde.
3. Der Entleiher sollte sich außerdem die sog. *Unbedenklichkeitsbescheinigung* des Finanzamtes, Krankenkasse und Berufsgenossenschaft vorlegen lassen.
4. Das Verleihunternehmen sollte eine *Prüfung der Anforderungen* an den für die Leiharbeitnehmer vorgesehenen Arbeitsplätzen entweder selbst vornehmen oder vom Entleiher erhalten, um vorab eine Erklärung des Verleihers zu erhalten, dass Leiharbeitnehmer mit den erforderlichen Qualifikationen auch zur Verfügung gestellt werden können.
5. Der Entleiher sollte sich insbesondere bei Arbeitsplätzen mit hohen Qualifikationsanforderungen vergewissern, dass der Verleiher die Qualifikationen seiner Mitarbeiter genau kennt oder eine Übersicht über den jeweiligen *Ausbildungsstand* bzw. selbst Schulungen durchgeführt hat.
6. Der Entleiher haftet nach dem Arbeitnehmerüberlassungsgesetz subsidiär für die Entrichtung der *Einkommensteuer- und Sozialversicherungsbeiträge* der Leiharbeitnehmer. Möglicherweise unterhält das Verleihunternehmen hierzu selbst eine Kreditbürgschaft. Wenn nicht, sollte bei den Vertragsverhandlungen seitens des Entleihers über eine Sicherheitsleistung verhandelt werden.
7. Es ist ein *schriftlicher Überlassungsvertrag* zu vereinbaren. Er muss Angaben des Entleihers darüber enthalten, welche besonderen Merkmale die für die Leiharbeitnehmer vorgesehene Tätigkeit hat und welche beruflichen Qualifikationen dafür erforderlich sind.

> 8. Beim Einsatz **ausländischer Arbeitnehmer** soll sich der Entleiher vergewissern, dass die für eine Beschäftigung in Deutschland erforderlichen behördlichen Genehmigungen vor Beginn der Beschäftigung vorliegen.

6.6 Unzulässige Vereinbarungen

Nach dem AÜG sind Vereinbarungen zwischen dem Verleiher und dem Entleiher, die es dem Entleiher untersagen, den Leiharbeitnehmer zu einem späteren Zeitpunkt, zu dem das Arbeitsverhältnis zwischen Verleiher und Leiharbeitnehmer nicht mehr besteht, einzustellen, ausdrücklich unwirksam.

Die Anbahnung eines möglichen Arbeitsverhältnisses zwischen dem Entleiher und dem Leiharbeitnehmer darf durch die vertraglichen Vereinbarungen zwischen Verleiher und Entleiher nicht behindert werden. Es darf aber nach § 9 Nr. 3 AÜG eine Vermittlungsgebühr zwischen Verleiher und Entleiher für den Fall, dass sich aus der Überlassung des Leiharbeitnehmers an den Entleiher ein Arbeitsverhältnis entwickelt oder ein solches Arbeitsverhältnis im Anschluss an die Überlassung vermittelt wird, vereinbart werden.

Hintergrund dieser Regelung ist wiederum der arbeitsmarktpolitische Effekt, der durch die Arbeitnehmerüberlassung dadurch erzielt werden soll, dass sich aus dem temporären Einsatz der Leiharbeitnehmer im Betrieb des Entleihers auch dauerhafte Arbeitsverhältnisse mit dem Entleiher ergeben. In der Erhebung von Vermittlungsgebühren, die in zahlreichen europäischen Ländern im Zusammenhang mit Arbeitnehmerüberlassungsverträgen untersagt sind, wird dabei ein Hemmnis für den Entleiher, der einen Leiharbeitnehmer dauerhaft beschäftigen möchte, gesehen.

7. Erlaubnispflicht nach AÜG

Nach dem Arbeitnehmerüberlassungsgesetz besteht für die Arbeitnehmerüberlassung im Rahmen der wirtschaftlichen Tätigkeit des Verleihers grundsätzlich Erlaubnispflicht. Der Gesetzgeber verfolgte mit dem Erfordernis der Erlaubnis für die Arbeitnehmerüberlassung das Ziel, den sozialen Schutz der Leiharbeitnehmer durch die effektive Überwachung der Leiharbeit durch die zuständigen Behörden (Arbeitsagenturen) zu gewährleisten. Das Arbeitnehmerüberlassungsgesetz gestaltet das grundsätzliche Erfordernis der Erlaubnis als Vorbehalt. Das bedeutet, es verbietet die Arbeitnehmerüberlassung vom Grundsatz her und erlaubt sie in den Fällen, in denen eine behördliche Erlaubnis erteilt wurde oder eine gesetzliche Ausnahme von dem Erfordernis der Erlaubnis vorliegt.

Besondere gesetzliche Regelungen

7.1 Überblick über die Regelungen

Nach § 1 Abs. 1 AÜG bedarf der Verleiher, der im Rahmen seiner wirtschaftlichen Tätigkeit Arbeitnehmer an Dritte zur Arbeitsleistung verleiht, der Erlaubnis. Zuständig für die Erteilung der Erlaubnis ist die Bundesagentur für Arbeit (§ 17 AÜG), die durch ihre jeweiligen Regionaldirektionen vertreten wird. Die Erlaubnis wird unter den in § 2 AÜG geregelten Bedingungen gegebenenfalls befristet erteilt. Sie kann aus den in § 3 AÜG aufgeführten Gründen versagt werden. Kommt der Verleihunternehmer seinen Pflichten nicht nach, kann die Erlaubnis widerrufen werden (§ 5 AÜG) sowie eine rechtswidrig erteilte Erlaubnis zurückgenommen werden (§ 4 AÜG). Für die Bauwirtschaft gelten besondere gesetzliche Bestimmungen (§ 1b AÜG).

7.2 Erlaubnis der Bundesagentur für Arbeit

In § 17 AÜG ist die Bundesagentur für Arbeit gesetzlich beauftragt, das Arbeitnehmerüberlassungsgesetz nach den Weisungen des Bundesministeriums für Wirtschaft und Arbeit durchzuführen und zu überwachen. Dies schließt die Zuständigkeit zur Erteilung oder Versagung der Erlaubnis ein. Die Erlaubnis zur Arbeitnehmerüberlassung wird gegenüber dem Antragsteller erteilt.

7.3 Befreiung von der Erlaubnispflicht

Eine Befreiung von der gesetzlich bestehenden Erlaubnispflicht ist im AÜG nicht vorgesehen. Soweit das AÜG die Erlaubnispflicht vorsieht und kein Ausnahmetatbestand nach § 1a AÜG vorliegt, ist die Erlaubnis immer zwingend erforderlich.

7.4 Besondere gesetzliche Regelungen

Neben dem Arbeitnehmerüberlassungsgesetz ist für bestimmte Branchen aufgrund besonderer gesetzlicher Bestimmungen keine Erlaubnis nach dem AÜG für den Fremdpersonaleinsatz erforderlich, auch wenn dieser gewerbsmäßig ist. In den folgenden Fällen ist die **Überlassung** von Arbeitnehmern **aufgrund anderer spezialgesetzlicher Regelungen** bereits **erlaubt,** die **gegenüber dem Arbeitnehmerüberlassungsgesetz vorrangig** gelten.

Nach dem **Personenbeförderungsgesetz** benötigen Unternehmen, die Kraftfahrzeuge mit Fahrer im Rahmen einer Genehmigung nach dem Personenbeförderungsgesetz vermieten, keiner zusätzlichen Erlaubnis zur Arbeitnehmerüberlassung. Dies gilt aber nur, soweit die überlassenen Fahrer auch für die vermieteten Kraftfahrzeuge eingesetzt werden.

Ähnliches gilt für den Güterkraftverkehr. Unternehmen, die im Rahmen einer Genehmigung nach dem **Güterkraftverkehrsgesetz** bzw. einer Erlaubnis für den Güternahverkehr mit einem Kraftfahrzeug für Dritte Güter transportieren, benötigen für die Zurverfügungstellung des Kraftfahrzeugs einschließlich Fahrer keine zusätzliche Erlaubnis zur Arbeitnehmerüberlassung. Auch hier gilt diese Ausnahme nur für den Einsatz von Kraftfahrzeug **und** Fahrer.

In sog. **Gesamthafenbetrieben,** die beispielsweise in Hamburg, Bremen und Rostock gebildet sind, gilt das Gesamthafenbetriebsgesetz (Gesetz über die Schaffung eines besonderen Arbeitgebers für Hafenarbeiter). Dies sieht bei einer entsprechenden Genehmigung auch die Möglichkeit der Überlassung von Hafenarbeitern zur Arbeitsleistung im Rahmen von als Hafenarbeit definierten Tätigkeiten zwischen den Einzelbetrieben des Gesamthafens vor. Insofern findet das Arbeitnehmerüberlassungsgesetz keine Anwendung.

Eine Einschränkung, die hier zu beachten ist, liegt darin, dass die Anwendung des AÜG nur für die Überlassung zu Hafenarbeiten ausgeschlossen ist. Welche Tätigkeiten hierunter fallen, kann regional unterschiedlich sein und muss deshalb vorab überprüft werden.

Hinter den Gesamthafenbetrieben stehen häufig Personalführungsgesellschaften, zu denen sich mehrere Arbeitgeber zusammengeschlossen haben.

Unternehmen aus dem **Bewachungsgewerbe,** die ihre Mitarbeiter einem anderen Unternehmen für Tätigkeiten zu Bewachungszwecken überlassen, bedürfen keiner Erlaubnis nach dem Arbeitnehmerüberlassungsgesetz, wenn das Bewachungsunternehmen eine Zulassung nach § 34a GewO besitzt.

8. Arbeitsgemeinschaften (ARGE)/Abordnung von Arbeitnehmern

Nach § 1 Abs. 1 Satz 2 AÜG ist die Abordnung von Arbeitnehmern zu einer für die Herstellung eines Werkes gebildeten Arbeitsgemeinschaft **keine Arbeitnehmerüberlassung,** wenn der Arbeitgeber Mitglied der Arbeitsgemeinschaft ist, für alle Mitglieder der Arbeitsgemeinschaft Tarifverträge desselben Wirtschaftszweiges gelten und alle Mitglieder aufgrund des Arbeitsgemeinschaftsvertrages zur selbstständigen Erbringung von Vertragsleistungen verpflichtet sind. In diesen Fällen liegt nach dem Arbeitnehmerüberlassungsgesetz bereits begrifflich keine Arbeitnehmerüberlassung im Sinne des Gesetzes vor.

Die Abordnung eines Arbeitnehmers setzt voraus, dass das Weisungsrecht des Arbeitgebers für die Dauer des Arbeitseinsatzes auf die ARGE übertragen ist, und der Einsatz in der ARGE vorübergehend ist.

Eine Abordnung liegt nicht vor, wenn der Arbeitnehmer auf unbestimmte Zeit in der ARGE tätig wird, oder vom Arbeitgeber freigestellt wird und ein Arbeitsverhältnis mit der ARGE begründet.

Unter einer Arbeitsgemeinschaft versteht man den vertraglich vereinbarten Zusammenschluss mehrerer Betriebe, mit dem Zweck der gemeinsamen Herstellung eines Werkes. Die ARGE ist nicht auf die Bauwirtschaft beschränkt, sondern kann auch in sonstigen Wirtschaftszweigen, z. B. für gemeinsame Entwicklungsprojekte, gebildet werden.

Der Zusammenschluss von Arbeitgebern zu einer solchen Arbeitsgemeinschaft erfolgt üblicherweise in der Rechtsform einer Gesellschaft bürgerlichen Rechts (GbR) nach § 705 ff. BGB. Für die Bestimmung in § 1 Abs. 1 Satz 2 AÜG ist die Rechtsform der Arbeitsgemeinschaft jedoch ohne Bedeutung. Für den Zusammenschluss der Arbeitgeber (bzw. der Gesellschafter im Gesellschaftsvertrag) müssen die übrigen Voraussetzungen des § 1 Abs. 1 Satz 2 AÜG erfüllt sein, insbesondere müssen Tarifverträge für denselben Wirtschaftszweig gelten. Voraussetzung ist also die Tarifgebundenheit durch Verbandsmitgliedschaft nach § 3 TVG oder allgemeinverbindliche Tarifverträge nach § 5 TVG. Der Begriff des Wirtschaftszweiges beschreibt die jeweilige Branche, z. B. Baugewerbe oder Chemische Industrie. Regelmäßig zieht der sachliche Geltungsbereich der Tarifverträge eine engere Grenze als der Begriff des gleichen Wirtschaftszweiges.

9. Erlaubnisfreie Arbeitnehmerüberlassung

Unter bestimmten im Folgenden dargestellten Voraussetzungen bedarf die Überlassung von Arbeitnehmern an Dritte keiner Erlaubnis nach dem Arbeitnehmerüberlassungsgesetz, weil das AÜG entweder auf den jeweiligen Fall bereits keine Anwendung findet oder eine Erlaubnis aufgrund einer gesetzlichen Ausnahme nicht erforderlich ist.

Wenn es sich bei dem geplanten Fremdpersonaleinsatz nicht um eine von § 1 Abs. 1 AÜG erfasste Arbeitnehmerüberlassung handelt, so benötigt der Verleiher ebenfalls keine Erlaubnis nach dem Arbeitnehmerüberlassungsgesetz.

9.1 Wirtschaftszweiginterne Leiharbeit

Die Arbeitnehmerüberlassung zwischen Arbeitgebern desselben Wirtschaftszweiges bedarf nach § 1 Abs. 3 Nr. 1 AÜG keiner Erlaubnis, wenn sie

- zur Vermeidung von Kurzarbeit oder Entlassungen erfolgt und
- ein für den Entleiher und den Verleiher geltender Tarifvertrag für diesen Fall die Unanwendbarkeit des Arbeitnehmerüberlassungsgesetzes vorsieht.

Ausreichend ist hierfür eine solche Regelung in einem Tarifvertrag. Es ist nicht erforderlich, dass der Arbeitgeber oder der Arbeitnehmer unmittelbar an den Tarifvertrag gebunden ist. Die Überlassung muss sich dann aber innerhalb der im Tarifvertrag geregelten Grenzen, beispielsweise hinsichtlich einer Überlassungshöchstdauer, halten.

Es ist weiterhin nicht Voraussetzung, dass es bereits tatsächlich zu Entlassungen gekommen ist oder Kurzarbeit beantragt wurde.

9.2 Konzerninterne Arbeitnehmerüberlassung

Die Vorschriften über die Erlaubnispflicht im Arbeitnehmerüberlassungsgesetz sind nicht anwendbar auf die Arbeitnehmerüberlassung zwischen Unternehmen eines Konzerns, wenn der Leiharbeitnehmer nicht zum Zwecke der Überlassung eingestellt und beschäftigt wird (§ 1 Abs. 3 Nr. 2 AÜG n. F.). Das bisherige Merkmal „vorübergehend" (§ 1 Abs. 3 Nr. 2 AÜG a. F.) ist nunmehr generelle Voraussetzung für jede legale Arbeitnehmerüberlassung im Sinne des § 1 Abs. 1 Satz 1 AÜG)

Voraussetzung ist nach dem Gesetz, dass es sich um einen Konzern im Sinne des § 18 AktG handelt.

§ 18 AktG (Aktiengesetz) lautet:

(1) Sind ein herrschendes und ein oder mehrere abhängige Unternehmen unter der einheitlichen Leitung des herrschenden Unternehmens zusammengefasst, so bilden sie einen Konzern; die einzelnen Unternehmen sind Konzernunternehmen. Unternehmen, zwischen denen ein Beherrschungsvertrag (§ 291) besteht oder von denen das eine in das andere eingegliedert ist (§ 319), sind als unter einheitlicher Leitung zusammengefasst anzusehen. Von einem abhängigen Unternehmen wird vermutet, dass es mit dem herrschenden Unternehmen einen Konzern bildet.

(2) Sind rechtlich selbstständige Unternehmen, ohne dass das eine Unternehmen von dem anderen abhängig ist, unter einheitlicher Leitung zusammengefasst, so bilden sie auch einen Konzern; die einzelnen Unternehmen sind Konzernunternehmen.

Für die Verweisung des Arbeitnehmerüberlassungsgesetzes auf das Aktiengesetz ist es unerheblich, ob es sich um einen Gleichordnungskonzern oder einen Unterordnungskonzern handelt.

Gelegentliche Arbeitnehmerüberlassung

Zugehörig zu einem Konzern im Sinne des § 18 AktG können nicht nur Aktiengesellschaften und Kommanditgesellschaften auf Aktien sein, sondern weiterhin andere Gesellschaften (Personengesellschaften, GmbH etc.).

Die Vorschrift des § 1 Abs. 3 Nr. 2 AÜG erlaubt also nicht ohne weiteres die Bildung konzerninterner Verleihgesellschaften, in denen Arbeitnehmer wie in dem typischen Verleihunternehmen nur für die Überlassung an andere Arbeitgeber beschäftigt werden. Solche konzerneigenen Verleihgesellschaften (Personalführungsgesellschaften) können daher meist nicht von der Erlaubnisfreiheit der Arbeitnehmerüberlassung im Konzern profitieren *(siehe auch Ziff. 3.5.3 Personalpool im Konzern).*

ACHTUNG!

Für das Baugewerbe gelten neben den Bestimmungen über die Erlaubnisfreiheit in § 1 Abs. 3 Nr. 2 AÜG weiterhin die Einschränkungen des § 1b AÜG. Deshalb ist die Arbeitnehmerüberlassung innerhalb eines Konzerns des Baugewerbes nur in den Grenzen des § 1b AÜG erlaubnisfrei möglich.

Voraussetzung für die privilegierte konzerninterne Arbeitnehmerüberlassung ist, dass die überlassenen Arbeitnehmer nicht zum Zwecke der Überlassung eingestellt und beschäftigt werden. Liegen die Voraussetzungen nicht vor, besteht für die Überlassung Erlaubnispflicht. Aufgrund der gravierenden Rechtsfolgen einer gegen die Erlaubnispflicht verstoßenden, illegalen Arbeitnehmerüberlassung ist zu empfehlen, im Zweifel eine Stellungnahme der zuständigen Arbeitsagentur einzuholen, um Rechtsklarheit zu gewinnen. Es ist auch denkbar, dass ein Arbeitnehmer zunächst zwar nicht zum Zwecke der Überlassung an Konzerngesellschaften eingestellt wurde, im Verlauf seines Arbeitsverhältnisses aber zunehmend an andere Konzerngesellschaften überlassen und im Sinne § 1 Abs. 3 Nr. 2 AÜG dann zum Zwecke der Überlassung beschäftigt wird. In diesem Fall könnte nachträglich die Erlaubnispflicht weiterer Überlassungen eintreten.

9.3 Gelegentliche Arbeitnehmerüberlassung

Mit der zum 1.12.2011 in Kraft getretenen Fassung des AÜG wurde der neue Ausnahmetatbestand der gelegentlichen Arbeitnehmerüberlassung, § 1 Abs. 3 Nr. 2a AÜG eingefügt. Danach sind die für die Erlaubnis und Ausgestaltung der Überlassung maßgeblichen Vorschriften des AÜG nicht anwendbar, wenn die Überlassung nur gelegentlich erfolgt und der Arbeitnehmer nicht zum Zwecke der Überlassung eingestellt und beschäftigt wird. Nach der Gesetzesbegründung (BT-Drs. 17/4804) sollen mit der Ausnahmevorschrift nur gelegentlich vorkommende Überlassungen zum Beispiel aufgrund eines vorübergehenden Spitzenbedarfs oder die gelegentliche Überlassung durch Handwerksbetriebe oder gemeinnützige Organisationen erleichtert werden. Die Bedeutung des Tatbestandsmerkmals gelegentlich ist aber rechtlich noch ungeklärt. Die gelegentliche Überlassung wird aber voraussetzen, dass der Verleiher nicht die Absicht verfolgt, wiederholt Arbeitskräfte im Rahmen seines wirtschaftlichen Betriebes an andere Arbeitgeber zu überlassen. Ob dies der Fall ist wird aus den gesamten Umständen zu schließen sein, wie die tatsächliche Wiederholung von Überlassungen, entsprechende Kundenwerbung, etc.). Ferner ist umstritten, ob diese Ausnahme europarechtskonform ist (vgl. Lembke, DB 2011, S. 414), da die EU-Richtlinie zur Leiharbeit dein erartige Ausnahme nicht vorsieht.

Der Begriff „gelegentlich" wird im Übrigen in der arbeitsgerichtlichen Rechtsprechung zu der Gewerbsmäßigkeit (vgl. BAG v. 2.6.2010, 7 AZR 946/08, NZA 2011, S. 351) bestimmt und bedeutet danach eine nicht auf Dauer angelegte Tätgkeit. Bezweckt ist, Bagatellfälle von dem Erlaubniserfordernis zu befreien (z. B. einmalige Überlassung von Arbeitnehmern an ein anderes Unternehmen, um bei einer kurzfristig aufgetretenen Auftragsspitze auszuhelfen). Es kann aber bereits die erstmalige Überlassung von Arbeitnehmern erlaubnispflichtig sein, wenn die Überlassungstätigkeit des Arbeitgebers von vornherein auf Dauer angelegt ist.

9.4 Deutsch-ausländisches Gemeinschaftsunternehmen

Nach § 1 Abs. 3 Nr. 3 AÜG ist eine Erlaubnis nicht erforderlich, wenn der Leiharbeitnehmer in ein auf der Grundlage einer zwischenstaatlichen Vereinbarung begründetes deutsch-ausländisches Gemeinschaftsunternehmen, an dem der Verleiher beteiligt ist, überlassen wird.

Die Bestimmung setzt voraus, dass ein inländisches Unternehmen an einem deutsch-ausländischen Unternehmen beteiligt ist.

Neben dem deutschen Verleihunternehmen muss also mindestens ein ausländisches Unternehmen beteiligt sein. Die beteiligten Unternehmen müssen mit der Beteiligung an dem rechtlich selbstständigen Gemeinschaftsunternehmen einen gemeinsamen Zweck verfolgen.

Reine Verleihunternehmen können sich auf die Privilegierung des § 1 Abs. 3 Nr. 3 AÜG im Wege der Beteiligung an einem solchen Gemeinschaftsunternehmen nicht berufen.

Die Vorschriften des Arbeitnehmerüberlassungsgesetzes gelten dann nach den allgemeinen Grundsätzen nur für das inländische Unternehmen. Soweit das deutsch-ausländische Unternehmen sich im Ausland befindet, ist eine Überlassung von Deutschland ins Ausland nach den

Kleinunternehmen

Vorschriften des AÜG möglich. Der umgekehrte Fall der Überlassung aus dem Ausland nach Deutschland ist damit aber nicht geregelt, weil die Vorschriften des deutschen AÜG auf das im Ausland sitzende Unternehmen nicht anwendbar sind.

Auf die Staatsangehörigkeit des Leiharbeitnehmers kommt es für die Bestimmung des § 1 Abs. 3 Nr. 1 AÜG nicht an.

9.5 Kleinunternehmen/Vermeidung von Kurzarbeit oder Entlassungen

Eine Ausnahme von der generell bestehenden Erlaubnispflicht für die Arbeitnehmerüberlassung und eine Art vereinfachtes Verfahren regelt das Arbeitnehmerüberlassungsgesetz in § 1a AÜG. Die Vorschrift behandelt die in der Praxis meist so bezeichnete **„Kollegenhilfe"**.

9.5.1 Voraussetzungen nach dem AÜG

Die Überlassung von Arbeitnehmern, die nicht zum Zwecke der Überlassung eingestellt oder beschäftigt sind, bedarf nach § 1a AÜG bis zu einer Dauer von zwölf Monaten keiner Erlaubnis, da das Arbeitnehmerüberlassungsgesetz hier zwar anwendbar ist, vom Erfordernis einer Erlaubnis nach § 1 Abs. 1 AÜG aber eine ausdrückliche Ausnahme regelt. Ein solcher Ausnahmetatbestand liegt vor, wenn:

- ▶ der Arbeitgeber (Verleiher) weniger als 50 Arbeitnehmer beschäftigt,
- ▶ die Überlassung zur Vermeidung von Kurzarbeit oder Entlassungen erfolgt und
- ▶ der Arbeitgeber die Überlassung vorher schriftlich bei der Bundesagentur für Arbeit angezeigt hat.

Die Dauer der erlaubnisfreien Arbeitnehmerüberlassung ist auf maximal zwölf Monate beschränkt. Soll der Arbeitnehmer länger als zwölf Monate überlassen werden, ist eine Erlaubnis erforderlich. Der Verleiher kann die Erlaubnis auch während der Überlassung einholen, wenn erst im Verlauf der Arbeiten voraussehbar wird, dass die Überlassung länger als zwölf Monate erforderlich wird. Es gilt aber auch dann, dass die Überlassung über den Zeitraum von zwölf Monaten nur dann fortgesetzt werden darf, wenn die Erlaubnis zu diesem Zeitpunkt vorliegt.

Für die Zahl der beschäftigten Arbeitnehmer stellt das Arbeitnehmerüberlassungsgesetz auf den Arbeitgeber als Unternehmen, das heißt den rechtlichen Arbeitsvertragspartner des Arbeitnehmers, ab. Das hat zur Folge, dass für die Ermittlung der Zahl der beschäftigten Arbeitnehmer nicht nur der Betrieb, in dem der Arbeitnehmer beschäftigt ist, sondern alle Betriebe

Erlaubnisfreie Arbeitnehmerüberlassung

des Unternehmens heranzuziehen sind. Es zählen aber nur die Betriebe des Rechtsträgers, der Arbeitgeber ist, Tochterunternehmen (als andere Rechtsträger eigener Betriebe) sind nicht mitzuzählen. Insoweit bleibt es bei juristischer Betrachtungsweise der einzelnen Rechtsträger.

Beispiel:

> Der Arbeitgeber betreibt ein einzelkaufmännisches Unternehmen, in dessen Betrieb 30 Arbeitnehmer beschäftigt sind. Der in diesem Betrieb beschäftigte Arbeiter A soll an einen anderen Arbeitgeber überlassen werden. Außerdem ist der Arbeitgeber des A alleiniger Gesellschafter einer GmbH, die ebenfalls 25 Arbeitnehmer beschäftigt und alleiniger Gesellschafter einer weiteren GmbH mit 150 Arbeitnehmern.
>
> Für die Frage der Zahl der beschäftigten Arbeitnehmer nach § 1a AÜG zählen bei der Überlassung des A nur die 30 Arbeitnehmer in dem einzelkaufmännischen Unternehmen. Der Arbeitgeber beschäftigt zwar noch mehr Arbeitnehmer in anderen Unternehmen, in einem sogar allein mehr als 50. Für die Zahl der beschäftigten Arbeitnehmer wird aber nur auf den jeweiligen Rechtsträger des betroffenen Betriebes abgestellt, also auf den Betrieb (oder die Betriebe) des Unternehmens, welches A arbeitsvertraglich beschäftigt. Im Sinne des § 1a AÜG beschäftigt der Arbeitgeber des A also nur 30 Arbeitnehmer.

Innerhalb des zu betrachtenden Unternehmens sind dann alle Beschäftigten unabhängig von ihrer regelmäßigen Arbeitszeit mitzuzählen.

Anders als beispielsweise bei der Ermittlung der Betriebsgröße nach § 23 KSchG spielt die individuelle regelmäßige Arbeitszeit der einzelnen Arbeitnehmer hier keine Rolle. Weniger als 50 Beschäftigte im Sinne des § 1a AÜG bedeutet also maximal 49 Personen. Ferner stellt **§ 1a AÜG** nicht auf die Zahl der Arbeitnehmer, sondern auf die Zahl der Beschäftigten ab. Dies ist im Vergleich zu anderen arbeitsrechtlichen Gesetzen insofern ein Unterschied zur Zahl der Arbeitnehmer, als hierbei **auch Auszubildende mitzuzählen** sind. Auch **geringfügig Beschäftigte** zählen mit. Beschäftigte nach § 1a AÜG sind demnach alle Arbeiter und Angestellte, einschließlich der zur Berufsausbildung Beschäftigten.

Es kommt auch auf die Zahl der Beschäftigten im Zeitpunkt der Arbeitnehmerüberlassung an. Ein Referenzzeitraum zur Ermittlung der regelmäßigen oder durchschnittlichen Beschäftigtenzahl, wie beispielsweise bei der Ermittlung von Schwellenwerten nach dem Betriebsverfassungsgesetz, ist nicht zu bilden.

Betreiben mehrere Unternehmen einen Betrieb gemeinsam, ist die Zahl der Beschäftigten des ganzen Betriebes maßgeblich. Auf die rechtliche Zuordnung zu den einzelnen Rechtsträgern (Arbeitgebern) kommt es nicht an.

Kleinunternehmen

Ferner muss die Arbeitnehmerüberlassung zur Vermeidung von Kurzarbeit oder Entlassungen erfolgen. Dazu ist erforderlich, dass die Einführung von Kurzarbeit oder Entlassungen von Arbeitnehmern konkret drohen. Es muss nicht bereits zu Entlassungen gekommen sein oder Kurzarbeit angemeldet worden sein.

Vom Arbeitgeber wird in diesem Zusammenhang gefordert, die Gründe für die drohenden Entlassungen bzw. Kurzarbeit zumindest insoweit darzulegen, dass er für einen bestimmten Zeitraum einen Personalüberhang begründen kann.

9.5.2 Anzeige bei der Bundesagentur für Arbeit

Die Unternehmen, die diese Voraussetzungen erfüllen, sind von dem aufwendigen Genehmigungsverfahren weitgehend befreit. Sie müssen aber vor der Arbeitnehmerüberlassung bei der zuständigen Agentur für Arbeit eine Anzeige erstatten. Diese Anzeige muss schriftlich erfolgen.

In der Anzeige an die zuständige Agentur für Arbeit sind anzugeben:

- ▶ Vor- und Zuname, Wohnort und Wohnung, Tag und Ort der Geburt des Leiharbeitnehmers,
- ▶ Art der vom Leiharbeitnehmer zu leistenden Tätigkeit und etwaige Pflicht zur auswärtigen Leistung,
- ▶ Beginn und Dauer der Überlassung,
- ▶ Firma und Anschrift des Entleihers.

In der Anzeige der Arbeitnehmerüberlassung können mehrere Arbeitnehmer zur Überlassung zusammengefasst werden. Dem Formular ist ein weiterer Vordruck mit Angaben zu den Leiharbeitnehmern beizufügen.

Für die Anzeige bei der Arbeitsagentur ist ein Formular der Bundesagentur für Arbeit zu verwenden.

ACHTUNG!

Die Anzeige bei der zuständigen Arbeitsagentur ersetzt hinsichtlich der Rechtsfolgen die Erlaubnis für die erlaubnispflichtige Arbeitnehmerüberlassung. Das bedeutet, dass die Arbeitnehmerüberlassung bei unterbleibender Anzeige an die Arbeitsagentur so behandelt wird wie eine erlaubnispflichtige, für die keine Erlaubnis vorliegt. Dies beinhaltet vor allem für den Verleiher nach den Straf- und Bußgeldvorschriften gravierende Rechtsfolgen.

Erlaubnisfreie Arbeitnehmerüberlassung

9.5.3 Formular zur Anzeige der Arbeitnehmerüberlassung nach § 1a AÜG

Das **Formular der Bundesagentur für Arbeit**[1]) für die Anzeige der Arbeitnehmerüberlassung nach § 1a AÜG sowie der Vordruck für Angaben zu den Leiharbeitnehmern und der Art ihrer vorgesehenen Tätigkeit ist bei den Bundesagenturen erhältlich und im Internet unter www.arbeitsagentur.de abrufbar.

---

1) Hinweis:
Das hier abgedruckte Formular entspricht dem Stand April 2010.

Kleinunternehmen

Bundesagentur für Arbeit

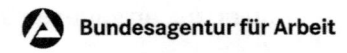

	Eingangsstempel
Anzeige der Überlassung eines Arbeitnehmers nach § 1a Arbeitnehmerüberlassungsgesetz - AÜG - [1]	
	Betriebsnummer [2]

Hinweis:
Gewerbsmäßige Arbeitnehmerüberlassung **in Betriebe des Baugewerbes** für Arbeiten, die üblicherweise von Arbeitern verrichtet werden, ist **unzulässig**. Sie ist zwischen Betrieben des Baugewerbes und anderen Betrieben gestattet, wenn diese Betriebe erfassende, für allgemeinverbindlich erklärte Tarifverträge dies bestimmen. Sie ist weiterhin zwischen Betrieben des Baugewerbes gestattet, wenn der verleihende Betrieb nachweislich seit mindestens drei Jahren von denselben Rahmen- und Sozialkassentarifverträgen oder von deren Allgemeinverbindlichkeit erfasst wird (§ 1b AÜG). Dieser Nachweis ist mit Beginn des Verleihs vom Verleiher in geeigneter Weise vorzuhalten.

1. Arbeitgeber (Verleiher)

Firma, von der aus Arbeitnehmerüberlassung betrieben werden soll		
Straße, Hausnummer	Telefon	Telefax
Postleitzahl, Ort	E-Mail	

2. Angaben zur Person

Familienname (bei anderen als natürlichen Personen: Vertreter nach Gesetz / Satzung / Gesellschaftsvertrag)		
Geburtsname	Geburtsdatum	Staatsangehörigkeit
Vorname	Telefon	Telefax
Straße, Hausnummer (bei anderen als natürlichen Personen: Anschrift der Firma)		
Postleitzahl, Ort	E-Mail	

3. Entleiher

Firma		
Straße, Hausnummer	Telefon	Telefax
Postleitzahl, Ort, Staat	E-Mail	

4. Betriebliche Angaben

Zahl der Arbeitnehmer zum Zeitpunkt der beabsichtigten Überlassung:	Wäre der anzeigende Betrieb ohne die Arbeitnehmerüberlassung zu Kurzarbeit oder Entlassung gezwungen? (Bitte kurze Schilderung des Sachverhaltes beifügen) ☐ Ja ☐ Nein

[1] Für jeden Arbeitnehmer ist eine gesonderte Anzeige vor Beginn der Überlassung zu erstatten. Mehrere Arbeitnehmer können dann in einer Anzeige zusammengefasst werden, wenn sie demselben Entleiher überlassen werden sollen; in diesem Fall ist für jeden Beschäftigten der Zeitraum der Überlassung anzugeben.

[2] Die Betriebsnummer wird von der Betriebsnummernstelle der Bundesagentur für Arbeit vergeben. D - 66121 Saarbrücken, Eschberger Weg 68; Tel: 01801 / 664366; E-Mail: betriebsnummernservice@arbeitsagentur.de; Fax: 0681 / 988429-1300.

AÜG 2b - 04/2010

Erlaubnisfreie Arbeitnehmerüberlassung

5. Arbeitnehmerüberlassung in Betriebe des Baugewerbes

Ist der Betrieb des Entleihers dem Baugewerbe zuzuordnen?	☐ Ja	☐ Nein
Wenn ja,		
- überlässt Ihr Baubetrieb Arbeitskräfte an andere Betriebe **außerhalb** des Baugewerbes?	☐ Ja	☐ Nein
- überlässt Ihr Baubetrieb Arbeitskräfte an andere Betriebe **innerhalb** des Baugewerbes?	☐ Ja	☐ Nein
- wird der Betrieb des Entleihers von denselben Rahmen- und Sozialkassentarifverträgen - ohne Berücksichtigung des räumlichen Geltungsbereichs - oder deren Allgemeinverbindlichkeit erfasst, wie der des Verleihers?	☐ Ja	☐ Nein

(Beachten Sie hierzu bitte den Hinweis auf Seite 1. Der Verleih ist **jeweils innerhalb** des Bauhauptgewerbes, Dachdeckerhandwerks, Gerüstbaus sowie des Garten- und Landschaftsbaus zulässig.)

6. Überlassene(r) Leiharbeitnehmer

Angaben zu dem / den Leiharbeitnehmer(n) bitte auf dem dafür **vorgesehenen Vordruck** eintragen.

Ich versichere / Wir versichern, dass alle Voraussetzungen für die Anzeige(n) nach § 1a Arbeitnehmerüberlassungsgesetz (AÜG) vorliegen und dass die vorstehenden Angaben richtig und vollständig sind, insbesondere dass die Überlassung der jeweiligen Arbeitnehmer **nicht länger als 12 Monate** dauert.

Die Inhalte des AÜG und des Merkblattes 8a über Kurzarbeitergeld - Informationen für Arbeitgeber und Betriebsvertretungen habe ich / haben wir zur Kenntnis genommen. Ich habe / Wir haben insbesondere davon Kenntnis genommen, dass

1. die Arbeitnehmerüberlassungen unerlaubt erfolgen, wenn die Voraussetzungen für die Anzeige nach § 1a AÜG nicht vorliegen,
2. der Verleiher, der gewerbsmäßig Leiharbeitnehmer ohne die erforderliche Erlaubnis an Dritte überlässt, nach § 16 Abs. 1 Nr. 1 AÜG ordnungswidrig handelt und mit einer Geldbuße bis zu 25.000 € belegt werden kann (§ 16 Abs. 2 AÜG),
3. der Verleiher mit Freiheitsstrafe bis zu drei Jahren (in besonders schweren Fällen bis zu fünf Jahren) oder mit Geldstrafe belegt werden kann, wenn er einen Ausländer, der einen erforderlichen Aufenthaltstitel nach § 4 Abs. 3 des Aufenthaltsgesetzes, eine Aufenthaltsgestattung oder eine Duldung, die zur Ausübung einer Beschäftigung berechtigt, oder eine Genehmigung nach § 284 Abs. 1 des Dritten Buches Sozialgesetzbuch nicht besitzt, einem Dritten überlässt (§§ 15, 15a AÜG).

Ort, Datum	Unterschrift des Anzeigenden (bei anderen als natürlichen Personen: Vertreter nach Gesetz / Satzung / Gesellschaftsvertrag)

Bitte nicht vergessen:
Anlage mit Angaben zu dem / den Leiharbeitnehmer(n) beifügen!

Kleinunternehmen

Bundesagentur für Arbeit

Anlage zur Anzeige der Überlassung eines Arbeitnehmers

Anzeigender: _____
Anzeige vom: _____

Angaben zu dem / den Leiharbeitnehmer(n)

Name, Vorname	Geburtsdatum, Geburtsort	Straße, PLZ, Ort	Art der Tätigkeit	Beginn und Ende der Überlassung (Datum)		Pflicht, auswärtige Leistungen zu erbringen	
						☐ Ja	☐ Nein
						☐ Ja	☐ Nein
						☐ Ja	☐ Nein
						☐ Ja	☐ Nein
						☐ Ja	☐ Nein

[Formular drucken] [Formular zurücksetzen]

Seite 3 von 3

9.6 Meldepflichten

Der Entleiher ist auch hier verpflichtet, gemäß § 28a SGB IV eine Kontrollmeldung über die Sozialversicherung des Leiharbeitnehmers zu erstatten.

Hiervon wiederum ausgenommen sind die Entleiher in den Fällen des § 1 Abs. 3 Nr. 1–3 AÜG, in denen die einschlägigen Vorschriften des AÜG nicht anwendbar sind.

9.7 Arbeitnehmerüberlassungsvertrag für die erlaubnisfreie Arbeitnehmerüberlassung

9.7.1 Form des Vertrages

Die oben angeführte Unterscheidung zwischen der Erlaubnisfreiheit wegen der Nichtanwendung der für die Erlaubnispflicht einschlägigen Vorschriften des Arbeitnehmerüberlassungsgesetzes und der Erlaubnisfreiheit wegen einer im Arbeitnehmerüberlassungsgesetz geregelten Erlaubnisbefreiung wirkt sich bei der Frage aus, ob sich andere Fragen der Arbeitnehmerüberlassung dennoch nach dem AÜG bestimmen.

Für die beim Arbeitnehmerüberlassungsvertrag zu beachtende Form gilt die in § 12 Abs. 1 AÜG geregelte Schriftform in den Fällen des § 1 Abs. 3 AÜG nicht, da die Anwendbarkeit der Vorschrift hier ausgeschlossen ist.

In den Fällen des § 1 Abs. 3 Nr. 1–3 AÜG kann der Arbeitnehmerüberlassungsvertrag zwischen Verleiher und Entleiher also formfrei geschlossen werden. Da im Überlassungsvertrag für die Abwicklung der Arbeitnehmerüberlassung und das Rechtsverhältnis zwischen Verleiher und Entleiher besonders wichtige Gegenstände geregelt werden, etwa zu Haftungsfragen, ist eine formlose Überlassungsvereinbarung auch in diesen Fällen aber nicht zu empfehlen.

In den Fällen der Erlaubnisfreiheit für Kleinunternehmen nach § 1a AÜG gilt die Formvorschrift des § 12 Abs. 1 AÜG weiterhin. Danach gilt für diese Unternehmen das Schriftformerfordernis. Denn das Arbeitnehmerüberlassungsgesetz ist weiterhin anzuwenden, es besteht lediglich eine Ausnahme hinsichtlich der Erlaubnis.

9.7.2 Inhalt des Vertrages

Für den Inhalt des Überlassungsvertrages in den Fällen der erlaubnisfreien Arbeitnehmerüberlassung ergeben sich hinsichtlich des zu empfehlenden Vertragsinhalts nur partielle Änderungen zu dem oben erläuterten Überlassungsvertragsmuster. Das nachstehende Vertragsmuster ist inhaltlich abgekürzt und kann für die Vereinbarung gelegentlicher Arbeitnehmerüberlassung außerhalb der Erlaubnispflicht herangezogen werden

Arbeitnehmerüberlassungsvertrag

und im Bedarfsfalle aber ebenso um weitere Vereinbarungen wie im Muster zum Überlassungsvertrag ergänzt werden:

9.7.3 Muster des Überlassungsvertrages ohne Erlaubnispflicht

Arbeitnehmerüberlassungsvertrag

Zwischen

der ....

– Verleiher –

und

der ....

– Entleiher –

wird folgender Überlassungsvertrag geschlossen:

§ 1
Erklärung des Verleihers

(1) Der Verleiher erklärt, dass die vereinbarte Überlassung von Arbeitskräften an den Entleiher nicht der Verleiherlaubnispflicht des Arbeitnehmerüberlassungsgesetzes (AÜG) unterliegt, sondern nach § 1 Abs. 3 AÜG nicht der Erlaubnis bedarf.

(2) Der Verleiher erklärt, dass Arbeitnehmerüberlassung durch ihn nur gelegentlich erfolgt.

(3) Der Verleiher verpflichtet sich, die Arbeitnehmerüberlassung der Bundesagentur für Arbeit bei der zuständigen Regionaldirektion gemäß § 1a AÜG vor Beginn der Überlassung anzuzeigen.

§ 2
Überlassung

(1) Der Verleiher verpflichtet sich, dem Entleiher die in der Anlage 2 genannten Arbeitnehmer zum Einsatz im Betrieb des Entleihers zu überlassen.

(2) Die besonderen Merkmale der für die Leiharbeitnehmer vorgesehenen Tätigkeit und die dafür erforderlichen beruflichen Qualifikationen sind in der Anlage 2 zu diesem Vertrag aufgeführt.

§ 3
Beginn und Dauer der Überlassung

(1) Die Überlassung der Arbeitnehmer beginnt am .... und endet am ....

(2) Beide Seiten sind berechtigt, den Arbeitnehmerüberlassungsvertrag mit einer Frist von .... zu kündigen.

§ 4
Arbeitsumfang

(1) Die Arbeitnehmer sollen mit einer wöchentlichen Arbeitszeit von .... Stunden eingesetzt werden. Die Ableistung von Überstunden richtet sich nach den betrieblichen Gegebenheiten des Entleihers.

(2) Der Entleiher führt wöchentliche Zeitnachweise, die von den Leiharbeitnehmern, bei Überlassung einer Gruppe von Arbeitnehmern durch deren Vorarbeiter, abgezeichnet werden.

§ 5
Vergütung

(1) Die Vergütung erfolgt nach den tatsächlich abgeleisteten Arbeitsstunden der Leiharbeitnehmer.

(2) Es wird ein Stundensatz von .... EUR zuzüglich der gesetzlichen Mehrwertsteuer vereinbart.

(3) Die Vergütung wird aufgrund der Zeitnachweise nach § 4 Abs. 2 abgerechnet und ist bis zum Ende des auf die Arbeitsleistung folgenden Monats zur Zahlung fällig.

§ 7
Direktionsrecht und Fürsorgepflichten des Entleihers

(1) Der Entleiher ist berechtigt, den Leiharbeitnehmern alle Weisungen zu erteilen, die nach Art und Umfang in den Tätigkeitsbereich der in Anlage 2 genannten Arbeiten fallen, und die Tätigkeiten zu überwachen.

(2) Der Verleiher gewährleistet, dass die vertragliche Verpflichtung der Leiharbeitnehmer zur Tätigkeit nach Art, Ort und Zeit unter Einschluss notwendiger Überstunden besteht.

§ 8
Pflichten des Verleihers

(1) Der Verleiher haftet gegenüber dem Entleiher dafür, dass der Leiharbeitnehmer für die Ausführung der vorgesehenen Tätigkeiten nach den in der Anlage 2 zu diesem Vertrag bezeichneten Merkmalen geeignet ist. Der Verleiher verpflichtet sich zur Vorlage von erforderlichen Qualifikationsnachweisen bezüglich der Leiharbeitnehmer.

(2) Der Entleiher kann vom Verleiher jederzeit die Vorlage von Bescheinigungen über die Abführung der Sozialversicherungsbeiträge und der Lohnsteuer für die überlassenen Arbeitnehmer an die zuständigen Einzugsstellen bzw. das Finanzamt verlangen.

Betriebsverfassungsrechtliche Besonderheiten

(3) Der Verleiher haftet nicht über die Auswahl der Arbeitnehmer hinaus für die vom Leiharbeitnehmer ausgeführten Arbeiten.

§ 9
Schlussbestimmungen

Änderungen und Ergänzungen des Vertrages bedürfen der Schriftform.

....
Ort, Datum   Ort, Datum

....
Verleiher   Entleiher

9.8 Betriebsverfassungsrechtliche Besonderheiten bei der erlaubnisfreien Arbeitnehmerüberlassung und Beteiligungsrechte des Betriebsrates

An den betriebsverfassungsrechtlichen Rechten und Pflichten von Arbeitgeber und Betriebsrat ändert die Frage der Erlaubnispflicht der Arbeitnehmerüberlassung kaum etwas.

Zu beachten ist aber bei der nur gelegentlichen Arbeitnehmerüberlassung, dass diese, anders als für Leiharbeitnehmer, die nur zur Überlassung an andere Arbeitgeber beschäftigt werden, regelmäßig eine wesentliche Änderung ihrer Arbeitsbedingungen und damit eine **Versetzung** im Sinne des Betriebsverfassungsgesetzes darstellt. In diesen Fällen ist der Betriebsrat des verleihenden Betriebes auch wegen einer personellen Einzelmaßnahme nach § 99 BetrVG zu beteiligen. Für die Überlassung des Arbeitnehmers an einen anderen Arbeitgeber müssen damit sowohl der Betriebsrat beim Verleiher als auch beim Entleiher zustimmen.

> **HINWEIS:**
>
> Für die nichtgewerbsmäßige Arbeitnehmerüberlassung, auf welche die Vorschriften des AÜG nicht anzuwenden sind, hat das Bundesarbeitsgericht wegen der gleichgelagerten Interessenlage die betriebsverfassungsrechtliche Stellung der Leiharbeitnehmer in entsprechender Anwendung des § 14 AÜG bewertet (BAG v. 10.3.2004 NZA 2004, S. 1340; BB 2004, S. 2736).

In den Fällen der Arbeitnehmerüberlassung durch Kleinunternehmen nach § 1a AÜG ist die weitere Beteiligungsrechte regelnde Vorschrift des § 14 AÜG zwar nicht anwendbar. Betriebsverfassungsrechtliche Rechte und Pflichten der Betriebsparteien, insbesondere Beteiligungsrechte des Betriebsrates, können sich aber auch in diesen Fällen direkt aus dem Betriebsverfassungsgesetz ergeben.

9.9 Erlaubnisfreie Arbeitnehmerüberlassung im Baugewerbe

Das früher geltende umfassende Verbot der Arbeitnehmerüberlassung im Baugewerbe ist durch die gesetzliche Bestimmung in § 1b AÜG mittlerweile gelockert. In § 1b AÜG ist die Überlassung von Arbeitnehmern an Betriebe des Baugewerbes für Arbeiten, die üblicherweise von Arbeitern im Entleiherbetrieb verrichtet werden, untersagt.

Die Arbeitnehmerüberlassung ist aber auch hier gestattet, wenn sie zwischen Betrieben des Baugewerbes und anderen Betrieben stattfindet, für die für allgemeinverbindlich erklärte Tarifverträge die Überlassung gestatten (§ 1b Satz 2 Lit. a AÜG).

Ferner ist sie gestattet zwischen Betrieben des Baugewerbes, wenn der verleihende Betrieb nachweislich seit mindestens drei Jahren von denselben Rahmen- und Sozialkassenverträgen oder von deren Allgemeinverbindlichkeit erfasst wird (§ 1b Satz 2 Lit. b AÜG).

Damit ist die Arbeitnehmerüberlassung aber noch nicht erlaubnisfrei.

> **WICHTIG!**
> Die Gestattung der Arbeitnehmerüberlassung im Baugewerbe nach § 1b AÜG bedeutet nicht Erlaubnisfreiheit.

Für die in § 1 Abs. 3 AÜG vorgesehenen Tatbestände der erlaubnisfreien Überlassung sind umgekehrt auch die aus § 1b Satz 2 AÜG folgenden Einschränkungen für das Baugewerbe zu beachten.

Die früher vorausgesetzte Geltung derselben Rahmen-Sozialkassentarifverträge hatte die Anwendung der Möglichkeit der erlaubnisfreien vorübergehenden Überlassung zwischen deutschen und ausländischen Konzernunternehmen effektiv verhindert, weil der Geltungsbereich der Tarifverträge auf das Inland beschränkt ist.

Die Geltung der gleichen Tarifverträge für Verleiher und Entleiher wird auch hinsichtlich der wirtschaftszweiginternen Arbeitnehmerüberlassung meist einer erlaubnisfreien Überlassung im Wege sein.

10. Erlaubnispflichtige Arbeitnehmerüberlassung

> **WICHTIG!**
> Die Arbeitnehmerüberlassung im Rahmen der wirtschaftlichen Tätigkeit des Verleihers ist der eigentliche Gegenstand des Arbeitnehmerüberlassungsgesetzes. Darauf, ob die Arbeitnehmerüberlassung durch den Verleiher auch gewerbsmäßig erfolgt, kommt es für die Überlassungserlaubnispflicht nach § 1 Abs. 1 AÜG n. F. nicht mehr an.

Begriff der Gewerbsmäßigkeit

Für den bisherigen Geltungsbereich des AÜG war die Gewerbsmäßigkeit maßgeblich. Dazu galten die folgenden Grundsätze:

Gewerbsmäßig musste immer der Verleiher handeln, das bedeutet der rechtliche Arbeitgeber des Leiharbeitnehmers. Mittelspersonen oder Vertreter des Verleihers werden für die Frage nach der Gewerbsmäßigkeit nicht herangezogen. Wenn die Arbeitnehmerüberlassung durch Zwischenmeister oder Handelsvertreter des Verleihers vermittelt wird, werden diese bereits nicht als Vertragspartner im Überlassungsvertrag auftreten. Für die Frage der Gewerbsmäßigkeit sind diese Personen nicht zu berücksichtigen.

10.1 Begriff der Gewerbsmäßigkeit

Ob eine gewerbsmäßige Betätigung begründet ist, wird nach den zur Verfügung stehenden gewerberechtlichen Maßstäben beurteilt.

> Danach besteht eine gewerbsmäßige Betätigung in der nicht nur gelegentlichen, auf gewisse Dauer angelegten und auf die Erzielung eines wirtschaftlichen Erfolges gerichteten Tätigkeit (BVerwG NJW 1955, 844).

Dieser gewerberechtliche Begriff wurde vom Bundesarbeitsgericht für die Gewerbsmäßigkeit der Arbeitnehmerüberlassung übernommen. Eine **gewerbsmäßige Arbeitnehmerüberlassung** nimmt das Bundesarbeitsgericht in seither ständiger Rechtsprechung an, wenn **der Arbeitgeber im Rahmen seiner auf Gewinnerzielung und planmäßige Wiederholung gerichteten Tätigkeit Arbeitnehmer Dritten zur fremdbestimmten Arbeitsleistung überlässt** (BAG v. 10.2.1977 EzAÜG § 1 AÜG Erlaubnispflicht Nr. 3).

10.1.1 Auf Dauer angelegte Tätigkeit

Eine auf Dauer ausgerichtete Tätigkeit mit planmäßiger Wiederholung liegt unproblematisch den **Zeitarbeitsunternehmen** zugrunde, die in der Überlassung von Arbeitnehmern ihren einzigen oder jedenfalls hauptsächlichen Geschäftszweck haben.

Interessanter und schwieriger gestaltet sich diese Frage bei Unternehmen, die eigene Arbeitnehmer entweder nur gelegentlich oder als unternehmerischen Nebenzweck neben ihrem eigentlichen Geschäft an andere Arbeitgeber überlassen. Solche sog. **Mischbetriebe,** die eigene Arbeitnehmer sowohl in ihrem Betrieb beschäftigen, als auch an Dritte zur Arbeitsleistung verleihen, werden in der Frage des Vorliegens einer auf Dauer angelegten Tätigkeit zunächst nach ihrem unternehmerischen

Erlaubnispflichtige Arbeitnehmerüberlassung

Zweck beurteilt. Dabei geht das Bundesarbeitsgericht nicht nur dann von einer gewerbsmäßigen Tätigkeit aus, wenn die Arbeitnehmerüberlassung den Hauptzweck des Unternehmens bildet. Die gewerbsmäßige Arbeitnehmerüberlassung kann auch bereits bei der Überlassung eines Arbeitnehmers vorliegen, wenn der Verleiher die Überlassung mit wirtschaftlicher Gewinnerzielungsabsicht vornimmt.

Auf eine Wiederholungsabsicht ist nicht zwingend abzustellen. Die Wiederholungsabsicht ist zwar als Kriterium geeignet, eine auf Dauer angelegte Tätigkeit zu begründen, diese ist aber ebenso denkbar, wenn Arbeitskräfte in einem Einzelfall langfristig (auf Dauer angelegt) überlassen werden, ohne dass dabei von vornherein eine Wiederholungsabsicht des Verleihers besteht.

10.1.2 Gewinnerzielungsabsicht

Die Absicht des Verleihers, mit der Arbeitnehmerüberlassung einen wirtschaftlichen Erfolg und Gewinn zu erzielen, ist für die Frage nach der Gewerbsmäßigkeit das aussagekräftigere Merkmal.

Als angestrebter Gewinn gilt dabei jeder mittelbare und unmittelbare wirtschaftliche Vorteil. Er muss nicht notwendigerweise in Geld erzielt werden. Unerheblich ist dabei, ob das einzelne Geschäft selbst mit Gewinn oder Verlust abgewickelt wurde.

Von Gewinnerzielungsabsicht wird auch dann gesprochen, wenn sich in der betreffenden Arbeitnehmerüberlassung vom Verleiher geldwerte Vorteile oder eine Verbesserung seiner wirtschaftlichen Möglichkeiten, etwa der Wettbewerbschancen, die sich erst später in einen Gewinn übertragen, realisieren lassen sollen.

Maßgeblich ist in diesem Zusammenhang die dahinterstehende **Absicht** des Unternehmers. Die Gewinnerzielungsabsicht kann also auch in dem Versuch bestehen, Verluste zu verhindern.

> **Beispiel:**
> Der Sportartikelhersteller S hat einen vorübergehenden Auftragsrückgang zu verzeichnen und nutzt seine betrieblichen Kapazitäten nicht aus. Um die Arbeitskosten für die verbleibende Produktion zu senken, verleiht er Arbeitskräfte an den Textilfabrikanten T. T erstattet S aus dem Überlassungsvertrag nur dessen tatsächliche Personalkosten.
>
> Obwohl S seine Arbeitnehmer zum „Selbstkostenpreis" überlässt, handelt er insgesamt in Gewinnerzielungsabsicht.

Eine Gewinnerzielungsabsicht besteht generell nicht bei gemeinnütziger oder karitativer Betätigung.

Die Bundesagentur für Arbeit stellt bei der Frage, ob eine Einrichtung oder ein Betrieb gemeinnützig tätig wird, auf die Feststellung der Finanzbehörden nach § 52 AO ab. Die Finanzbehörden stellen über die Gemeinnützigkeit bei ihrer Anerkennung eine Bescheinigung aus. Für den Bereich der Arbeitnehmerüberlassung fordert die Bundesagentur für Arbeit, dass sich die Gemeinnützigkeit der Arbeitnehmerüberlassung ausdrücklich aus der Bescheinigung nach § 52 AO ergibt, d. h. das zuständige Finanzamt muss die Frage der Gemeinnützigkeit zumindest auch unter dem Gesichtspunkt der Überlassung von Arbeitskräften beurteilt haben.

> **WICHTIG!**
> Gemeinnützig im Bereich der Arbeitnehmerüberlassung handelt in der Praxis der Arbeitsagenturen nur, wer vom Finanzamt als gemeinnützig anerkannt ist.

10.2 Im Rahmen der wirtschaftlichen Tätigkeit

In der zum 1.12.2011 in Kraft getretenen Fassung des AÜG kommt es anstelle der Gewerbsmäßigkeit der Überlassung nur noch darauf an, dass die Überlassung im Rahmen der wirtschaftlichen Tätigkeit des Verleihers erfolgt. Erlaubnispflichtig ist daher grundsätzlich auch ohne eine Gewinnerzielungsabsicht eine nicht auf Dauer angelegte Arbeitnehmerüberlassung. Eine wirtschaftliche Tätigkeit liegt nach der Definition des EuGH bei jeder Tätigkeit vor, die darin besteht, Güter oder Dienstleistungen auf einem bestimmten Markt anzubieten (EuGH v. v. 10.1.2006, Az. C-222/04, EuZW 2006, S. 306). Wesentliches Merkmal ist danach, ob der Verleiher mit dem Angebot der Arbeitnehmerüberlassung am Markt teilnimmt, also mit anderen Verleihern konkurriert. Davon sind auch Arbeitnehmerüberlassungen erfasst, die etwa zwischen Konzernunternehmen zum „Selbstkostenpreis", also ohne die Möglichkeit einer Gewinnerzielung erfolgen.

11. Grenzüberschreitende Arbeitnehmerüberlassung

Das Arbeitnehmerüberlassungsgesetz gilt grundsätzlich für jede gewerbsmäßige Arbeitnehmerüberlassung in Deutschland. Der Geltungsbereich des Gesetzes ist insoweit auf die Bundesrepublik Deutschland beschränkt. Das schließt jedoch nicht aus, dass auch Arbeitnehmerüberlassungen erfasst werden, die ihrerseits einen Auslandsbezug haben. Damit sind die Fälle beinhaltet, in denen inländischen Entleihern Arbeitnehmer aus dem Ausland überlassen werden, oder inländische Verleiher Arbeitnehmer ins Ausland verleihen. Verleiher mit Sitz im Ausland benöti-

Grenzüberschreitende Arbeitnehmerüberlassung

gen zur Arbeitnehmerüberlassung in Deutschland bzw. zu inländischen Betrieben ebenso eine Erlaubnis nach dem AÜG wie inländische Verleiher, die Arbeitnehmer ins Ausland überlassen wollen. Hat der Verleiher seinen Sitz im Ausland und sollen die Leiharbeitnehmer in Deutschland eingesetzt werden, ist dafür eine Überlassungserlaubnis nach dem AÜG erforderlich. Eine Ausnahme kann gelten, wenn Verleiher und Entleiher ihren Sitz im Ausland haben und die Leiharbeitnehmer nur kurzfristig in Deutschland eingesetzt werden. Zusätzlich sind aber die rechtlichen Voraussetzungen für die Überlassung nach dem Recht des Heimatstaates des Verleihers zu beachten.

Das Gleiche gilt, wenn der Verleiher ein deutsches Unternehmen ist und der Entleiher im Ausland sitzt, oder wenn Verleiher und Entleiher deutsche Unternehmen sind und die Leiharbeitnehmer aber im Ausland eingesetzt werden sollen. Neben der erforderlichen Erlaubnis nach dem AÜG kann der Verleih von Arbeitnehmern ins Ausland nach dem jeweiligen Recht des Einsatzlandes beschränkt sein. Der Einsatz von Leiharbeitnehmern aus Deutschland ist beispielsweise in der Schweiz stark eingeschränkt.

Für die Erteilung der Erlaubnis gelten die Voraussetzungen des Arbeitnehmerüberlassungsgesetzes. Die erteilte Erlaubnis berechtigt den inländischen Verleiher zur Überlassung von Arbeitnehmern in einen beliebigen ausländischen Staat.

Für die Arbeitnehmerüberlassung aus dem Ausland in einen inländischen Betrieb sind die gesetzlichen Bestimmungen differenzierter.

Eine Erlaubnis zur Arbeitnehmerüberlassung nach Deutschland können Verleiher aus dem Ausland nur beanspruchen, wenn sie ihren Sitz in einem Mitgliedstaat der Europäischen Union (EU) oder in einem Staat des Europäischen Wirtschaftsraumes (EWR) haben. EU-Mitgliedstaaten sind: Belgien, Bulgarien, Dänemark, Deutschland, Estland, Finnland, Frankreich, Griechenland, Großbritannien, Irland, Italien, Lettland, Litauen, Luxemburg, Malta, Niederlande, Österreich, Polen, Portugal, Rumänien, Schweden, Slowakei, Slowenien, Spanien, Tschechische Republik, Ungarn, Zypern.

Das Abkommen über den Europäischen Wirtschaftsraum (EWR) geschlossen haben darüber hinaus: Island, Liechtenstein und Norwegen.

Nach § 3 Abs. 2 AÜG ist die Erlaubnis zu versagen, wenn der Verleiher seinen Sitz nicht in einem Mitgliedstaat der Europäischen Union oder in einem EWR-Staat hat. Für die Zuordnung des Verleihers zu einem bestimmten Staat kommt es darauf an, wo die Verleihtätigkeit durch den Verleiher ausgeübt wird. Die Arbeitnehmerüberlassung aus anderen als den EU- und EWR-Staaten ist damit generell nicht erlaubt.

Besonderheiten im Baugewerbe

Für den Auslandseinsatz von Leiharbeitnehmern eines deutschen Verleihers sind die zuwanderungsrechtlichen Voraussetzungen des Tätigkeitsstaates zu beachten. Für deutsche Leiharbeitnehmer mit Einsatz im EU-Ausland gilt die Arbeitnehmerfreizügigkeit.

Für die konzerninterne Überlassung in ausländische Konzerngesellschaften gelten insoweit keine Besonderheiten. Die vorübergehende Überlassung an ausländische Konzerngesellschaften (§ 1 Abs. 3 Nr. 2 AÜG) und die vorübergehende Überlassung an ausländische Joint-Ventures (§ 1 Abs. 3 Nr. 3 AÜG) bedürfen unter den Voraussetzungen keiner Erlaubnis nach dem AÜG. Auch hier sind aber die gesetzlichen Voraussetzungen nach dem Recht des Einsatzlandes sowie die aufenthaltsrechtlichen Voraussetzungen zu beachten.

11.1 Besonderheiten im Baugewerbe

Für den Bereich des Baugewerbes gelten in der Arbeitnehmerüberlassung, insbesondere in der grenzüberschreitenden Arbeitnehmerüberlassung besondere Einschränkungen.

Aus den Beschränkungen des Arbeitnehmerüberlassungsgesetzes selbst in § 1b AÜG folgt, dass für Verleiher aus dem Baugewerbe, die ihren Sitz innerhalb eines Mitgliedstaates der Europäischen Union (EU) oder im Europäischen Wirtschaftsraum (EWR) haben, die Geltung derselben Rahmen- und Sozialkassentarifverträge nicht vorausgesetzt ist. Für die Betriebe des Baugewerbes genügt es, wenn der Verleiher seit mindestens drei Jahren Verleihtätigkeiten ausübt, die vom Geltungsbereich derselben Rahmen- und Sozialkassentarifverträge erfasst werden wie der Betrieb des Entleihers.

Ob der Verleiher seit drei Jahren überwiegend Tätigkeiten ausübt, die unter den betreffenden Rahmen- und Sozialkassentarifvertrag fallen, richtet sich nach dem Hauptzweck des Verleiherbetriebes und ist im Einzelfall nach dem betrieblichen Schwerpunkt zu beurteilen.

Vor dem Hintergrund der Entwicklung, dass zunehmend ausländische Arbeitnehmer für die Erbringung von Werk- oder Dienstleistungen im Inland eingesetzt werden und dabei zu den meist niedrigeren Beschäftigungsbedingungen, die im Herkunftsland ihres Arbeitgebers üblich sind, beschäftigt werden, wurden durch das Arbeitnehmerentsendegesetz (AEntG) bestimmte Arbeitsbedingungen normiert. Diese gelten unabhängig von den für das jeweilige Arbeitsverhältnis geltenden nationalen Vorschriften auch für ausländische Arbeitgeber, deren Arbeitnehmer im Inland eingesetzt werden.

11.2 Einsatz ausländischer Arbeitnehmer

Für den Einsatz ausländischer Arbeitnehmer sind neben den besonderen Bestimmungen für die Arbeitnehmerüberlassung auch die ausländerrechtlichen Voraussetzungen für den Aufenthalt und die Beschäftigung der ausländischen Arbeitskräfte im Inland zu beachten.

Für **Angehörige der Mitgliedstaaten der Europäischen Union** gilt die europarechtlich garantierte Arbeitnehmerfreizügigkeit. Auch zwischen den seit 2011 zur EU beigetretenen Staaten und Deutschland ist die Arbeitnehmerfreizügigkeit uneingeschränkt. In der Übergangsphase bis Mai 2011 regelte das deutsche Freizügigkeitsgesetz/EU für sog. Freizügigkeitsberechtigte, dass diese eine behördliche Bescheinigung über ihr Aufenthaltsrecht von Amts wegen erhalten. Freizügigkeitsberechtigt sind EU-Bürger, die sich zu Erwerbszwecken in Deutschland aufhalten oder über einen ausreichenden Krankenversicherungsschutz und ausreichende Existenzmittel verfügen.

Ausländische Arbeitnehmer aus dem Nicht-EU-Ausland (sog. **Drittstaatsangehörige**) benötigen seit dem 1. Januar 2005 für die Ausübung einer Beschäftigung einen Aufenthaltstitel nach dem Aufenthaltsgesetz (eingeführt durch das Zuwanderungsgesetz). Für die Erteilung solcher Aufenthaltstitel sind die Ausländerbehörden zuständig.

Es wird zwischen der Aufenthaltserlaubnis, die für Beschäftigte in der Ausbildung, Selbstständige und qualifizierte Engpassarbeitskräfte einerseits und der Niederlassungserlaubnis für hochqualifizierte Arbeitskräfte und bereits lange in Deutschland beschäftigte Arbeitnehmer andererseits unterschieden.

Die Aufenthaltserlaubnis für qualifizierte Beschäftigte setzt eine qualifizierte Berufsausbildung des Beschäftigten voraus. Erforderlich ist die Zustimmung der Bundesagentur für Arbeit, die ihrerseits im Einzelfall prüft, ob wirtschaftliche und arbeitsmarktpolitische Interessen nicht entgegenstehen. Ein Anspruch auf die Aufenthaltserlaubnis besteht nicht.

Bei der Beschäftigung von Drittstaatsangehörigen ist darauf zu achten, dass die Aufenthaltserlaubnis befristet erteilt wird und für die Dauer der Beschäftigung aufrechterhalten bleiben muss.

> **WICHTIG!**
>
> Für Verleiher und Entleiher ist die Überlassung bzw. die Beschäftigung von ausländischen Arbeitnehmern ohne die erforderliche aufenthaltsrechtliche Genehmigung strafbar (§§ 15, 15a AÜG).

Berechtigte Unternehmen

Für ausländische Leiharbeitnehmer aus den EU-Mitgliedstaaten ist die Überlassung an einen Entleiher in Deutschland aufenthaltsrechtlich möglich. Für Leiharbeitnehmer aus Drittstaaten gilt aufgrund des Aufenthaltsgesetzes (§ 40 Nr. 2 AufenthG) ein Verbot der Zulassung eines Aufenthaltstitels zum Zweck der Aufnahme von Leiharbeit. Für die Beitrittsländer zur EU galt als Übergangsrecht bis April 2011 noch keine Arbeitnehmerfreizügigkeit in allen EU-Staaten. Arbeitskräfte aus diesen Ländern benötigten eine Arbeitsgenehmigung/EU nach dem übergangsweise weiter anzuwendenden Aufenthaltsgesetz/EU i. V. m. § 284 SGB III. Für die acht neuen EU-Mitgliedstaaten Polen, Ungarn, Tschechien, Slowakei, Slowenien, Estland, Lettland und Litauen aus dem Jahr 2004 gilt seit dem 1.5.2011 die uneingeschränkte Arbeitnehmerfreizügigkeit. Eine Arbeitsgenehmigung ist seit dem 1. Mai für EU-Bürger nicht mehr erforderlich. Dies gilt für alle Beschäftigten, unabhängig von der Qualifikation, Beschäftigungsdauer und Branche.

12. Voraussetzungen für die Erteilung der Erlaubnis/ Erlaubnisverfahren

Die gewerbsmäßige Arbeitnehmerüberlassung ist nach dem AÜG rechtlich grundsätzlich verboten, ausnahmsweise erlaubt. Umgekehrt ist die Arbeitnehmerüberlassung nur so weit erlaubt, wie die erteilte Erlaubnis gilt. Die Erteilung der Erlaubnis wird auf Antrag erteilt. Zuständig ist die Bundesagentur für Arbeit bzw. ihre regionalen Behörden.

Die Erlaubnis der Bundesagentur für Arbeit ist ein sog. den Antragsteller begünstigender Verwaltungsakt. Durch die Erlaubnis wird das Verbot der Arbeitnehmerüberlassung für den Antragsteller und für die beantragte Arbeitnehmerüberlassung aufgehoben, wobei die Erlaubnis mit Auflagen verbunden sein kann.

Auf die Erteilung der Erlaubnis besteht ein Anspruch, wenn und soweit keine Gründe für die Versagung vorliegen.

12.1 Berechtigte Unternehmen

Die Erlaubnis können grundsätzlich sowohl inländische als auch ausländische Unternehmen beantragen. Für ausländische Unternehmen gelten besondere Bestimmungen des AÜG. Zudem ist für ausländische Verleihunternehmen auch das jeweils geltende nationale Recht zu beachten.

12.1.1 Inländische Unternehmen

Anspruchsberechtigt auf die Erteilung einer Überlassungserlaubnis sind folgende **inländische Unternehmen:**

Voraussetzungen für die Erteilung der Erlaubnis

- natürliche Personen,
- juristische Personen des Privatrechts oder des öffentlichen Rechts (z. B. Gemeinden),
- Personengesellschaften (Gesellschaften bürgerlichen Rechts, OHG, KG, GmbH) und Kapitalgesellschaften (AG),
- Personengesamtheiten (nicht rechtsfähige Vereine).

12.1.2 Unternehmen aus EU- und EWR-Staaten

Für Unternehmen aus den Mitgliedstaaten der **Europäischen Union (EU)** und des **Europäischen Wirtschaftsraumes (EWR)** gilt: Staatsangehörige erhalten die Erlaubnis unter den gleichen Voraussetzungen wie deutsche Staatsangehörige (§ 3 Abs. 4 AÜG). Das AÜG stellt mit dieser Regelung eine Gleichstellung inländischer Antragsteller mit solchen aus den Mitgliedstaaten der EU und des EWR nach den Vorschriften über die Freizügigkeit von Arbeitnehmern (Art. 48 EG) der Dienstleistungsfreiheit (Art. 59 EG) und der Niederlassungsfreiheit (Art. 52 EG) aus dem Europäischen Recht her.

Als Staatsangehörige im Sinne des Arbeitnehmerüberlassungsgesetzes gelten Gesellschaften und juristische Personen, die nach den Rechtsvorschriften dieser Staaten gegründet worden sind und ihren satzungsmäßigen Sitz, ihre Hauptverwaltung oder ihre Hauptniederlassung innerhalb dieser Mitgliedstaaten haben.

Als **satzungsmäßiger Sitz** der juristischen Person oder Gesellschaft gilt der Ort, der in der Satzung der juristischen Person oder Gesellschaft als Sitz genannt wird, bzw. der Ort, an dem sie eingetragen ist.

Als **Hauptverwaltung** gilt der Ort, an dem sich die Leitung des Unternehmens befindet, also in der Regel die Geschäftsführung oder der Vorstand.

Meist fällt die Hauptverwaltung auch mit der Hauptniederlassung des Unternehmens zusammen. Die **Hauptniederlassung** eines Unternehmens befindet sich an dem Ort, an dem das Unternehmen entweder seine wesentlichen Betriebsmittel oder sein hauptsächliches Personal unterhält.

Eine Einschränkung enthält das Gesetz für Unternehmen, die zwar ihren satzungsmäßigen Sitz in einem der Mitgliedstaaten der EU oder des EWR haben, aber weder ihre Hauptverwaltung noch ihre Hauptniederlassung in einem dieser Staaten unterhalten.

In diesen Fällen gilt die Gleichstellung mit inländischen Unternehmen hinsichtlich des Anspruchs auf Erlaubniserteilung nur, wenn diese Unternehmen ihre Tätigkeit in tatsächlicher und dauerhafter Verbindung mit der Wirtschaft eines Mitgliedstaates der EU oder eines EWR-Staates steht

Gründe für die Versagung der Erlaubnis

(§ 3 Abs. 3 Satz 4 AÜG). Eine solche dauerhafte Verbindung mit der Wirtschaft kann beispielsweise in einer ständigen Zweigniederlassung bestehen. Die gesetzliche Vorschrift des § 3 Abs. 4 AÜG hat vor allem den Zweck, sog. Briefkastenfirmen vom Kreis der Anspruchsberechtigten auszuschließen.

12.1.3 Unternehmen aus sonstigen Staaten

Ausländische Unternehmen, die keinen Sitz in einem EU-Mitgliedstaat oder einem EWR-Staat haben, erhalten die Erlaubnis dennoch unter den gleichen Voraussetzungen, wenn sie sich aufgrund eines internationalen Abkommens im Geltungsbereich des Arbeitnehmerüberlassungsgesetzes niederlassen und hierbei sowie bei ihrer Geschäftstätigkeit nicht schlechter behandelt werden dürfen als deutsche Staatsangehörige (§ 3 Abs. 5 AÜG).

Solche „Gleichstellungsvereinbarungen" müssen in diesen Fällen Gegenstand eines internationalen Abkommens zwischen der Bundesrepublik Deutschland und dem Land, in dem das Verleihunternehmen seinen Sitz hat, geregelt sein.

12.2 Erteilung der Erlaubnis, gesetzl. Voraussetzungen

Voraussetzung für die Erteilung der Erlaubnis zur Arbeitnehmerüberlassung ist ein Antrag des Antragstellers (des Verleihers). Der Antrag muss schriftlich gestellt werden (§ 2 Abs. 1 AÜG). Für die Antragstellung soll ein Vordruck der Bundesagentur für Arbeit verwendet werden.. Der Antrag genügt der Schriftform, wenn er vom Antragsteller eigenhändig unterschrieben ist.

12.3 Gründe für die Versagung der Erlaubnis

Die Erlaubnis ist nach dem Arbeitnehmerüberlassungsgesetz zu versagen, wenn Tatsachen die Annahme der Behörde (Arbeitsagentur) rechtfertigen, dass der Antragsteller einen der im Gesetz aufgeführten Versagungstatbestände erfüllt. Als Antragsteller tritt im Verfahren über die Erteilung der Erlaubnis der Verleiher auf. Ist einer der Tatbestände verwirklicht, muss die Behörde die Erlaubnis zwingend versagen.

12.3.1 Mangelnde Zuverlässigkeit

Ein solcher Grund für die Versagung der Erlaubnis liegt darin begründet, dass der Antragsteller die für die Ausübung der gewerblichen Arbeitnehmerüberlassung erforderliche Zuverlässigkeit nicht besitzt. Auf mangelnde Zuverlässigkeit kann nach § 3 Abs. 1 Nr. 1 AÜG insbesondere hindeuten, wenn der Antragsteller die Vorschriften über die Sozialversiche-

Voraussetzungen für die Erteilung der Erlaubnis

rung, über die Einbehaltung und Abführung der Lohnsteuer, über die Arbeitsvermittlung, über die Anwerbung im Ausland oder über die Ausländerbeschäftigung, die Vorschriften des Arbeitsschutzrechts oder die arbeitsrechtlichen Pflichten nicht einhält.

Das Gesetz gibt damit einen Anhalt, wie der unbestimmte Rechtsbegriff der „erforderlichen Zuverlässigkeit" zu beurteilen ist.

Die Aufzählung der zu beachtenden Vorschriften im Gesetz ist **nicht abschließend** und zählt beispielhaft wichtige Vorschriften im Bereich der Arbeitnehmerüberlassung auf. Die mangelnde Zuverlässigkeit kann sich also auch aus anderen Umständen ergeben.

Als Maßstab für die Beurteilung der erforderlichen Zuverlässigkeit gilt prinzipiell die gesamte Rechtsordnung und die Frage, ob der Antragsteller diese beachtet. Dazu zählen unter Umständen auch im Gesetz nicht näher beschriebene Rechtsbegriffe wie die „guten Sitten", zu denen auch die Beachtung eines für das Geschäftsgebaren aufgestellten Kodex oder das Wettbewerbsverhalten des Unternehmers gerechnet werden können.

Die erforderliche Zuverlässigkeit besitzen dabei Antragsteller, bei denen in Zukunft zu erwarten ist, dass sie sich vorschriftsmäßig verhalten und die gesetzlichen Bestimmungen bei der Ausübung der Überlassung von Arbeitnehmern beachten und befolgen. Umgekehrt ist derjenige nicht zuverlässig, bei dem die Behörde erwartet, er werde die Arbeitnehmerüberlassung nicht gesetzmäßig ausüben. Die Behörde hat also eine **Prognose** darüber abzugeben, wie sich der antragstellende Unternehmer zukünftig verhalten wird. Bei dieser Prognoseentscheidung wird sie regelmäßig zu einer mangelnden Zuverlässigkeit kommen, wenn der Antragsteller bereits in der Vergangenheit gesetzeswidrig agiert hat.

Die mangelnde Zuverlässigkeit muss grundsätzlich in der Person des Antragstellers bestehen. Das schließt aber nicht aus, dass der Antragsteller auch deshalb für nicht zuverlässig gehalten wird, weil auf den Betrieb oder das Unternehmen des Antragstellers unzuverlässige Personen im Sinne des Gesetzes Einfluss nehmen oder in Führungspositionen beschäftigt sind, ferner wenn der Antragsteller nur „Strohmann" eines nachweislich unzuverlässigen Hintermannes ist.

Wenn der Antragsteller eine juristische Person ist, sind für die Frage der Zuverlässigkeit die gesetzlichen Vertreter zu beurteilen. Das sind der oder die Geschäftsführer oder der Vorstand (also die vertretungsberechtigten Organe). Wegen einer mangelnden Zuverlässigkeit droht schon dann die Versagung der Erlaubnis, wenn einer der gesetzlichen Vertreter als unzuverlässig im Sinne des Gesetzes gilt. So kann zum Beispiel ein vorbe-

Gründe für die Versagung der Erlaubnis

strafter Geschäftsführer einer GmbH gegen die Zuverlässigkeit der antragstellenden GmbH sprechen.

Dies bedeutet natürlich auch, dass ein Geschäftsführerwechsel in der GmbH zu einer erneuten Überprüfung der Zuverlässigkeit Anlass geben kann.

> **WICHTIG!**
>
> Der Antragsteller muss zwar seine eigene Zuverlässigkeit zunächst darlegen. Hierzu dienen Fragen nach besonderen Konfliktlagen des Antragstellers in der Vergangenheit auf dem Antragsformular, in dem Angaben zur Zuverlässigkeit verlangt werden. Dort wird etwa nach Vorstrafen, Ermittlungsverfahren, Geldbußen von Finanzgewerbe oder Sozialbehörden, Zollämtern oder Ordnungswidrigkeiten gefragt.
>
> Der Antragsteller muss aber andererseits nicht generell seine Zuverlässigkeit anhand besonderer fürsprechender Umstände nachweisen, wenn für seine Unzuverlässigkeit an sich keine Anhaltspunkte vorliegen. So bedeutet beispielsweise allein die Tatsache, dass der Antragsteller geschäftlich unerfahren ist, noch keine Annahme der Unzuverlässigkeit.

Für die persönliche **Zuverlässigkeit** soll der Antragsteller grundlegende Kenntnisse über seine Aufgaben als Arbeitgeber und Verleiher, also über die arbeitsrechtliche, steuer- und sozialversicherungsrechtliche Behandlung von Arbeitnehmern besitzen.

Für den Nachweis solcher Kenntnisse spielt es zum Beispiel eine Rolle, wenn der Antragsteller:

▶ bereits längere Zeit gewerbetreibend oder als Arbeitgeber tätig ist, oder der Betrieb bereits längere Zeit besteht,

▶ selbst entsprechende Berufserfahrung aus einem eigenen Beschäftigungsverhältnis, etwa in der Personalabteilung eines Unternehmens besitzt,

▶ es sich beim Antragsteller um einen Mischbetrieb handelt, in dem bereits Arbeitsverhältnisse bestehen,

▶ selbst eine abgeschlossene kaufmännische oder betriebswirtschaftliche Berufsausbildung oder einen Meisterbrief besitzt.

Die **mangelnde Zuverlässigkeit** kann sich gemäß der Formulierung in § 3 Abs. 1 AÜG insbesondere daraus ergeben, dass der Antragsteller genannte Rechtsvorschriften nicht einhält oder verletzt.

Zu den arbeitsrechtlichen Vorschriften zählen insbesondere:

▶ zivilrechtliche Vorschriften des BGB (z. B. Diskriminierungsverbote),

▶ das Nachweisgesetz,

Voraussetzungen für die Erteilung der Erlaubnis

- das Gesetz über die Entgeltfortzahlung im Krankheitsfall,
- das Bundesurlaubsgesetz,
- Verpflichtungen gegenüber schwerbehinderten Menschen aus dem SGB IX,
- besondere Arbeitgeberpflichten aus dem AÜG
- sowie die Erfüllung der arbeitsvertraglichen Pflichten des Arbeitgebers, wie der Zahlung der Vergütung, die arbeitgeberseitigen Fürsorgepflichten.

Zu den Arbeitsschutzgesetzen zählen insbesondere:

- das Arbeitszeitgesetz,
- das Mutterschutzgesetz,
- das Jugendarbeitsschutzgesetz,
- das Arbeitssicherheitsgesetz und Arbeitsschutzgesetz einschließlich der öffentlich-rechtlichen Arbeitsschutzbestimmungen, Verordnungen und Unfallverhütungsvorschriften
- sowie das Bundesdatenschutzgesetz und sonstige datenschutzrechtliche Vorschriften.

Zu den Vorschriften des Sozialrechts zählen insbesondere:

- die Sozialgesetzbücher (SGB),
- die Bestimmungen aus den SGB zur An- und Abmeldung der Arbeitnehmer zur Sozialversicherung, Anzeige-, Melde- und Auskunftspflichten, zur Abführung von Sozialversicherungsbeiträgen zur Renten-, Kranken- und Pflegeversicherung, zur Abführung der Beiträge für die Unfallversicherung, der Sozialkassenbeiträge an Urlaubs- und Lohnausgleichskassen der Bauwirtschaft,
- die Vorschriften des SGB III (Arbeitsförderung) über die Beschäftigung von ausländischen Arbeitnehmern und die Arbeitsvermittlung.

12.3.2 Mangelnde Betriebsorganisation

Weiterer Versagungsgrund ist nach § 3 Abs. 1 Nr. 2 AÜG die mangelhafte Betriebsorganisation des Antragstellers, aufgrund derer er nicht in der Lage ist, seine Arbeitgeberpflichten dauerhaft und ordnungsgemäß zu erfüllen.

Zu einer hinreichenden Betriebsorganisation gehört, dass der Antragsteller für seinen Verleiherbetrieb eine feste und regelmäßige Betriebsstätte unterhält.

Gründe für die Versagung der Erlaubnis

Diese soll eine dem Betrieb entsprechende sächliche und personelle Ausstattung besitzen. Eine bestimmte Größe des Betriebes insgesamt ist hingegen nicht erforderlich. Die Vorschrift soll vor allem das Auftreten sog. Briefkastenfirmen verhindern. Die Ausstattung des Betriebes muss es dem Antragsteller aber ermöglichen, seine arbeitsrechtlichen Pflichten als Verleiher und Arbeitgeber zu erfüllen. Je nach Größe des Betriebes wird daher eine Personalverwaltung oder Aufsichtspersonal erforderlich sein.

Die betriebliche Organisation soll ebenfalls einen Rahmen bieten, aus dem der Verleiher seine Pflichten als Verleiher und Arbeitgeber erfüllen kann. Dazu gehört zum Beispiel die ständige Erreichbarkeit des Verleihunternehmens.

Ferner wird eine gewisse wirtschaftliche Stabilität des Antragstellers vorausgesetzt. Die Bundesagentur für Arbeit verlangt dafür den Nachweis liquider Mittel in ausreichender Höhe, um den Geschäftsbetrieb und die Erfüllung arbeitsrechtlicher Ansprüche der Leiharbeitnehmer sowie die Abführung von Lohnsteuer und Sozialversicherungsbeiträgen gewährleisten zu können. Daher sind bei Antragstellung Auszüge aus Geschäftskonten oder Kreditbestätigungen von Kreditinstituten vorzulegen. Erforderlich sind für die Erteilung der Erlaubnis liquide Mittel in Höhe von 2000,– € pro Leiharbeitnehmer und mindestens 10 000,– € insgesamt.

12.3.3 Gleichstellungsgrundsatz

Durch die Änderungen im Arbeitnehmerüberlassungsgesetz zum 1.1.2004 wurde erstmals in § 3 Abs. 1 Nr. 3 AÜG der in ähnlicher Form in vielen europäischen Staaten bestehende Gleichstellungsgrundsatz von Leiharbeitnehmern und regulär beschäftigten Arbeitnehmern im Entleiherbetrieb verankert. Danach sind Leiharbeitnehmer während ihrer Beschäftigung im Betrieb des Entleihers grundsätzlich mit vergleichbaren Arbeitnehmern des Entleihers hinsichtlich der wesentlichen Arbeitsbedingungen, einschließlich des Arbeitsentgelts, gleich zu behandeln.

Der Verleiher wird also verpflichtet, seinen Arbeitnehmern, die er an einen anderen Arbeitgeber überlässt, jeweils die Arbeitsbedingungen des Betriebes, in dem seine Arbeitskräfte eingesetzt werden, zu gewähren.

Besteht für die Arbeitsagentur Grund zur Annahme, dass der Verleiher dies nicht tut, ist die Erlaubnis zur Arbeitnehmerüberlassung gemäß § 3 Abs. 1 Nr. 3 AÜG zu versagen.

Ausnahmen vom Gleichstellungsgrundsatz bestehen dann, wenn auf das Arbeitsverhältnis zwischen Verleiher und Leiharbeitnehmern ein Tarifvertrag Anwendung findet, der abweichende Bestimmungen für die Arbeitsbedingungen enthält. Dabei ist unerheblich, ob sich die Abweichungen von den Arbeitsbedingungen der beim Entleiher beschäftigten Arbeitnehmern zugunsten oder zuungunsten des Leiharbeitnehmers auswirken. Ein solcher Tarifvertrag kann entweder aufgrund beiderseitiger Tarifgebundenheit unmittelbar anzuwenden sein oder durch arbeitsvertragliche Bezugnahme. *Zum Gleichstellungsgrundsatz vgl. die Erläuterungen zum Rechtsverhältnis zwischen Verleiher und Leiharbeitnehmer unter Ziff. 17.7.1.2.*

Die frühere Ausnahme vom Gleichstellungsgrundsatz nach § 3 Abs. 1 Nr. 3 AÜG a. F. für die **Einstellung von** zuvor **Arbeitslosen** wurde zum 1.12.2011 aus dem AÜG gestrichen.

Der Verleiher und Antragsteller konnte danach vom Gleichstellungsgrundsatz abweichen, wenn er einmalig für insgesamt sechs Wochen der Überlassung eines Leiharbeitnehmers an einen Entleiher ein Arbeitsentgelt in Höhe des Betrages, den der Leiharbeitnehmer zuletzt als Arbeitslosengeld erhalten hat, mit Zustimmung des Leiharbeitnehmers vereinbarte.

12.3.4 Ausländische Betriebsstätte

Für die Arbeitnehmerüberlassung aus ausländischen Betrieben nach Deutschland gilt hinsichtlich der Erteilung der Erlaubnis § 3 Abs. 2 AÜG.

Die Erlaubnis oder ihre Verlängerung sind nach § 3 Abs. 2 AÜG zu versagen, wenn für die Ausübung der Arbeitnehmerüberlassung Betriebe vorgesehen sind, die nicht in einem Mitgliedstaat der Europäischen Union oder dem Europäischen Wirtschaftsraum (EWR) liegen. Diese Regelung gilt unabhängig davon, ob die Betriebe einem inländischen oder ausländischen Unternehmen angehören. Sie untersagt die Erteilung der Erlaubnis für Arbeitnehmerüberlassung aus Betrieben, die keinem der genannten Staaten angehören.

Maßgeblich dafür ist, dass die Arbeitskräfte unmittelbar aus dem ausländischen Betrieb überlassen werden sollen.

12.3.5 Verleiher ohne deutsche Staatsangehörigkeit

Stellt ein Verleiher, der nicht die deutsche Staatsangehörigkeit besitzt, einen Antrag auf Erteilung oder Verlängerung einer Verleiherlaubnis, dann hat die Bundesagentur für Arbeit über die Erteilung der Erlaubnis eine Ermessensentscheidung zu treffen, wenn der Antragsteller weder aus einem EU-Mitgliedstaat noch aus einem EWR-Staat stammt. Für die Angehörigen der letztgenannten Staaten gelten wiederum besondere Bestimmungen aus § 3 Abs. 4 und 5 AÜG *(siehe Ziff. 12.1.2. zu ausländischen Unternehmen).*

Die Erlaubnis kann in diesen Fällen versagt werden. In der Entscheidung der Arbeitsagenturen werden arbeitsmarktpolitische Erwägungen, die wirtschaftlichen Verhältnisse der betreffenden Branche und gegebenenfalls der Region, in denen die Arbeitnehmerüberlassung beabsichtigt ist, berücksichtigt und gegen das Interesse an der Überlassung von Arbeitnehmern des Antragstellers im Inland abgewogen.

Gleiches wie für die Staatsbürgerschaft gilt für die juristischen Personen, die weder ihren satzungsmäßigen Sitz noch ihre Hauptniederlassung im Inland haben.

13. Erlaubnisverfahren

Das Erlaubnisverfahren ist im Wesentlichen gekennzeichnet durch die Antragstellung und die Erteilung der Erlaubnis.

Für die Bearbeitung des Antrages auf Erteilung einer Erlaubnis zur Arbeitnehmerüberlassung werden von den bearbeitenden Behörden Kosten erhoben (§ 2a AÜG). **Kosten** bestehen in einem Verwaltungsverfahren, wie dem über die Erlaubniserteilung, in Gebühren und Auslagen.

Gebühren können nach den Bestimmungen des Verwaltungskostengesetzes (VwKostG) ermäßigt werden, wenn ein Antrag abgelehnt oder zurückgenommen wird. Kosten können im Verfahren auch als Vorschüsse erhoben werden (§§ 11, 16 VwKostG).

Die Höhe der Gebühren regelt die Arbeitnehmerüberlassungs-Kostenverordnung.

13.1 Antrag im Erlaubnisverfahren

Nach § 2 Abs. 1 AÜG ist der Antrag auf Erteilung der Erlaubnis schriftlich zu stellen. Die Schriftform beinhaltet die eigenhändige Unterschrift des Antragstellers bzw. seines Vertreters.

Für den Antrag gilt die Amtssprache der inländischen Verwaltung. Der Antrag kann daher nur in deutscher Sprache gestellt werden. Hierzu gehört beispielsweise auch die gegebenenfalls beglaubigte Übersetzung von Unterlagen und Dokumenten ausländischer Behörden, zum Beispiel für Antragsteller mit Sitz im Ausland.

Die Arbeitsagenturen geben für die Antragstellung Formulare als Vordruck heraus, in denen bereits Fragen zu entscheidungserheblichen Informationen abgefragt werden. Gesetzlich vorgeschrieben ist die Verwendung dieser Vordrucke nicht. Ein Antrag wird also auch grundsätzlich ohne Verwendung des Antragsformulars der Bundesagentur für Arbeit

Erlaubnisverfahren

bearbeitet. Die Wirksamkeit des Antrages berührt dies nicht. Regelmäßig wird der Antragsteller in einem solchen Fall aber auf seinen Antrag hin den Antragsvordruck der Arbeitsagentur übersandt bekommen, um die darin abgefragten Informationen anzugeben.

Für die Bearbeitung des Antrages gilt nach den Vorschriften über das Verwaltungsverfahren der sog. Untersuchungsgrundsatz (§ 24 VwVfG).

§ 24 VwVfG (Verwaltungsverfahrensgesetz) lautet:

(1) Die Behörde ermittelt den Sachverhalt von Amts wegen. Sie bestimmt Art und Umfang der Ermittlungen; an das Vorbringen und an die Beweisanträge der Beteiligten ist sie nicht gebunden.

(2) Die Behörde hat alle für den Einzelfall bedeutsamen, auch für die Beteiligten günstigen Umstände zu berücksichtigen.

(3) Die Behörde darf die Entgegennahme von Erklärungen oder Anträgen, die in ihren Zuständigkeitsbereich fallen, nicht deshalb verweigern, weil sie die Erklärungen oder den Antrag in der Sache für unzulässig oder unbegründet hält.

Die Arbeitsagentur hat im Verwaltungsverfahren zur Erteilung der Erlaubnis den Sachverhalt und die benötigten Informationen von Amts wegen zu ermitteln. Sie legt dabei alle für die Entscheidung maßgeblichen Umstände und Informationen zu Grunde, unabhängig davon, ob der Antragsteller diese selbst mitgeteilt hat oder die Arbeitsagentur auf andere Weise Kenntnis erlangt hat.

Dies bedeutet für den Antragsteller aber nicht, dass er auf Anfragen der Behörde nicht selbst zu antworten braucht. Ebenfalls aus den Vorschriften über das Verwaltungsverfahren hat der Antragsteller die Aufgabe, bei der Ermittlung des Sachverhalts, hier also beim Zusammentragen der für die Entscheidung über die Erlaubniserteilung benötigten Informationen, mitzuwirken und bekannte Tatsachen anzugeben (§ 26 Abs. 2 VwVfG).

Bei der Prüfung der Erteilung der Erlaubnis zur Arbeitnehmerüberlassung sind an die fehlende Mitwirkung des Antragstellers keine unmittelbaren verfahrensrechtlichen Konsequenzen geknüpft.

Bei der Antragstellung ist zu unterscheiden, ob die erstmalige Erteilung einer Erlaubnis zur Arbeitnehmerüberlassung beantragt werden soll oder ob eine bereits bestehende Erlaubnis verlängert werden soll. Die Erlaubnis wird zunächst nur befristet erteilt. Eine unbefristete Verlängerung kann nach drei Jahren der Verleihtätigkeit beantragt werden.

Antrag im Erlaubnisverfahren

13.1.1 Checkliste zur Antragstellung

Mit dem Antrag an die zuständige Regionaldirektion der Bundesagentur für Arbeit sind folgende Unterlagen vorzulegen:

- ☑ Kopie des aktuellen Handelsregisterauszuges

  > **HINWEIS:**
  > Den Auszug aus dem Handelsregister erhält der Antragsteller bei der Handelsregisterabteilung des Amtsgerichts, bei dem der Antragsteller in das Handelsregister eingetragen ist.

- ☑ Bei anderen Antragstellern als natürlichen Personen eine Kopie der Satzung, der Statuten oder des Gesellschaftsvertrages
- ☑ Kopie der Gewerbeanmeldung

  > **HINWEIS:**
  > Für den Fall, dass bereits ein Handelsregisterauszug vorgelegt wurde, ist die Vorlage von Satzung, Statut oder des Gesellschaftsvertrages sowie einer Kopie der Gewerbeanmeldung nicht erforderlich.
  >
  > Für neu angemeldete Gewerbe erhält man vorab eine Empfangsbescheinigung über die Anmeldung des Gewerbebetriebes nach § 15 GewO.

- ☑ Nachweis über die Beantragung eines Führungszeugnisses zur Vorlage bei einer Behörde für den Antragsteller oder, bei anderen als natürlichen Personen, für den oder die Vertreter des Antragstellers gemäß der jeweiligen Satzungen, Statuten oder Gesellschaftsverträge bzw. der gesetzlichen Vertreter.

  > **HINWEIS:**
  > Führungszeugnisse werden zur Vorlage bei einer Behörde beim Einwohnermeldeamt bei der jeweiligen Gemeinde oder Stadt beantragt und können der Behörde direkt zugeleitet werden.
  >
  > Für Antragsteller, die ihren Wohnsitz oder regelmäßigen Aufenthaltsort in den letzten fünf Jahren überwiegend im Ausland hatten, fordert die Bundesagentur für Arbeit zusätzlich die entsprechenden Unterlagen der jeweiligen ausländischen Behörden. Diese sind, soweit sie nicht in deutscher Sprache gefasst sind, auch in der beglaubigten Übersetzung vorzulegen.

- ☑ Auskunft aus dem Gewerbezentralregister für den Antragsteller und, bei anderen als natürlichen Personen, für den oder die Vertreter des Antragstellers gemäß der jeweiligen Satzungen, Statuten

Erlaubnisverfahren

oder Gesellschaftsverträge bzw. der gesetzlichen Vertreter, sowie für die juristische Person.

> **HINWEIS:**
> Auszüge aus dem Gewerbezentralregister sowohl für die juristische Person als auch für natürliche Personen erteilt das Ordnungsamt.

- Bescheinigung der Berufsgenossenschaft (Träger der gesetzlichen Unfallversicherung)
- Einverständniserklärung für das Einholen von Auskünften beim Finanzamt
- Bescheinigung der Krankenkassen, bei denen die Mehrzahl der Leiharbeitnehmer des Antragstellers versichert sind bzw. voraussichtlich versichert werden sollen
- Folgende Liquiditätsnachweise:

  Auszüge aller Geschäftskonten des Antragstellers, gegebenenfalls Kreditbestätigungen und ggf. betriebswirtschaftliche Auswertung.

> **HINWEIS:**
> Hinsichtlich der vorzuweisenden Bonität setzt die Bundesagentur für Arbeit den Nachweis von wenigstens 2000,- € pro Leiharbeitnehmer und mindestens 10 000,- € liquide Mittel insgesamt voraus. Bei der Beschäftigung von bis zu fünf Leiharbeitnehmern muss der Antragsteller die Summe von 10 000,- € nachweisen, für mehr als fünf Leiharbeitnehmer für jeden weiteren jeweils 2000,- €.

- Muster eines Leiharbeitsvertrages zwischen Antragsteller (Verleiher) und Leiharbeitnehmer oder eines Arbeitsvertrages einschließlich der Zusatzvereinbarung mit einem Leiharbeitnehmer über die Überlassung gemäß § 11 AÜG.
- Muster eines Überlassungsvertrages zwischen Antragsteller (Verleiher) und Entleiher gemäß § 12 AÜG.

> **ACHTUNG!**
> Da auch hinsichtlich der Überlassungsverträge und Leiharbeitsverträge inhaltliche Vorgaben durch das Arbeitnehmerüberlassungsgesetz getroffen werden, empfiehlt es sich, diese Verträge zuvor rechtlich zu prüfen. Eine Überprüfung der rechtlichen Anforderungen wird durch die Arbeitsagentur nicht durchgeführt. Entsprechen die Verträge nicht den gesetzlichen Anforderungen, beispielsweise hinsichtlich des Gleichstellungsgrundsatzes (§ 3 Abs. 1 Nr. 3 AÜG), liegt gegebenenfalls ein Versagungsgrund vor und die Erlaubnis kann nicht erteilt werden.

Antrag im Erlaubnisverfahren

Die mit dem Antrag vorzulegenden Unterlagen dienen der Arbeitsagentur zur Prüfung insbesondere von Gründen für die Versagung der Erlaubnis. Diese bestehen im Wesentlichen in der Beurteilung der Zuverlässigkeit des Antragstellers und der Einrichtung und Organisation seines Betriebes. Hierzu kann die Arbeitsagentur auch weitere Informationen vom Antragsteller einholen, beispielsweise zur wirtschaftlichen Lage des Unternehmens.

Für die Entscheidung der Arbeitsagentur sind solche Anfragen vom Antragsteller im Rahmen seiner Mitwirkungspflicht an der Beibringung von Informationen und der Ermittlung des für die Entscheidung erheblichen Sachverhalts zeitnah zu beantworten. Anderenfalls verzögert der Antragsteller die Entscheidung über die Erlaubniserteilung.

Erlaubnisverfahren

13.1.2 Antragsvordruck der Bundesagentur für Arbeit

Bundesagentur für Arbeit
Regionaldirektion

Antrag auf	☐ erstmalige Erteilung	Eingangsstempel
	☐ befristete Verlängerung	
	☐ unbefristete Verlängerung [1] einer	
Erlaubnis zur gewerbsmäßigen Arbeitnehmerüberlassung		
Die nachstehend erfragten Angaben werden für die Entscheidung über Ihren Antrag benötigt. Fehlende Mitwirkung kann zur Ablehnung des Antrages führen.		Betriebsnummer [2]

1. Antragsteller/in

Name, Vorname bzw. Firma Anschrift, Telefon, Telefax (falls abweichend vom Geschäftssitz)

2. Geschäftssitz

Straße, Hausnummer, Postleitzahl, Ort	
	Telefon
	Telefax
	E-Mail

3. Persönliche Angaben [3]

	Name, Vorname, Geburtsname	Geburtsdatum	Staatsangehörigkeit
1			
2			
3			
4			

4. Zweigniederlassungen [4]

	Straße, Hausnummer, Postleitzahl, Ort	Telefon	Betriebsnummer
1		Telefax	
	Niederlassungsleiter/in: Name, Vorname, Geburtsname	Geburtsdatum	Staatsangehörigkeit
2	Straße, Hausnummer, Postleitzahl, Ort	Telefon	Betriebsnummer
		Telefax	
	Niederlassungsleiter/in: Name, Vorname, Geburtsname	Geburtsdatum	Staatsangehörigkeit

5. Tarifvertrag

Wenden Sie einen Tarifvertrag an? ☐ Ja ☐ Nein
Wenn ja, welchen?

---

[1] Eine unbefristete Erlaubnis kann frühestens nach 3 Jahren tatsächlicher Verleihtätigkeit erteilt werden.
[2] Die Betriebsnummer wird von der Betriebsnummernstelle der Bundesagentur für Arbeit vergeben. D - 66121 Saarbrücken, Eschberger Weg 68; Tel: 01801 / 664466; E-Mail: betriebsnummernservice@arbeitsagentur.de; Fax: 0681 / 988429-1300.
[3] Bei anderen als natürlichen Personen für alle Vertreter/innen nach Gesetz / Satzung / Gesellschaftsvertrag.
[4] Die entsprechenden Angaben zu weiteren Niederlassungen, die Arbeitnehmer verleihen, machen Sie ggf. bitte auf einem gesonderten Blatt.

AÜG 2a - 04/2010

Antrag im Erlaubnisverfahren

6. Betriebsorganisation

6.1. Gegenwärtiger Personalstand

	Hauptsitz	NL 1	NL 2 [5]	Gesamt
Beschäftigte insgesamt				
Anzahl der Leiharbeitnehmer/innen [6]				

6.2. Geschäftsräume

	Hauptsitz	NL 1	NL 2 [5]
Anzahl der Geschäftsräume			
Gesamtgröße (qm)			

6.3. Umfang der Arbeitnehmerüberlassung seit der letzten Antragstellung

	Hauptsitz	NL 1	NL 2 [5]	Gesamt
Anzahl der Leiharbeitnehmer/innen, die verliehen wurden				
davon beendete Arbeitsverhältnisse				

6.4. Ist der Betriebszweck ausschließlich oder überwiegend auf Arbeitnehmer-überlassung ausgerichtet? [7] ☐ Ja ☐ Nein

6.5. Wird die Betriebsorganisation teilweise ausgelagert? ☐ Ja ☐ Nein

Wenn ja, welche Verwaltungsarbeiten werden nicht im eigenen Betrieb ausgeführt?

Wo bzw. von wem werden sie ausgeführt? Name, Anschrift, Telefon, Telefax:

7. Angaben zur Zuverlässigkeit [8]

7.1. Vorstrafen / Straf- und Ermittlungsverfahren innerhalb der letzten fünf Jahre

Sind Sie vorbestraft? ☐ Ja ☐ Nein

Wenn ja, welche Vorstrafen bestehen?

Sind Straf- bzw. staatsanwaltliche Ermittlungsverfahren gegen Sie anhängig? ☐ Ja ☐ Nein

Wenn ja, welche?

7.2. Sind in den letzten fünf Jahren von Finanz-, Gewerbe- oder Sozialbehörden, Hauptzollämtern Geldbußen nach dem Ordnungswidrigkeitengesetz festgesetzt worden? ☐ Ja ☐ Nein

Wenn ja, welche?

Sind entsprechende Ermittlungsverfahren nach dem OWiG anhängig? ☐ Ja ☐ Nein

Wenn ja, welche?

---

[5] Die entsprechenden Angaben für weitere Niederlassungen machen Sie ggf. bitte auf einem gesonderten Blatt.
[6] Im Antrag auf erstmalige Erlaubniserteilung bitte die vorgesehene Anzahl angeben.
[7] Die Beurteilung des Betriebszweckes richtet sich nach dem Anteil der Leiharbeitnehmer an der Gesamtzahl der im Betrieb Beschäftigten (ohne Büropersonal für die eigene Verwaltung).
[8] Bei anderen als natürlichen Personen beziehen sich diese Fragen auch auf die Vertreter/innen nach Gesetz / Satzung / Gesellschaftsvertrag und Niederlassungsleiter/innen. Ist eine Frage mit ja zu beantworten, geben Sie bitte dazu auf einem gesonderten Blatt die betreffende(n) Person(en) an.

Erlaubnisverfahren

7.3. Haben Sie in den letzten fünf Jahren eine Erlaubnis zur Arbeitnehmerüberlassung beantragt?	☐ Ja	☐ Nein
Wenn ja, bei welcher Dienststelle der Bundesagentur für Arbeit oder ausländischen Behörde?		
Wurde dieser Antrag abgelehnt?	☐ Ja	☐ Nein
Wenn ja, aus welchem Grund?		

7.4. Waren Sie in den letzten fünf Jahren im Besitz einer Erlaubnis zur Arbeitnehmerüberlassung und wurde diese aufgehoben, widerrufen, zurückgenommen, nicht verlängert oder nicht erneuert?	☐ Ja	☐ Nein
Wenn ja, aus welchem Grund und von welcher Dienststelle der Bundesagentur für Arbeit oder ausländischen Behörde?		

7.5. **Gewerbeuntersagung**		
Wurde Ihnen innerhalb der letzten fünf Jahre ein Gewerbe untersagt? [9]	☐ Ja	☐ Nein

8. Vermögensverhältnisse [10]

8.1. Wurde in den letzten fünf Jahren ein Insolvenzverfahren gegen Sie eingeleitet?	☐ Ja	☐ Nein
8.2. Haben Sie in den letzten fünf Jahren eine eidesstattliche Versicherung abgegeben?	☐ Ja	☐ Nein

9. Nur für Antragsteller mit Hauptsitz in einem anderen Staat der EU / des EWR

9.1. Zustellungsbevollmächtigter Vertreter in der Bundesrepublik Deutschland (Name, Anschrift, Telefon, Telefax):		
9.2. Die Arbeitnehmerüberlassung ist in meinem Staat lizenzpflichtig. [11]	☐ Ja	☐ Nein
Wenn ja: Die von mir vorgelegte Lizenz zur Arbeitnehmerüberlassung ist gültig.	☐ Ja	☐ Nein
Ich werde die Regionaldirektion unverzüglich informieren, sobald die Lizenz ungültig wird.	☐ Ja	☐ Nein

Ich versichere / Wir versichern, dass die vorstehenden Angaben zutreffen. Mir / Uns ist bekannt, dass die Erlaubnis zurückgenommen oder widerrufen werden kann, wenn die Voraussetzungen zur Erteilung einer Erlaubnis von vornherein nicht vorgelegen haben oder später weggefallen sind. Mir / Uns ist auch bekannt, dass die Erlaubnis zurückgenommen oder widerrufen werden kann, wenn ich / wir wiederholt oder in schwerwiegender Weise gegen gesetzliche Bestimmungen oder eine Auflage der Erlaubnisbehörde verstoße(n).

Einen Abdruck des AÜG habe ich / haben wir erhalten. Von seinem Inhalt habe ich / haben wir Kenntnis genommen.

Ort, Datum	Unterschrift des Antragstellers / der Antragstellerin bzw. Unterschriften der Vertreter/innen nach Gesetz / Satzung / Gesellschaftsvertrag

Bitte Seite 4 beachten

---

[9] Wenn ja, bitte Kopie des Gewerbeuntersagungsbescheides beifügen.

[10] Bei anderen als natürlichen Personen: Diese Fragen beziehen sich auch auf die Vertreter/innen nach Gesetz / Satzung / Gesellschaftsvertrag und auf die Niederlassungsleiter/innen. Ist eine Frage mit ja zu beantworten, geben Sie bitte dazu auf einem gesonderten Blatt die betreffende(n) Person(en) an.

[11] Wenn ja, bitte eine beglaubigte deutsche Übersetzung der **gültigen Lizenz** beifügen.
Wenn nein, bitte eine beglaubigte deutsche Übersetzung einer **Bestätigung der zuständigen staatlichen Stelle** beifügen, dass Sie dort keine Lizenz benötigen.

Antrag im Erlaubnisverfahren

Weitere vorzulegende Unterlagen

☐ Kopie des aktuellen **Handelsregisterauszuges** [12]

☐ Kopien des **Gesellschaftsvertrages** [12), 13)]

☐ Kopie der **Gewerbeanmeldung** [12), 13)]

☐ Nachweis über die Beantragung eines **Führungszeugnisses** zur Vorlage bei einer Behörde (Belegart 0) für den/die Antragsteller/in **oder** - bei **anderen als natürlichen Personen** - für die Vertreter/innen nach Gesetz / Satzung / Gesellschaftsvertrag sowie für Niederlassungsleiter/innen [14]

zuständige Behörde: Einwohnermeldeamt

☐ Auskunft aus dem **Gewerbezentralregister - GZR 3 -** (Belegart 9) für den/die Antragsteller/in **oder** - bei **anderen als natürlichen Personen** - für die Vertreter/innen nach Gesetz / Satzung / Gesellschaftsvertrag sowie für Niederlassungsleiter/innen [14]

zuständige Behörde: Ordnungsamt

☐ Auskunft aus dem **Gewerbezentralregister - GZR 4 -** für juristische Personen oder Personenvereinigungen (z. B. GmbH) (Belegart 9)

zuständige Behörde: Ordnungsamt des Firmensitzes

☐ Bescheinigung der **Berufsgenossenschaft** (Unfallversicherungsträger) [15]

zuständig: VBG Hamburg, wenn **überwiegend** Arbeitnehmerüberlassung betrieben wird

☐ Einverständniserklärung für das Einholen von Auskünften beim **Finanzamt** [15), 16)]

☐ Bescheinigung der **Krankenkassen**, bei denen die Mehrzahl der Arbeitnehmer/innen versichert ist / werden soll [15]

Aktuelle Liquiditätsnachweise:

☐ **Auszüge aller Geschäftskonten**, ggf. **Kreditbestätigungen** (hinsichtlich der Bonität müssen mindestens 10.000 € liquide Mittel nachgewiesen werden, bei Beschäftigung von mehr als 5 Leiharbeitnehmern jedoch 2.000 € pro Leiharbeitnehmer)

☐ Muster eines **Leiharbeitsvertrages**, bzw. eines Arbeitsvertrages mit **Zusatzvereinbarung** für Leiharbeitnehmer - gemäß § 11 AÜG [12]

☐ Muster eines Überlassungsvertrages gemäß § 12 AÜG [12]

[Formular drucken]   [Formular zurücksetzen]

[12)] Bei Anträgen auf Verlängerung der Erlaubnis nur, falls zwischenzeitlich Veränderungen eingetreten sind.
[13)] Nur, falls ein Handelsregisterauszug nicht in Betracht kommt bzw. noch nicht vorliegt.
[14)] Antragsteller/Vertreter/Niederlassungsleiter/innen, die ihren Wohnsitz oder gewöhnlichen Aufenthalt in den letzten fünf Jahren überwiegend im Ausland hatten, fügen bitte zusätzlich zu den Unterlagen von deutschen Behörden auch die entsprechenden ausländischen Unterlagen mit beglaubigten Übersetzungen in die deutsche Sprache bei.
[15)] Bitte beiliegende Vordrucke verwenden.
[16)] Nur bei Erstantrag erforderlich.

13.1.3 Erläuterungen zum Antragsvordruck der Bundesagentur für Arbeit

Bei der Antragstellung mit dem vorstehenden Vordruck der Bundesagentur für Arbeit wird zwischen der erstmaligen Erteilung, der befristeten Verlängerung und der unbefristeten Verlängerung unterschieden. Bei der erstmaligen Antragstellung kann die Erlaubnis nur befristet erteilt werden und zwar für maximal ein Jahr. Eine unbefristete Verlängerung kann erst nach dreijähriger Tätigkeit als Verleiher im Rahmen der Arbeitnehmerüberlassung erteilt werden (§ 2 Abs. 5 AÜG).

▶ Die **Ziffern 1–4** des Antrags betreffen Angaben zur Person des Antragstellers. Ist der Antragsteller eine juristische Person, so ist in Ziffer 1 lediglich die Firma anzugeben. Zu der vollständigen Angabe der Firma gehört auch die Rechtsform, also beispielsweise GmbH. In Ziffer 3 sind alle Vertreter nach Gesetz, Satzung, Statut oder Gesellschaftsvertrag anzugeben.

Die Benennung von Zweigniederlassungen betrifft rechtlich unselbstständige Niederlassungen. Rechtlich selbstständige Niederlassungen (die auch als solche im Handelsregister eingetragen sind) benötigen eine eigene Erlaubnis, müssen also einen eigenen Antrag stellen.

▶ Bei der Angabe von angewandten Tarifverträgen in **Ziffer 5** sind vor allem Tarifverträge über die Beschäftigungsbedingungen der Leiharbeitnehmer von Bedeutung, da diese Regelungen zu den wesentlichen Arbeitsbedingungen enthalten und für die Frage, ob der Gleichstellungsgrundsatz anzuwenden ist, entscheidend sind.

▶ Die Angaben in den **Ziffern 6–8** des Antragsvordruckes betreffen weitere Umstände zur Prüfung, ob Gründe für eine Versagung der Erlaubnis hinsichtlich einer ausreichenden Betriebsorganisation und der erforderlichen Zuverlässigkeit des Antragstellers vorliegen. Dabei sind die Angaben über Beschäftigtenzahlen für das ganze Unternehmen des Antragstellers zu machen und gegebenenfalls dem Vordruck gesondert beizufügen.

Die Angaben zur Zuverlässigkeit zielen auf die Beurteilung bestimmter Personen ab. Ist der Antragsteller eine juristische Person, sind diese Fragen in **Ziffer 7** auf alle Vertreter des Antragstellers zu beziehen. Ist eine der Fragen in Ziffer 7 für einen Vertreter des Antragstellers mit Ja zu beantworten, sollen hierzu unter Nennung der Person weitere Angaben auf einem gesonderten Blatt gemacht werden. Zu den weiteren Angaben könnten z. B. Kopien der Bußgeldbescheide oder Angabe der Vorgänge bei den jeweiligen Behörden gehören.

Antragsteller und zuständige Behörden

▶ Angaben zu ausländischen Lizenzen oder Unterlagen ausländischer Behörden unter **Ziffer 9** sind gegebenenfalls um eine beglaubigte Übersetzung in die deutsche Sprache zu ergänzen. Auch wenn eine in Ziffer 9 erfragte Lizenzpflicht im Ausland nicht besteht, soll eine Bestätigung über die Genehmigungs-/Lizenzfreiheit von der zuständigen ausländischen Behörde (einschließlich Übersetzung) vorgelegt werden.

13.2 Antragsteller und zuständige Behörden

Antragsteller können alle natürlichen und juristischen Personen sein, die als Verleiher nach dem Arbeitnehmerüberlassungsgesetz fungieren können (*siehe dazu Ziff. 12.1 Berechtigte Unternehmen*).

Ist der Verleiher eine natürliche Person, tritt er auch persönlich als Antragsteller auf.

Ein minderjähriger Antragsteller muss für die Antragstellung die Einwilligung eines gesetzlichen Vertreters oder des Vormundschaftsgerichts einholen, es sei denn, der Minderjährige ist nach § 112 BGB zum selbstständigen Betrieb eines Erwerbsgeschäfts ermächtigt.

Für Unternehmen kann die Erlaubnis jeweils nur für die antragstellende juristische Person erteilt werden. In Unternehmensgruppen oder Konzernen ist für jedes rechtlich selbstständige Einzelunternehmen einzeln eine Erlaubnis zu beantragen.

Das Gleiche gilt für rechtlich selbstständige Niederlassungen. Ist eine Niederlassung als rechtlich selbstständig in das Handelsregister eingetragen, ist für die Arbeitnehmerüberlassung aus dieser Niederlassung eine eigene Erlaubnis zu beantragen. Eine Eintragungspflicht für selbstständige Niederlassungen besteht, wenn eine Niederlassung wie eine Hauptniederlassung geführt wird. Dies wiederum richtet sich nach dem Umfang des am Ort der Niederlassung betriebenen Geschäftsbetriebes.

Bei juristischen Personen ist der Antrag durch die gesetzlichen Vertreter zu stellen. Dies sind der oder die Geschäftsführer, der Vorstand oder die sonst vertretungsberechtigten Organe. Für Personengesamtheiten treten die besonders beauftragten Personen auf, für Personengesellschaften die vertretungsberechtigten Gesellschafter.

Bei der Antragstellung kann sich der Antragsteller durch einen Vertreter vertreten lassen. Für die Stellvertretung gelten die allgemeinen zivilrechtlichen Grundsätze der § 164 ff. BGB. Die Arbeitsagenturen verlangen hierfür regelmäßig die Vorlage einer schriftlichen Vollmacht.

Für die Durchführung des Arbeitnehmerüberlassungsgesetzes ist grundsätzlich die Bundesagentur für Arbeit beauftragt (§ 17 AÜG). Zuständig für die Erteilung oder Verlängerung einer Erlaubnis zur Arbeitnehmerüberlassung ist jeweils die Regionaldirektion der Bundesagentur für Arbeit, in deren Zuständigkeitsbereich der Antragsteller seinen Geschäftssitz hat.

Für Verleihunternehmer mit mehreren Niederlassungen in verschiedenen Bundesländern, von denen aus die Arbeitnehmerüberlassung erfolgen soll, richtet sich die Zuständigkeit nach dem Hauptgeschäftssitz des Antragstellers.

Für die Verteilung der Zuständigkeiten der Regionaldirektionen für die einzelnen Bundesländer sowie Anschriften der *Regionaldirektionen siehe im Anhang 27.3.*

Für ausländische Unternehmen ohne Geschäftssitz in Deutschland sind die Zuständigkeiten für die Erlaubniserteilung unter den Landesbehörden der Bundesagentur für Arbeit aufgeteilt.

Für ausländische Antragsteller sind zuständig:

- Dänemark, Norwegen, Schweden, Finnland, Island, Estland, Lettland und Litauen:
  die Regionaldirektion Nord
- Niederlande, Großbritannien, Irland, Malta, Polen:
  die Regionaldirektion Nordrhein-Westfalen
- Belgien, Frankreich, Luxemburg:
  die Regionaldirektion Rheinland-Pfalz–Saarland
- Spanien, Portugal:
  die Regionaldirektion Baden-Württemberg
- Italien, Griechenland, Österreich, Liechtenstein, Slowenien, Zypern:
  die Regionaldirektion Bayern
- Ungarn:
  die Regionaldirektion Sachsen-Anhalt–Thüringen
- Slowakische Republik, Tschechische Republik:
  die Regionaldirektion Sachsen.
- Alle Nicht-EU-/EWR-Staaten, Rumänien, Bulgarien:
  die Regionaldirektion Hessen.

13.3 Inhalt der Erlaubnis

Liegen die Voraussetzungen für die Erteilung der Erlaubnis vor, muss die Behörde die Erlaubnis erteilen. Wenngleich die Entscheidung über die Erlaubniserteilung nach dem Arbeitnehmerüberlassungsgesetz als Ermessensentscheidung ausgestaltet ist, hat die Behörde in diesem Fall keinen Entscheidungsspielraum.

Inhalt der Erlaubnis

Umgekehrt ist die Erlaubnis zwingend zu versagen, wenn Tatsachen die Annahme rechtfertigen, es liege einer der Versagungstatbestände vor.

Hat die Behörde nach der Überprüfung der möglichen Versagungsgründe Zweifel, ob die einzelnen Anforderungen erfüllt sind, hat sie vor der Versagung der Erlaubnis noch zu prüfen, ob die ordnungsgemäße Ausübung der Arbeitnehmerüberlassung durch Auflagen oder andere Nebenbestimmungen zur Erlaubnis gewährleistet werden kann. Wenn dies der Fall ist, muss die Behörde die Erlaubnis mit den erforderlichen Nebenbestimmungen erteilen. Hintergrund dieser Entscheidungsvorgaben ist der sog. Grundsatz der Verhältnismäßigkeit. Dieser verpflichtet die Behörde zu prüfen, ob sie bei Erteilung der Erlaubnis eine ordnungsgemäße Arbeitnehmerüberlassung durch den Antragsteller durch besondere Auflagen oder Bedingungen erreichen kann, oder ob eine ordnungsgemäße Ausführung der Verleihertätigkeit nicht gewährleistet ist. Die Versagung der Erlaubnis ist dabei das einschneidendste Mittel gegenüber dem Antragsteller und tritt aufgrund des Grundsatzes der Verhältnismäßigkeit zurück, wenn das Ziel, die gesetzesmäßige Arbeitnehmerüberlassung sicherzustellen auch mit anderen (milderen) Mitteln erreicht werden kann.

Maßgebend dafür sind jeweils die Umstände des Einzelfalls *(siehe Ziff. 13.4 Erlaubnis mit Nebenbestimmungen).*

Die Entscheidung über den Antrag wird dem Antragsteller zugestellt.

Wird die Erlaubnis erteilt, erlaubt sie dem Antragsteller die Arbeitnehmerüberlassung für die Dauer ihrer Gültigkeit.

Erlaubt wird dabei die Arbeitnehmerüberlassung durch den Antragsteller, nicht durch den Betrieb, den der Antragsteller im Erlaubnisverfahren benannt hat. Die Erlaubnis bezieht sich immer auf den Betriebsinhaber als Person, sei es die natürliche Person oder eine juristische Person.

Die Erlaubnis wird zunächst nur befristet erteilt. Nach eine Verleihertätigkeit von 3 Jahren kann der Verleiher die unbefristete Erlaubnis beantragen (§ 2 Abs. 5 AÜG).

> **WICHTIG!**
>
> Die Erlaubnisurkunde sollte der Verleiher sorgfältig verwahren. Zum einen dokumentiert sie seine Überlassungserlaubnis, die regelmäßig beim Abschluss eines Überlassungsvertrages dem Entleiher vorzulegen oder nachzuweisen ist; zum anderen kann die Urkunde durch die Arbeitsagentur zurückgefordert werden, wenn die Erlaubnis zurückgenommen oder widerrufen wird oder die Erlaubnis abgelaufen oder erloschen ist.

13.4 Erlaubnis mit Nebenbestimmungen

Die Erlaubnis kann mit besonderen Bestimmungen der Arbeitsagentur an den Antragsteller verbunden werden. So kann die Erlaubnis unter besonderen Bedingungen oder mit besonderen Auflagen erteilt werden, wenn die Arbeitsagentur dadurch sicherstellt, dass keine Tatbestände, die eine Versagung der Erlaubnis begründen würden, verwirklicht werden. Solche Nebenbestimmungen sind beim Erlass von Verwaltungsakten zulässig. Sie können entweder mit der Erlaubnis erteilt werden oder nachträglich auferlegt bzw. abgeändert oder ergänzt werden (§ 2 Abs. 2 AÜG).

Um eine Nebenbestimmung handelt es sich beispielsweise auch bei der Befristung der Erlaubnis nach § 2 Abs. 4 AÜG.

Nebenbestimmungen sind als Mittel der Behörde, um zu verhindern, dass Tatsachen eintreten, die eine Versagung der Erlaubnis nach § 3 AÜG rechtfertigen, auf einem weitläufigen Feld denkbar.

Tatsachen, die eine Versagung der Erlaubnis rechtfertigen, können nach den Tatbeständen des § 3 AÜG in fast allen Bereichen des Handelns als Arbeitgeber und Unternehmer begründet liegen. Insbesondere die im Gesetz genannten Anforderungen an eine ausreichende Betriebsorganisation und die Zuverlässigkeit können in vielerlei Hinsicht beurteilt werden. Um die Zuverlässigkeit eines Verleihers oder die ausreichende Ausstattung und Organisation seines Betriebs zu gewährleisten, sind theoretisch in jedem Bereich des unternehmerischen Tätigwerdens Auflagen oder Bedingungen denkbar.

Für die Behörde ergeben sich damit zahlreiche Ansätze, um Nebenbestimmungen zu der Erlaubnis hinzuzufügen.

13.4.1 Auflagen

Auflagen zu der erteilten Erlaubnis sind Bestimmungen, die vom Antragsteller der Definition nach ein bestimmtes Tun, Dulden oder Unterlassen verlangen (§ 36 Abs. 2 Nr. 4 VwVfG). Rechtlich unterscheidet sich die Auflage beispielsweise von der Bedingung vor allem dadurch, dass sie eine selbstständige Maßnahme der Behörde darstellt, die neben dem Verwaltungsakt (Erteilung der Erlaubnis) stehend auch **selbstständig** mit Rechtsmitteln **angefochten werden kann.** Die Frage, ob eine Auflage erfüllt wird oder nicht, berührt den rechtlichen Bestand der Erlaubnis nicht unmittelbar. Eine nicht erfüllte Auflage kann andererseits zum Beispiel zum Widerruf einer Erlaubnis führen, was aber wiederum selbst eine eigenständige Maßnahme der Behörde darstellt.

Erlaubnis mit Nebenbestimmungen

Die Arbeitsagentur hat nach den Vorschriften des VwVfG auch die Möglichkeit, als Behörde die auferlegten Auflagen durchzusetzen.

> **WICHTIG!**
>
> Seitens des Verleihers als Adressat der Auflagen muss beachtet werden, dass die Nichterfüllung von Auflagen eine Ordnungswidrigkeit darstellen kann (§ 16 Abs. 1 Nr. 3 AÜG), die mit einer Geldbuße bis zu 2500 € geahndet werden (§ 16 Abs. 2 AÜG) sowie zum Widerruf der Erlaubnis führen kann (§ 5 Abs. 1 Nr. 2 AÜG).

Auflagen bei der Erteilung einer Erlaubnis zur Arbeitnehmerüberlassung sind durch § 2 Abs. 2 AÜG begrenzt und nur für den Zweck zulässig, sicherzustellen, dass keine Tatsachen eintreten, die eine Versagung der Erlaubnis rechtfertigen würden. Auflagen müssen dabei so genau formuliert sein, dass der Adressat sie auch entsprechend genau einhalten oder erfüllen kann. Mit einer Auflage darf nicht nur pauschal eine gesetzliche Verpflichtung wiederholt werden, sondern es muss für einen konkreten Fall eine genaue Anweisung zu einem Tun, Dulden oder Unterlassen beschrieben werden.

Auflagen können zum Beispiel die Einrichtung oder Organisation des Betriebs des Verleihers betreffen. Mit einer Auflage kann die Einhaltung besonderer Arbeitsschutzvorkehrungen verlangt werden.

> **Beispiel:**
>
> Der Antragsteller beantragt eine Erlaubnis und bringt alle erforderlichen Informationen hierzu bei. Nur die ausreichenden Geschäftsräume kann er noch nicht nachweisen, da er diese erst in Kürze beziehen möchte.
>
> Die Arbeitsagentur kann die Erlaubnis mit der Auflage erteilen, binnen einer Frist von drei Monaten den Nachweis über die ausreichende räumliche Ausstattung seines Betriebs nachzureichen.

13.4.2 Bedingung

Der Definition des Verwaltungsverfahrensgesetzes nach bezeichnet die Bedingung die Abhängigkeit einer Rechtsfolge von einem zukünftigen ungewissen Ereignis (§ 36 Abs. 2 Nr. 2 VwVfG).

Die Bedingung im Zusammenhang mit der Erteilung der Erlaubnis zur Arbeitnehmerüberlassung könnte das Erlöschen oder den Beginn der Erlaubnis von bestimmten Umständen abhängig machen. In der Verwaltungspraxis des Verfahrens über die Erteilung einer Erlaubnis für die Arbeitnehmerüberlassung tauchen Bedingungen seltener auf. Der Grund dafür dürfte darin liegen, dass mit der Bedingung eine Rechtsfolge vom Eintritt vorher genau bezeichneter Umstände abhängig gemacht wird.

Diese hätte die Behörde dann zu überwachen, um erfassen zu können, wann die Bedingung erfüllt ist. Eine solche Überwachung der Antragsteller ist für die Arbeitsagenturen schwer zu bewerkstelligen und neben dem Aufwand auch mit einer ständigen Rechtsunsicherheit verbunden.

Die Bedingung beinhaltet keine eigene Regelung und ist Bestandteil des Verwaltungsaktes, mit dem sie verbunden ist. Sie kann deshalb nicht eigenständig mit Rechtsmitteln angefochten werden.

13.4.3 Widerrufsvorbehalt

Nach § 2 Abs. 3 AÜG kann die Erlaubnis unter Widerrufsvorbehalt erteilt werden, wenn eine abschließende Beurteilung des Antrages noch nicht möglich ist.

Die abschließende Beurteilung des Antrages bezieht sich dabei auf die Überprüfung, ob Gründe vorliegen, aufgrund derer die Erlaubnis zu versagen gewesen wäre. Ist der Sachverhalt über solche Gründe noch nicht vollständig aufgeklärt und geht die Behörde gleichzeitig davon aus, dass aufgrund des bisher bekannten Sachverhalts die Erlaubnis letztlich erteilt werden kann, dann kann sie die Erlaubnis vorab unter dem Vorbehalt des Widerrufs erteilen. Wenn sich später herausstellt, dass die Erlaubnis zu Recht erteilt wurde, kann die Behörde den Widerrufsvorbehalt durch eine Mitteilung an den Verleiher wieder aufheben.

Der Widerrufsvorbehalt ist aber aus der Sicht des Antragstellers noch nicht die Erfüllung seines Anspruchs auf Erteilung der Erlaubnis, das Vorliegen der Kriterien für die Erlaubniserteilung vorausgesetzt. Der Widerrufsvorbehalt ist als Bestandteil der Erlaubnis jedoch nicht selbstständig mit Rechtsmitteln anfechtbar.

> **WICHTIG!**
>
> Der Widerrufsvorbehalt hat in der Praxis zum Beispiel Bedeutung bei einem unvorhergesehenen Inhaberwechsel des Verleihbetriebes. Die Erlaubnis zur Arbeitnehmerüberlassung wird nur für die jeweilige Person des Antragstellers erteilt und bleibt bei einer Veräußerung des Verleihbetriebes oder beim Übergang im Wege einer Erbfolge nicht erhalten. Wird der Betrieb von einem neuen Inhaber übernommen, der selbst keine Verleiherlaubnis besitzt, kann für die lückenlose Fortführung des Betriebes wichtig sein, besonders schnell eine Verleiherlaubnis für den neuen Inhaber zu erlangen, damit dieser den Verleihbetrieb fortführen darf.
>
> In einem solchen Fall kann die Arbeitsagentur die Erlaubnis beschleunigt unter dem Vorbehalt des Widerrufs erteilen.

13.5 Befristete Erlaubnis und Abwicklungsfrist

Die Erlaubnis zur Arbeitnehmerüberlassung wird grundsätzlich befristet erteilt, und zwar für die Dauer von einem Jahr (§ 2 Abs. 4 AÜG). Die Befristung der Erlaubnis ist zunächst gesetzlich vorgeschrieben. Bevor der Antragsteller nicht mindestens drei Jahre im Rahmen der Arbeitnehmerüberlassung tätig war, kann eine unbefristete Erlaubnis nicht erteilt werden.

Damit wird gewährleistet, dass Verleihunternehmen zu Beginn ihrer Tätigkeit im Rahmen der Arbeitnehmerüberlassung regelmäßig hinsichtlich der Voraussetzungen für die Erlaubnis, vor allem der Zuverlässigkeit des Unternehmers und der ausreichenden betrieblichen Organisation überprüft werden, ohne dass eine Behörde hierzu eine gesonderte Prüfung durchführen müsste. Die Überwachung insbesondere von „Branchenneulingen" durch die Arbeitsagenturen kann so im Rahmen der regelmäßigen Verlängerungsanträge stattfinden.

Darüber hinaus können im Rahmen der Überwachung einer ordnungsgemäßen Arbeitnehmerüberlassung nach dem AÜG aber Kontrollen der Behörden bei den Verleihfirmen stattfinden.

Für den Verleiher bedeutet die Befristung auf ein Jahr aber nicht zwingend, dass er mit einer befristeten Erlaubnis keine Überlassungs- oder Leiharbeitsverträge abschließen darf, mit denen er eine Verpflichtung zur Arbeitnehmerüberlassung über den Befristungszeitraum der Erlaubnis hinaus eingeht. Für den Fall, dass die Erlaubnis nicht verlängert wird, gilt für bestehende Verträge eine **Abwicklungsfrist** (§ 2 Abs. 4 Satz 4 AÜG).

Danach ist es dem Verleiher erlaubt, Überlassungsverträge, die er im Rahmen der Erlaubnis bereits geschlossen hat, abzuwickeln. Diese Abwicklung darf aber nicht länger als zwölf Monate über den Ablauf der ursprünglichen Erlaubnis hinausgehen.

WICHTIG!

Während der Abwicklungsfrist ist der Abschluss neuer Überlassungsverträge mit Entleihern oder Leiharbeitnehmern sowie die Verlängerung bestehender Verträge unzulässig.

13.6 Verlängerungsantrag

Für den Antrag auf Verlängerung der befristeten Erlaubnis gilt eine Frist von drei Monaten vor Ablauf der Befristung, binnen derer der Verlängerungsantrag an die Arbeitsagentur zu richten ist.

Erlaubnisverfahren

Für den Antrag auf Verlängerung der Erlaubnis gilt im Wesentlichen das Gleiche wie für den erstmaligen Antrag auf Erteilung der Erlaubnis. Der Antragsvordruck für den Antrag auf Erteilung der Erlaubnis ist gleichermaßen auch für den Verlängerungsantrag zu verwenden.

Die Frist für die Antragstellung ist wie folgt zu berechnen:

Die Dauer der Erlaubnis ist auf ein Jahr befristet. Sie beginnt mit dem Tag, an dem die Erlaubnis wirksam wird. Dieses Datum ist auf der Erlaubnisurkunde, mit der die Erlaubnis erteilt wird, angegeben.

Der Antrag ist spätestens drei Monate vor Ablauf dieses Jahres zu stellen. Für die Berechnung der Dreimonatsfrist gelten die allgemeinen Vorschriften zur Fristberechnung in §§ 187 ff. BGB.

§ 187 BGB
Fristbeginn

(1) Ist für den Anfang einer Frist ein Ereignis oder ein in den Lauf eines Tages fallender Zeitpunkt maßgebend, so wird bei der Berechnung der Frist der Tag nicht mitgerechnet, in welchen das Ereignis oder der Zeitpunkt fällt.

(2) Ist der Beginn des Tages der für den Anfang einer Frist maßgebende Zeitpunkt, so wird dieser Tag bei der Berechnung der Frist mitgerechnet. Das Gleiche gilt von dem Tage der Geburt bei der Berechnung des Lebensalters.

§ 188 BGB
Fristende

(1) Eine nach Tagen bestimmte Frist endigt mit dem Ablauf des letzten Tages der Frist.

(2) Eine Frist, die nach Wochen, nach Monaten oder nach einem mehrere Monate umfassenden Zeitraum – Jahr, halbes Jahr, Vierteljahr – bestimmt ist, endigt im Falle des § 187 Abs. 1 mit dem Ablauf desjenigen Tages der letzten Woche oder des letzten Monats, welcher durch seine Benennung oder seine Zahl dem Tage entspricht, in den das Ereignis oder der Zeitpunkt fällt, im Falle des § 187 Abs. 2 mit dem Ablauf desjenigen Tages der letzten Woche oder des letzten Monats, welcher dem Tage vorhergeht, der durch seine Benennung oder seine Zahl dem Anfangstag der Frist entspricht.

(3) Fehlt bei einer nach Monaten bestimmten Frist in dem letzten Monat der für ihren Ablauf maßgebende Tag, so endigt die Frist mit dem Ablauf des letzten Tages dieses Monats.

Verlängerungsantrag

§ 189 BGB
Berechnung einzelner Fristen

(1) Unter einem halben Jahr wird eine Frist von sechs Monaten, unter einem Vierteljahre eine Frist von drei Monaten, unter einem halben Monat eine Frist von 15 Tagen verstanden.

(2) Ist eine Frist auf einen oder mehrere ganze Monate und einen halben Monat gestellt, so sind die 15 Tage zuletzt zu zählen.

§ 193 BGB
Sonn- und Feiertag; Sonnabend

Ist an einem bestimmten Tage oder innerhalb einer Frist eine Willenserklärung abzugeben oder eine Leistung zu bewirken und fällt der bestimmte Tag oder der letzte Tag der Frist auf einen Sonntag, einen am Erklärungs- oder Leistungsort staatlich anerkannten allgemeinen Feiertag oder einen Sonnabend, so tritt an die Stelle eines solchen Tages der nächste Werktag.

Beispiel:
> Die erstmalige Erlaubnis wurde dem Verleihunternehmer M für ein Jahr erteilt. Die Erlaubnis galt ab dem 1.4.2005. Sie ist als erstmalige Erlaubnis auf ein Jahr befristet bis zum 31.3.2006. Der Verleiher M muss den Verlängerungsantrag spätestens drei Monate vor dem Ende der Befristung der Erlaubnis stellen. Das ist der 31.12.2005.
>
> Da der 31.12.2005 ein Samstag ist, endet die Frist erst mit dem Ende des nächsten Werktages, welcher Montag, der 2.1.2006, ist.
>
> Bis Montag, den 2.1.2006 muss der Verlängerungsantrag des Verleihers M bei der Arbeitsagentur eingegangen sein.

Die Verlängerung der Erlaubnis schließt nahtlos an den Ablauf des Jahres an, für das die vorangegangene Erlaubnis befristet war.

Die Erlaubnis verlängert sich automatisch, wenn der Verleiher den Verlängerungsantrag rechtzeitig stellt und die Arbeitsagentur den Antrag vor Ablauf des Jahres nicht zurückweist.

WICHTIG!
> Die Vorlauffrist für den Verlängerungsantrag kann nicht in Einzelfällen verkürzt werden.

Die Frist für den Verlängerungsantrag ist eine materielle Ausschlussfrist. Das bedeutet, dass das Versäumen der Frist zum Verlust des Anspruchs auf Verlängerung der bereits bestehenden Erlaubnis führt. Eine Wiedereinsetzung in den vorherigen Stand ist nicht möglich.

Erlaubnisverfahren

Wenn der Verlängerungsantrag verspätet gestellt wird, wird er gegebenenfalls als neuer Antrag zur Erteilung einer Erlaubnis behandelt.

> **WICHTIG!**
> Die Frist für den Verlängerungsvertrag ist unbedingt einzuhalten!

> **ACHTUNG!**
> Wenn der Verlängerungsantrag nicht gestellt wird oder zu spät gestellt wird, gilt für die bereits geschlossenen und laufenden Überlassungsverträge keine Abwicklungsfrist, nach der die Verträge binnen zwölf Monaten noch abgewickelt werden könnten. Der Verleiher muss seine Verleihtätigkeit dann zwingend mit dem Ende der Erlaubnis einstellen.
> Tut er dies nicht, ist die weitere Überlassung von Arbeitnehmern illegal.

Wird der Verlängerungsantrag abgelehnt, gilt für bestehende Verträge eine Abwicklungsfrist von zwölf Monaten *(siehe oben Ziff. 13.5 Befristete Erlaubnis und Abwicklungsfrist)*.

13.7 Unbefristete Erlaubnis

Eine unbefristete Erlaubnis zur Arbeitnehmerüberlassung kann erteilt werden, wenn der Verleiher drei aufeinanderfolgende Jahre im Rahmen der Arbeitnehmerüberlassung tätig war.

Die dreijährige Verleihertätigkeit im Rahmen der Arbeitnehmerüberlassung muss in aufeinanderfolgenden Jahren durchgeführt worden sein. Es genügt nicht, wenn der Antragsteller in insgesamt drei Jahren mit Unterbrechungen als Verleiher tätig war.

> **WICHTIG!**
> Drei aufeinanderfolgende Jahre Verleihertätigkeit bedeutet: mindestens eine erlaubte Arbeitnehmerüberlassung in jedem Jahr.

Nach drei Jahren Verleihtätigkeit eines Antragstellers hat die Behörde ein Ermessen über die Frage der unbefristeten Erlaubniserteilung. Darin wird die Behörde zum Beispiel berücksichtigen, ob sie während der dreijährigen Tätigkeit irgendwelche Beanstandungen des Antragstellers festgestellt hat.

Hat die Behörde Verstöße des Antragsteller gegen gesetzliche Vorschriften festgestellt, wird sie je nach Umfang, Art und Tragweite oder der Schwere der einzelnen Verstöße oder Pflichtverletzungen entscheiden, ob diese einer unbefristeten Erlaubnis entgegenstehen oder ob die Erlaubnis dennoch unbefristet erteilt werden kann.

Erlöschen der Erlaubnis

Beispiel:

Der Verleiher M war vom 1.1.1998 bis 30.6.1999 als Verleiher im Rahmen gewerbsmäßiger Arbeitnehmerüberlassung tätig. Zum 3.6.1999 wurde der Verleihbetrieb nach einer Insolvenz stillgelegt. Nach einer Phase anderweitiger wirtschaftlicher Betätigung hat M ab dem 1.7.2000 wieder eine Verleiherlaubnis erhalten und war seitdem im Rahmen der gewerbsmäßigen Arbeitnehmerüberlassung tätig. Bei einer Überprüfung durch die Arbeitsagentur wird am 15.5.2001 ein erheblicher Verstoß gegen Vorschriften des AÜG festgestellt. Die Erlaubnis wird aber dennoch ab dem 1.7.2001 verlängert. Weitere Beanstandungen gab es bei M nicht.

Zum 1.7.2004 möchte M die Erlaubnis möglichst unbefristet verlängern.

Der Verleiher ist zwar am 31.12.2001 bereits insgesamt drei Jahre als Verleiher tätig. Dieser Zeitraum war aber durch die Zeit vom 1.7.1999 bis 30.6.2000 unterbrochen.

Seit dem 1.7.2003 war M zwar drei Jahre ununterbrochen als Verleiher tätig, es wurden aber im Mai 2001 Rechtsverstöße festgestellt, so dass die dreijährige Tätigkeit als Verleiher nicht unbeanstandet geblieben ist und mit einer unbefristeten Erteilung daher noch nicht zu rechnen ist.

Auf den Verlängerungsantrag zum 1.7.2004 kann eine unbefristete Erlaubnis erteilt werden, da er erst zu diesem Zeitpunkt drei aufeinanderfolgende Jahre ununterbrochen und ohne Beanstandungen als Verleiher tätig war.

Der Antrag auf unbefristete Erlaubniserteilung entspricht dem bereits beschriebenen Antrag auf Erteilung einer Erlaubnis. Der Antragsvordruck der Bundesagentur für Arbeit beinhaltet darin die Option der unbefristeten Erlaubnis. Ferner kann die Arbeitsagentur die unbefristete Erlaubnis auch auf den Verlängerungsantrag hin erteilen.

13.8 Erlöschen der Erlaubnis

Für die Dauer der Erlaubnis entfaltet diese gegenüber dem Verleiher die rechtliche Wirkung, dass sie die gewerbsmäßige Arbeitnehmerüberlassung erlaubt. Diese Wirkung verliert sich mit dem Erlöschen der Erlaubnis.

Droht ein Erlöschen der Erlaubnis, weil der Verlängerungsantrag des Verleihers abgelehnt wurde, dann können bereits bestehende Verträge in der Abwicklungsfrist von zwölf Monaten noch durchgeführt werden *(siehe oben Ziff. 13.5 Befristete Erlaubnis und Abwicklungsfrist).*

ACHTUNG!

Steht die Abwicklungsfrist nicht mehr zur Verfügung, etwa weil ein Verlängerungsantrag verspätet oder gar nicht gestellt wurde, muss der Verleiher darauf achten, die bestehenden Überlassungsverträge mit Entleihern rechtzeitig zu beenden, da eine Arbeitnehmerüberlassung dann nach Erlöschen der Erlaubnis nicht mehr zulässig ist.

Das Erlöschen der Erlaubnis kann durch Rücknahme oder Widerruf, durch Ablauf der Befristung oder im Fall der unbefristeten Erlaubnis durch Unterlassen des Gebrauchs begründet werden.

13.8.1 Rücknahme

Die Erlaubnis kann zurückgenommen werden, wenn sie nach rechtlichen Erwägungen nicht hätte erteilt werden dürfen. Das AÜG regelt dazu in § 4 Abs. 1 AÜG: Eine rechtswidrige Erlaubnis kann mit Wirkung für die Zukunft zurückgenommen werden.

Eine rechtswidrige Erlaubnis liegt immer dann vor, wenn die Arbeitsagentur die Erlaubnis nicht hätte erteilen dürfen. Für die Erlaubnis zur Arbeitnehmerüberlassung ist dies zum Beispiel der Fall, wenn ein Grund nach § 3 AÜG für die Versagung der Erlaubnis vorlag, den die Arbeitsagentur übersehen hat. Denn nach § 3 AÜG muss die Erlaubnis dann versagt werden. Erteilt die Arbeitsagentur die Erlaubnis dennoch, ist sie rechtswidrig.

Dabei ist unerheblich, wann der Arbeitsagentur der Grund für die Versagung bekannt wurde. Lag der Grund vor der Erteilung der Erlaubnis – wenn auch unbemerkt – bereits vor, bleibt die Erteilung der Erlaubnis rechtswidrig.

In diesem Fall kann die Arbeitsagentur die Erlaubnis zurücknehmen.

Wenn der Verleiher erst nach der Erteilung der Erlaubnis einen Versagungsgrund erfüllt, etwa weil er gesetzliche Vorschriften nicht beachtet (§ 3 Abs. 1 Nr. 1 AÜG), kommt ein Widerruf der Erlaubnis in Betracht (*siehe unten Ziff. 13.8.2 Widerruf*).

> **WICHTIG!**
>
> Zum Schutz des Verleihers ist eine Rücknahme aber nur bis zu einem Jahr ab dem Zeitpunkt möglich, zu dem die Behörde Kenntnis von dem Rücknahmegrund erlangt hat (§ 4 Abs. 3 AÜG). Lag also in dem obigen Beispiel ein Grund für die Versagung bereits vor der Erlaubniserteilung vor, den die Arbeitsagentur erst am 6. April bemerkt, so kann sie die erteilte Erlaubnis bis zum 7. April des Folgejahres zurücknehmen. Bei welcher Stelle der Arbeitsagenturen oder der Bundesagentur für Arbeit der Rücknahmegrund bekannt wird, spielt für den Beginn der Jahresfrist kein Rolle.

Eine Rücknahme der Erlaubnis kann für den Verleiher, der seinen Geschäftsbetrieb auf die Nutzung der Arbeitnehmerüberlassung bereits ausgerichtet hat, gravierende Folgen haben. Der Verleiher wird auf den Bestand der Erlaubnis vertraut haben. Daher hat der Verleiher bei der Rücknahme der Erlaubnis einen Anspruch darauf, dass ihm etwaige **Vermögensnachteile** ausgeglichen werden.

Erlöschen der Erlaubnis

Da der Hintergrund dieses Vermögensausgleichs der Umstand ist, dass der Verleiher nicht damit rechnen musste, dass die einmal erteilte Erlaubnis rechtswidrig ist und zurückgenommen wird, kann er einen Vermögensnachteil aber nicht geltend machen, wenn er:

- die Erlaubnis durch arglistige Täuschung, Drohung oder eine strafbare Handlung erwirkt hat, darunter fallen z. B. die Vorlage falscher Unterlagen mit dem Antrag oder die Bedrohung anderer Personen;
- die Erlaubnis durch Angaben erwirkt hat, die in wesentlichen Beziehungen unrichtig oder unvollständig waren, hierzu zählt z. B. das unvollständige Beantworten der Fragen zur Zuverlässigkeit im Antragsformular;
- die Rechtswidrigkeit der Erlaubnis kannte oder infolge grober Fahrlässigkeit nicht kannte, darin kommt die Verpflichtung des Antragstellers zum Ausdruck, z. B. die Angaben zu den Vertretern einer juristischen Person sorgfältig zu prüfen.

WICHTIG!

Ein Ausgleich der Vermögensnachteile ist innerhalb eines Jahres ab der Rücknahme der Erlaubnis bzw. der Belehrung des Verleihers durch die Arbeitsagentur über diese Frist zu beantragen.

Die Rücknahme der Erlaubnis gilt für die Zukunft. Zuvor geschlossene und durchgeführte Überlassungsverträge sind also nicht nachträglich zur unerlaubten Arbeitnehmerüberlassung geworden.

Auch für den Fall der Rücknahme der Erlaubnis gilt für bereits geschlossene Verträge die Abwicklungsfrist *(siehe oben Ziff. 13.5 Befristete Erlaubnis und Abwicklungsfrist)*.

13.8.2 Widerruf

Anders als die Rücknahme der Erlaubnis kann eine Erlaubnis auch widerrufen werden, wenn sie zunächst regulär und rechtmäßig erteilt worden ist. Die Gründe, die hierfür in Frage kommen, sind gesetzlich geregelt in § 5 Abs. 1 AÜG.

Die Erlaubnis kann danach widerrufen werden, wenn:

- der Widerruf bei der Erteilung der Erlaubnis nach § 2 Abs. 3 AÜG vorbehalten worden ist *(siehe zum Widerrufsvorbehalt Ziff. 13.4.3)* (§ 5 Abs. 1 Nr. 1 AÜG),
- der Verleiher eine Auflage nach § 2 Abs. 2 AÜG nicht innerhalb einer ihm gesetzten Frist erfüllt hat (§ 5 Abs. 1 Nr. 2 AÜG),

Erlaubnisverfahren

Beispiel:
Der Verleiher hat mit der Erteilung der Erlaubnis die Auflage bekommen, die noch fehlenden Übersetzungen der amtlichen Führungszeugnisse der ausländischen Geschäftsführer binnen einer Frist von zwei Monaten vorzulegen. Der Verleiher tut dies nicht.

▶ die Erlaubnisbehörde auf Grund nachträglich eingetretener Tatsachen berechtigt wäre, die Erlaubnis zu versagen (§ 5 Abs. 1 Nr. 3 AÜG),

Beispiel:
Im vorgehenden Beispiel legt der Verleiher die Übersetzungen der amtlichen Führungszeugnisse der ausländischen Geschäftsführer vor, die umfangreiche Vorstrafen wegen Hinterziehung von Steuern und Sozialversicherungsbeiträgen offenbaren. Die Erlaubnis wäre nun wegen fehlender Zuverlässigkeit des Antragstellers zu versagen.

▶ die Erlaubnisbehörde auf Grund einer geänderten Rechtslage berechtigt wäre, die Erlaubnis zu versagen (§ 5 Abs. 1 Nr. 4 AÜG). Hier gilt § 4 Abs. 2 AÜG entsprechend.

Der Hinweis auf § 4 Abs. 2 AÜG in dem letzten Fall bedeutet, dass im Fall des Widerrufs aufgrund einer geänderten Rechtslage (und zwar nur aus diesem Grund) auch hier ein Anspruch des Verleihers auf Ausgleich seiner Vermögensnachteile besteht.

Auch für den Widerruf der Erlaubnis gilt für die Arbeitsagentur eine Frist von einem Jahr. Die Frist beginnt mit dem Zeitpunkt, in dem die Arbeitsagentur Kenntnis von den jeweils für den Widerruf maßgeblichen Umständen erlangt (§ 5 Abs. 4 AÜG).

Eine Besonderheit gilt hinsichtlich des Widerrufs für die Fälle, in denen zwar einer der oben aufgezählten Gründe für einen Widerruf der Erlaubnis vorlägen, aber dennoch ein Anspruch auf Erteilung der Erlaubnis besteht. In diesem Fall ist der Widerruf unzulässig (§ 5 Abs. 3 AÜG).

Beispiel:
Der Verleiher hat wie oben die Auflage, die Übersetzungen der Führungszeugnisse der Geschäftsführer vorzulegen, nicht binnen der Frist von 2 Monaten erfüllt. Er legt die Übersetzungen aber nach drei Monaten vor. Die Führungszeugnisse der Geschäftsführer weisen diesmal keinerlei Verfehlungen aus. Der Verleiher hat nun zwar die Auflage nicht in der vorgegebenen Frist erfüllt. Insofern könnte die Erlaubnis widerrufen werden. Nachdem er jetzt aber alle Voraussetzungen für die Erteilung der Erlaubnis erfüllt und kein Versagungsgrund vorliegt, könnte er die Erlaubnis gleichzeitig wieder beantragen. Um diesem Wechselspiel vorzubeugen, darf die Erlaubnis hier nicht widerrufen werden, weil eine Erlaubnis gleichen Inhalts von der Arbeitsagentur erneut erteilt werden müsste.

Erlöschen der Erlaubnis

Auch für den Fall des Widerrufs der Erlaubnis gilt für bereits geschlossene Verträge die Abwicklungsfrist von zwölf Monaten (§ 5 Abs. 2 AÜG).

> **WICHTIG!**
> Auch der Widerruf der Erlaubnis wirkt nur für die Zukunft, so dass bereits mit der Erlaubnis geschlossene Verträge erlaubt bleiben.

Dies dient sowohl dem Schutz des Entleihers als auch dem des Leiharbeitnehmers, da beide auf das Vorliegen der Voraussetzungen für die erlaubte Arbeitnehmerüberlassung vertrauen.

13.8.3 Ablauf der Befristung

Die Erlaubnis wird zunächst nur für ein Jahr befristet erteilt. Wenn der Verleiher keinen Verlängerungsantrag stellt, läuft die Befristung ohne Verlängerung der Erlaubnis aus. Die Erlaubnis erlischt dann mit Ablauf der Befristung. Das Gleiche gilt, wenn der Verleiher den Verlängerungsantrag zu spät stellt und die Erlaubnis nicht mehr verlängert werden kann.

> **WICHTIG!**
> Wenn der Verlängerungsantrag gar nicht oder zu spät gestellt wurde, gilt für bereits geschlossene Verträge keine Abwicklungsfrist über die Dauer der Erlaubnis hinaus!

In diesem Fall endet mit dem Ablauf der Befristung jede Erlaubnis, noch weiterhin als Verleiher tätig zu werden, auch im Rahmen der bereits laufenden Überlassungsverträge.

13.8.4 Nichtgebrauch

Die unbefristete Erlaubnis gilt zunächst ohne zeitliche Beschränkung. Sie erlischt aber dann, wenn der Verleiher für eine Dauer von drei Jahren keinen Gebrauch mehr von der Erlaubnis macht.

> **ACHTUNG!**
> Als Gebrauch der Erlaubnis zur Arbeitnehmerüberlassung gilt nur die Überlassung von Arbeitnehmern. Es genügt daher nicht, wenn der Verleiher während dieser Zeit Leiharbeitnehmer beschäftigt. Ebenso gebraucht der Verleiher seine Erlaubnis nicht, wenn er selbst Arbeitskräfte entleiht. Denn für die beiden letztgenannten Vorgänge ist eine Erlaubnis nicht erforderlich, folglich wird die Erlaubnis dabei nicht „gebraucht".

Von dem Gebrauch oder Nichtgebrauch der Erlaubnis erfährt die Arbeitsagentur durch die statistischen Meldungen über die Überlassungsvorgänge, die der Verleiher nach § 8 Abs. 1 AÜG halbjährlich erstatten muss.

13.8.5 Auflösung des Unternehmens/Tod des Erlaubnisinhabers

Ist der Inhaber der Erlaubnis eine natürliche Person, erlischt die Erlaubnis mit dem Tod des Erlaubnisinhabers.

War der Verleiher eine juristische Person, erlischt die Erlaubnis mit der Auflösung. Die Auflösung bestimmt sich wiederum nach den jeweils geltenden gesellschaftsrechtlichen oder zivilrechtlichen Regelungen.

13.8.6 Insolvenz

Die Insolvenz des Verleihers hat grundsätzlich keine unmittelbaren Auswirkungen auf den Bestand der erteilten Erlaubnis. Sie führt für sich nicht zum Erlöschen der Erlaubnis.

Durch die Insolvenz wird aber meist ein Grund für den Widerruf der Erlaubnis entstehen, so dass regelmäßig mit dem Widerruf der Erlaubnis bei Insolvenz zu rechnen ist.

13.8.7 Betriebsübergang/Unternehmensübergang

Geht ein Betrieb oder Betriebsteil des Verleihers auf einen anderen Rechtsträger im Wege des Betriebsübergangs nach § 613a BGB über, berührt dies den Bestand der Erlaubnis für den Verleiher nicht. Sie geht aber für den übergehenden Betrieb verloren, denn die Erlaubnis wird personenbezogen der Person des Verleihers erteilt. Man spricht dabei vom **höchstpersönlichen Charakter der Erlaubnis.** Der Erlaubnisinhaber kann die Erlaubnis nicht übertragen, oder – zusammen mit einem Betrieb oder Betriebsteil – veräußern.

Wird dagegen das ganze Unternehmen veräußert, ist zwischen den verschiedenen Gesellschaftstypen zu unterscheiden:

Bei der Veräußerung von Geschäftsanteilen einer Kapitalgesellschaft bleibt der Erlaubnisinhaber, die GmbH oder die AG, unverändert bestehen. Eine der Kapitalgesellschaft erteilte Erlaubnis gilt also in diesem Fall weiterhin.

Allenfalls kann beispielsweise in der mangelnden Zuverlässigkeit der neuen Gesellschafter ein Widerrufsgrund für die Arbeitsagentur entstehen.

Ein Gesellschafterwechsel in einer Personen- bzw. Personenhandelsgesellschaft sollte ebenfalls nicht zum Erlöschen der Erlaubnis führen. Die Rechtsfähigkeit der BGB-Gesellschaft ist mittlerweile auch vom Bundesarbeitsgericht anerkannt (BAG vom 1.12.2004, 5 AZR 597/03). Denn auch für diese Gesellschaften gilt im Grundsatz: Inhaber der Erlaubnis ist die Gesellschaft selbst. Inhaltlich sind aber die rechtlichen Einzelheiten der Gesamthand umstritten.

Erlöschen der Erlaubnis

13.8.8 Umwandlung

Mit der Umwandlung einer Gesellschaft in eine neue Rechtsform kann die Erlaubnis erlöschen. Es sind aber auch Fälle denkbar, in denen bei der formwechselnden Umwandlung der bisherige Rechtsträger als Inhaber der Erlaubnis bestehen bleibt, zum Beispiel bei der formwechselnden Umwandlung einer GmbH in eine GmbH & Co. KG, so dass auch die Erlaubnis zur Arbeitnehmerüberlassung bestehen bleibt.

Bei einer Spaltung oder Übertragung von Unternehmen kommt es ebenfalls darauf an, ob der Rechtsträger als Inhaber der Erlaubnis erlischt.

Im Rahmen einer Aufspaltung wird der bisherige Rechtsträger mit seinem gesamten Vermögen auf mindestens zwei neue Rechtsträger übertragen. Der bisherige Rechtsträger wird erlöschen, so dass die Erlaubnis nicht bestehen bleibt.

Gleiches gilt für den Fall der Verschmelzung eines Erlaubnisinhabers mit einem anderen Rechtsträger. Der Inhaber der Erlaubnis als Rechtsträger bleibt nicht bestehen und die Erlaubnis erlischt.

In diesen Fällen ist durch den neuen Rechtsträger eine neue Erlaubnis zu beantragen.

Bei der Abspaltung bleibt der übertragende Rechtsträger bestehen und überträgt nur einen Teil auf einen anderen Rechtsträger. Der übertragende Rechtsträger, der eine Erlaubnis zur Arbeitnehmerüberlassung besitzt, behält diese dabei also. Die Erlaubnis kann nicht mit dem übertragenen Teil übergehen. Das Gleiche gilt für die Ausgliederung.

14. Anzeige und Auskunftspflichten des Verleihers

Der Verleiher hat nach dem AÜG verschiedene Veränderungen von sich aus oder auf Verlangen der Erlaubnisbehörde anzuzeigen bzw. mitzuteilen.

Nach § 7 AÜG muss der Verleiher der Behörde eine Verlegung, Schließung oder umgekehrt eine Errichtung von Betrieben, Betriebsteilen oder Nebenbetrieben vorher anzeigen, wenn und soweit in den betroffenen Betrieben oder Betriebsteilen selbst Arbeitnehmerüberlassung betrieben wird.

Für juristische Personen gilt das Gleiche, wenn sich an den Vertretungsverhältnissen durch einen Gesellschafterwechsel etwas ändert oder die Geschäftsführung wechselt.

Außerdem kann die Behörde Auskünfte verlangen, die die Überprüfung beispielsweise einer Verlängerung der Erlaubnis betreffen und die Vorlage geschäftlicher Unterlagen fordern. Geschäftliche Unterlagen sind zum

Beispiel Überlassungsverträge und Verträge mit Leiharbeitnehmern, Steuerunterlagen, Entgeltnachweise oder Schriftwechsel mit anderen Behörden oder Entleihern.

> **WICHTIG!**
>
> Die Verletzung der Auskunftspflicht kann eine Ordnungswidrigkeit begründen (§ 16 Abs. 1 Nr. 4–6, Abs. 2 AÜG) oder zum Widerruf der Erlaubnis führen.

Ein Auskunftsverweigerungsrecht besteht im Rahmen der allgemeinen Regeln nur dann, wenn sich der Verleiher selbst durch seine Angaben der Gefahr aussetzen müsste, sich selbst zu belasten und strafrechtlich oder im Rahmen einer Ordnungswidrigkeit verfolgt oder belangt zu werden.

15. Rechtsschutz im Erlaubnisverfahren

Die Entscheidungen der Arbeitsagenturen bzw. Regionaldirektionen der Bundesagentur für Arbeit über die Erlaubnis, die Verlängerung der Erlaubnis bzw. die Rücknahme oder den Widerruf einer Erlaubnis sind öffentlich-rechtliche Verwaltungsakte, gegen die die verwaltungsrechtlichen Rechtsmittel für die Betroffenen bestehen.

Die Rechtsmittelverfahren über Verwaltungsakte aus dem Bereich des Arbeitnehmerüberlassungsgesetzes richten sich nach den Vorschriften über das Sozialgerichtliche Verfahren im Sozialgerichtsgesetz (SGG).

> **WICHTIG!**
>
> Die Entscheidungen der Arbeitsagenturen enthalten hierzu jeweils eine Rechtsmittelbelehrung, aus der rechtliche Schritte und einzuhaltende Fristen zu entnehmen sind.

15.1 Widerspruch

Gegen eine Entscheidung über die Erteilung, Rücknahme, Widerruf oder Veränderung einer Verleiherlaubnis kann der Verleiher bzw. Antragsteller Widerspruch einlegen. Der Widerspruch ist an die Regionaldirektion der Bundesagentur für Arbeit zu richten, welche die Entscheidung (den Verwaltungsakt) erlassen hat.

Für Widersprüche ist eine Frist zur Einlegung von einem Monat ab der Zustellung der Entscheidung der Behörde einzuhalten.

Wird dem Antragsteller die Erlaubnis versagt, kann der Antragsteller bei der jeweiligen Behörde Widerspruch einlegen, mit dem Ziel, dass die Entscheidung aufgehoben wird, und dem Widerspruch abgeholfen wird, das

Anfechtungs- und Verpflichtungsklage

heißt, eine neue Entscheidung ergeht, die in diesem Fall die Erlaubnis erteilt.

Wurde eine Erlaubnis mit Auflagen erteilt, kann der Verleiher die Auflagen zu seiner Erlaubnis selbstständig anfechten. Der Verleiher kann also Widerspruch allein gegen die Auflage einlegen. Die Erlaubnis an sich berührt dies nicht.

Unabhängig vom Ausgang der Entscheidung über den Widerspruch erhält der Antragsteller einen Widerspruchsbescheid, in dem über den Widerspruch entschieden wird.

ACHTUNG!

Zu beachten ist besonders, dass der eingelegte Widerspruch die angefochtene Entscheidung nicht aufschiebt. Die Erlaubnis bleibt so lange versagt bzw. die Erlaubnis wird nicht verlängert, bis eine anderslautende Entscheidung der Behörde oder ein gerichtliches Urteil vorliegt. Man spricht dabei von sofort vollziehbaren Verwaltungsakten, die der Antragsteller bzw. Verleiher unabhängig von seinem Widerspruch auch sofort zu beachten hat. Gegen diese sofortige Wirkung der behördlichen Entscheidung können wiederum besondere Rechtsmittel verfolgt werden *(siehe unten Ziff. 15.4 Vorläufiger Rechtsschutz)*.

15.2 Anfechtungs- und Verpflichtungsklage

Wird dem gegen eine Entscheidung der Arbeitsagenturen eingelegten Widerspruch nicht abgeholfen, kann der Widerspruchsbescheid seinerseits angefochten werden. Dies geschieht durch Erhebung einer Anfechtungsklage beim Sozialgericht.

Für die Fälle, in denen die Erlaubnis versagt wurde, sind genau genommen zwei Klagen zu erheben. Mit der ersten wird die Versagung der Erlaubnis aufgehoben, mit der zweiten wird die Behörde verpflichtet, die Erlaubnis zu erteilen, denn die alleinige Aufhebung der Versagung hilft dem Antragsteller nicht weiter.

Dafür wird eine sog. kombinierte Anfechtungs- und Verpflichtungsklage erhoben.

Wird die Verlängerung einer Erlaubnis versagt, muss der Antragsteller dagegen nur die versagende Entscheidung anfechten. Denn soweit die Verlängerung der Erlaubnis nicht versagt wird, verlängert sich die Erlaubnis automatisch um ein Jahr.

Ebenso wird gegen eine Rücknahme oder den Widerruf einer Erlaubnis im Widerspruchsbescheid Anfechtungsklage erhoben.

15.3 Sonderfall: Untätigkeit der Behörde

Wenn ein Antrag des Verleihers oder Antragstellers von der zuständigen Arbeitsagentur nicht bearbeitet wird oder keine Reaktion erfolgt, kann der Verleiher oder Antragsteller auch ohne eine Entscheidung der Behörde eine sog. Untätigkeitsklage erheben (§ 88 SGG). Voraussetzung ist, dass der verfolgte Antrag mindestens sechs Monate vor der Erhebung einer Untätigkeitsklage gestellt wurde. Bei der Untätigkeitsklage handelt es sich im Übrigen auch um eine Verpflichtungsklage.

Da eine Nichtbearbeitung von Anträgen bei den Behörden regelmäßig auf interne Verfahrensfehler zurückzuführen ist, empfiehlt es sich in der Praxis, eine Untätigkeitsklage gegenüber der Behörde, die den Antrag bearbeitet, „anzudrohen". Entweder der Antrag wurde tatsächlich aufgrund eines internen Fehlers nicht bearbeitet, dann wird diese Ankündigung an die Behörde das Verfahren beschleunigen oder die Behörde wird mitteilen, aus welchen Gründen eine Bearbeitung noch nicht erfolgte.

15.4 Vorläufiger Rechtsschutz (Aussetzung des Vollzugs)

Da der Widerspruch und die Klage gegen einen Bescheid der Erlaubnisbehörde keine aufschiebende Wirkung haben, das heißt der Antragsteller trotz Widerspruch oder Klage an die Entscheidung der Behörde gebunden ist, hilft allein die Einlegung dieser Rechtsmittel oft nicht ausreichend weiter.

Wird dem Verleiher beispielsweise die Verlängerung der Erlaubnis versagt, kann er durch Einlegung eines Widerspruchs oder Erhebung der Klage allein das Erlöschen seiner bestehenden Verleiherlaubnis nicht verhindern.

Der Verleiher kann hierzu aber im Widerspruchsverfahren oder im gerichtlichen Verfahren beantragen, dass der Vollzug des Verwaltungsaktes (hier die Nichtverlängerung der Erlaubnis) ganz oder teilweise ausgesetzt wird. Voraussetzung dafür ist aber, dass der Verleiher oder Antragsteller überhaupt Widerspruch bzw. Klage erhoben hat.

Der Antrag auf Aussetzung des Vollzugs kann bereits mit der Einlegung des Widerspruchs oder im laufenden Widerspruchsverfahren gestellt werden. Zur Begründung des Antrags sollte der Antragsteller darlegen, aus welchen Gründen der sofortige Vollzug der Entscheidung der Erlaubnisbehörde ausgesetzt werden sollte.

Beispiel:
> Der Verleiher hat auf seinen Verlängerungsantrag den Bescheid der Erlaubnisbehörde bekommen, dass seine zum 30.9.2005 auslaufende Erlaubnis nicht verlängert werde. Diesen Bescheid will der Verleiher durch Widerspruch und ggf.

Vorläufiger Rechtsschutz (Aussetzung des Vollzugs)

auch Klage anfechten. Wegen der sofortigen Vollziehung der Entscheidung kann er aber ab dem 1.10.2005 wegen der nach Ablauf der Erlaubnis beginnenden Abwicklungsfrist von zwölf Monaten keine neuen Überlassungsverträge mehr abschließen. Da der Verleiher vor allem spezialisiertes Personal kurzfristig und stets nur für kurze Dauer verleiht, bedroht dies die wirtschaftliche Basis seines Unternehmens und er könnte seinen Mitarbeiterstamm an Leiharbeitskräften nicht weiter beschäftigen.

Der Verleiher sollte in diesem Fall die Gründe und Umstände in seinem konkreten Fall, die dafür sprechen, die sofortige Vollziehbarkeit der Entscheidung der Erlaubnisbehörde auszusetzen, schildern.

Die Behörde legt bei ihrer Entscheidung über die sofortige Vollziehbarkeit einerseits das Interesse des Antragstellers, mit dem Vollzug der Entscheidung zu warten, bis über seine Rechtsmittel abschließend entschieden ist, zu Grunde. Auf der anderen Seite beurteilt die Behörde das öffentliche Interesse an dem sofortigen Vollzug der Entscheidung der Erlaubnisbehörde. Da im Bereich der Arbeitnehmerüberlassung bestehende Vorschriften vor allem den Schutz der Leiharbeitnehmer vor Augen haben, wiegt dieses öffentliche Interesse schwer, wenn zum Beispiel eine Erlaubnis wegen Verletzung von Rechtsvorschriften zur Arbeitnehmerüberlassung durch den Verleiher nicht verlängert wurde.

Der Erfolg des Antrages auf Aussetzung der sofortigen Vollziehung hängt auch besonders von den Erfolgsaussichten des Widerspruchs selbst ab. Sind für die Entscheidung über den Widerspruch noch Aufklärungen über die Erlaubnistatbestände einzuholen oder hat der Widerspruch sonst offensichtlich Aussicht auf Erfolg, spricht dies auch für eine Aussetzung des sofortigen Vollzugs.

Lehnt die Behörde die Aussetzung des sofortigen Vollzugs ab, kann diese Entscheidung nicht gesondert mit einem Widerspruch angegriffen werden. Gegen die Ablehnung der Aussetzung kann nur im Wege der Klage (zusammen mit dem Widerspruchsbescheid) vorgegangen werden.

Im Klageverfahren vor den Sozialgerichten kann der Antrag auf Aussetzung der sofortigen Vollziehbarkeit ebenfalls bereits mit der Klageerhebung gestellt werden. Da dieser Antrag beim Sozialgericht voraussetzt, dass die Entscheidung über den sofortigen Vollzug eilbedürftig ist, und der Antragsteller dies auch begründen muss, kann es sinnvoll sein, einen solchen gerichtlichen Antrag früh zu stellen.

Das Gericht kann die Aussetzung des sofortigen Vollzugs mit Sicherheitsleistungen durch den Antragsteller verbinden.

16. Rechtsfolgen illegaler Arbeitnehmerüberlassung

16.1 Grenzen der erlaubten Arbeitnehmerüberlassung

Im Rahmen der Beschäftigung von Arbeitskräften wird von illegaler Arbeitnehmerüberlassung gesprochen, wenn den Umständen nach Arbeitskräfte an einen anderen Arbeitgeber überlassen worden sind, und dem Erscheinungsbild nach eine Arbeitnehmerüberlassung und ein Einsatz von Leiharbeitnehmern vorliegt, ohne dass die Voraussetzungen (z. B. die Erlaubnis) für eine Arbeitnehmerüberlassung vorliegen. Fällt die Beschäftigung der Leiharbeitskräfte nicht unter einen der beschriebenen Fälle, in denen keine Erlaubnis erforderlich ist, wird in folgenden Fällen von illegaler Arbeitnehmerüberlassung gesprochen:

- es werden Arbeitnehmer ohne gültige Erlaubnis an Dritte überlassen, ohne dass eine der gesetzlichen Ausnahmen nach § 1 Abs. 3 AÜG oder § 1a AÜG erfüllt sind;
- es wird gegen das Verbot der Arbeitnehmerüberlassung im Baugewerbe verstoßen;
- der Verleiher überlässt Arbeitnehmer zur Arbeitsleistung an Dritte und trägt dabei nicht die üblichen Arbeitgeberpflichten und das Arbeitgeberrisiko (§ 1 Abs. 2 AÜG).

> **HINWEIS:**
> In diesem Fall wird nach § 1 Abs. 2 AÜG vermutet, dass der Verleiher unzulässige Arbeitsvermittlung betreibt *(siehe Ziff. 16.6 Vermittlungsvermutung)*.

Die häufigste Erscheinungsform der unerlaubten Arbeitnehmerüberlassung ist die Überlassung von Arbeitnehmern im Rahmen von (Schein-)Werkverträgen, in dem die überlassenen Arbeitskräfte tatsächlich nicht im Rahmen der werkvertraglichen Betätigung des Verleihers als Erfüllungsgehilfen beim Entleiher eingesetzt werden, sondern dort wie Arbeitnehmer in den Betrieb eingegliedert sind. Der Verleiher zahlt regelmäßig die Vergütung an die Leiharbeitnehmer und führt Sozialversicherungsbeiträge ab. Das nach § 9 AÜG unwirksam aber gleichwohl vollzogene Arbeitsverhältnis wird verbreitet nach den Regeln über das sog. fehlerhafte Arbeitsverhältnis behandelt, welches sich vom wirksamen Arbeitsverhältnis vor allem dadurch unterscheidet, dass es von beiden Parteien durch einseitige Lossagung beendet werden kann. Der BGH (Urteil v. 18.7.2000, NJW 2000 S. 3492) hat bislang die Annahme eines fehlerhaften Arbeitsverhältnisses mit Hinweis auf die in § 10 Abs. 2 und 3 AÜG gesetzlich geregelten Rechtsfolgen abgelehnt.

Fiktion des Arbeitsverhältnisses

16.2 Unwirksamkeit der vertraglichen Vereinbarungen

Eine der gravierendsten Rechtsfolgen der illegalen Arbeitnehmerüberlassung wegen fehlender Verleiherlaubnis trifft den Leiharbeitsvertrag zwischen dem Verleiher und dem Leiharbeitnehmer. Wenn der Verleiher keine gültige Erlaubnis zur Arbeitnehmerüberlassung besitzt, bestimmt § 9 Nr. 1 AÜG, dass neben dem Überlassungsvertrag zwischen Verleiher und Entleiher auch der Vertrag zwischen Verleiher und Leiharbeitnehmer unwirksam ist. Es besteht kein Arbeitsverhältnis mehr zwischen Leiharbeitnehmer und Verleiher.

Dabei ist unerheblich, ob zu einem früheren Zeitpunkt oder beim Abschluss des Leiharbeitsvertrages eine gültige Erlaubnis vorgelegen hat. Der Leiharbeitsvertrag wird auch unwirksam, wenn die Erlaubnis zur Arbeitnehmerüberlassung später wegfällt, zum Beispiel weil sie später erlischt.

Erlischt die Erlaubnis, weil sie zurückgenommen, widerrufen oder nicht verlängert wurde, wird der Leiharbeitsvertrag nicht sofort unwirksam. Dem Verleiher wird dann für den Leiharbeitsvertrag mit dem Leiharbeitnehmer eine Abwicklungsfrist von zwölf Monaten gewährt (§ 2 Abs. 4 Satz 4 AÜG) *(siehe Ziff. 13.5 Abwicklungsfrist)*.

Ist der Leiharbeitnehmer aus einem Mischbetrieb überlassen worden, der die Überlassung von Arbeitnehmern neben anderen Betriebszwecken betreibt und in welchem der überlassene Arbeitnehmer noch einen echten Dauerarbeitsplatz hat, an den er nach dem Ende der Überlassung zurückkehren sollte, führt § 9 Nr. 1 AÜG nicht zur vollständigen Auflösung des Arbeitsverhältnisses beim Verleiher. In diesem Fall ist die Überlassung unwirksam, nicht aber der gesamte Arbeitsvertrag, der auch eine Beschäftigung im Betrieb des Verleihers zum Inhalt hat (vgl. OLG Sachsen-Anhalt v. 28.10.2004, EzAÜG § 812 BGB Nr. 2).

16.3 Fiktion des Arbeitsverhältnisses zwischen Entleiher und Leiharbeitnehmer

Für die Überlassung von Arbeitnehmern ohne eine dafür erforderliche Verleiherlaubnis bestimmt § 10 AÜG, in welcher Weise dabei vertragliche Bindungen entstehen sollen. Im Mittelpunkt steht dabei der Schutz des Leiharbeitnehmers. Der Leiharbeitnehmer hat zwar kein Arbeitsverhältnis mehr zum Verleiher, durch gesetzliche Fiktion kommt aber ein Arbeitsverhältnis mit dem Entleiher zustande.

Wenn bereits beim Abschluss des Vertrages zwischen Verleiher und Leiharbeitnehmer, mit dem der Leiharbeitnehmer an den Entleiher überlassen werden soll, die erforderliche Verleiherlaubnis nicht vorliegt, gilt Folgendes:

Rechtsfolgen illegaler Arbeitnehmerüberlassung

Es entsteht ein Arbeitsverhältnis zwischen Entleiher und Leiharbeitnehmer ab dem Zeitpunkt, für den die Überlassung vorgesehen und vereinbart war.

Die gleiche Rechtsfolge tritt ein, wenn der Verleiher Arbeitnehmer an einen Betrieb des Baugewerbes überlässt, ohne die erforderliche Erlaubnis zu besitzen.

Es kommt aber darauf an, ob der Leiharbeitnehmer seine Tätigkeit beim Entleiher auch tatsächlich aufgenommen hat. Entscheidet sich der Leiharbeitnehmer, die Arbeit beim Entleiher nicht anzutreten oder schickt der Verleiher einen anderen als den ursprünglich vorgesehenen Leiharbeitnehmer zum Verleiher, kommt kein Fiktionsarbeitsverhältnis zustande. Das Gleiche gilt, wenn sich der Entleiher weigert, den Leiharbeitnehmer einzusetzen.

Entfällt die Erlaubnis erst während der Dauer der Überlassung, entsteht ab diesem Zeitpunkt ein Arbeitsverhältnis zwischen Entleiher und Leiharbeitnehmer.

Beispiel:

> Der Verleiher M hatte eine befristete Verleiherlaubnis, die am 28.2.2005 erloschen ist, weil M keinen Verlängerungsantrag gestellt hat.
>
> a) Er hat an den Entleiher den Leiharbeitnehmer A seit 5.1.2005 überlassen; nach dem zwischen Verleiher und Entleiher bestehenden Überlassungsvertrag sollte A bis zum 30.4.2005 beim Entleiher bleiben.
>
> b) Außerdem hat der Verleiher M mit dem Entleiher einen Überlassungsvertrag über die Überlassung des Leiharbeitnehmers B ab dem 10.3.2005 geschlossen. Ein Leiharbeitsvertrag mit B besteht hierüber ebenfalls bereits am 1.3.2005. B bricht sich dann aber Anfang März 2005 das Bein und kann am 10.3.2005 nicht beim Entleiher erscheinen.
>
> In beiden Fällen sind die Überlassungs- und Leiharbeitsverträge unwirksam wegen fehlender Erlaubnis zur Arbeitnehmerüberlassung.
>
> Im Fall a) ist ein fiktives Arbeitsverhältnis zwischen A und dem Entleiher ab dem 1.3.2005 entstanden, da ab diesem Zeitpunkt die Erlaubnis des Verleihers erloschen und die Arbeitnehmerüberlassung illegal war.
>
> Im Fall b) entsteht kein fiktives Arbeitsverhältnis zwischen Entleiher und Leiharbeitnehmer. Der Leiharbeitnehmer B hat seine Tätigkeit beim Entleiher nicht aufgenommen. Es liegt daher noch keine (unerlaubte) Arbeitnehmerüberlassung vor.

Wird die zunächst bestehende Erlaubnis nicht verlängert oder wird sie widerrufen bzw. zurückgenommen, dann gilt die Erlaubnis noch für die Abwicklung des Arbeitsverhältnisses zwischen Verleiher und Leiharbeitnehmer für die Dauer von zwölf Monaten *(siehe Ziff. 13.5 Abwicklungsfrist).*

Fiktion des Arbeitsverhältnisses

Kraft gesetzlicher Fiktion in § 10 Abs. 1 Satz 1 AÜG wird dadurch ein Arbeitsverhältnis zwischen Entleiher und Leiharbeitnehmer begründet.

Dies hat die Wirkung, dass der Entleiher in die Stellung des Arbeitgebers tritt mit allen Arbeitgeberpflichten, die sich daraus ergeben. Umgekehrt kann der Leiharbeitnehmer sich mit allen Ansprüchen, die er als Arbeitnehmer im Rahmen eines Arbeitsverhältnisses hat, an den Entleiher als Arbeitgeber richten.

WICHTIG!
Für den Entleiher ist daher besonders wichtig, sich von der Verleiherlaubnis des Verleihers und von der Dauer der Erlaubnis zu überzeugen.

16.3.1 Inhalt des Fiktions-Arbeitsverhältnisses

In dem fiktiven Arbeitsverhältnis zwischen Entleiher und Leiharbeitnehmer gelten hinsichtlich der Arbeitszeit die im Rahmen der Überlassung vereinbarten Bedingungen, also die Arbeitszeit, die im Überlassungsvertrag zwischen Verleiher und Entleiher vereinbart worden ist.

Darüber hinaus richten sich die Arbeitsbedingungen für den Leiharbeitnehmer nach den im Betrieb des Entleihers geltenden Bestimmungen und Regelungen.

Der Entleiher hat dem Leiharbeitnehmer also alle Leistungen zu gewähren, die seine eigenen bei sich beschäftigten Arbeitnehmer erhalten. Betriebsvereinbarungen im Betrieb des Entleihers gelten auch im Rahmen des fiktiven Arbeitsverhältnisses für den Leiharbeitnehmer.

Insbesondere hat der Leiharbeitnehmer Anspruch auf mindestens das Arbeitsentgelt, das er mit dem Verleiher vereinbart hatte. Wenn im Betrieb des Entleihers aufgrund dort geltender Vorschriften (z. B. Tarifverträge, Betriebsvereinbarungen etc.) ein höheres Entgelt gezahlt wird, hat der Leiharbeitnehmer Anspruch darauf (§ 10 Abs. 1 Satz 5, Abs. 4 AÜG).

WICHTIG!
Der Begriff „Entgelt" ist weit zu verstehen. Zum Entgelt in diesem Sinne gehören alle Bestandteile der Vergütung wie Mehrarbeits-, Schicht- oder Nachtarbeitszulagen, Erschwerniszulagen, Sachbezüge, Einmalzahlungen wie Urlaubs- und Weihnachtsgeld, Provisionen, Trennungs- oder Familienzulagen etc.

Wenn im Überlassungsvertrag ein höheres Entgelt vereinbart war, als der Leiharbeitnehmer im Betrieb des Entleihers nach den dort geltenden Regeln beanspruchen könnte, gilt zunächst die höhere Vereinbarung aus dem Überlassungsvertrag, weil der Leiharbeitnehmer Anspruch auf *min-*

Rechtsfolgen illegaler Arbeitnehmerüberlassung

destens das im Überlassungsvertrag vereinbarte Entgelt hat. Bei Tariferhöhungen oder betrieblichen Entgelterhöhungen beim Entleiher ist dieser aber im Rahmen des fiktiven Arbeitsverhältnisses nicht verpflichtet, die höhere Vergütung des Leiharbeitnehmers mit anzuheben, um sozusagen den Abstand zu wahren.

Der Entleiher kann das höhere Entgelt des Leiharbeitnehmers unverändert lassen und Erhöhungen der betrieblichen Entgelte anrechnen, bis das betriebliche Entgelt das dem Leiharbeitnehmer aus dem Überlassungsvertrag zu gewährende übersteigt.

Wenn trotz der Unwirksamkeit des Leiharbeitsvertrages der Verleiher weiter die Vergütung an den Leiharbeitnehmer zahlt, wird dies auf den Anspruch des Leiharbeitnehmers gegenüber dem Entleiher anzurechnen sein. Hinsichtlich der Pflicht zur Zahlung der Vergütung gelten hier Verleiher und Entleiher als Gesamtschuldner.

Ausschlussfristen aus Tarifverträgen beim Entleiher gelten zwar auch für das fiktive Arbeitsverhältnis mit dem Leiharbeitnehmer, der Entleiher soll sich nach der Rechtsprechung aber erst darauf berufen dürfen, wenn er im Übrigen seine Schuldnerstellung für Ansprüche des Leiharbeitnehmers aus dem Tarifvertrag anerkannt hat (BAG v. 21.7.1983 EzAÜG § 10 AÜG Fiktion Nr. 20).

16.3.2 Auswirkung für Entleiher und Leiharbeitnehmer

Für den Entleiher entsteht vor allem die formelle Arbeitgeberstellung durch die Begründung eines fiktiven Arbeitsverhältnisses mit dem Leiharbeitnehmer. Der Entleiher kann den Leiharbeitnehmer danach im Rahmen seines Direktionsrechts in seinem Betrieb einsetzen.

Daneben treffen ihn auch weitere Arbeitgeberpflichten. Für die Abführung von Steuern und Sozialversicherungsbeiträgen übernimmt der Entleiher die Arbeitgeberpflichten, wenn er die Vergütung zahlt.

16.3.3 Dauer und Beendigung des Fiktions-Arbeitsverhältnisses

Dieses Arbeitsverhältnis gilt als befristet, und zwar für den Zeitraum, für den der Leiharbeitnehmer an den Entleiher überlassen werden sollte, wenn ein die Befristung sachlich rechtfertigender Grund vorliegt.

Die Befristung muss sich dazu aber deutlich aus dem Überlassungsvertrag ergeben. Nachdem die Beschränkung der höchstzulässigen Überlassungsdauer im AÜG nicht mehr besteht, fehlt eine zeitliche Befristung der Überlassung in vielen Arbeitnehmerüberlassungsverträgen.

Fiktion des Arbeitsverhältnisses

An den sachlichen Grund für die Befristung der Überlassungsdauer sind geringere Anforderungen zu stellen, als an die Befristung eines Arbeitsvertrages nach dem geltenden Befristungsrecht.

Es wird in der Regel ausreichen, wenn der Entleiher darlegen kann, den Leiharbeitnehmer nur für bestimmte Zeit, etwa zur Erledigung vorübergehender Arbeitsaufgaben, gebraucht zu haben.

Unabhängig vom Vorliegen einer Befristung kann das fiktive Arbeitsverhältnis gekündigt werden oder durch Aufhebungsvertrag beendet werden. Für das fiktive Arbeitsverhältnis gelten insoweit die allgemeinen kündigungsschutzrechtlichen Vorschriften. Für die Anwendbarkeit des Kündigungsschutzgesetzes gilt im Rahmen der sechsmonatigen Wartezeit nur die Zeit im Betrieb des Entleihers ab Beginn des fiktiven Arbeitsverhältnisses.

WICHTIG!

Insbesondere wenn der Leiharbeitnehmer erst seit kurzem (< 6 Monate) im Betrieb des Entleihers ist oder das fiktive Arbeitsverhältnis erst später entstanden ist, kann es ratsam sein, das fiktive Arbeitsverhältnis vorsorglich ordentlich zu kündigen.

Als Entleiher sollte man in jedem Fall darauf achten, dass ein einmal begründetes fiktives Arbeitsverhältnis formell rechtswirksam wieder beendet wird. Dazu gehört insbesondere, wenn das Arbeitsverhältnis nicht durch Befristung endet, die Einhaltung der Schriftform bei Kündigung oder Aufhebungsvertrag.

Wird das fiktive Arbeitsverhältnis nicht rechtswirksam beendet, besteht es auch dann weiter, wenn der Leiharbeitnehmer gar nicht mehr beim Entleiher tätig ist, da er zum Beispiel zwischenzeitlich wieder beim Verleiher oder einem anderen Entleiher beschäftigt wird.

WICHTIG!

Das fiktive Arbeitsverhältnis muss wie jedes Arbeitsverhältnis formell wirksam beendet werden.

Ein früher teilweise angenommenes Wahlrecht des Leiharbeitnehmers bei der unwirksamen Arbeitnehmerüberlassung oder bei sog. Scheindienst- oder Werkverträgen an einen anderen Arbeitgeber, mit dem der Arbeitnehmer wählen könnte, ob er das Arbeitsverhältnis mit seinem bisherigen Arbeitgeber fortsetzt oder ein Arbeitsverhältnis mit dem Entleiher (oder Auftraggeber) fortsetzt, besteht im Bereich der Arbeitnehmerüberlassung neben den Rechtswirkungen des § 10 AÜG nicht (BAG v. 19.3.2003, DB 2003, 2793).

16.4 Haftung des Entleihers und des Verleihers

Der Entleiher haftet im Rahmen des fiktiven Arbeitsverhältnisses für die abzuführenden Sozialversicherungsbeiträge und Steuern des Leiharbeitnehmers, soweit er die Vergütung tatsächlich zahlt. Zahlt der Verleiher trotz Unwirksamkeit des Leiharbeitsvertrages weiter an den Leiharbeitnehmer, ist er auch primär für die Abführung von Steuern und Sozialversicherung verpflichtet. Ob für die Haftung des Verleihers die tatsächliche Auszahlung von Entgelt erforderlich ist, oder der tatsächliche Vollzug des (unwirksamen) Leiharbeitsverhältnisses ausreicht, ist umstritten. Neben der gesamtschuldnerischen Haftung von Verleiher und Entleiher für die Sozialversicherungsbeiträge nach § 28e Abs. 2 SGB IV erfasst die Haftung nach § 10 Abs. 3 AÜG auch andere an Dritte zu zahlende Teile des Arbeitsentgelts. Dazu gehören beispielsweise Beiträge zur betrieblichen Altersversorgung, Lohn- und Gehaltspfändungen oder Beiträge zu einer privaten Rentenversicherung.

Gegenüber dem Leiharbeitnehmer haftet im Fiktionsarbeitsverhältnis der Entleiher als gesetzlicher Arbeitgeber. Der Verleiher ist gegenüber dem Leiharbeitnehmer schadensersatzpflichtig (§ 10 Abs. 2 AÜG). Der Leiharbeitnehmer kann vom Verleiher den Ersatz des Schadens verlangen, der ihm dadurch entstanden ist, dass er auf die Wirksamkeit des Leiharbeitsvertrages vertraut hat.

Dieser Schadensersatzanspruch des Leiharbeitnehmers umfasst in erster Linie die Vergütung von Arbeitsleistungen, die der Leiharbeitnehmer beim Entleiher erbringt. Darüber hinaus aber auch weitergehende Schäden, z. B. die Aufwendungen für den Kauf einer Monatskarte zur täglichen Fahrt in den Betrieb des Entleihers.

Die Schadensersatzpflicht besteht dann nicht, wenn der Leiharbeitnehmer die Unwirksamkeit und den Grund dafür kannte. Das kann zum Beispiel eintreten, wenn der Leiharbeitnehmer wusste, dass die Verleiherlaubnis des Verleihers zu einem bestimmten Zeitpunkt erlischt. Es genügt nicht, dass der Leiharbeitnehmer grob fahrlässige Unkenntnis von der unerlaubten Überlassung hatte.

Gegenüber dem Entleiher haftet der Verleiher regelmäßig aus dem Überlassungsvertrag. Wurde darin erklärt, dass der Verleiher über die erforderliche Erlaubnis verfügt und dass sich der Verleiher verpflichtet, diesbezügliche Änderungen sofort mitzuteilen, dann kommt auch gegenüber dem Entleiher eine Schadensersatzpflicht in Betracht.

Ein Schaden des Entleihers könnte zum Beispiel in der höheren Vergütung liegen, die er an den Leiharbeitnehmer zu zahlen hat.

16.5 Rückabwicklung erbrachter Leistungen

Bei unwirksamen Vertragsverhältnissen stellt sich regelmäßig die Frage, wie mit den gegenseitigen Leistungen, die die Vertragsparteien schon erbracht haben, zu verfahren ist.

Wenn die Verträge zwischen Verleiher und Entleiher und zwischen Verleiher und Leiharbeitnehmer jeweils unwirksam sind (§ 9 Nr. 1 AÜG), dann sind die Leistungen, die aufgrund dieser Verträge erbracht worden sind, ohne wirksame Rechtsgrundlage und damit ohne Rechtsgrund erfolgt. In solchen Fällen kommt grundsätzlich eine Rückabwicklung dieser Leistungen in Frage (§§ 812 ff. BGB).

Für das **Verhältnis** zwischen **Verleiher** und **Leiharbeitnehmer** regeln diese Situation die Bestimmungen § 10 Abs. 2–4 AÜG. Danach kann der Verleiher das Arbeitsentgelt, dass er trotz der Unwirksamkeit der Verträge an den Leiharbeitnehmer gezahlt hat, nicht zurückfordern. Anstelle des vertraglichen Vergütungsanspruches steht dem Leiharbeitnehmer ein Schadensersatzanspruch gegen den Verleiher zu. Der Leiharbeitnehmer kann aber seinerseits von Verleiher und Entleiher nur eine Vergütung verlangen. Verleiher und Entleiher sind hinsichtlich der Zahlungspflicht gegenüber dem Leiharbeitnehmer Gesamtschuldner.

Für den Fall, dass sowohl Verleiher als auch Entleiher an den Leiharbeitnehmer gezahlt haben, wird derjenige seine Entgeltzahlung zurückverlangen dürfen, der zeitlich nach dem anderen gezahlt hat, weil der Leiharbeitnehmer zu dem Zeitpunkt bereits die Vergütung erhalten und keinen Anspruch mehr hatte.

Für das **Verhältnis Verleiher–Entleiher** trifft das Arbeitnehmerüberlassungsgesetz keine Regelungen. Die Bestimmungen des § 10 AÜG können hier nicht angewandt werden. Daher kommt hier für Leistungen im Rahmen des unwirksamen Überlassungsvertrages eine bereicherungsrechtliche Rückabwicklung der Leistungen in Betracht. Eine Rückabwicklung der gegenseitigen Leistungen kann aber ausgeschlossen sein, wenn Verleiher und/oder der Entleiher die Illegalität der Arbeitnehmerüberlassung oder die Unwirksamkeit der Verträge kannten.

Der Entleiher, der an den Verleiher bereits die Vergütung für die Überlassung des Leiharbeitnehmers gezahlt hat, kann diese zurückfordern.

Das gilt allerdings nicht, wenn er wusste, dass der Leiharbeitnehmer illegal überlassen wird. Die Rückforderung ist wegen des Gesetzesverstoßes des Entleihers ausgeschlossen (§ 817 BGB).

Das Gleiche gilt für den Verleiher, der von der Illegalität der Arbeitnehmerüberlassung wusste. Er kann Leistungen an den Entleiher nicht zurückfordern.

Hat der Verleiher bereits das Arbeitsentgelt an den Leiharbeitnehmer gezahlt, könnte er dies vom Entleiher zurückfordern wollen, weil der Entleiher als Arbeitgeber im fiktiven Arbeitsverhältnis mit dem Leiharbeitnehmer der Zahlungsverpflichtete für das Arbeitsentgelt ist. Die Verpflichtung des Entleihers zur Zahlung erlischt gegenüber dem Leiharbeitnehmer, wodurch der Entleiher Aufwendungen erspart. Insoweit kann der Verleiher seine Zahlung an den Leiharbeitnehmer vom Entleiher bereicherungsrechtlich zurückfordern.

16.6 Vermittlungsvermutung

Die Bedeutung der gesetzlichen Vermutung, dass bei der Überlassung von Arbeitnehmern unter bestimmten Voraussetzungen Arbeitsvermittlung betrieben wird, ist nach der Aufhebung der gesetzlichen Erlaubnispflicht der privaten Arbeitsvermittlung (§ 291 SGB III a. F.) nur noch von geminderter Bedeutung. Eine Fiktion eines Arbeitsverhältnisses zwischen Entleiher und Leiharbeitnehmer folgt aus den Fällen der vermuteten Arbeitsvermittlung nicht mehr (BAG v. 28.6.2000, NZA 2000, 1160; BAG v. 19.3.2003, DB 2003, 2793).

Nach § 1 Abs. 2 AÜG wird gesetzlich vermutet, dass der Überlassende Arbeitsvermittlung betreibt, wenn er bei der Überlassung von Arbeitnehmern nicht die üblichen Arbeitgeberpflichten oder das Arbeitgeberrisiko trägt.

Für die Beschreibung des Arbeitgeberrisikos wird auf die Kriterien in § 3 Abs. 1 Nr. 1–3 AÜG verwiesen. Diese beinhalten vor allem den Gleichstellungsgrundsatz von Leiharbeitnehmern und im Entleiherbetrieb beschäftigten Arbeitnehmern hinsichtlich der wesentlichen Arbeitsbedingungen *(siehe Ziff. 12.3 Gründe für die Versagung der Erlaubnis).*

Eine Vermittlungsvermutung kann also vorliegen, wenn der Verleiher seine Leiharbeitnehmer nicht entsprechend dem Gleichstellungsgrundsatz wie vergleichbare Arbeitnehmer beim Entleiher entlohnt.

Der Verleiher müsste in diesem Fall die Vermutung widerlegen, indem er nachweist, dass er die Leiharbeitnehmer im Rahmen von Arbeitnehmerüberlassung in dem Betrieb des Entleihers einsetzt.

Abschluss eines Arbeitsvertrages

Beispiel:

Bei einer Vermittlungsvermutung kann der Verleiher den Nachweis der Arbeitnehmerüberlassung dadurch führen, dass er darlegt, dass er trotz z. B. untertariflicher Bezahlung der Leiharbeitnehmer diese an verschiedene Entleiher auf der Basis von Überlassungsverträgen verleiht.

17. Rechtsverhältnis zwischen Verleiher und Leiharbeitnehmer

Das rechtliche Verhältnis zwischen dem Verleiher und dem Leiharbeitnehmer ist zunächst ein reguläres Arbeitsverhältnis. Der Verleiher stellt den Leiharbeitnehmer im Rahmen der Arbeitnehmerüberlassung anderen Arbeitgebern zur Arbeitsleistung zur Verfügung.

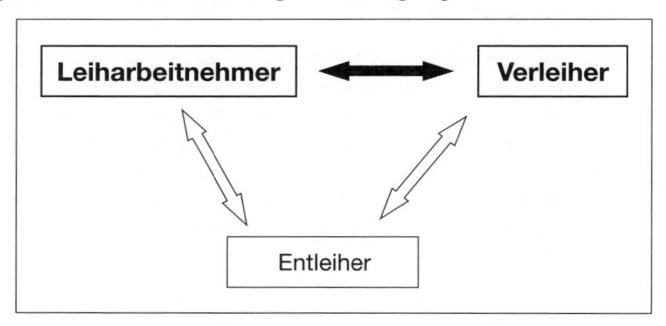

17.1 Abschluss eines Arbeitsvertrages zwischen Verleiher und Leiharbeitnehmer

Zwischen Verleiher und Leiharbeitnehmer wird ein Arbeitsvertrag nach § 611 BGB geschlossen, für den die arbeitsrechtlichen und zivilrechtlichen Bestimmungen Anwendung finden. Über den Abschluss eines Arbeitsvertrages zwischen Verleiher und Leiharbeitnehmer gibt es neben den allgemeinen Vorschriften über den Arbeitsvertrag besondere Bestimmungen aus dem Arbeitnehmerüberlassungsrecht, die bei Abschluss eines solchen Arbeitsvertrages zusätzlich zu beachten sind.

Der Inhalt der wesentlichen Vertragsbedingungen des Leiharbeitsvertrages zwischen Verleiher und Leiharbeitnehmer ist nach § 11 Abs. 1 AÜG schriftlich in einer Urkunde festzuhalten und diese dem Leiharbeitnehmer zu übergeben. Die Verpflichtung, eine solche Urkunde zu erstellen, besteht dann nicht, wenn bereits ein schriftlicher Arbeitsvertrag geschlossen wurde, der die nach § 11 AÜG erforderlichen Angaben enthält.

Rechtsverhältnis zwischen Verleiher und Leiharbeitnehmer

Für den Einsatz des Leiharbeitnehmers bei einem anderen Arbeitgeber (Entleiher) benötigt der Verleiher als Arbeitgeber die Zustimmung des Leiharbeitnehmers (§ 613 Satz 2 BGB). Da der Arbeitnehmer des Verleihers aus dem Arbeitsvertrag nur gegenüber dem vertraglichen Arbeitgeber zur Arbeitsleistung verpflichtet ist, kann der Verleiher den Leiharbeitnehmer nicht ohne dessen Zustimmung zur Arbeitsleistung gegenüber einem Dritten (dem Entleiher) verpflichten. Denn Ansprüche des Arbeitgebers können von diesem grundsätzlich nicht einseitig übertragen werden.

17.2 Vertragsinhalt

In der Praxis wird der Verleiher regelmäßig einen schriftlichen Arbeitsvertrag mit dem Leiharbeitnehmer schließen. Dafür gelten neben den inhaltlichen Anforderungen des AÜG auch die Bestimmungen des Nachweisgesetzes (NachwG). Insofern ergeben sich aus den Bestimmungen des § 11 AÜG, dem zwingenden Inhalt der Urkunde über die Vertragsbedingungen und § 2 Abs. 2 NachwG folgende notwendigen Vertragsinhalte:

17.2.1 Verleiher, Leiharbeitnehmer und Erlaubnisbehörde

Der Vertrag muss die Firma des Verleihers mit vollständiger Anschrift, unter der das Verleihunternehmen tatsächlich zu erreichen ist, bezeichnen. Es genügt daher nicht die Nennung eines Postfachs oder einer Telefon- bzw. Faxnummer, sondern nur die vollständige Adresse.

Darüber hinaus muss der Verleiher Angaben zur Verleiherlaubnis machen. Diese beinhalten Ort und Datum der Erteilung der Erlaubnis und die Erlaubnisbehörde.

Daneben muss der Leiharbeitnehmer als zweite Vertragspartei ebenso mit vollständigem Namen und Anschrift des Wohnortes angegeben werden.

17.2.2 Leistungen für Zeiten des Nichtverleihs

Nach § 11 Abs. 1 Nr. 2 AÜG muss der Arbeitsvertrag zwischen Verleiher und Leiharbeitnehmer ferner beinhalten, welche Leistungen der Leiharbeitnehmer in den Zeiten des Arbeitsverhältnisses erhält, in denen er nicht verliehen ist.

> **HINWEIS:**
> Für die Zeiten, in denen der Leiharbeitnehmer verliehen ist und in dem Betrieb des Verleihers eingesetzt wird, sind die Leistungen und Beschäftigungsbedingungen für den Leiharbeitnehmer dadurch gesichert, dass hier der gesetzliche Gleichstellungsgrundsatz oder ein Tarifvertrag gilt.

Vertragsinhalt

Der Leiharbeitsvertrag kann also hinsichtlich der Arbeitsbedingungen einschließlich des Arbeitsentgelts zwischen den Phasen der Beschäftigung im Betrieb des Verleihers und den Zeiten der Überlassung in anderen Betrieben differenzieren. Für die verleihfreien Zeiten, in denen der Leiharbeitnehmer beim Verleiher beschäftigt wird, kann also auch beispielsweise eine geringere Vergütung vereinbart sein.

Die Leistungen für die Arbeitsphasen beim Verleiher zwischen den Überlassungszeiträumen sind hinsichtlich der Art und der Höhe genau zu bezeichnen.

17.2.3 Arbeitszeit

Arbeitgeber von Leiharbeitnehmern haben meist ein Interesse daran, die Arbeitszeit der Leiharbeitnehmer flexibel gestalten zu können und auf Schwankungen, die sich aus den unterschiedlichen Bedürfnissen an Arbeitszeit bei den Entleihern und der Beschäftigung beim Verleiher in der Zeit der Nichtüberlassung ergeben, reagieren zu können.

Bei der vertraglichen Handhabung solcher flexibilisierenden Vereinbarungen sind aber Schutzvorschriften wie der Schutz vor dem Abwälzen des Annahmeverzugsrisikos auf den Leiharbeitnehmer (§ 11 Abs. 4 AÜG) zu beachten.

Das ist zum Beispiel bei der Vereinbarung von **Arbeit auf Abruf** (§ 12 TzBfG) von Bedeutung.

Die Bundesagentur für Arbeit hielt bislang im Bereich der Arbeitnehmerüberlassung die Vereinbarung einer Arbeitszeit für den Zeitraum von einem Quartal oder einem Jahr ohne die Festlegung der Arbeitszeit in kleineren Zeitabschnitten mit Hinweis auf das Bundessozialgericht (BSG v. 29.7.1992, 11 RAr 51/91) für unzulässig.

Arbeitsleistung auf Abruf kann im Übrigen aber nach den Vorschriften des Teilzeit- und Befristungsgesetzes vereinbart werden. Erforderlich ist dafür, dass neben der Arbeitszeit, die innerhalb des festgelegten Zeitraumes abgerufen werden muss, auch eine Ankündigungsfrist von vier Tagen für den Abruf eingehalten wird, und der Leiharbeitnehmer pro Abruf eine Mindestarbeitszeit leistet.

Die gesetzlichen Bestimmungen sehen mindestens zehn Stunden pro Woche und mindestens drei Stunden pro Arbeitseinsatz vor, wenn der Vertrag nichts anderes regelt (§ 12 Abs. 1 TzBfG).

Die Einrichtung eines Zeitkontos für den Leiharbeitnehmer kann durch die Bildung eines Zeitguthabens oder eines Zeitminus einen Ausgleich schaffen. Der Leiharbeitnehmer erhält dabei ein gleichmäßiges monatliches Entgelt entsprechend der vereinbarten regelmäßigen Arbeitszeit.

Für die zulässige Vereinbarung eines Zeitkontos im Arbeitsvertrag ist die Begrenzung des maximalen Guthabens oder Minus im Zeitkonto erforderlich.

17.2.4 Anwendung eines Tarifvertrages

Für die Arbeitsbedingungen in Leiharbeitsverhältnissen wird ganz überwiegend auf die Tarifverträge der Zeitarbeitsbranche Bezug genommen. Deren Kosten und damit die Grundlage der Verleihsätze des Überlassungsvertrags sind im Gegensatz zur Equal-Pay-Vergütung für den Verleiher exakt kalkulierbar. Regelmäßig wird ein Tarifvertrag durch vertragliche Bezugnahmeklausel in den Arbeitsvertrag einbezogen. Dabei wird üblicherweise die Anwendung eines zwischen den DGB Gewerkschaften und den Arbeitgeberverbänden der Zeitarbeitsbranche wie IGZ und BAP (BAP fusionierte 2011 aus BZA und AMP) bestehenden Tarifverträge vereinbart. Die vertragliche Bezugnahme unterliegt der Inhaltskontrolle nach §§ 305 ff. BGB. Um eine Ausnahme von der Anwendung des Equal Pay zu erreichen, muss ein Tarifvertrag über die Arbeitsbedingungen bei Arbeitnehmerüberlassung transparent in Bezug genommen werden. Es genügt nicht, nur die Anwendung von Teilen eines Zeitarbeitstarifvertrages zu vereinbaren (vgl. Schüren/Hamann, AÜG § 9 Rn. 167).

> **WICHTIG!**
>
> Eine Bezugnahme auf einen Tarifvertrag führt nur zu einer Ausnahme von Equal Pay, wenn sich der Arbeitgeber im Geltungsbereich des abweichenden Tarifvertrags befindet, § 3 Abs. 1 Nr. 3, 9 Nr. 2 AÜG)

Im Nachgang zum Beschluss über die Tarifunfähigkeit der CGZP (BAG Beschl. v. 14.12.2010 – 1 ABR 219/10) ist auch die Wirksamkeit der arbeitsvertraglichen Inbezugnahme der mehrgliedrigen Tarifverträge, die der AMP mit den christlichen Gewerkschaften im Jahr 2010 neu vereinbart hat, wegen Zweifeln an der Wirksamkeit dieser Tarifverträge umstritten (ablehnend ArbG Lübeck Urt. v. 15.3.2011 – 3 Ca 3147/10, ArbG Herford, Urt. v. 4.5.2011 – 2 Ca 144/11; a.A. Neef, NZA 2011, S. 615; Lützeler/Bissels, BB 2011, S. 1636).

> **HINWEIS:**
>
> Der Beschluss des BAG und die darin erhobenen Anforderungen an die satzungsmäßige Organisation und Struktur der Tarifparteien für ihre Zuständigkeit zum Abschluss von Tarifen für die Zeitarbeitsbranche lassen inzwischen auch Skepsis hinsichtlich anderer Zeitarbeitstarife, auch solcher von DGB Gewerkschaften aufkommen. Entleihende Unternehmen sind hinsichtlich der damit verbundenen Risiken der Arbeitnehmerüberlassung unter abweichenden tariflichen Arbeitsbedingungen besonders sensibilisiert. Neben den eigenen unternehmeri-

Vertragsinhalt

schen Instrumentarien des Risikomanagements, etwa der Bildung von Rückstellungen oder entsprechenden Haftungsvereinbarungen im Überlassungsvertrag hat die wirksame Gestaltung der vertraglichen Inbezugnahme eines Tarifvertrages in den Arbeitsverträgen beim Verleiher auch für den Entleiher Bedeutung.

Für die vertragliche Bezugnahme von Tarifverträgen zeigt das Schicksal der CGZP-Tarife aber, dass die vertragliche Option des Tarifwechsels für den Verleiher wichtig ist. Eine Klausel mit Rückfalloption, bei der nur im Falle der Unwirksamkeit des einen Tarifvertrages ein anderer gelten soll, wird bereits den gesetzlichen Anforderungen an die Transparenz (§ 307 Abs. 1 S. 2 BGB) nicht genügen und kann nicht empfohlen werden (vgl. auch Ferme, NZA 2011, S. 619). Ein zukünftiger Tarifwechsel des Arbeitgebers kann aber bereits im Arbeitsvertrag abgebildet werden (Spieler/Pollert, AuA 09/2011, S. 508).

Beispiel Bezugnahme auf Tarifvertrag

(1) Für das Arbeitsverhältnis gelten die jeweils für das Unternehmen betrieblich und fachlich anzuwendenden Tarifverträge in ihrer jeweils gültigen Fassung, soweit in diesem Vertrag nichts anderes vereinbart ist. Diese Vereinbarung dient der Gleichstellung der nicht tarifgebundenen mit den tarifgebundenen Arbeitnehmern.

Derzeit finden der Manteltarifvertrag ..., der Entgelttarifvertrag..., (etc.) Anwendung. Diese Tarifverträge sind solche i. S. d. §§ 3 Abs. 1 Nr. 3, 9 Nr. 2 AÜG.

(2) Entfällt die Tarifbindung des Arbeitgebers, gelten die in Absatz 1 in Bezug genommenen Tarifverträge statisch in der zuletzt gültigen Fassung fort, soweit sie nicht durch andere Vereinbarungen ersetzt werden. Das gilt auch im Falle eines gesetzlichen Übergangs des Arbeitsverhältnisses auf einen nicht tarifgebundenen Arbeitgeber ab dem Zeitpunkt des Übergangs.

(3) Absatz 2 gilt nicht, wenn der Arbeitgeber oder im Falle eines gesetzlichen Übergangs des Arbeitsverhältnisses der neue Arbeitgeber anderweitig tarifgebunden ist. Das gilt auch für Haustarifverträge und Tarifverträge einer anderen Branche oder mit einer anderen Gewerkschaft. In diesen Fällen finden jeweils die Tarifverträge, an die der Arbeitgeber gebunden ist, nach Maßgabe der Absätze 1 und 2 Anwendung. Wird die anderweitige Tarifgebundenheit erst zu einem späteren Zeitpunkt begründet, gelten die Sätze 1 und 2 ab diesem Zeitpunkt entsprechend.

17.2.5 Zulagenvereinbarungen

Abweichungen von der tariflichen Vergütung sind zugunsten des Arbeitnehmers aufgrund des Günstigkeitsprinzips möglich. Häufig werden Verleiher am Markt höhere Stundensätze gewähren, sei es aus Gründen der Personalbindung oder dass der Entleiher aus personalpolitischen Gründen die bei ihm eingesetzten Leiharbeitnehmer hinsichtlich der Grundvergütung seiner Stammbelegschaft anpassen möchte, um Spannungen in der eigenen Belegschaft zu vermeiden. Regelmäßig sind Richtlinien für die Vergütungen bereits Gegenstand des Überlassungsvertrages, ohne dass dabei Equal Pay im gesetzlichen Umfang zum Tragen kommen soll (vgl. Spieler/Pollert, AuA 2011, S. 270). Verleiher und Leiharbeitnehmer können dazu für die Dauer des Einsatzes beim Entleiher die Gewährung befristeter Zulagen vereinbaren. Die Möglichkeit der Befristung einzelner Arbeitsbedingungen oder außertarifliche Entgeltbestandteile erkennt die Rechtsprechung grundsätzlich an (BAG v. 8.8.2007, NZA 2008, S. 229). Für die Dauer des Einsatzes wird die Zulage Teil der vertragsgemäßen Vergütung und ist auch in Zeiten mit Anspruch auf Entgeltfortzahlung zu berücksichtigen.

17.2.6 Ausschlussfristen

Ausschlussfristen für die Geltendmachung von Ansprüchen aus dem Arbeitsverhältnis sind üblicher Inhalt von Tarifverträgen. Um für die abgerechneten Leistungen und die Entgeltzahlung nach Ablauf einer Frist Rechtssicherheit zu gewinnen, werden Ausschlussfristen regelmäßig auch bei der Vereinbarung von Arbeitsbedingungen außerhalb der Anwendung von Tarifverträgen verabredet. Bei der tariflosen Vergütung von Leiharbeitnehmern besteht ein Interesse an einer zeitnahen Prüfung und Rechtssicherheit der Vergütung bei beiden Parteien, da sich die Entgelt- und Arbeitsbedingungen mit den wechselnden Einsätzen häufig ändern. Insbesondere sind die beim Entleiher geltenden Ausschlussfristen keine wesentlichen Arbeitsbedingungen i. S. d. § 9 Nr. 2 AÜG, so dass diese nicht den Wirkungen des Equal Pay unterfallen und den Parteien des Leiharbeitsvertrages nicht entgegengehalten werden können (BAG Urt. v. 23.3.2011 – 5 AZR 7/10, DB 2011, S. 1526).

Die Begrenzung von gesetzlich zwingenden Ansprüchen durch individual vertragliche Ausschlussfristen ist jedoch nicht unumstritten (vgl. Reiserer DB 2011, S. 764 m. w. N.).

> **WICHTIG!**
>
> Mit der Vereinbarung von Ausschlussfristen im Arbeitsvertrag wird nur die Geltendmachung der zivilrechtlichen Ansprüche begrenzt. Die Pflicht zur Abführung von Sozialversicherungsbeiträgen ist davon aufgrund des im Sozialversicherungsrecht bestehenden Entstehungsprinzip nicht erfasst (BSG Urt. v. 30.8.1994 – 12 RK 59/92, NZS 1995, 130).

Vertragsinhalt

17.2.7 Checkliste zum Vertragsinhalt gemäß Nachweisgesetz

Ferner verlangt das Nachweisgesetz (§ 2 Abs. 2 NachwG) den Nachweis folgender Arbeitsbedingungen aus dem Inhalt des Arbeitsvertrages:

- ☑ Zeitpunkt des Beginns des Arbeitsverhältnisses,
- ☑ bei befristeten Arbeitsverhältnissen die voraussichtliche Dauer des Arbeitsverhältnisses,
- ☑ den Arbeitsort,
- ☑ falls der Arbeitnehmer nicht nur an einem bestimmten Ort beschäftigt wird, den Hinweis darauf, dass der Arbeitnehmer an verschiedenen Orten beschäftigt werden kann,
- ☑ eine kurze Beschreibung oder Charakterisierung der Tätigkeit, die der Arbeitnehmer erbringen soll,
- ☑ die Zusammensetzung des Arbeitsentgelts und die Höhe, einschließlich der Zulagen, Zuschläge, Prämien, Sonderzahlungen und anderer Gehaltsbestandteile,
- ☑ die vereinbarte Arbeitszeit,
- ☑ die Dauer des jährlichen Urlaubs,
- ☑ die Kündigungsfristen,
- ☑ Hinweise auf Betriebsvereinbarungen oder Tarifverträge, die auf das Arbeitsverhältnis anzuwenden sind.

17.2.8 Ergänzende Qualifizierungsvereinbarung

Die Anforderungen an die Qualifikationen und Fertigkeiten des Leiharbeitnehmers richten sich in erster Linie nach dem Bedarf und den technischen Anforderungen bei dem Kunden des Verleihers. Der Verleiher muss deshalb für ausreichende und attraktive Qualifikationen der von ihm beschäftigten Leiharbeitnehmer sorgen. Regelmäßig werden die bisherigen beruflichen Erfahrungen und Qualifikationen aus der Berufsausbildung des Leiharbeitnehmers langfristig nicht ausreichen. Der Verleiher hat deshalb auch für die berufliche Fort- und Weiterbildung der Leiharbeitnehmer zu sorgen. Grundlage solcher Qualifizierungsmaßnahmen im Arbeitsverhältnis zwischen Verleiher und Leiharbeitnehmer ist eine Qualifizierungsvereinbarung.

Die Durchführung von beruflichen Weiterbildungen ist üblicherweise nicht bereits Gegenstand des Arbeitsvertrages und zum Beginn des Arbeitsverhältnisses nicht konkret absehbar, so dass hierfür eine anlassbezogene ergänzende Vereinbarung zum Arbeitsvertrag getroffen wird.

Diese hat zum Inhalt, dass der Arbeitgeber zunächst die Kosten der betrieblich notwendigen Fortbildung übernimmt und gegebenenfalls ein angemessener Eigenbetrag des Leiharbeitnehmers zum Beispiel durch das Einbringen von Freizeit erbracht wird.

Der Arbeitgeber finanziert die Qualifizierung der Leiharbeitnehmer in der Erwartung, die investierten Kosten durch die spätere Überlassung für höher qualifizierte Tätigkeiten wieder zu erwirtschaften. Aus diesem Grunde hat der Arbeitgeber vor allem ein Interesse daran, dass das Arbeitsverhältnis nach Abschluss der Fortbildung für eine ausreichend lange Zeit fortgesetzt wird.

Um den Arbeitnehmer nach Abschluss der Qualifizierungsmaßnahme zu binden und die wirtschaftlichen Interessen des Arbeitgebers abzusichern, werden in einer Fortbildungsvereinbarung Bindungs- und Rückzahlungsklauseln vereinbart. Die Anforderungen der Rechtsprechung an Transparenz und Gestaltung von Rückzahlungsklauseln im Rahmen der Inhaltskontrolle bilden enge Grenzen für die Gestaltung solcher Vereinbarungen.

Die Zulässigkeit der Rückzahlungsoption ist daran geknüpft, dass sich der Arbeitnehmer durch die Qualifizierung Berufe oder Berufsfelder eröffnet und seine Berufsaussichten allgemein verbessert. Rückzahlungsvereinbarungen über die Kosten betrieblicher Einarbeitungen oder Fortbildungen, die der Arbeitnehmer bei anderen Arbeitgebern nicht verwerten kann, sind nicht zulässig.

Vor allem ist ein angemessenes Verhältnis zwischen Bindungsdauer und Dauer der Fortbildungsmaßnahme; Dauer der bezahlten Freistellung des Arbeitnehmers, Höhe der Qualifizierungskosten erforderlich. Dazu haben sich in der arbeitsgerichtlichen Rechtsprechung folgende Eckwerte entwickelt (vgl. BAG v. 14.1.2009, NZA 2009, S. 666).

Fortbildungsdauer bis zu 1 Monat: bis zu 6-monatige Bindung.

Fortbildungsdauer bis zu 2 Monaten: bis zu 1-jährige Bindung.

Fortbildungsdauer zwischen 3 und 4 Monaten: bis zu 2-jährige Bindung.

Fortbildungsdauer zwischen 6 und 12 Monaten: bis zu 3-jährige Bindung.

Mindestens 2-jährige(s) Fortbildung/Studium: ausnahmsweise 5-jährige Bindung.

Vertragsinhalt

Eine kurze Ausbildungsdauer rechtfertigt eine längere Bindung, wenn die Fortbildung dem Arbeitnehmer eine besonders hohe Qualifikation bringt oder wenn sie mit besonders hohen Kosten verbunden ist.

Die Rückzahlungsvereinbarung muss nach der Rechtsprechung ferner eine Staffelung der vom Arbeitnehmer zu erstattenden Kosten vorsehen, wenn die vereinbarte Bindungszeit nicht eingehalten wird. Dazu wird üblicherweise eine Reduzierung des Rückzahlungsbetrages analog der Verweilzeit nach Monaten oder Quartalen vereinbart. Wird der Arbeitnehmer für der Dauer der Fortbildung nicht oder nur teilweise bezahlt von der Arbeit freigestellt, ist dem durch Verkürzung der Bindungsdauer Rechnung zu tragen.

17.2.9 Muster: Qualifizierungsvereinbarung mit Rückzahlungsverpflichtung

1. Der Arbeitnehmer nimmt von ... bis ... an folgender Fortbildungsmaßnahme teil: ...

2. Die Teilnahme des Arbeitnehmers erfolgt im Interesse seiner beruflichen Fort- und Weiterbildung. Ein Anspruch auf Übertragung einer der Fortbildung entsprechenden Beschäftigung besteht nicht.

3. Soweit es für die Fortbildung erforderlich ist, stellt der Arbeitgeber den Arbeitnehmer von der Arbeit unter Anrechnung auf dessen Zeitkonto frei. Während der Freistellung berechnet sich die Vergütung entsprechend dem Durchschnittsverdienst der letzten drei Monate.

4. Der Arbeitgeber trägt die Kosten der Fortbildungsmaßnahme (z.B. Lehrgangskosten, Fortbildungsmaterialien, etc.), soweit sich nicht aus Ziff. V dieser Vereinbarung etwas anderes ergibt.

5. Der Arbeitnehmer ist verpflichtet, die entstandenen Qualifizierungskosten und die erhaltene Bruttovergütung bis zu einem Betrag von maximal ... € zu erstatten, wenn das Arbeitsverhältnis vor Ablauf von ... Monaten nach Abschluss der Qualifizierungsmaßnahme durch eine nicht vom Arbeitgeber veranlasste Kündigung des Arbeitnehmers oder aus einem Grund endet, der den Arbeitgeber zur außerordentlichen oder einer ordentlichen verhaltensbedingten Kündigung berechtigt. Der zu erstattende Betrag vermindert sich um 1/n (abhängig von der Bindungsdauer, z.B. 1/36 bei 36 Monaten) für jeden vollen Beschäftigungsmonat nach Abschluss der Qualifizierung.

6. Die Rückzahlungsverpflichtung nach Ziffer 2 besteht weiterhin, wenn der Arbeitnehmer die Qualifizierungsmaßnahme aus von ihm zu vertretenden Gründen abbricht.

7. Die Rückzahlungsverpflichtung nach Ziffer 2 besteht auch dann, wenn der Arbeitnehmer die Prüfung aus von ihm zu vertretenden Gründen nicht besteht.

17.3 Gleichstellungsgrundsatz „Equal Pay"

Durch die sog. Hartz-Gesetze wurde die Vorschrift des § 9 Nr. 2 AÜG zum 1.1.2003 neu in das Arbeitnehmerüberlassungsgesetz eingefügt, die den sog. Gleichstellungsgrundsatz (sog. Equal-Pay-Grundsatz) beinhaltet. Durch die Neuregelung zum 1.12.2011 wurden die Bestimmungen zum Equal-Pay-Grundsatz ergänzt.Diese Regelung wird allgemein auch als Grundsatz des „Equal Pay" oder „Equal Treatment" bezeichnet.

Danach sind Vereinbarungen unwirksam, die für den Leiharbeitnehmer in der Zeit der Überlassung schlechtere Arbeitsbedingungen (einschließlich des Arbeitsentgelts) vorsehen, als für einen im Betrieb des Entleihers beschäftigten, vergleichbaren Arbeitnehmer gelten.

Für den Leiharbeitsvertrag bedeutet dies, dass der Vertrag die Regelung beinhalten muss, nach welcher der Leiharbeitnehmer für die Zeit der Überlassung an einen Entleiher dieselben Arbeitsbedingungen einschließlich des Entgelts erhält, wie vergleichbare Arbeitnehmer des Entleihers in dessen Betrieb.

Zu den wesentlichen Arbeitsbedingungen gehört vor allem das im Gesetz ausdrücklich genannte Arbeitsentgelt. Das Arbeitsentgelt umfasst alle Formen der Vergütung beim Entleiher. Dazu gehören neben dem regelmäßig laufenden Entgelt auch Zuschläge, (freiwillige) Zulagen, Prämien, Gratifikationen, Tantiemen, Provisionen, Personalrabatte sowie Sachleistungen, soweit sie als Gegenleistung für die Arbeitsleistung erbracht werden. Auch Sozialleistungen und die betriebliche Altersversorgung fallen insofern unter den Begriff Arbeitsentgelt. Wesentliche Arbeitsbedingungen sind daneben z.B. Arbeitsort, Urlaubsregelungen, Arbeitszeit.

Hinsichtlich der wesentlichen Arbeitsbedingungen wird auf den Betrieb des Entleihers abgestellt, das heißt auf die arbeitsplatzbezogenen, betrieblichen Arbeitsbedingungen.

Die Verpflichtung zur Gewährung der wesentlichen Arbeitsbedingungen einschließlich des Entgelts, das den Leistungen für vergleichbare Arbeitnehmer beim Entleiher entspricht, gilt nicht, wenn die Arbeitsbedingungen für den Leiharbeitnehmer für die Zeiten der Überlassung in einem anwendbaren Tarifvertrag geregelt sind (§ 9 Nr. 2 AÜG). Die Anwendung des Tarifvertrages kann entweder unmittelbar auf beidseitiger Tarifbindung von Verleiher und Leiharbeitnehmer beruhen oder auf einer Bezugnahme im Arbeitsvertrag *(siehe zu den Möglichkeiten, vom Gleichstel-*

Unzulässige Vereinbarungen

lungsgrundsatz abzuweichen Ziff. 17.7.1.2 Ausnahmen vom Gleichstellungsgrundsatz).

Ein anwendbarer Tarifvertrag kann zu einer Abweichung vom Gleichstellungsgrundsatz führen, auch wenn in dem Tarifvertrag nur Teile der Arbeitsbedingungen geregelt sind.

Die frühere Ausnahme vom Gleichstellungsgrundsatz nach § 9 Nr. 2 AÜG a. F. für neu eingestellte zuvor arbeitslose Leiharbeitnehmer einmalig für sechs Wochen der Überlassung, wurde zum 1.12.2001 aus dem AÜG gestrichen.

17.4 Unzulässige Vereinbarungen

Das Arbeitnehmerüberlassungsgesetz regelt über den erforderlichen Vertragsinhalt hinaus auch Vertragsinhalte, die der Leiharbeitsvertrag zwischen Verleiher und Leiharbeitnehmer ausdrücklich nicht enthalten darf. Die Vereinbarung einer nach § 9 AÜG ausgeschlossenen Vertragsklausel führt zur Unwirksamkeit der jeweiligen Vereinbarung.

Nach dem ab 1.12.2011 geltenden § 9 Nr. 5 AÜG n. F. ist es nicht mehr zulässig, mit dem Leiharbeitnehmer eine Vermittlungsgebühr für den Fall des Übertritts in ein Arbeitsverhältnis mit dem Entleiher zu vereinbaren.

Darüber folgen auch aus den allgemeinen arbeits- und zivilrechtlichen Bestimmungen Einschränkungen für die Gestaltung des Vertragsinhaltes des Leiharbeitsvertrages.

17.4.1 Gleichstellungsgrundsatz

Nach § 9 Nr. 2 AÜG sind Vereinbarungen unwirksam, die für die Zeiten der Überlassung des Leiharbeitnehmers in einen anderen Betrieb nicht die Beachtung des Gleichstellungsgrundsatzes vereinbaren und von keiner der Ausnahmen dazu gedeckt sind.

> **WICHTIG!**
>
> Der Leiharbeitnehmer hat dann einen Anspruch auf Gewährung der für einen vergleichbaren Arbeitnehmer des Entleihers geltenden wesentlichen Arbeitsbedingungen einschließlich des Arbeitsentgelts (§ 10 Abs. 4 AÜG).

17.4.2 Folgearbeitsverhältnis mit dem Entleiher

Ferner ist die Vereinbarung zwischen Verleiher und Leiharbeitnehmer unwirksam, die es dem Leiharbeitnehmer untersagt, mit einem Entleiher zu einem Zeitpunkt, zu dem das Arbeitsverhältnis mit dem Verleiher nicht mehr besteht, ein Arbeitsverhältnis einzugehen (§ 9 Nr. 4 AÜG). Nach dem ab 1.12.2011 geltenden § 9 Nr. 5 AÜG ist es außerdem nicht mehr zulässig, mit dem Leiharbeitnehmer eine Vermittlungsgebühr für den Fall des Übertritts in ein Arbeitsverhältnis mit dem Entleiher zu vereinbaren. Eine Vereinbarung, die den Entleiher bei Übernahme eines Leiharbeitnehmers zur Zahlung einer Prämie an den Verleiher verpflichtet, bleibt zulässig.

Der Aspekt der möglichen Weitervermittlung eines Leiharbeitnehmers in ein dauerhaftes Arbeitsverhältnis durch die vorübergehende Beschäftigung in einem fremden Betrieb eines Entleihers, sozusagen als Empfehlungsphase, ist im Arbeitnehmerüberlassungsgesetz gewollt. Daher erklärt das Gesetz Vereinbarungen, die diesen arbeitsmarktpolitischen Effekt (sog. „Klebeeffekt") hemmen, indem sie dem Leiharbeitnehmer die Anschlussbeschäftigung untersagen, für unwirksam.

WICHTIG!

Davon sind aber zulässige Wettbewerbsverbote im Leiharbeitsvertrag zu unterscheiden. Die Vereinbarung eines nachvertraglichen Wettbewerbsverbotes ist im Leiharbeitsvertrag nach den dafür geltenden Regeln möglich. Nachvertraglicher Wettbewerb durch den Leiharbeitnehmer könnte vorliegen, wenn der Leiharbeitnehmer selbst als Verleiher tätig wird. In der Tätigkeit bei einem früheren Entleiher besteht kein Wettbewerb gegenüber dem früheren Verleiher.

17.4.3 Keine verkürzte Kündigungsfrist

Nach § 622 Abs. 5 BGB ist die Vereinbarung einer kürzeren Kündigungsfrist als die eigentliche gesetzliche Kündigungsfrist zulässig, wenn ein Arbeitnehmer zur vorübergehenden Aushilfe eingestellt ist und das Arbeitsverhältnis nicht über eine Dauer von drei Monaten hinaus fortgesetzt wird. Diese Regelung ist nach § 11 Abs. 4 Satz 1 AÜG nicht auf die Beschäftigung von Leiharbeitnehmern anzuwenden, auch wenn sie zur Aushilfe bei einem Entleiher verliehen werden sollen.

Die Beschäftigung als Aushilfe ist im Übrigen immer im Verhältnis zu dem rechtlichen Arbeitgeber, also zum Verleiher, zu beurteilen. Beim Verleiher wird der Charakter einer Aushilfe typischerweise fehlen.

17.4.4 Ausschluss des Annahmeverzugs

Wenn der Verleiher den Leiharbeitnehmer nicht beschäftigen kann, weil er keine Überlassungsmöglichkeit hat, und er die Arbeitsleistung des Leiharbeitnehmers im eigenen Betrieb nicht annehmen kann, gerät er in Annahmeverzug (§ 293 ff. BGB). Das heißt die Arbeitsleistung, die der Leiharbeitnehmer nach dem Arbeitsvertrag erbringen muss, wird zwar vom Leiharbeitnehmer angeboten, kann aber vom Verleiher als Arbeitgeber nicht angenommen werden, weil es an einer Einsatzmöglichkeit für den Leiharbeitnehmer fehlt.

Muster eines Leiharbeitsvertrages

Der Verleiher und Arbeitgeber ist nach § 615 BGB in solchen Fällen dennoch verpflichtet, dem Leiharbeitnehmer die Vergütung zu zahlen.

Nach den allgemeinen arbeitsrechtlichen Regelungen für Arbeitsverträge ist es zulässig, die gesetzliche Bestimmung des § 615 BGB auszuschließen. Diese vertragliche Gestaltungsmöglichkeit ist im Leiharbeitsvertrag nach § 11 Abs. 4 Satz 2 AÜG nicht zulässig.

17.5 Muster eines Leiharbeitsvertrages

Der Vertrag zwischen Verleiher und Leiharbeitnehmer kann in den Grundzügen für die Regelung des Leiharbeitsverhältnis nach folgendem Muster gestaltet werden:

Arbeitsvertrag

Zwischen

der Firma .... – Verleiher –

und

Herrn/Frau .... – Leiharbeitnehmer –

wird folgender Arbeitsvertrag geschlossen:

§ 1
Rechtliche Voraussetzungen

(1) Der Verleiher ist im Besitz einer Erlaubnis zur gewerbsmäßigen Leiharbeitnehmerüberlassung nach § 1 AÜG, ausgestellt durch die Bundesagentur für Arbeit, Regionaldirektion ...., am ...., gültig bis ....

Der Verleiher wird den Leiharbeitnehmer für den Fall des Wegfalls, der Nichtverlängerung, der Rücknahme oder des Widerrufs der Erlaubnis unverzüglich unterrichten. Die Unterrichtung wird den Zeitraum der Abwicklung des Arbeitsvertrages umfassen.

(2) Gegenstand dieses Arbeitsvertrages ist auch die Überlassung des Leiharbeitnehmers zur Arbeitsleistung an Kunden des Verleihers gegen Entgelt. Der Leiharbeitnehmer erklärt sich mit dieser Überlassung einverstanden.

(3) Der Leiharbeitnehmer erhält das Merkblatt für Leiharbeitnehmer der Bundesagentur für Arbeit. Ist der Leiharbeitnehmer nicht deutscher Staatsbürger, erhält er auf Anforderung das Merkblatt und diesen Vertrag in seiner Muttersprache.

Rechtsverhältnis zwischen Verleiher und Leiharbeitnehmer

Anmerkung 1

§ 2
Beginn und Ende des Arbeitsverhältnisses

(1) Das Arbeitsverhältnis beginnt am ....

Das Arbeitsverhältnis endet, ohne dass es einer Kündigung bedarf, mit Erreichen der Altersgrenze, die in den Bestimmungen über die gesetzliche Rentenversicherung für die Gewährung der Regelaltersrente maßgebend ist. Das Arbeitsverhältnis endet in jedem Fall mit Ablauf des Monats, in dem der Leiharbeitnehmer gesetzliche Altersrente bezieht.

Anmerkung 2

(2) Die ersten sechs Monate des Arbeitsverhältnisses gelten als Probezeit. In dieser Zeit kann das Arbeitsverhältnis von beiden Seiten mit einer Frist von zwei Wochen gekündigt werden. Nach Ablauf der Probezeit kann das Arbeitsverhältnis unter Einhaltung der gesetzlichen Kündigungsfristen gekündigt werden.

§ 3
Art und Ort der Arbeitsleistung

(1) Der Leiharbeitnehmer wird als .... eingestellt.

(2) Der Verleiher ist berechtigt, dem Leiharbeitnehmer innerhalb der in Abs. 1 genannten Tätigkeit auch andere Aufgaben – auch an anderen Orten – zuzuweisen, soweit dies nach seinen Kenntnissen und Fähigkeiten zumutbar ist. Dabei kann der Leiharbeitnehmer auch in einer anderen Abteilung oder einem anderen Betrieb des Verleihers beschäftigt werden.

(3) Der Leiharbeitnehmer ist verpflichtet, bei Kunden des Verleihers (Entleihern) tätig zu werden.

Anmerkung 3

(4) Der Verleiher ist berechtigt, den Leiharbeitnehmer jederzeit von seinem Einsatzort abzuberufen und anderweitig einzusetzen. Für die Einsatzdauer bei einem Entleiher unterliegt der Leiharbeitnehmer dem Direktionsrecht des Entleihers im Rahmen dieses Vertrages.

(5) In Zeiträumen, in denen der Leiharbeitnehmer nicht bei einem Entleiher eingesetzt werden kann, hat der Leiharbeitnehmer seine Arbeitskraft dem Verleiher zur Verfügung zu stellen. Kann auch der Verleiher den Leiharbeitnehmer nicht beschäftigen, ist der Leiharbeitnehmer verpflichtet, sich einmal täglich in den Geschäftsräumen des Verleihers persönlich zu melden, um sich nach dem Folgeeinsatz zu erkundigen.

§ 4
Arbeitszeit

(1) Die regelmäßige monatliche Arbeitszeit beträgt .... Stunden, dies entspricht einer durchschnittlichen wöchentlichen Arbeitszeit von .... Stunden.

(2) Während der Beschäftigung im Betrieb des Verleihers richten sich der Beginn, das Ende und die Aufteilung der täglichen Arbeitszeit und der Pausen nach den betrieblichen Gegebenheiten. Pausen gelten nicht als Arbeitszeit.

Soweit die tatsächlich geleistete Arbeitszeit von der individuellen Arbeitszeit gemäß Abs. 1 abweicht, wird die Differenz in einem Zeitkonto erfasst. Ein Zeitguthaben wird durch bezahlte Freistellung ohne Zuschläge ausgeglichen.

Die durchschnittliche wöchentliche Arbeitszeit muss innerhalb eines Ausgleichszeitraums von zwölf Kalendermonaten erreicht werden.

Anmerkung 4

(3) Während der Überlassung an einen Entleiher richten sich Beginn und Ende der täglichen Arbeitszeit einschließlich der Pausen und die Verteilung der Arbeitszeit auf die einzelnen Wochentage nach den im jeweiligen Kundenbetrieb gültigen Regelungen bzw. Anforderungen des Entleiherbetriebs.

§ 5
Vergütung

(1) Der Leiharbeitnehmer erhält eine monatliche Vergütung nach den Vorschriften des Zusatztarifvertrages zum Arbeitnehmerüberlassungsgesetz der Bayerischen Metall- und Elektro-Industrie (Beispiel).

(2) Für Zeiträume, in denen der Leiharbeitnehmer nicht bei einem Entleiher eingesetzt und auch sonst vom Verleiher nicht beschäftigt werden kann, erhält der Leiharbeitnehmer eine monatliche Vergütung von .... €.

Anmerkung 5

§ 6
Urlaub

(1) Der Leiharbeitnehmer hat Anspruch auf 24 Arbeitstage Urlaub bei einer 5-Tage-Woche. Im Übrigen gelten die gesetzlichen Bestimmungen.

(2) Der Zeitpunkt des Urlaubs wird vom Verleiher unter Berücksichtigung der Wünsche des Leiharbeitnehmers, der betrieblichen Interessen, insbe-

sondere bereits feststehender Einsätze bei Entleihern und der Urlaubswünsche anderer Mitarbeiter festgelegt.

§ 7
Arbeitsverhinderung und Entgeltfortzahlung

(1) Der Leiharbeitnehmer erklärt, dass er arbeitsfähig ist und keine Umstände vorliegen, die ihm die vertraglich zu leistende Arbeit jetzt oder in naher Zukunft wesentlich erschweren oder unmöglich machen.

(2) Der Leiharbeitnehmer verpflichtet sich, den Verleiher vor Arbeitsbeginn über die voraussichtliche Arbeitsunfähigkeit und deren voraussichtliche Dauer zu benachrichtigen. Spätestens an dem auf den 3. Tag einer Erkrankung folgenden Arbeitstag hat der Leiharbeitnehmer dem Verleiher eine Arbeitsunfähigkeitsbescheinigung vorzulegen. Dauert die Arbeitsunfähigkeit länger als in der Bescheinigung angegeben, hat der Leiharbeitnehmer spätestens am folgenden Tag eine neue Arbeitsunfähigkeitsbescheinigung vorzulegen und den Verleiher vorab wiederum bis Arbeitsbeginn über die Fortdauer zu unterrichten. Der Verleiher ist berechtigt, die Vorlage der ärztlichen Bescheinigung ab dem ersten Tag der Arbeitsunfähigkeit zu verlangen. Die Wiederaufnahme der Tätigkeit ist dem Verleiher spätestens einen Arbeitstag vorher anzuzeigen.

(3) Die Entgeltfortzahlung richtet sich nach dem Entgeltfortzahlungsgesetz.

(4) § 615 Satz 1 BGB bleibt unberührt.

Anmerkung 6

§ 8
Verschwiegenheitspflicht

Der Leiharbeitnehmer verpflichtet sich, über alle Betriebs- und Geschäftsgeheimnisse sowie über alle betriebsinternen vertraulichen Angelegenheiten sowohl des Verleihers als auch aus dem Betrieb des jeweiligen Entleihers während und nach Beendigung des Arbeitsverhältnisses Stillschweigen zu bewahren.

§ 9
Nebentätigkeit

Der Leiharbeitnehmer darf eine Nebentätigkeit nur nach vorheriger Zustimmung des Verleihers aufnehmen und ausüben. Soweit sachliche Gründe der Aufnahme der angezeigten Nebentätigkeit nicht entgegenstehen, wird der Verleiher die Zustimmung erteilen.

§ 10
Personaldatenerfassung

(1) Die Personaldaten des Leiharbeitnehmers werden elektronisch verarbeitet. Der Leiharbeitnehmer stimmt der Weitergabe der persönlichen Daten an einen Entleiher zu. Änderungen in der Anschrift oder sonstige Änderungen wird der Leiharbeitnehmer dem Verleiher unverzüglich mitteilen.

(2) Der Leiharbeitnehmer ist verpflichtet, an der betrieblichen Datenerfassung, einschließlich der Erfassung der Anwesenheitszeiten, nach Weisung des Verleihers gegebenenfalls auch an Einrichtungen des Entleihers teilzunehmen.

§ 11
Diensterfindungen

Für die Behandlung von Diensterfindungen des Leiharbeitnehmers gelten die gesetzlichen Bestimmungen.

§ 12
Zugang zu Gemeinschaftseinrichtungen beim Entleiher

Der Arbeitnehmer wird darauf hingewiesen, dass gesetzliche Abzüge für Steuer und/oder sozialversicherungspflichtige Sachbezüge, die der Arbeitnehmer im Rahmen seiner Tätigkeit beim Entleiher erhält, bei der Entgeltabrechnung berücksichtigt werden.

Anmerkung 7

§ 13
Schlussbestimmungen

(1) Nebenabreden und Änderungen dieses Vertrages bedürfen zu ihrer Rechtswirksamkeit der Schriftform.

(2) Sollten einzelne Bestimmungen dieses Vertrages ganz oder teilweise unwirksam sein oder werden, oder sollte sich in diesem Vertrag ein Lücke befinden, so soll hierdurch die Gültigkeit der übrigen Bestimmungen nicht beeinträchtigt werden. Anstelle der unwirksamen Bestimmung gilt diejenige wirksame Bestimmung als vereinbart, welche dem Sinn und Zweck der unwirksamen Bestimmung am ehesten entspricht. Im Fall einer Lücke gilt diejenige Bestimmung als vereinbart, die dem entspricht, was nach Sinn und Zweck dieses Vertrages vereinbart worden wäre, hätte man die Angelegenheit von vornherein bedacht. Dies gilt auch dann, wenn die Unwirksamkeit einer Bestimmung auf einem Maß der Leistung oder Zeit beruht. Es gilt dann das rechtlich zulässige Maß.

Rechtsverhältnis zwischen Verleiher und Leiharbeitnehmer

Anmerkung 8
Ort, Datum

....
Verleiher   Leiharbeitnehmer

Erläuterungen zum Vertragsmuster des Leiharbeitsvertrages

▶ **Anmerkung 1:**
In den rechtlichen Voraussetzungen für das Leiharbeitsverhältnis sind vor allem die gegenseitigen Erklärungen von Verleiher und Leiharbeitnehmer enthalten, die eine zulässige Beschäftigung im Rahmen der Arbeitnehmerüberlassung bedingen.

▶ **Anmerkung 2:**
Soll der Arbeitsvertrag befristet geschlossen werden, muss an dieser Stelle die Befristung vereinbart werden. Für die Befristung muss die Laufzeit des Vertrages im Vertrag festgelegt werden.

Beispiel:

„Das befristete Arbeitsverhältnis beginnt am .... und endet, ohne dass es einer Kündigung bedarf, am ...."

▶ **Anmerkung 3:**
Die Art der Tätigkeit des Leiharbeitnehmers gehört zu den gesetzlichen Pflichtangaben der nachzuweisenden Arbeitsbedingungen. Regelmäßig wird sich der Arbeitgeber im Vertrag eine Änderung der vertraglichen Aufgaben im Wege des Direktionsrechts vorbehalten, insbesondere aufgrund des wechselnden Arbeitsumfeldes in den jeweiligen Entleiherbetrieben.

Die Berechtigung, den Leiharbeitnehmer in Betrieben der Entleiher einzusetzen, kann neben der Tätigkeit auch geographisch eingeschränkt werden, zum Beispiel für eine bestimmte Stadt, Landkreis oder ein sonstiges beschriebenes Gebiet. Für die Bezeichnung eines regionalen Einsatzbereiches eignet sich beispielsweise die Bezeichnung des Postleitzahlenbereiches im Vertrag:

„Der Verleiher ist berechtigt, den Leiharbeitnehmer in den Postleitzahlbezirken .... bis .... einzusetzen."

▶ **Anmerkung 4:**
Für den Verleiher kann es von Interesse sein, Schwankungen in der täglichen Arbeitszeit flexibel ausgleichen zu können. Bei einer unregelmäßigen Verteilung der Arbeitszeit kann hierzu auch individualrechtlich ein Zeitkonto vereinbart werden, in dem über die vereinbarte regelmä-

Muster eines Leiharbeitsvertrages

ßige Arbeitszeit hinausgehende Arbeitszeiten erfasst werden und dem Leiharbeitnehmer als Freizeitausgleich gewährt werden.

▶ **Anmerkung 5:**
Soweit auf das Arbeitsverhältnis kein Tarifvertrag Anwendung findet, kann die Vergütung für die Zeit des Nichtverleihs abweichend von den während der Überlassung bestehenden Ansprüchen auf ein vergleichbaren Arbeitnehmern des Entleihers entsprechendes Entgelt gesondert festgelegt werden.

Dies gilt nicht, wenn im Vertrag die Anwendung eines Tarifvertrages, der Arbeitsbedingungen für Leiharbeitnehmer regelt, vereinbart wird.

Anderenfalls genügt die Vereinbarung einer einfachen Vergütung und der Hinweis auf den Gleichstellungsgrundsatz für die Zeiten der Überlassung. Für die Zeiten der Überlassung gelten dann aufgrund der Gleichstellung von Leiharbeitnehmer und vergleichbaren Arbeitnehmern des Entleihers die Arbeitsbedingungen einschließlich der Vergütung des Entleihers. Für diese Zeit wird die im Vertrag sonst festgelegte Vergütung durch den Gleichstellungsgrundsatz abgelöst.

▶ **Anmerkung 6:**
Die Leistungen für den Leiharbeitnehmer in den Zeiten der Nichtbeschäftigung sind im Leiharbeitsvertrag zu regeln. Besonderheit des Leiharbeitsvertrages ist, dass die Übernahme des Beschäftigungsrisikos z. B. für Fälle des Fehlens von Verleihmöglichkeiten nicht durch eine Abbedingung des § 615 Satz 1 BGB eingeschränkt werden kann (§ 11 Abs. 4 AÜG).

▶ **Anmerkung 7:**
Nach der Neuregelung in § 13b AÜG n. F. hat der Leiharbeitnehmer Anspruch auf die Zugang zu Gemeinschaftseinrichtungen oder -diensten im Entleiherbetrieb. Der Leiharbeitnehmer kann bei der Nutzung von Gemeinschaftseinrichtungen des Entleihers Sachleistungen erhalten, die vom Verleiher bei der Entgeltabrechnung steuer- und sozialversicherungsrechtlich zu berücksichtigen sind. Darauf sollte im Leiharbeitnehmer hingewiesen werden.

▶ **Anmerkung 8:**
Sollen auf das Arbeitsverhältnis Tarifverträge angewandt werden, kann dies auch durch arbeitsvertragliche Bezugnahme geschehen. Eine beiderseitige Tarifgebundenheit von Leiharbeitnehmer und Verleiher ist nicht erforderlich.

Rechtsverhältnis zwischen Verleiher und Leiharbeitnehmer

Beispiel:

„Auf das Arbeitsverhältnis finden die Vorschriften des Tarifvertrages für Zeitarbeit .... (Bezeichnung des Tarifvertrages) in der jeweils gültigen Fassung Anwendung."

17.6 Befristungsmöglichkeiten

Für das Arbeitsverhältnis zwischen Verleiher und Leiharbeitnehmer gelten die Bestimmungen des § 14 ff. des Teilzeit- und Befristungsgesetzes (TzBfG).

Die vielfältigen Beschränkungen der Befristungsmöglichkeiten eines Leiharbeitsverhältnisses sind mit den Änderungen des AÜG mittlerweile aufgehoben, so dass nunmehr die allgemeinen Befristungsregeln gelten.

Ein Arbeitsverhältnis kann zeitlich befristet werden, indem die Dauer des Arbeitsverhältnisses kalendarisch bestimmt wird (kalendermäßige Befristung), oder das Arbeitsverhältnis bis zur Erreichung eines genau bestimmten arbeitstechnischen Zwecks (Zweckbefristung) befristet wird.

Die Befristung eines Arbeitsvertrages bedarf immer der Schriftform. Eine nicht schriftlich vereinbarte Befristung ist unwirksam (§ 14 Abs. 4 TzBfG). Der Arbeitsvertrag an sich bleibt aber davon unberührt und gilt dann als unbefristet geschlossen (§ 16 TzBfG).

Die kalendermäßige Befristung bedarf keiner sachlichen Begründung, wenn sie für maximal zwei Jahre abgeschlossen wird. Während dieser zwei Jahre kann das befristete Arbeitsverhältnis bis zu dreimal verlängert werden. Die Gesamtdauer von zwei Jahren darf ohne einen sachlichen Grund aber nicht überschritten werden (§ 14 Abs. 2 TzBfG).

WICHTIG!

Eine Verlängerung des befristeten Arbeitsverhältnisses liegt nicht mehr vor, wenn sie erst nach Ablauf der vorhergehenden Befristung vereinbart wurde – die Vereinbarung ist dann eine neue Befristung, nicht die Verlängerung einer vorherigen Befristung.

Eine solche Befristung ohne sachlichen Grund ist aber nach § 14 Abs. 2 TzBfG ausgeschlossen, wenn mit dem Arbeitnehmer zuvor schon einmal ein unbefristetes oder befristetes Arbeitsverhältnis bestanden hat. Nach einer Entscheidung des BAG (Urteil vom 6.4.2011, Az. 7 AZR 716/09) liegt eine solche „Zuvor-Beschäftigung" im Sinne dieser Vorschrift aber nicht mehr vor, wenn ein früheres Arbeitsverhältnis mehr als drei Jahre zurückliegt.

Befristungsmöglichkeiten

◁ ACHTUNG!

Aus diesem Grund ist der obige Hinweis, dass die Verlängerung einer Befristung vor deren Ablauf schriftlich zu vereinbaren ist, zu beachten. Denn nach Ablauf der vorherigen Befristung kann eine sachgrundlose Befristung wegen der Vorbeschäftigung im Rahmen der abgelaufenen Befristung nicht mehr wirksam vereinbart werden!

Beispiel:

Der Verleiher M hat einen Leiharbeitnehmer befristet bis zum 30.6.2005 eingestellt und ihn bis zum 30.6.2005 an den Entleiher E GmbH verliehen. Im Juni schließt M mit der Firma F GmbH einen Überlassungsvertrag und könnte daher den Leiharbeitnehmer noch bis zum 31.12.2005 weiterbeschäftigen und an die F GmbH verleihen. Der Leiharbeitnehmer soll bereits am 1.7.2005 bei der F GmbH erscheinen. Aufgrund des direkten Wechselns des Leiharbeitnehmers von der E GmbH zur F GmbH ergibt sich erst am 5.7.2005 eine Gelegenheit für M und den Leiharbeitnehmer, den neuen Vertrag über die Verlängerung der Befristung zu unterzeichnen.

Die Folge ist, dass die Befristung unwirksam bleibt. Denn zwischen dem 1.7. und dem 5.7.2005 wurde der Leiharbeitnehmer ohne schriftlich vereinbarte Befristung beschäftigt. Eine mündlich vereinbarte Befristung ist wegen des Schriftformerfordernisses unwirksam, so dass der Arbeitsvertrag als unbefristet geschlossen gilt. Für eine erneute Befristung ist nunmehr ein sachlicher Grund erforderlich. Liegt ein sachlicher Grund nicht vor, bleibt es bei dem unbefristeten Arbeitsvertrag zwischen Verleiher M und dem Leiharbeitnehmer.

Liegt ein sachlicher Grund vor, ist die Befristung des Arbeitsvertrages generell zulässig. Ein sachlicher Grund kann nach dem Katalog des § 14 Abs. 1 TzBfG zum Beispiel vorliegen wenn:

1. der betriebliche Bedarf an der Arbeitsleistung nur vorübergehend besteht (§ 14 Abs. 2 Nr. 1 TzBfG):
   Der vorübergehende Bedarf an der Arbeitsleistung rechtfertigt die Befristung des Leiharbeitsvertrages zwischen Verleiher und Leiharbeitnehmer in der Regel nicht. Denn der vorübergehende Arbeitsbedarf besteht meist nur beim Entleiher. Beim Verleiher ist zwar jeder Einsatz eines Leiharbeitnehmers, und damit die einzelnen Stationen der Beschäftigungsmöglichkeiten zeitlich begrenzt. Darin besteht aber gerade die Geschäftstätigkeit des Verleihers. Meist ist davon auszugehen, dass der Verleiher die Leiharbeitnehmer zwar jeweils vorübergehend bei einem Entleiher einsetzt, er aber ständig weitere Arbeitseinsätze für die Leiharbeitnehmer akquiriert, so dass für den Leiharbeitnehmer ein Beschäftigungsbedarf über den einzelnen Einsatz bei einem Entleiher hinaus besteht. Der zeitlich begrenzte Bedarf an Arbeitskräften besteht dage-

gen typischerweise nur beim Entleiher. Auf dessen Bedarf kommt es aber für den Befristungsgrund beim Verleiher nicht an.

> **HINWEIS:**
> Auch nach dem Wegfall des sog. Synchronisationsverbots in § 3 Abs. 1 Nr. 5 AÜG a. F. ist ein Gleichlauf von Überlassungsdauer und Befristung des Leiharbeitsverhältnisses also nur eingeschränkt möglich, nämlich nur unter den Voraussetzungen des TzBfG.

2. die Befristung im Anschluss an eine Ausbildung erfolgt (§ 14 Abs. 2 Nr. 2 TzBfG),
3. der Arbeitnehmer zur Vertretung eines anderen Arbeitnehmers beschäftigt wird (§ 14 Abs. 2 Nr. 3 TzBfG):
Die Befristungsgründe Nr. 2 und Nr. 3 kommen für den Verleiher meist nicht in Frage. Insbesondere wird ein Leiharbeitnehmer regelmäßig zur Vertretung eines anderen Arbeitnehmers beim Entleiher eingesetzt. Für die Befristung des Leiharbeitsvertrages müsste er aber einen Arbeitnehmer beim Verleiher vertreten. Auf den Vertretungsbedarf beim Entleiher kann hier nicht abgestellt werden.
4. die Eigenart der Arbeitsleistung die Befristung rechtfertigt (§ 14 Abs. 2 Nr. 4 TzBfG):
Dieser Befristungsgrund wird ebenfalls für Zeitarbeit und Arbeitnehmerüberlassung kaum in Betracht kommen, da sich aus der Art der Arbeitsaufgaben, z. B. Künstler in einem vorübergehenden Arrangement, bereits die typische zeitliche Begrenzung ergeben müsste.
5. die Befristung zur Erprobung erfolgt (§ 14 Abs. 2 Nr. 5 TzBfG):
Hierunter fällt die als Befristung gestaltete Probezeit zu Beginn eines möglicherweise später verlängerbaren Arbeitsverhältnisses.
6. in der Person liegende Gründe die Befristung des Arbeitsverhältnisses rechtfertigen (§ 14 Abs. 2 Nr. 6 TzBfG),
7. ferner, wenn der Arbeitnehmer aus Haushaltsmitteln vergütet wird, die haushaltsrechtlich für eine Befristung bestimmt sind, und er entsprechend beschäftigt wird (§ 14 Abs. 2 Nr. 7 TzBfG) oder die Befristung auf einem gerichtlichen Vergleich (§ 14 Abs. 2 Nr. 8 TzBfG) beruht.

17.7 Rechte und Pflichten aus dem Leiharbeitsvertrag

Für die gegenseitigen Rechte und Pflichten aus dem Leiharbeitsvertrag gelten die allgemeinen Rechte und Pflichten im Arbeitsverhältnis. Aufgrund der regelmäßigen Einsätze des Leiharbeitnehmers in fremden Betrieben und gegebenenfalls zu unterschiedlichen Arbeitsbedingungen ergeben sich aber Besonderheiten im Leiharbeitsverhältnis.

Rechte und Pflichten aus dem Leiharbeitsvertrag

17.7.1 Verleiher

Der Verleiher ist gegenüber dem Leiharbeitnehmer als Arbeitgeber zur Erfüllung der Arbeitgeberpflichten aus dem Arbeitsverhältnis verpflichtet. Für das Leiharbeitsverhältnis ergeben sich dabei im Rahmen der Arbeitnehmerüberlassung folgende Besonderheiten:

17.7.1.1 Beschäftigung und Vergütung

Der Verleiher ist der arbeitsvertragliche Arbeitgeber des Leiharbeitnehmers. Aus dem Arbeitsvertrag mit dem Leiharbeitnehmer besteht für den Verleiher primär die Verpflichtung, den Leiharbeitnehmer zu beschäftigen und ihm die vereinbarte Vergütung zu zahlen.

Für die Überlassung von Arbeitnehmern in Betriebe des Baugewerbes sind nach dem Arbeitnehmerentsendegesetz die dort geltenden für allgemeinverbindlich erklärten Tarifverträge einzuhalten (§ 1 Abs. 1 AEntG).

Für die Zeiten, in denen der Leiharbeitnehmer im Betrieb des Verleihers beschäftigt und nicht an einen Entleiher verliehen ist, ergibt sich die Höhe der zu zahlenden Vergütung aus dem Arbeitsvertrag.

Für die Pflicht zur vertragsgemäßen Vergütung ist für die Zeiten der Überlassung an einen Dritten der **Gleichstellungsgrundsatz** (sog. „Equal-Pay"-Grundsatz) zu beachten (§ 9 Nr. 2 AÜG). Danach ist der Arbeitgeber verpflichtet, dem Leiharbeitnehmer keine schlechteren wesentlichen Arbeitsbedingungen einschließlich der Vergütung zu gewähren, als vergleichbare Arbeitnehmer im Betrieb des Entleihers erhalten.

Zu dem Arbeitsentgelt zählen neben der regelmäßigen Grundvergütung Zuschläge und Zulagen, Sachbezüge und besondere Formen der Vergütung wie Prämien, Provisionen etc., Entgeltfortzahlung und Sozialleistungen.

Vergleichbare Arbeitnehmer im Betrieb des Entleihers sind solche Arbeitnehmer, die gleichartige Tätigkeiten wie der Leiharbeitnehmer ausüben. Für den Vergleich des Leiharbeitnehmers und der Stammbelegschaft des Entleihers ist neben der Tätigkeit auch erforderlich, dass die Arbeitnehmer des Entleihers hinsichtlich des Arbeitsortes, der Arbeitszeit und gegebenenfalls berufliche Erfahrungen, Ausbildungsstand und Qualifikationen, Verantwortungsbereich ähnliche Arbeitsbedingungen aufweisen.

Beispiel:

> Ein beim Entleiher beschäftigter Vorarbeiter mit Führungsverantwortung für andere Mitarbeiter wird mit einem untergeordneten Leiharbeitnehmer aufgrund der verantwortungsvolleren Position in der Organisation des Betriebs nicht vergleichbar sein, auch wenn sich die tatsächlich durchgeführten Arbeitsaufgaben sonst nicht unterscheiden.

Für die Berücksichtigung von Berufserfahrung können auch Arbeitnehmer des Entleihers, die seit mehreren Jahren mit einer Tätigkeit beschäftigt werden, nicht ohne weiteres mit einem Leiharbeitnehmer verglichen werden, der die gleichen Tätigkeiten kurz nach Abschluss der Ausbildung erledigen soll.

Wenn beim Entleiher Arbeitnehmer beschäftigt sind, die zwar hinsichtlich Tätigkeit und Arbeitsaufgaben mit dem Leiharbeitnehmer vergleichbar sind, aber untereinander bereits sehr unterschiedliche Arbeits- und Entgeltbedingungen haben, könnte dem Rechnung getragen werden, in dem für den Leiharbeitnehmer die Arbeitsbedingungen maßgeblich sind, die der Beschäftigte des Entleihers erhält, dessen Einstellungstermin am nächsten am Zeitpunkt der Überlassung liegt. Unabhängig davon haben tarifliche Entgeltgruppen und deren Zuordnung zu bestimmten Tätigkeiten für die Frage der Arbeitsentgelte beim Entleiher große Bedeutung.

Sind beim Entleiher keine Arbeitnehmer mit vergleichbaren Tätigkeiten beschäftigt, sind die Arbeitsbedingungen und das Entgelt vergleichbarer Arbeitnehmer fiktiv zu bewerten. Das ist zum Beispiel anhand von beim Entleiher geltenden Betriebsvereinbarungen oder Tarifverträgen möglich.

HINWEIS:
Tarifverträge und Betriebsvereinbarungen können zwar zu den wesentlichen Arbeitsbedingungen zählen – die sind dann aber für den Leiharbeitnehmer insoweit nur aufgrund des Gleichstellungsgrundsatzes zu berücksichtigen und gelten im Leiharbeitsverhältnis zwischen Verleiher und Entleiher nicht normativ, d. h. der Leiharbeitnehmer kann nicht unmittelbar aus den kollektivrechtlichen Vereinbarungen beim Entleiher Ansprüche gegenüber dem Verleiher geltend machen.

17.7.1.2 Ausnahmen vom Gleichstellungsgrundsatz

Vom „Equal-Pay"-Grundsatz kann abgewichen werden, wenn auf das Leiharbeitsverhältnis ein Tarifvertrag Anwendung findet, der die Arbeitsbedingungen für Leiharbeitnehmer regelt. Voraussetzung ist ferner, dass der Tarifvertrag nicht die in einer Rechtsverordnung nach § 3a Absatz 2 festgesetzten Mindeststundenentgelte unterschreitet. Im Geltungsbereich eines solchen Tarifvertrages können nicht tarifgebundene Arbeitgeber und Arbeitnehmer die Anwendung der tariflichen Regelungen auch einzelvertragliche durch Bezugnahmeklausel vereinbaren.

Eine abweichende tarifliche Regelung gilt nicht für Leiharbeitnehmer, die in den letzten sechs Monaten vor der Überlassung an den Entleiher aus einem Arbeitsverhältnis bei diesem oder einem Arbeitgeber, der mit dem Entleiher einen Konzern im Sinne des § 18 des Aktiengesetztes bildet, ausgeschieden sind (§ 3 Abs. 1 Nr. 3, § 9 Nr. 2 AÜG). Durch diese sog.

Rechte und Pflichten aus dem Leiharbeitsvertrag

„Drehtürklausel" sollen Missbrauchsfälle verhindert werden. Die gesetzliche Regelung schließt aus, dass Arbeitnehmer aus einem Betrieb ausscheiden und anschließend als Leiharbeitnehmer zu in der Regel schlechteren Arbeitsbedingungen bei ihrem ehemaligen Arbeitgeber oder einem konzernangehörigen Unternehmen wieder eingesetzt werden.

Die Anwendung des Tarifvertrages kann sich wiederum auf zweierlei Arten ergeben. Entweder beide Parteien sind Mitglied in jeweils einer der tarifschließenden Vereinigungen, die den Tarifvertrag geschlossen haben, also der Verleiher im Arbeitgeberverband und der Leiharbeitnehmer in der jeweiligen Gewerkschaft. Oder Verleiher und Leiharbeitnehmer vereinbaren im Leiharbeitsvertrag die Anwendung des Tarifvertrages durch eine sog. Bezugnahmeklausel.

Beispiel:

„Für die Zeiten, in denen der Arbeitnehmer zur Arbeitsleistung an Dritte überlassen wird, finden die Vorschriften des Tarifvertrages über die Arbeitsbedingungen für die Beschäftigung von Leiharbeitnehmern .... Anwendung."

Für die unmittelbare Anwendung eines Tarifvertrages müssen sowohl Leiharbeitnehmer als auch Verleiher den tarifschließenden Vereinigungen (Gewerkschaft und Arbeitgeberverband) angehören. Das Leiharbeitsverhältnis muss in den räumlichen, fachlichen und persönlichen Geltungsbereich des geltenden Tarifvertrages fallen. Dies kann insbesondere in Mischbetrieben, die neben der Arbeitnehmerüberlassung einen anderen Betriebszweck verfolgen und in denen andere Branchentarifverträge gelten, problematisch sein, da nach dem bislang geltenden Grundsatz der Tarifeinheit nur ein Tarifvertrag Anwendung findet. Liegt der schwerpunktmäßige Zweck des Betriebes nicht in der Arbeitnehmerüberlassung, könnte ein Zeitarbeitstarifvertrag verdrängt werden.

In manchen Brachen, etwa der Metall- und Elektroindustrie, bestehen besondere Tarifverträge, welche die Arbeitsbedingungen der Flächentarifverträge der Branche auch zu solchen für Leiharbeitnehmer im Sinne des AÜG erklären. Bei Anwendung eines solchen Tarifvertrages gilt der Gleichstellungsgrundsatz nicht.

Die einzelvertragliche Inbezugnahme eines Zeitarbeitstarifvertrages führt nur dann zur Befreiung vom Gleichstellungsgrundsatz, wenn der Leiharbeitsvertrag auch dem Geltungsbereich des Tarifvertrages unterliegt. Die Bezugnahme auf einen Zeitarbeitstarifvertrag ist daher für Leiharbeitsverhältnisse in Mischbetrieben häufig nicht möglich.

Die Bezugnahme eines Tarifvertrages kann sich auch auf Teile des Tarifvertrages beschränken. Das Gleichstellungsgebot gilt dann insoweit nicht, wie der Tarifvertrag für das Leiharbeitverhältnis gilt. Die Ausnahme vom Gleichstellungsgrundsatz kann umgekehrt aber auch dann gelten, wenn ein Tarifvertrag alle wesentlichen Arbeitsbedingungen regelt und nur kleine Teile aus den Arbeitsbedingungen beim Entleiher fehlen (z.B. Verpflegungsmehraufwand oder Reisekosten).

An den Tarifvertrag wird die Anforderung gestellt, dass er eine eigenständige Regelung darüber enthält, welche wesentlichen Arbeitsbedingungen einschließlich des Arbeitsentgelts in die Zeit der Überlassung für den Leiharbeitnehmer gelten sollen. Es genügt also nicht irgendeinen Tarifvertrag, der Bestimmungen zu Arbeitsbedingungen und Arbeitsentgelt enthält, anzuwenden.

Solche Tarifverträge bestehen derzeit zwischen der DGB-Tarifgemeinschaft bzw. den christlichen Gewerkschaften und Arbeitgebervereinigungen für Zeitarbeitsunternehmen (IGZ), dem BAP (früher Bundesverband Zeitarbeit Personal-Dienstleistungen (BZA) und Arbeitgeberverband Mittelständischer Personaldienstleister (AMP)) und dem Arbeitgeberverband qualifizierter Personaldienstleister (Mercedarius). Das Tarifwerk zwischen IGZ und DGB umfasst für die Zeitarbeit etwa einen Entgeltrahmentarifvertrag, Entgelttarifvertrag, Manteltarifvertrag, Tarifvertrag zur Beschäftigungssicherung und den Tarifvertrag über Mindestarbeitsbedingungen in der Zeitarbeit.

Abweichungen vom Gleichstellungsgrundsatz wegen der Anwendung tarifvertraglicher Vorschriften können sich aber auch aus einem Tarifvertrag aus dem europäischen Ausland ergeben. Da Verleihunternehmen aus einem Mitgliedstaat der EU oder des EWR aufgrund des europäischen Gemeinschaftsrechts die gleichen Zugangsmöglichkeiten zur Arbeitnehmerüberlassung in Deutschland gegeben werden müssen, können sich die Bestimmungen über die Arbeitsbedingungen für Leiharbeitnehmer auch aus ausländischen Tarifverträgen ergeben.

Voraussetzung ist aber, dass der ausländische Tarifvertrag nach seinem Regelungsgehalt hinsichtlich der wesentlichen Arbeitsbedingungen die gleichen Anforderungen erfüllt, die auch an die inländischen Tarifverträge gestellt werden. Er muss also auch die wesentlichen Arbeitsbedingungen einschließlich des Arbeitsentgelts für den Leiharbeitnehmer in Form von für den Leiharbeitnehmer durchsetzbaren Rechten enthalten.

Eine arbeitsvertragliche Bezugnahme eines ausländischen Tarifvertrages ist im Rahmen eines im Inland bestehenden Leiharbeitsverhältnisses aber nicht möglich. Denn Verleiher und Leiharbeitnehmer können für die Abweichung vom Gleichstellungsgrundsatz nur einen Tarifvertrag arbeitsvertraglich in Bezug nehmen, in dessen Geltungsbereich (räumlich und

Rechte und Pflichten aus dem Leiharbeitsvertrag

fachlich) sie sich befinden. Umgekehrt kann ein Verleiher mit Sitz in einem EU-Mitgliedstaat für seine Leiharbeitnehmer, die er nach Deutschland überlassen möchte, nicht den örtlich geltenden Tarifvertrag durch arbeitsvertragliche Bezugnahme anwenden und so von den nach dem Gleichstellungsgrundsatz zu gewährenden Arbeitsbedingungen abweichen.

Im Geltungsbereich eines aufgrund des Arbeitnehmerentsendegesetzes (AEntG) für allgemeinverbindlich erklärten Tarifvertrages oder einer Rechtsverordnung nach § 1 Abs. 3a AEntG richten sich die Arbeitsbedingungen für die Leiharbeitnehmer zwingend nach diesem Tarifvertrag oder der Rechtsverordnung. Davon kann auch nicht durch einen Tarifvertrag der Zeitarbeitsbranche oder einen anderen Tarifvertrag über die Arbeitsbedingungen für Leiharbeitnehmer zu Ungunsten des Leiharbeitnehmers abgewichen werden. Die Vorschriften des AEntG haben insoweit Anwendungsvorrang, unabhängig davon, ob der Verleiher seinen Sitz im Inland oder Ausland hat.

17.7.1.3 Direktionsrecht des Arbeitgebers

Der Verleiher übt als Arbeitgeber des Leiharbeitnehmers das Direktionsrecht aus. Der Überlassungsvertrag zwischen Verleiher und Entleiher bringt für das Arbeitsverhältnis zwischen Verleiher und Leiharbeitnehmer die besondere Situation mit sich, dass der Verleiher sein Direktionsrecht zum Teil an einen anderen Arbeitgeber abgibt.

Das Direktionsrecht übt der Verleiher also unter anderem dadurch aus, dass er den Leiharbeitnehmer anweist, seine Arbeitsleistung bei einem Entleiher nach dessen Anweisungen zu erbringen. Für die Weisungen bezüglich der Art und Ausführung der Arbeitsaufgaben beim Entleiher übernimmt der Entleiher das Direktionsrecht.

17.7.1.4 Nachweis- und Auskunftspflichten

Der Verleiher muss dem Leiharbeitnehmer nach § 11 Abs. 1 AÜG die wesentlichen Vertragsbedingungen nach dem Nachweisgesetz mitteilen. In einer solchen Urkunde ist auch die genaue Bezeichnung des Verleihers, die Erlaubnisbehörde, Ort und Datum der Erteilung der Erlaubnis zur Arbeitnehmerüberlassung anzugeben; ferner die Art und Höhe der Leistungen, die der Leiharbeitnehmer in den Zeiten des Nichtverleihs erhält.

Ausländische Leiharbeitnehmer müssen auf Wunsch die vorgenannte Urkunde in ihrer Muttersprache erhalten. Entstehen dadurch zusätzliche Kosten, hat der Verleiher diese zu tragen (§ 11 Abs. 2 AÜG).

Rechtsverhältnis zwischen Verleiher und Leiharbeitnehmer

Diese Urkunde ist entbehrlich, wenn zwischen Verleiher und Leiharbeitnehmer ein schriftlicher Vertrag mit dem entsprechenden Inhalt vereinbart worden ist *(siehe Ziff. 17.2 Vertragsinhalt)*.

Der Verleiher muss den Leiharbeitnehmern außerdem das Merkblatt für Leiharbeitnehmer der Bundesagentur für Arbeit über den wesentlichen Inhalt des Arbeitnehmerüberlassungsgesetzes beim Abschluss des Arbeitsvertrages aushändigen. Das Merkblatt für Leiharbeitnehmer enthält Informationen über das Arbeitsverhältnis zum Verleiher, den Gleichstellungsgrundsatz, die Sozialversicherung, Arbeitsschutz und Unfallverhütung und Zuständigkeitsfragen. Das Merkblatt ist ebenfalls in der Muttersprache des Leiharbeitnehmers auszuhändigen, es ist bei den Arbeitsagenturen auch in Fremdsprachen erhältlich. Im Zweifel muss der Verleiher dem Leiharbeitnehmer auch das Merkblatt auf eigene Kosten übersetzen lassen.

Der Verleiher muss den Leiharbeitnehmer über jede Änderung hinsichtlich seiner Erlaubnis zur Arbeitnehmerüberlassung informieren.

Der Leiharbeitnehmer muss unverzüglich unterrichtet werden über:

▶ den Zeitpunkt des Wegfalls der Erlaubnis,
▶ bei Widerruf, Rücknahme oder Nichtverlängerung der Erlaubnis das Ende der Abwicklung der Überlassung sowie das Ende der 12-monatigen gesetzlichen Abwicklungsfrist.

Eine besondere Hinweispflicht besteht noch für den Fall, dass der Entleiher unmittelbar von einem Arbeitskampf betroffen ist. Wird beim Entleiher gestreikt, muss der Verleiher den Leiharbeitnehmer darauf hinweisen. Der Leiharbeitnehmer kann in diesen Fällen nicht verpflichtet werden, beim Entleiher tätig zu werden.

17.7.1.5 Ersatz von Aufwendungen

Der Verleiher ist als Arbeitgeber des Leiharbeitnehmers verpflichtet, diesem im Rahmen der Tätigkeit als Leiharbeitnehmer entstandene Aufwendungen zu ersetzen. Einen solchen Anspruch hat der Leiharbeitnehmer aus § 670 BGB. Solche Aufwendungen kommen beim Einsatz von Leiharbeitnehmern vor allem in Betracht, wenn die Leiharbeitnehmer bei Entleihern an verschiedenen Orten eingesetzt werden und hierdurch besondere Fahrt- oder Unterbringungskosten entstehen.

Aufwendungen in diesem Sinne können sein:

▶ Übernachtungs- und Hotelkosten,
▶ Fahrtkosten, Reisenebenkosten wie Verpflegungskosten,

Rechte und Pflichten aus dem Leiharbeitsvertrag

- Aufwendungen für doppelte Haushaltsführung,
- Anschaffung besonderer Schutzkleidung für eine anfallende Tätigkeit.

Hinsichtlich solcher Aufwendungen kann der Leiharbeitnehmer einen Vorschuss vom Verleiher (Arbeitgeber) verlangen. Der Vorschuss kann dann mit den tatsächlich entstandenen Kosten verrechnet bzw. zurückgefordert werden (§§ 669, 667 BGB).

Tarifverträge enthalten teilweise die Zahlung sog. **Auslösungen**. Damit sind meist pauschalierte Aufwendungsersatzzahlungen an den Arbeitnehmer bezeichnet. Die Vereinbarung einer solchen Aufwendungspauschale kann zweckmäßig sein, wenn bestimmte Kosten bereits im Voraus absehbar sind. Die Aufwendungspauschale beseitigt aber den gesetzlichen Anspruch auf Aufwendungsersatz nicht.

WICHTIG!

Der Ersatz von Aufwendungen im Rahmen des Arbeitsverhältnisses ist teilweise nach § 3 Nr. 13, 16, 50 EStG steuerfrei.

17.7.1.6 Fürsorgepflicht

Die Fürsorgepflicht ist eine allgemeine Pflicht des Arbeitgebers im Arbeitsverhältnis. Für den Verleiher gelten einige Besonderheiten, die dadurch entstehen, dass der Leiharbeitnehmer im Wesentlichen in fremden Betrieben tätig ist, auf die der Verleiher als Arbeitgeber im Rahmen seiner Fürsorgepflicht nur wenig Einfluss nehmen kann.

WICHTIG!

Hinsichtlich der Einhaltung von Arbeitsschutzbestimmungen im Betrieb des Entleihers trägt der Verleiher eine Mitverantwortung (§ 11 Abs. 6 AÜG). Dem Verleiher obliegt es dabei vor allem, die Einhaltung der Arbeitsschutzvorschriften beim Entleiher zu überwachen und den Entleiher anzuhalten, erkannte Mängel abzustellen. Im Übrigen treffen den Entleiher auch gegenüber Leiharbeitnehmern in seinem Betrieb die Arbeitgeberpflichten hinsichtlich der Schutzmaßnahmen.

Hinsichtlich der Einhaltung arbeitsschutzrechtlicher Bestimmungen kommt dem Leiharbeitnehmer neben der Pflicht des Entleihers zur Einhaltung arbeitsschutzrechtlicher Regeln auch die Aufmerksamkeit des Verleihers, der seinerseits die Einhaltung der Vorschriften beaufsichtigen soll, zuteil.

17.7.1.7 Arbeitszeugnis

Der Verleiher ist als Arbeitgeber verpflichtet, dem Leiharbeitnehmer über seine Tätigkeit ein Arbeitszeugnis auszustellen (§ 630 BGB). Der Leihar-

Rechtsverhältnis zwischen Verleiher und Leiharbeitnehmer

beitnehmer kann ein qualifiziertes Arbeitszeugnis verlangen, welches die einzelnen ausgeübten Tätigkeiten des Leiharbeitnehmers beinhaltet und Angaben über die Arbeitsleistung und das Verhalten bzw. die Führung im Dienst beinhaltet. Dieser Anspruch des Leiharbeitnehmers besteht allein gegen den Verleiher als Arbeitgeber. Der Verleiher kann den Leiharbeitnehmer auch nicht hinsichtlich der Zeiten der Überlassung an die jeweiligen Entleiher verweisen. Hat der Verleiher über die Arbeitsleistung beim Entleiher keine Kenntnisse, muss er sich für das Arbeitszeugnis des Leiharbeitnehmers beim Entleiher informieren.

Der Verleiher kann dem Leiharbeitnehmer die Erteilung eines Arbeitszeugnisses nicht mit der Begründung verweigern, er habe über die Arbeitsleistung bei den jeweiligen Entleihern keine Kenntnisse.

Der Entleiher ist umgekehrt nicht verpflichtet, dem Leiharbeitnehmer ein Zeugnis auszustellen.

> **WICHTIG!**
>
> Es empfiehlt sich daher sowohl für den Leiharbeitnehmer als auch für den Verleiher, die bei den Entleihern ausgeübten Tätigkeiten zu dokumentieren, damit diese für einen späteren Zeugnisentwurf zur Verfügung stehen.

17.7.2 Leiharbeitnehmer

17.7.2.1 Arbeitsleistung

Für den Leiharbeitnehmer bestehen in den Verpflichtungen aus Arbeitsverhältnis zum Verleiher kaum Besonderheiten gegenüber dem üblichen Arbeitsverhältnis.

Hinsichtlich des Arbeitsortes ist der Leiharbeitnehmer aber neben der Tätigkeit im Betrieb des Verleihers und Arbeitgebers auch verpflichtet, bei den jeweiligen Entleihern tätig zu werden und zwar auch aufgrund von Weisungen des Entleihers.

Regelmäßig entsteht diese besondere Verpflichtung aber nicht bereits aus dem Grundarbeitsverhältnis zum Verleiher, sondern aus der jeweiligen Vereinbarung oder Einwilligung zur Überlassung an einen Verleiher.

> **WICHTIG!**
>
> Der Leiharbeitnehmer ist nicht verpflichtet, als Ersatz für streikende Arbeitnehmer des Entleihers tätig zu werden.

Der Leiharbeitnehmer ist nach § 11 Abs. 5 AÜG nicht verpflichtet, beim Entleiher zu arbeiten, wenn der Entleiher unmittelbar von einem **Arbeitskampf** betroffen ist. Der Leiharbeitnehmer hat insoweit ein Leistungsver-

Pflichtverletzungen und Rechtsfolgen

weigerungsrecht gegenüber dem Verleiher. Wird im Entleihbetrieb gestreikt, muss der Verleiher den Leiharbeitnehmer auch darauf hinweisen.

Für die Zeiten der **Arbeitsunfähigkeit** hat der Leiharbeitnehmer den Entgeltfortzahlungsanspruch gegenüber dem Verleiher. Der Leiharbeitnehmer hat dafür aber eine Arbeitsverhinderung wegen Krankheit auch unverzüglich dem Verleiher gegenüber anzuzeigen. Die Mitteilung an den Entleiher genügt hierfür nicht.

17.7.2.2 Verschwiegenheit und Geheimhaltung

Der Leiharbeitsvertrag sieht regelmäßig eine Verpflichtung des Leiharbeitnehmers vor, über Betriebs- und Geschäftsgeheimnisse sowie über betriebsinterne und vertrauliche Angelegenheiten sowohl des Verleihers als auch aus dem Betrieb des jeweiligen Entleihers während und nach Beendigung des Arbeitsverhältnisses Stillschweigen zu bewahren.

Der Leiharbeitnehmer steht zwar allein mit dem Verleiher in einem Arbeitsverhältnis. Er wird durch die Verpflichtung zur Verschwiegenheit aber auch verpflichtet, Betriebs- und Geschäftsgeheimnisse der jeweiligen Entleiher für sich zu behalten.

Die Geheimhaltungspflicht erstreckt sich auch auf Betriebsgeheimnisse anderer, die der Leiharbeitnehmer im Rahmen seiner Tätigkeit für den Verleiher in anderen Betrieben erfährt.

17.8 Pflichtverletzungen und Rechtsfolgen

Der Leiharbeitsvertrag zwischen Verleiher und Entleiher beinhaltet die wechselseitigen Pflichten eines Arbeitsverhältnisses. Für die Verletzung der vertraglichen Pflichten von Verleiher und Entleiher kommt es für die daraus entstehenden Rechte des anderen auf die Frage an, inwieweit der Arbeitsvertrag verletzt worden ist.

17.8.1 Pflichtverletzung des Leiharbeitnehmers

Für die Verletzung der Pflichten des Leiharbeitnehmers aus dem Arbeitsvertrag mit dem Verleiher gelten die arbeitsrechtlichen Regeln über das Arbeitsverhältnis.

Vertragsverletzungen des Leiharbeitsvertrages liegen zum Beispiel darin, dass:

- ▶ der Leiharbeitnehmer seine Arbeitsaufgaben beim Verleiher oder beim Entleiher nicht ordnungsgemäß erfüllt,
- ▶ der Leiharbeitnehmer seine Arbeit beim Verleiher nicht antritt,

Rechtsverhältnis zwischen Verleiher und Leiharbeitnehmer

- der Leiharbeitnehmer beim Entleiher nicht erscheint oder ihm dort zugewiesene Aufgaben nicht ausführt,
- der Leiharbeitnehmer durch sonst ein Fehlverhalten beim Verleiher oder beim Entleiher gegen die Pflichten aus dem Arbeitsvertrag verstößt.

Der Leiharbeitnehmer ist nicht nur beim Verleiher verpflichtet, seinen Arbeitsvertrag zu erfüllen, sondern in der Zeit der Überlassung auch beim Entleiher. Daher stellt auch ein Fehlverhalten des Leiharbeitnehmers beim Entleiher eine Pflichtverletzung gegenüber dem Verleiher dar.

Als arbeitsrechtliche Mittel kommen bei Pflichtverletzungen des Leiharbeitnehmers in Frage:

- Abmahnung,
- ordentliche Kündigung aus verhaltensbedingten Gründen (§ 1 KSchG) unter Einhaltung der Kündigungsfrist,
- außerordentliche (fristlose) Kündigung (§ 626 BGB).

Je nach Ausgestaltung des Leiharbeitsvertrages ist der Verleiher auch berechtigt, den Leiharbeitnehmer vom Einsatz beim Entleiher abzuziehen, wenn der Leiharbeitnehmer seine Arbeitspflichten dort verletzt hat.

Für die Beschädigung von Einrichtungen oder anderen Sachen des Entleihers kommen Schadensersatzansprüche in Betracht *(siehe Ziff. 20.1 Haftung)*.

17.8.2 Pflichtverletzung des Verleihers

Verletzt der Verleiher als Arbeitgeber seine Verpflichtungen aus dem Leiharbeitsvertrag, beispielsweise weil er die Vergütung an den Entleiher nicht bezahlt, hat der Leiharbeitnehmer aus dem Arbeitsvertrag zunächst meist ein Zurückbehaltungsrecht hinsichtlich seiner Arbeitsleistung. Dieses Zurückbehaltungsrecht besteht vor allem immer dann, wenn der Arbeitgeber (Verleiher) die vertraglichen oder gesetzlichen Voraussetzungen für die Arbeitsleistung schuldhaft nicht herstellt. Das ist beispielsweise auch dann der Fall, wenn Arbeitssicherheitsbestimmungen im Betrieb nicht eingehalten werden.

Für den Leiharbeitnehmer besteht zusätzlich die Besonderheit, als diese Verletzung auch durch den Entleiher verursacht werden kann, wie im genannten Beispiel bei der Nichteinhaltung von Arbeitssicherheitsbestimmungen im Betrieb des Entleihers. Der Leiharbeitnehmer, der vertraglich nur gegenüber dem Verleiher zur Arbeitsleistung verpflichtet ist, kann dies dem Verleiher entgegenhalten.

Besonderheiten bei ausländischen Leiharbeitnehmern

Beispiel:

Der Leiharbeitnehmer A ist im Betrieb des Entleihers E GmbH in einer Lackiererei tätig. In der Lackiererei der E GmbH werden Vorschriften über die ausreichende Belüftung und Brandschutzvorschriften nicht eingehalten. Der Leiharbeitnehmer kann daher seine Arbeitsleistung zurückhalten, also nicht arbeiten, verliert aber dadurch nicht seinen Anspruch auf die Vergütung gegenüber dem Verleiher. Obwohl der Verleiher unmittelbar keine Pflichten verletzt hat, muss er sich die „Pflichtverletzung" des Entleihers zurechnen lassen.

17.9 Besonderheiten bei ausländischen Leiharbeitnehmern und Auslandstätigkeit

Für die Beschäftigung ausländischer Arbeitnehmer sind das Aufenthaltsrecht und die Arbeitsberechtigung des Arbeitnehmers bereits Voraussetzungen für eine zulässige Beschäftigung. Der Verleiher muss sich daher von dem aufenthaltsrechtlichen Status überzeugen. Da eine Beschäftigung des ausländischen Arbeitnehmers, der die aufenthaltsrechtlichen Voraussetzungen nicht erfüllt, nicht erlaubt ist, kann diese im Vertrag wie folgt versichert werden:

Beispiel:

„Ist der Leiharbeitnehmer Ausländer, ohne dass ihm nach den Rechtsvorschriften der Europäischen Gemeinschaften oder nach dem Abkommen über den Europäischen Wirtschaftsraum Freizügigkeit zu gewähren ist oder er eine unbefristete Aufenthaltserlaubnis oder eine Aufenthaltsberechtigung besitzt, hat er eine Arbeitsberechtigung nach §§ 284 ff. SGB III vorzulegen. Die Begründung des Arbeitsverhältnisses steht unter der aufschiebenden Bedingung der Vorlage der Arbeitserlaubnis oder der Arbeitsberechtigung nach Satz 1. Vor diesem Zeitpunkt erfolgt auch kein tatsächlicher Einsatz des Leiharbeitnehmers."

Bei Auslandstätigkeit inländischer Leiharbeitnehmer sieht das Nachweisgesetz über die bereits genannten Pflichtangaben zu den Beschäftigungsbedingungen des Leiharbeitnehmers bei Auslandstätigkeit von Arbeitnehmern noch folgende Festlegungen vor:

- ▶ Dauer der im Ausland ausgeübten Tätigkeit,
- ▶ die Währung, in der das Arbeitsentgelt zu zahlen ist,
- ▶ gegebenenfalls zusätzliches, mit dem Auslandsaufenthalt verbundenes Arbeitsentgelt und damit verbundene Sachleistungen, z. B. Kaufkraftausgleichszahlungen, Mietkostenzuschüsse, Dienstfahrzeuge, Reisekosten etc.,
- ▶ die vereinbarten Bedingungen und Leistungen für die Rückkehr des Leiharbeitnehmers.

Rechtsverhältnis zwischen Verleiher und Leiharbeitnehmer

> **ACHTUNG!**
>
> Sollen Leiharbeitnehmer an ausländische Betriebe überlassen werden, sind unabhängig von den nationalen Vorschriften, die für den Leiharbeitsvertrag anzuwenden sind (das können sowohl die deutschen als auch die ausländischen nationalen Rechtsvorschriften sein), die gesetzlichen Bestimmungen über die Leiharbeit und Arbeitnehmerüberlassung des jeweiligen Landes zu beachten.

17.10 Besonderheiten zur Beendigung des Leiharbeitsvertrages

Der Leiharbeitsvertrag endet durch:

- Zeitablauf der Befristung,
- Aufhebungsvereinbarung zwischen Verleiher und Leiharbeitnehmer,
- Kündigung oder
- Tod des Arbeitnehmers.

Für die Kündigung des Leiharbeitsverhältnisses gelten die Bestimmungen des Kündigungsschutzgesetzes und der besonderen Kündigungsschutzvorschriften. Insoweit bestehen im Vergleich zu sonstigen Arbeitsverhältnissen keine Besonderheiten.

Für eine **verhaltensbedingte Kündigung** des Arbeitsverhältnisses kann der Verleiher nicht nur das Verhalten des Leiharbeitnehmers im Betrieb des Verleihers, sondern auch im Rahmen seiner Tätigkeit beim Entleiher heranziehen.

Soll das Arbeitsverhältnis gekündigt werden, weil der Leiharbeitnehmer beim Entleiher eine mangelhafte Arbeitsleistung erbringt, muss aber beachtet werden, welche Arbeitsleistung der Leiharbeitnehmer dem Verleiher eigentlich schuldet und welche Tätigkeiten er nach dem Überlassungsvertrag zwischen Verleiher und Entleiher beim Entleiher ausüben sollte.

Beispiel:

Der Leiharbeitnehmer A ist ausgebildeter Elektriker. Er wird an den Entleiher E GmbH verliehen, um dort als Vertretung für einen länger erkrankten Arbeitnehmer eine störanfällige elektrische Steuerungsanlage für eine Produktionsanlage zu überwachen. A, der mit solchen Anlagen keinerlei Erfahrungen hat, setzt die Anlage wiederholt durch Bedienungsfehler außer Gefecht.

Will der Verleiher das Arbeitsverhältnis aus diesen Gründen kündigen, muss er berücksichtigen, ob er den Leiharbeitnehmer für diese Aufgabe überhaupt an den Entleiher E GmbH hätte überlassen dürfen oder ob der Leiharbeitnehmer von vornherein für diese Aufgabe nicht geeignet war. Allein die Tatsache, dass der Leiharbeitnehmer die Aufgabe wesentlich schlechter ausgeführt hat, als dies die Mitarbeiter der E GmbH können, genügt hier nicht.

Ein **betriebsbedingter Kündigungsgrund** liegt nicht bereits in dem Ende eines Überlassungsvertrages mit einem Entleiher und dem Ende der Überlassungsdauer eines Leiharbeitnehmers.

> **ACHTUNG!**
>
> Für eine betriebsbedingte Kündigung des Arbeitsverhältnisses muss der Arbeitsplatz des Leiharbeitnehmers beim Verleiher wegfallen, nicht beim Entleiher. Die fortgesetzte fehlende Beschäftigungsmöglichkeit kann dann aber eine betriebsbedingte Kündigung des Arbeitsverhältnisses begründen.

Fehlen dem Verleiher Folgeverträge für weitere Überlassungen der Leiharbeitnehmer, kann dies eine fehlende Beschäftigungsmöglichkeit beim Verleiher begründen.

Im Rahmen der dann durchzuführenden **sozialen Auswahl** sind auch Leiharbeitnehmer zu berücksichtigen, die gegenwärtig bei einem anderen Entleiher eingesetzt sind. Dies gilt zumindest dann, wenn sie aufgrund des Überlassungsvertrages mit dem Entleiher ausgetauscht werden können.

> **WICHTIG!**
>
> Besteht beim Verleiher ein Betriebsrat, ist dieser zur Kündigung nach § 102 BetrVG anzuhören, auch wenn der Leiharbeitnehmer gegenwärtig in dem Betrieb eines Entleihers tätig ist.

17.11 Personalakte des Leiharbeitnehmers

Der Verleiher muss als Arbeitgeber bereits aufgrund der vielfältigen Dokumentations- und Aufbewahrungspflichten über Meldungen zu Sozialversicherungen und Finanzbehörden eine Personalakte des Leiharbeitnehmers führen.

Im Rahmen des Leiharbeitsverhältnisses ist die Führung einer vollständigen Personalakte bereits aufgrund der möglichen Kontrollen der Arbeitsagenturen erforderlich. An dem Nachweis der Erfüllung von Arbeitgeberpflichten und der ordnungsgemäßen Administration des Arbeitsverhältnisses hängt indes auch die Beurteilung der Zuverlässigkeit im Verfahren über die Erlaubniserteilung.

> **WICHTIG!**
>
> Nach § 7 Abs. 2 Satz 4 AÜG muss der Verleiher alle Geschäftsunterlagen drei Jahre lang aufbewahren. Dazu gehört auch die Personalverwaltung der Leiharbeitnehmer.

Inhalt der Personalakte soll daher neben den behördlichen Arbeitspapieren wie beispielsweise der Aufenthaltsgenehmigung des ausländischen Arbeitnehmers, Meldung bei Sozialversicherung und Finanzamt auch Qualifikationsnachweise, Tätigkeitsnachweise, Arbeitszeit- und Urlaubsnachweise etc. enthalten.

▶ **Checkliste für die Personalakte:**
- Bewerbungsunterlagen, Zeugnisse über frühere Tätigkeiten
- Einstellungsunterlagen
- Personalfragebogen
- Nachweis über die Aushändigung des Merkblattes für Leiharbeitnehmer der Bundesagentur für Arbeit
- Arbeitsvertrag und ggf. Ergänzungen oder Änderungen
- Lohnsteuerkarte und Sozialversicherungsnachweis
- Krankenversicherung
- Nachweis über durchgeführte arbeitsmedizinische Untersuchungen
- Urkunde über den wesentlichen Inhalt des Leiharbeitsvertrages
- Qualifikationsnachweise über Ausbildung und Fortbildungen
- Vermerk über Führerscheine
- bei ausländischen Arbeitnehmern: Nachweis über Aufenthalts- und Arbeitsberechtigungen und deren Gültigkeitsdauer
- Nachweis über durchgeführte Sicherheitsbelehrungen
- Ausgabe- bzw. Empfangsquittung für Sicherheitsausrüstung und Kleidung für die Tätigkeit
- Leistungsbeurteilungen
- Abmahnungen
- Arbeitsunfähigkeitsbescheinigungen
- Urlaubsanträge und Urlaubszeiten
- Nachweis über Lohnabrechnungen und die Vergütung
- Dokumentation über den Verlauf des Arbeitsverhältnisses und Unterbrechungen z. B. wegen Schwangerschaft
- Beendigung des Arbeitsverhältnisses, Kündigung, Aufhebungsvertrag
- Beendigungszeugnis

Pflichten des Verleihers

18. Rechtsverhältnis Entleiher–Verleiher

Die gegenseitigen Rechte und Pflichten von Verleiher und Entleiher bestimmen sich im Wesentlichen aus dem Arbeitnehmerüberlassungsvertrag, aus dem AÜG, zusätzlich aus anderen gesetzlichen Regelungen.

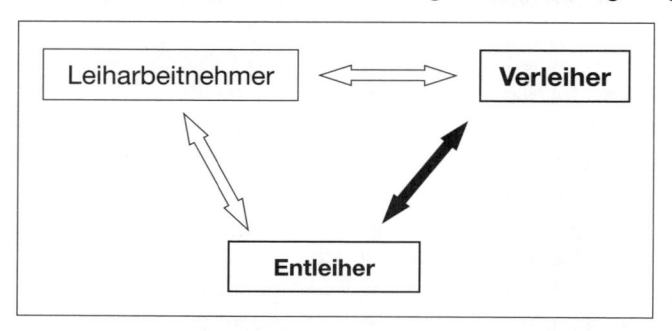

```
        Leiharbeitnehmer  <===>  Verleiher


                         Entleiher
```

18.1 Pflichten des Verleihers

Der Verleiher verpflichtet sich im Überlassungsvertrag, den oder die Leiharbeitnehmer dem Entleiher zur Arbeitsleistung nach dessen Weisungen zur Verfügung zu stellen.

Regelmäßig muss der Verleiher aber keinen bestimmten, namentlich benannten Leiharbeitnehmer zur Verfügung stellen, sondern nur einen Leiharbeitnehmer, der die im Vertrag bestimmten Anforderungen erfüllt, z. B. eine besondere Qualifikation oder besondere Fertigkeiten mitbringt. Dazu wird im Überlassungsvertrag die Aufgabe beschrieben, die der Leiharbeitnehmer beim Entleiher ausführen soll.

Dieses bleibt rechtlich betrachtet auch so, nachdem der Verleiher einen Leiharbeitnehmer an den Entleiher überlassen hat. Die Verpflichtung konkretisiert sich nicht auf den einmal überlassenen Leiharbeitnehmer. Der Verleiher kann den Leiharbeitnehmer einerseits wieder abrufen und austauschen und er muss ihn andererseits ersetzen, etwa wenn der Leiharbeitnehmer wegen einer Erkrankung oder aus einem anderen Grund ausfällt, den der Verleiher nicht zu vertreten hat.

Beispiel:

Der Verleiher M überlässt an den Entleiher E GmbH einen Leiharbeitnehmer. Verleiher und Entleiher hatten im Überlassungsvertrag die Überlassung eines Leiharbeitnehmers, der bei E GmbH als Staplerfahrer eingesetzt werden sollte, für die Zeit vom 1.6.2005 bis 30.7.2005 vereinbart.

Rechtsverhältnis Entleiher–Verleiher

Der Leiharbeitnehmer arbeitet vom 1.6.2005 an auch im Betrieb der E GmbH. Ab dem 29.6.2005 fällt der Leiharbeitnehmer aber wegen einer Verletzung aus.

Der Verleiher ist jetzt aufgrund des Überlassungsvertrages verpflichtet, einen anderen Leiharbeitnehmer an die E GmbH zu überlassen. Er kann sich nicht darauf berufen, dass ihm die Überlassung des erkrankten Leiharbeitnehmers nicht mehr möglich ist, sondern ist weiterhin verpflichtet, den Überlassungsvertrag durch die Überlassung eines Staplerfahrers zu erfüllen.

> **WICHTIG!**
>
> Das Risiko, dass der Leiharbeitnehmer aus Gründen ausfällt, die weder der Entleiher noch der Verleiher zu vertreten haben, trägt grundsätzlich der Verleiher.

Beispiele dafür sind z. B. Krankheit des Leiharbeitnehmers, Urlaub, Tod des Leiharbeitnehmers, Beschäftigungsverbote z. B. im Mutterschutz etc.

Der Verleiher ist aus dem Überlassungsvertrag verpflichtet, den zu überlassenden Leiharbeitnehmer so auszuwählen, dass er die im Überlassungsvertrag vorgesehenen Tätigkeiten beim Entleiher ordnungsgemäß ausführen kann. Dazu muss er die nötigen Qualifikationen, Kenntnisse und Erfahrungen besitzen. Die **ordnungsgemäße Auswahl** des Leiharbeitnehmers gehört, wenn sich aus dem Überlassungsvertrag nichts Besonderes ergibt, zur Erfüllung des Überlassungsvertrages.

Der Verleiher hat als Nebenpflichten aus dem Überlassungsvertrag und aus dem AÜG **Mitteilungs- und Meldepflichten** zu erfüllen.

Der Verleiher hat den Entleiher unverzüglich über den Zeitpunkt des Wegfalls der Verleiherlaubnis zu unterrichten. Wenn die Erlaubnis wegfällt, weil sie nicht verlängert, zurückgenommen oder widerrufen wurde, gilt für den Überlassungsvertrag die Abwicklungsfrist von zwölf Monaten. Der Verleiher hat in diesen Fällen den Entleiher vom Lauf der Abwicklungsfrist zu unterrichten. Er muss ihm dabei vor allem mitteilen, wie lange die Abwicklung der Verträge dauern darf.

Für den Entleiher ist diese Mitteilungspflicht des Verleihers von großer Bedeutung. Denn wenn nach dem Erlöschen der Erlaubnis und nach Ablauf der Abwicklungsfrist der Leiharbeitnehmer unerlaubt im Rahmen der Überlassung beim Entleiher weiterbeschäftigt wird, wird das Leiharbeitsverhältnis nach § 9 Abs. 1 AÜG unwirksam. Zwischen Entleiher und Leiharbeitnehmer wird gleichzeitig nach § 10 AÜG ein neues Arbeitsverhältnis fingiert.

18.2 Pflichten des Entleihers

Der Entleiher ist aus dem Überlassungsvertrag verpflichtet, die vereinbarte Vergütung für die Überlassung des Leiharbeitnehmers an den Verleiher zu zahlen.

Pflichten des Entleihers

Die Verpflichtung, die vereinbarte Vergütung zu zahlen, kann der Entleiher nicht davon abhängig machen, ob er den Leiharbeitnehmer auch tatsächlich einsetzt.

Wenn der Verleiher den oder die Leiharbeitnehmer vertragsgemäß bereitstellt, der Entleiher sie aber nicht beschäftigt, gerät er in Annahmeverzug (§ 293 BGB). Wenn er den überlassenen Leiharbeitnehmer im Betrieb nicht einsetzen kann, trägt er ebenfalls das Risiko selbst. Er hat die Vergütung dann trotzdem an den Verleiher zu zahlen.

Beispiel:

> Der Verleiher hat dem Entleiher einen Leiharbeitnehmer als Staplerfahrer überlassen. Der Gabelstapler im Betrieb des Entleihers ist aber defekt, so dass der Entleiher den Leiharbeitnehmer nicht sinnvoll einsetzen kann. Solange der Überlassungsvertrag aber besteht, hat der Entleiher den Verleiher dennoch für die Überlassung zu vergüten.

Der Entleiher nimmt durch die Arbeitnehmerüberlassung partiell die Arbeitgeberstellung gegenüber dem Leiharbeitnehmer ein und darf ihn nach seinen Weisungen in seinem Betrieb beschäftigen. Der Entleiher darf dem Leiharbeitnehmer aber nur solche Tätigkeiten zuweisen, die von den Aufgaben im Überlassungsvertrag gedeckt sind. Anderenfalls verletzt der Entleiher auch den Überlassungsvertrag mit dem Verleiher.

Der Entleiher übernimmt auch arbeitgeberseitige Verpflichtungen zur Überwachung und Einhaltung von Arbeitsschutzbestimmungen und die Überwachung und Ausstattung der Arbeitsplätze der Leiharbeitnehmer in seinem Betrieb.

Im Verlauf der Beschäftigung des Leiharbeitnehmers beim Entleiher hat der Entleiher den Verleiher über das Arbeitsverhalten des Leiharbeitnehmers zu informieren. Hintergrund dieser Informationspflicht gegenüber dem Verleiher ist es, dem Verleiher die Möglichkeit aufrechtzuerhalten, seine Rechte als Arbeitgeber hinsichtlich der ordnungsgemäßen Vertragserfüllung des Leiharbeitnehmers ausüben zu können.

Der Entleiher muss dem Verleiher dazu über Leistungsmängel des Leiharbeitnehmers berichten und Arbeitspflichtverletzungen mitteilen.

TIPP!

> Der Entleiher sollte auch darauf vorbereitet sein, dem Verleiher die erforderlichen Angaben über Leistung und Verhalten des Leiharbeitnehmers zu machen, wenn der Verleiher dem Leiharbeitnehmer ein Arbeitszeugnis ausstellen soll.

18.3 Leistungsstörungen und Pflichtverletzungen aus dem Arbeitnehmerüberlassungsvertrag

Kommt einer der Vertragsparteien im Überlassungsvertrag ihren Verpflichtungen aus dem Vertrag nicht ordentlich nach, so richten sich die Rechtsfolgen daraus in erster Linie nach dem Überlassungsvertrag selbst. Meist wird der Überlassungsvertrag diese möglichen Vertragsverletzungen und Leistungsstörungen nicht vollständig regeln, so dass auf die gesetzlichen Regeln zurückgegriffen werden muss.

18.3.1 Nichtleistung des Verleihers

Der Verleiher ist verpflichtet, einen Leiharbeitnehmer zu überlassen, der die im Überlassungsvertrag bestimmten Aufgaben beim Entleiher durchführen kann.

Die Leistungspflicht beginnt mit dem vereinbarten Beginn der Überlassung. Fehlt ein bestimmter Zeitpunkt im Überlassungsvertrag, schuldet der Verleiher die Überlassung des Leiharbeitnehmers sofort.

Die Verpflichtung zur Überlassung eines geeigneten Leiharbeitnehmers konkretisiert sich nicht auf eine bestimmte Person, es sei denn, dies ist im Überlassungsvertrag ausdrücklich vereinbart.

Das bedeutet, dass der Verleiher während der gesamten Dauer der vereinbarten Überlassung einen Leiharbeitnehmer zur Verfügung stellen muss.

Entsprechend dieser Leistungspflicht haftet der Verleiher, wenn er keinen Leiharbeitnehmer zur Arbeitsleistung beim Verleiher zur Verfügung stellt **(Nichtleistung)**.

Das gilt auch für den Fall, in dem der Verleiher zwar einen Leiharbeitnehmer überlässt, der Leiharbeitnehmer aber die erforderlichen Qualifikationen, Kenntnisse oder andere Voraussetzungen nicht erfüllt und für die vorgesehenen Arbeitsaufgaben beim Entleiher nicht eingesetzt werden kann **(Schlechtleistung)**.

Der Verleiher muss dem Entleiher in diesen Fällen den Schaden ersetzen, der diesem durch den Ausfall der Leiharbeitnehmer entstanden ist.

Da die Überlassung des Leiharbeitnehmers im Überlassungsvertrag für eine bestimmte Zeit vereinbart wird, kann der Verleiher die Überlassung für die bereits verstrichene Zeit auch nicht nachholen, wenn der Überlassungszeitraum zumindest teilweise einmal verstrichen ist, ohne dass Leiharbeitnehmer überlassen wurden.

Leistungsstörungen und Pflichtverletzungen

Die geschuldete Überlassung des Leiharbeitnehmers ist für diese Zeiten nicht mehr möglich. Der Verleiher haftet in dem Fall nach § 280 Abs. 1 und 3, § 283 BGB.

Für noch nachholbare Leistungen folgt die Haftung in gleichem Umfang aus § 280 Abs. 1 und 2, § 286 BGB.

Es kommt dabei nicht darauf an, ob der Verleiher den Ausfall des Leiharbeitnehmers verschuldet hat. Wird der überlassene Leiharbeitnehmer krank, haftet der Verleiher für den fehlenden Ersatz.

Der Verleiher haftet ebenfalls, wenn er seine Verpflichtung verletzt, einen geeigneten Leiharbeitnehmer für die vorgesehenen Tätigkeiten beim Entleiher sorgfältig auszuwählen. Verletzt er diese Pflicht, kann der Entleiher den Leiharbeitnehmer berechtigt ablehnen.

Der Verleiher verletzt auch den Überlassungsvertrag mit dem Entleiher, wenn der Leiharbeitnehmer aus Gründen nicht zur Arbeitsleistung beim Entleiher erscheint, die der Verleiher zu verantworten hat.

Beispiel:

Der Verleiher hat einen Leiharbeitnehmer an den Entleiher überlassen. Der Leiharbeitnehmer erscheint dort aber nicht zur Arbeit. Er verweigert die Arbeitsleistung, weil er vom Verleiher seit längerem kein Arbeitsentgelt mehr erhalten hat.

Der Leiharbeitnehmer hat daher ein Zurückbehaltungsrecht an seiner Arbeitsleistung gegenüber seinem Arbeitgeber, dem Verleiher. Der Verleiher muss das gegenüber dem Entleiher, dem er die Arbeitsleistung des Leiharbeitnehmers versprochen hat, vertreten und haftet gegenüber dem Entleiher.

18.3.2 Schlechtleistung des Leiharbeitnehmers

Die Schlechtleistung des Leiharbeitnehmers im Hinblick auf seine Arbeitsleistung beim Entleiher hat der Leiharbeitnehmer gegenüber dem Verleiher arbeitsrechtlich zu vertreten. Insoweit bestimmen sich Rechtsfolgen aus Mängeln in der Arbeitsleistung des Leiharbeitnehmers nach den Regeln über das Arbeitgeber–Arbeitnehmer-Verhältnis.

Das Verhältnis zwischen Verleiher und Entleiher aus dem Überlassungsvertrag betrifft dies nur dann, wenn der Verleiher dies zu verantworten hat. Denn die **ordnungsgemäße Arbeitsleistung ist nicht Inhalt des Überlassungsvertrages.** Insbesondere ist der Leiharbeitnehmer nicht Erfüllungsgehilfe des Verleihers im Rahmen der Erfüllung des Überlassungsvertrages.

Der Verleiher hat also auch hier nur für die fehlerhafte Auswahl des Leiharbeitnehmers einzustehen. Wenn die Arbeitsleistung des Leiharbeitnehmers für den Entleiher nicht zu gebrauchen ist, kann er sich für den

Rechtsverhältnis Entleiher–Verleiher

Ersatz daraus entstandener Schäden nur an den Verleiher wenden, wenn dieser durch eine fehlerhafte Auswahl eines Leiharbeitnehmers, der für die vorgesehenen Arbeitsaufgaben nicht geeignet ist, auch verantwortlich ist.

Die Anforderungen, die an den Verleiher hinsichtlich der sorgfältigen Auswahl der Leiharbeitnehmer gestellt werden, steigen mit der Komplexität der vorgesehenen Arbeitsaufgaben für den Leiharbeitnehmer.

> **WICHTIG!**
> Der Verleiher übernimmt keine Gewähr für die fehlerfreie Arbeit des Leiharbeitnehmers. Er muss nur einen geeigneten Leiharbeitnehmer für die vorgesehenen Arbeitsaufgaben zur Verfügung stellen.

18.3.3 Schadensverursachung durch den Leiharbeitnehmer

Für die Verursachung von Schäden im Rahmen der Arbeitstätigkeit des Leiharbeitnehmers im Betrieb des Entleihers gilt im Wesentlichen das Gleiche wie für die Schlechtleistung des Leiharbeitnehmers.

Der Verleiher haftet dafür nur, soweit sich die Schadensverursachung durch den Leiharbeitnehmer darauf zurückführen lässt, dass der Verleiher vorwerfbar eine falsche Auswahl des Leiharbeitnehmers getroffen hat und den Leiharbeitnehmer für die vorgesehenen Aufgaben nicht hätte überlassen dürfen.

Der Entleiher ist aber möglicherweise mitverantwortlich, wenn er die Qualifikations- oder Leistungsmängel des Leiharbeitnehmers selbst erkennen konnte oder er selbst keine ausreichende Aufsicht über die Arbeiten des Leiharbeitnehmers behalten hat.

Dabei ist aber zu beachten, dass der Entleiher auch selbst verpflichtet ist, die in seinem Betrieb eingesetzten Arbeitnehmer zu beaufsichtigen. Dazu gehört eine Kontrolle der Arbeitsleistung der Leiharbeitnehmer. Der Entleiher, der eine Fachaufsicht über die Arbeiten des Leiharbeitnehmers in seinem Betrieb nicht führt, muss sich gegebenenfalls ein Mitverschulden an Schäden zurechnen lassen, die der Leiharbeitnehmer verursacht hat.

Der Leiharbeitnehmer haftet persönlich gegenüber dem Entleiher nach den gleichen Grundsätzen wie gegenüber dem Arbeitgeber. Nach der Rechtsprechung des Bundesarbeitsgerichts gelten diese Grundsätze für den Leiharbeitnehmer nicht nur im Verhältnis zum Arbeitgeber (Verleiher), sondern auch im Verhältnis zum Entleiher. Danach hat der Leiharbeitnehmer für Schäden, die er im Zusammenhang mit seiner Arbeitsleistung verursacht, nur eingeschränkt zu haften. Damit wird berücksichtigt, dass der (Leih-)Arbeitnehmer durch den täglichen Umgang mit Betriebsmitteln

Leistungsstörungen und Pflichtverletzungen

des Arbeitgebers in dessen Betrieb einem erhöhten Risiko ausgesetzt ist, solche auch zu beschädigen.

18.3.4 Zahlungsverzug des Entleihers

Zahlt der Entleiher die Vergütung nicht gemäß des Überlassungsvertrages an den Verleiher, gerät er in Verzug.

Im Falle der Insolvenz des Entleihers kann der Verleiher die Vergütung nur nach den Regelungen der Insolvenzordnung (§§ 147 ff. InsO) fordern. Verlangt der Insolvenzverwalter die Erfüllung des Vertrages oder lehnt er die Erfüllung des Vertrages ab, ist die Vergütung als Masseverbindlichkeit (§ 55 Abs. 1 Nr. 2 InsO) zu behandeln.

18.3.5 Rechte des Entleihers

Für den Entleiher stellt sich hinsichtlich eines Leiharbeitnehmers, der entweder die ihm zugewiesenen Aufgaben nicht ordnungsgemäß erfüllt oder Schäden beim Entleiher verursacht hat, die Frage, ob er vom Verleiher einen Austausch des Leiharbeitnehmers verlangen kann oder den Überlassungsvertrag kündigen kann.

In erster Linie sind für solche Reaktionsmöglichkeiten des Entleihers die Regelungen im Überlassungsvertrag selbst maßgeblich. Enthält der Überlassungsvertrag hierzu keine Lösung, gilt Folgendes:

Beispiel:

> Der Leiharbeitnehmer im Betrieb des Entleihers soll als Produktionshelfer Teile zu Mitarbeitern in einem Montagebereich des Entleihers bringen und fertig montierte und in Transportkästen verpackte Teile in ein dafür vorgesehenes Lager bringen. Trotz mehrfacher Aufforderung der Vorgesetzten im Betrieb des Entleihers ordnet der Leiharbeitnehmer die jeweiligen Behälter immer wieder den falschen Montagestellen zu.
>
> Der Entleiher möchte den Leiharbeitnehmer zurückschicken und vom Verleiher eine Ersatzkraft verlangen.

Der Entleiher kann einen Leiharbeitnehmer im Rahmen des bestehenden Überlassungsvertrages zurückweisen, wenn dieser nicht in der Lage ist, die vorgesehenen Aufgaben zu erfüllen. Dabei ist für den Entleiher der Maßstab anzulegen, der gelten würde, wenn es sich bei dem mangelhaft arbeitenden Arbeitnehmer um einen Arbeitnehmer des Entleihers handeln würde.

Wenn die Schlechtleistung des Leiharbeitnehmers den Grad erreicht, bei dem der Entleiher als Arbeitgeber zu einer außerordentlichen Kündigung berechtigt wäre, wird er gegenüber dem Verleiher einwenden können, dass der überlassene Leiharbeitnehmer ausgetauscht werden müsse. Denn der Leiharbeitnehmer ist dann nicht mehr geeignet, die im Überlassungsvertrag vorgesehene Funktion zu erfüllen.

Problematisch ist dabei, dass der Verleiher im Überlassungsvertrag keine ordnungsgemäße Arbeitsleistung des Leiharbeitnehmers verspricht, sondern nur die Überlassung einer geeigneten Arbeitskraft.

Diese Eignung muss aber für die gesamte Dauer der Überlassung bestehen und erhalten bleiben.

Das Recht zur vorzeitigen Kündigung des Überlassungsvertrages kann in der Folge nur dann in Betracht kommen, wenn für einen schlechtleistenden Leiharbeitnehmer berechtigterweise geforderter Ersatz nicht geleistet wird oder wenn der Verleiher den Überlassungsvertrag nachhaltig nicht erfüllt, beispielsweise für einen ausgefallenen Leiharbeitnehmer keinen Ersatz bereitstellt.

18.3.6 Rechte des Verleihers

Dem Verleiher steht bei einem Zahlungsrückstand des Entleihers seinerseits ein Zurückbehaltungsrecht an der Überlassung des Leiharbeitnehmers zu. Für den Verleiher kann dies jedoch dann ein „stumpfes Schwert" darstellen, wenn der Entleiher auf den Leiharbeitnehmer nicht zwingend angewiesen ist. Denn der Verleiher bleibt freilich verpflichtet, das Arbeitsentgelt an den Leiharbeitnehmer zu zahlen.

Darüber hinaus kann der Verleiher den Überlassungsvertrag vorzeitig kündigen, wenn der Entleiher diesen nachhaltig nicht erfüllt. Mit der Beendigung des Überlassungsvertrages kann der Verleiher den betroffenen Leiharbeitnehmer dann zumindest an einen anderen Entleiher überlassen.

19. Rechtsverhältnis Entleiher–Leiharbeitnehmer

Zwischen dem Entleiher und dem Leiharbeitnehmer besteht kein Arbeitsverhältnis. Entleiher und Leiharbeitnehmer stehen auch nicht in einer vertraglichen Verbindung zueinander.

Der Entleiher übernimmt aber partiell sowohl die Stellung eines Arbeitgebers als auch einzelne Rechte und Pflichten, die typischerweise auf Seiten des Arbeitgebers bestehen.

Eine weitergehende Übertragung der Arbeitgeberstellung auf den Entleiher ist aber durch das AÜG eingeschränkt, da der Verleiher das Arbeitgeberrisiko und die üblichen Arbeitgeberpflichten nicht übertragen darf (§ 1 Abs. 2 AÜG).

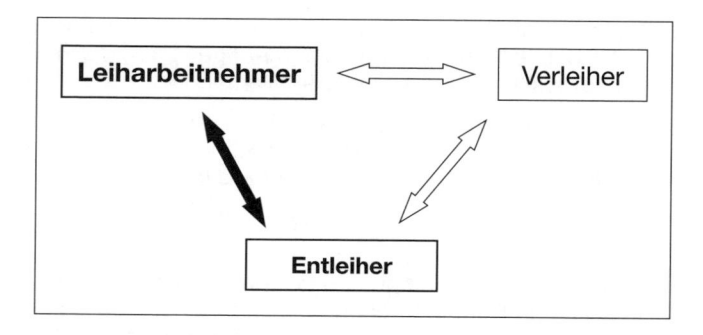

Direktionsrecht/Einsatz im Entleiher-Betrieb

19.1 Direktionsrecht/Einsatz im Entleiher-Betrieb

Der Leiharbeitnehmer verpflichtet sich gegenüber dem Verleiher zur Arbeitsleistung beim Entleiher und zwar durch den Leiharbeitsvertrag und ggf. durch die konkrete Vereinbarung mit dem Verleiher, bei einem bestimmten Entleiher tätig zu werden. Der Entleiher erhält damit im Überlassungsvertrag ein Recht auf die Inanspruchnahme der Arbeitsleistung des Leiharbeitnehmers.

Der Leiharbeitnehmer ist aber selbst nur gegenüber dem Verleiher als Arbeitgeber zur Arbeitsleistung verpflichtet. Verleiher und Leiharbeitnehmer schließen durch den Leiharbeitsvertrag und die Vereinbarung über die Tätigkeit im Betrieb des Entleihers einen Vertrag, der zusätzlich den Entleiher begünstigt, ohne dass dieser eigentlich Vertragspartei ist (sog. Vertrag zugunsten Dritter).

Dem Entleiher wird im Rahmen des Überlassungsvertrages das Weisungsrecht (Direktionsrecht) des Arbeitgebers übertragen.

Der Entleiher kann danach das Direktionsrecht des Arbeitgebers in den Grenzen des Überlassungsvertrages ausüben.

Für diese Übertragung des Weisungsrechts auf eine dritte Person, die nicht Arbeitgeber ist, in diesem Fall den Entleiher, ist die Zustimmung des Leiharbeitnehmers erforderlich (§ 613 Satz 2 BGB). Die Zustimmung des Leiharbeitnehmers liegt in der Regel durch den Leiharbeitsvertrag vor.

Grenzen zieht der Überlassungsvertrag meist im Hinblick auf:

▶ die Art der Tätigkeit,
▶ den zeitlichen Umfang der Arbeitszeit,
▶ ggf. den Arbeitsort.

Der Entleiher ist berechtigt, dem Leiharbeitnehmer Anweisungen über die Art der Ausführung seiner Arbeitsaufgaben zu geben und ihm bestimmte Aufgaben zuzuweisen. Einem Leiharbeitnehmer, der beispielsweise als Fertigungshelfer überlassen wurde, kann der Entleiher in seinem Betrieb vielfältige Arten von Hilfstätigkeiten zuweisen.

Dies kann auch die Umsetzung des Leiharbeitnehmers von einem Arbeitsplatz auf einen anderen während der Dauer der Überlassung beinhalten.

Über den Arbeitsumfang kann der Entleiher so weit Weisungen erteilen, wie ihn der Überlassungsvertrag mit dem Verleiher dazu berechtigt. Um den Leiharbeitnehmer zur Sonntags- oder Feiertagsarbeit anzuweisen, müsste diese Möglichkeit im Überlassungsvertrag enthalten sein, wenn diese Arbeitszeiten sonst nicht zu den für die Überlassung vereinbarten regelmäßigen Arbeitszeiten des Leiharbeitnehmers gehören.

19.2 Rechte und Pflichten des Leiharbeitnehmers

Der Leiharbeitnehmer bleibt gegenüber seinem Arbeitgeber, dem Verleiher, zur Arbeitsleistung verpflichtet. Die Arbeitsanweisungen, die der Entleiher im Rahmen des übernommenen Direktionsrechts durchsetzt, hat der Leiharbeitnehmer daher nicht aufgrund eines Rechtsverhältnisses mit dem Entleiher zu beachten, sondern aufgrund des Leiharbeitsvertrages mit dem Verleiher. Der Leiharbeitnehmer ist auch beim Entleiher Beschäftigter i.S.d. Allgemeinen Gleichbehandlungsgesetzes (AGG). Er hat gegenüber dem Entleiher auch gegenüber dem Entleiher die arbeitnehmerseitigen Rechte aus dem AGG. Der Entleiher gilt gemäß § 6 Abs. 2 AGG insoweit als Arbeitgeber i.S.d. arbeitrechtlichen Vorschriften des AGG.

In der Folge kann auch der Entleiher aus der Nichtbeachtung seiner Arbeitsanweisungen keine arbeitsrechtlichen Rechte und Konsequenzen herleiten.

Bei Arbeitspflichtverletzungen des Leiharbeitnehmers hat der Entleiher keine Ansprüche direkt gegen den Leiharbeitnehmer, sondern nur gegenüber dem Verleiher.

19.2.1 Auskunftsanspruch

Im Zusammenhang mit dem Anspruch des Leiharbeitnehmers, vom Verleiher entsprechend dem Gleichstellungsgrundsatz hinsichtlich der wesentlichen Arbeitsbedingungen einschließlich des Arbeitsentgelts nicht schlechter gestellt zu werden als die vergleichbaren Arbeitnehmer im Betrieb des Entleihers, hat der Leiharbeitnehmer einen eigenen Auskunftsanspruch gegen der Entleiher.

Rechte und Pflichten des Leiharbeitnehmers

Der Entleiher muss dem Leiharbeitnehmer nach § 13 AÜG Auskunft über die Arbeitsbedingungen der in seinem Betrieb beschäftigten Arbeitnehmer, die mit dem Leiharbeitnehmer vergleichbar sind, geben. Dieser Auskunftsanspruch ist Teil des Gleichstellungsgrundsatzes. Die Verletzung des Auskunftsanspruches kann zur Schadensersatzpflicht des Entleihers gegenüber dem Leiharbeitnehmer führen (§ 280 BGB). Der Schaden des Leiharbeitnehmers kann darin bestehen, dass er mangels Kenntnis z. B. der Vergütung der vergleichbaren Arbeitnehmer beim Entleiher diese nicht oder nicht rechtzeitig gegenüber dem Verleiher geltend machen kann.

Voraussetzung für diesen Auskunftsanspruch ist aber, dass der Gleichstellungsgrundsatz auch gilt und nicht wegen des Vorliegens einer der Ausnahmen nicht wirkt *(siehe Ziff. 17.7.1.2 Ausnahmen vom Gleichstellungsgrundsatz).*

Sonstige arbeitsrechtliche Ansprüche des Leiharbeitnehmers richten sich wiederum gegen den Verleiher als Arbeitgeber.

19.2.2 Eingliederung des Leiharbeitnehmers in den Betrieb

Der Leiharbeitnehmer wird im Rahmen der Arbeitsorganisation beim Entleiher voll in den Betrieb eingegliedert. Eine besondere Abgrenzung, wie sie bei Werkvertragsunternehmen vorzunehmen ist, erübrigt sich hier. Denn der Leiharbeitnehmer nimmt organisatorisch die Stellung eines regulären Arbeitnehmers im Betrieb des Entleihers ein.

Hieraus ergeben sich vielfältige Rechtsfolgen für die Beteiligung der Betriebsräte bei Verleiher und Entleiher sowie für die arbeitsschutzrechtliche Behandlung des Arbeitnehmers.

Für den Leiharbeitnehmer sind daher zusätzlich zu den gesetzlichen Bestimmungen und den Verpflichtungen aus dem Überlassungsvertrag auch betriebliche Regelungen z. B. aus Betriebsvereinbarungen zu beachten.

19.2.3 Arbeitnehmererfindungen und betriebliches Vorschlagswesen

Für Arbeitnehmererfindungen und technische Verbesserungsvorschläge, die der Leiharbeitnehmer während der Dauer der Tätigkeit beim Entleiher macht, gilt für die Behandlung solcher Erfindungen nach dem Arbeitnehmererfindungsgesetz der Entleiher als der Arbeitgeber. Das hat zur Folge, dass der Entleiher die Erfindungen des Leiharbeitnehmers wie solche seiner eigenen Arbeitnehmer zu behandeln hat. Als Erfindungen gelten nach dem Arbeitnehmererfindungsgesetz Neuerungen, die patent- oder

Rechtsverhältnis Entleiher–Leiharbeitnehmer

gebrauchsmusterfähig sind (Erfindungen i. S. d. § 2 ArbnErfG), technische Verbesserungsvorschläge nach § 3 ArbnErfG und technische Neuerungen ohne Patent- oder Gebrauchsmusterfähigkeit.

Für Verbesserungsvorschläge, die der Leiharbeitnehmer im Betrieb des Entleihers anbringt, hat er nach einem betrieblichen Vorschlagswesen beim Entleiher dieselben Rechte wie die Arbeitnehmer des Entleihers.

Leiharbeitnehmer können außerdem im Rahmen ihres Einsatzes im Entleiherbetrieb Verbesserungsvorschläge einbringen. Soweit Arbeitgeber und Betriebsrat Grundsätze über das betriebliche Vorschlagswesen vereinbaren, erstreckt sich das Mitbestimmungsrecht des Entleiherbetriebsrats auch auf die Verbesserungsvorschläge der Leiharbeitnehmer (Thüsing, AÜG, § 14 Rn. 138). Ist der Verbesserungsvorschlag aus der Tätigkeit beim Entleiher entstanden, kommt es nicht darauf an, ob der Vorschlag während oder nach Beendigung des Einsatzes eingereicht wird. (Ulber, AÜG, § 14 Rn. 127).

19.2.4 Zugang zu Gemeinschaftseinrichtungen und -diensten

Nach dem zum 1.12.2011 in Kraft getretenen § 13b AÜG muss der Entleiher Leiharbeitnehmern in seinem Betrieb Zugang zu Gemeinschaftseinrichtungen oder -diensten im Unternehmen unter den gleichen Bedingungen wie vergleichbaren im Betrieb angestellten Arbeitnehmern gewähren. Zu den Gemeinschaftseinrichtungen und -diensten gehören nach § 13b AÜG insbesondere Kinderbetreuungseinrichtungen, Gemeinschaftsverpflegung und Beförderungseinrichtungen. Daneben werden Betriebsparkplätze, Sportanlagen und andere soziale Einrichtungen dazuzählen.

Nicht zu den Gemeinschaftseinrichtungen gehören dagegen Arbeitgeberleistungen mit Entgeltcharakter, zum Beispiel Jubiläumszahlungen oder Bonusregelungen (Lembke, BD 2011, S. 414). Arbeitsentgelt und wesentliche Arbeitsbedingungen eines vergleichbaren Arbeitnehmers beim Entleiher hat nach dem Equal-Pay-Grundsatz der Verleiher im Rahmen der Vergütung des Leiharbeitnehmers zu erbringen. Diese Arbeitsbedingungen können insofern vom Zugang zu Gemeinschaftseinrichtungen, auf den der Leiharbeitnehmer einen Anspruch gegen den Entleiher selbst hat, nicht erfasst sein.

Leistungen mit Entgeltcharakter wie Miet- oder Fahrtkostenzuschüsse, Essenszuschüsse oder Leistungen aus betrieblicher Altersversorgung können daher nicht unter den Begriff der Gemeinschaftseinrichtung im Sinne des § 13b AÜG fallen. Das Gleiche wird für Leistungen gelten, die dritte Anbieter im Auftrage oder aufgrund entsprechender Vereinbarung mit dem Entleiherbetrieb anbieten, beispielsweise Gruppentarife für Fitnesstudios oder Mobilfunkanbieter, die auf Arbeitnehmer des Entleihers Bezug nehmen. Bei diesen Leistungen handelt es sich nicht um Gemeinschaftseinrichtungen des Entleihers, sondern um Leistungen Dritter, die diese regelmäßig zu eigenen Bedingungen zur Verfügung stellen.

Der Anspruch auf Zugang zu Gemeinschaftseinrichtungen oder -diensten besteht nicht, wenn eine unterschiedliche Behandlung von Stammbelegschaft und Leiharbeitnehmern aus sachlichen Gründen gerechtfertigt ist. Ein solcher sachlicher Grund ist beispielsweise ein im Verhältnis zur Einsatzdauer unverhältnismäßig hoher Organisation- bzw. Verwaltungsaufwand.

Der Zugang zu Gemeinschaftseinrichtungen ist außerdem zu den gleichen Bedingungen wie für die Stammbelegschaft zu gewähren. Beispielsweise für Kinderbetreuungseinrichtungen werden daher organisatorische Vorgaben wie Anmeldefristen oder Wartezeiten auch für Leiharbeitnehmer gelten. Der Entleiher ist auch nicht verpflichtet, zusätzliche Kapazitäten in Gemeinschaftseinrichtungen zu schaffen.

WICHTIG!

Vereinbarungen, die den Zugang der Leiharbeitnehmer zu Gemeinschaftseinrichtungen unter Verletzung des § 13b AÜG einschränken, sind gemäß § 9 Nr. 2a AÜG unwirksam.

19.2.5 Information über freie Arbeitsplätze

Nach dem ebenfalls zum 1.12.2011 in Kraft getretenen § 13a AÜG ist der Entleiher verpflichtet, den Leiharbeitnehmer über Arbeitsplätze, die besetzt werden sollen, zu informieren. Die Information des Leiharbeitnehmers kann durch allgemeine Bekanntgabe, zum Beispiel am schwarzen Brett oder im Intranet des Betriebes, erfolgen. Der Leiharbeitnehmer muss jedoch regelmäßigen Zugang zu der Information haben.

Ein ähnlicher Anspruch besteht gemäß § 18 TzBfG für Teilzeitbeschäftigte über ihrer Tätigkeit entsprechende unbefristete Arbeitsplätze des Arbeitgebers. Der Umfang der Informationspflicht gegenüber Leiharbeitnehmern aus der gesetzlichen Neuregelung des § 13a AÜG ist dagegen nicht abschließend klar, die Frage, ob etwas vergleichbar dem Anspruch der Teilzeitarbeitnehmer nur über tatsächlich geeignete Arbeitsplätze zu informieren ist, umstritten.

19.3 Arbeitsschutz/Schutz- und Fürsorgepflicht

Für den Entleiher bestehen hinsichtlich der arbeitsschutzrechtlichen Behandlung von Leiharbeitnehmern im eigenen Betrieb umfassende Verpflichtungen, wie für die bei ihm beschäftigten Arbeitnehmer.

Haftung für Personen- und Sachschäden

Das Arbeitnehmerüberlassungsgesetz stellt dazu klar, dass für Leiharbeitsverhältnisse die beim Entleiher geltenden öffentlich-rechtlichen Vorschriften des Arbeitsschutzrechts gelten. Die daraus entstehenden Pflichten gegenüber Arbeitnehmern hat der Entleiher auch gegenüber den Leiharbeitnehmern einzuhalten und zwar unabhängig davon, ob der Verleiher in gleicher Weise verpflichtet ist.

Die öffentlich-rechtlichen Arbeitsschutzvorschriften sind:

▶ Arbeitsschutzgesetze, Arbeitssicherheitsvorschriften und Verordnungen,
▶ Gewerbeordnung,
▶ Unfallverhütungsvorschriften.

Das Arbeitnehmerüberlassungsgesetz verweist damit umfassend auf die Sicherheitsvorschriften und das Arbeitsschutzrecht. Letztlich kommt auch hier zum Ausdruck, dass der Entleiher den in seinen Betrieb eingegliederten Leiharbeitnehmer auch hinsichtlich der Arbeitssicherheit nicht anders zu behandeln hat als die regulär bei ihm beschäftigten Arbeitnehmer.

Aus den zu beachtenden Vorschriften über Arbeitssicherheit und Arbeitsschutz ergeben sich zahlreiche Pflichten für Entleiher und Verleiher *(siehe dazu Ziff. 24. Arbeitsschutzrecht)*.

20. Haftung für Personen- und Sachschäden in der Arbeitnehmerüberlassung

Neben den dargestellten gegenseitigen Rechten und Pflichten aus den Verletzungen der Überlassungsverträge und Arbeitsverträge der Beteiligten an der Arbeitnehmerüberlassung gelten für die Arbeitnehmerüberlassung besondere Haftungsbestimmungen, die im Wesentlichen den Ausfall von Leistungen und Beiträgen zu Lasten des Leiharbeitnehmers verhindern sollen.

20.1 Haftung des Leiharbeitnehmers

Die Haftung des Leiharbeitnehmers für **Sachschäden,** die er im Betrieb des Entleihers verursacht, ist durch die Rechtsprechung eingeschränkt.

Im Arbeitsverhältnis gelten grundsätzliche Haftungserleichterungen für Arbeitnehmer. Diese Grundsätze (sog. **innerbetrieblicher Schadensausgleich**) gelten auch für Leiharbeitnehmer im Betrieb des Entleihers (Großer Senat des BAG v. 27.9.1994, NZA 1994, 1083).

Haftung des Verleihers (Arbeitgeber)

Danach besteht für den Leiharbeitnehmer bei:

leichter Fahrlässigkeit: keine Haftung

Leichte Fahrlässigkeit liegt vor, wenn dem Leiharbeitnehmer Fehler unterlaufen, die er zwar verschuldet hat, die aber leicht entschuldbar sind und anderen Arbeitnehmern ebenso hätten unterlaufen können.

mittlerer Fahrlässigkeit: anteilige Haftung

Von mittlerer Fahrlässigkeit wird ausgegangen, wenn der Leiharbeitnehmer seine Pflicht zum sorgfältigen Arbeiten deutlich verletzt hat.

grober Fahrlässigkeit und Vorsatz: vollumfängliche Haftung

Verletzt der Leiharbeitnehmer seine Arbeitspflichten derart, dass er die Sorgfalt außer Acht lässt, die jedem anderen Arbeitnehmer ohne weiteres bewusst gewesen wäre oder verursacht er absichtlich einen Schaden, haftet er allein für den entstandenen Schaden. Grobe Fahrlässigkeit liegt beispielsweise vor beim Überfahren einer roten Ampel oder bei alkoholisierten Autofahrern. Die Rechtsprechung nimmt aber auch in diesen Fällen eine Haftungserleichterung vor, wenn der entstandene Schaden unverhältnismäßig hoch ist, etwa weil der Leiharbeitnehmer mit besonders teurem technischen Gerät umgegangen ist.

Diese Haftungsabstufung gilt unabhängig davon, ob der Leiharbeitnehmer den Schaden dem Entleiher oder einem Dritten zufügt. Ist der Geschädigte nicht der Entleiher, wird die Haftungsteilung dadurch sichergestellt, dass sich der Entleiher an der Haftung beteiligen muss, bzw. der Leiharbeitnehmer einen Freistellungsanspruch gegen den Entleiher erwirbt.

Für **Personenschäden** im Betrieb, die bei der Verletzung anderer im Betrieb beschäftigter Personen entstehen, gilt ein Haftungsausschluss für den Leiharbeitnehmer, der den Schaden verursacht hat (§ 105 SGB VII). Für solche Personenschäden kommt die Berufsgenossenschaft als Träger der gesetzlichen Unfallversicherung auf.

20.2 Haftung des Verleihers (Arbeitgeber)

Für Schäden, die der Leiharbeitnehmer im Rahmen seiner Tätigkeit beim Entleiher verursacht, besteht eine Haftung des Verleihers in der Regel nicht. Der Leiharbeitnehmer wird üblicherweise auf die Weisungen des Entleihers hin tätig. Wird der Leiharbeitnehmer beim Verleiher aufgrund von Weisungen des Verleihers tätig, kann der Verleiher für Schäden haften, wenn er nicht darlegen kann, den Leiharbeitnehmer für die angewiesenen Tätigkeiten sorgfältig ausgewählt zu haben.

Betriebsverfassungsrecht

20.3 Haftung des Entleihers

Der Entleiher, auf dessen Weisungen hin der Leiharbeitnehmer in seinem Betrieb tätig wird, haftet grundsätzlich für Schäden, die der Leiharbeitnehmer im Rahmen der Tätigkeiten verursacht, da der Leiharbeitnehmer als sog. Verrichtungsgehilfe des Entleihers tätig ist. Er kann sich aber dadurch von der Haftung entlasten, dass er den Leiharbeitnehmer für die Tätigkeit sorgfältig ausgewählt hat.

21. Betriebsverfassungsrecht

Da der Leiharbeitnehmer als Betriebsangehöriger des Verleihers und zusätzlich durch die weitgehende Eingliederung in den Betrieb des Entleihers enge Bindungen zu zwei verschiedenen Betrieben zweier unterschiedlicher Arbeitgeber hat, ergeben sich für die betriebsverfassungsrechtliche Zuordnung und die Zuständigkeiten und Aufgaben der Betriebsräte in den jeweiligen Betrieben einige Besonderheiten.

21.1 Betriebszugehörigkeit der Leiharbeitnehmer

Die Leiharbeitnehmer sind grundsätzlich Angehörige des Betriebs ihres Arbeitgebers, des Verleihers.

Das ändert sich auch nicht dadurch, dass sie während der Dauer der Überlassung im Betrieb eines anderen Arbeitgebers, des Entleihers, tätig werden. Leiharbeitnehmer bleiben auch im Rahmen der Arbeitnehmerüberlassung während der Zeit ihrer Arbeitsleistung im Betrieb des Entleihers Angehörige des Betriebes des Verleihers (§ 14 Abs. 1 AÜG). Für die Fälle der nicht-gewerbsmäßigen Arbeitnehmerüberlassung ist § 14 Abs. 1, 2, 3 S. 1 AÜG nach der Rechtsprechung analog anzuwenden (zuletzt BAG v. 20.4.2005, NZA 2005, S. 1006).

Insofern ergeben sich aus dem Leiharbeitsverhältnis keine betriebsverfassungsrechtlichen Besonderheiten.

Leiharbeitnehmer erhalten aber auch im Entleiherbetrieb bestimmte betriebsverfassungsrechtliche Rechte, da sie, ähnlich den beim Entleiher beschäftigten Arbeitnehmern, eng in den Betrieb eingegliedert sind und sich ihre Stellung im Betrieb verglichen mit den Arbeitnehmern des Entleihers oft nur durch die Rechtsgestaltung der Arbeitnehmerüberlassung unterscheidet. Leiharbeitnehmer gelten aber nicht uneingeschränkt als Betriebszugehörige des Entleihers.

Im Bereich des Betriebsverfassungsgesetzes wird beispielsweise für die Ermittlung der Größe des Betriebsrates oder zur Bestimmung der Zahl

Wahlrecht

der freizustellenden Betriebsräte auf die Zahl der Arbeitnehmer des Betriebes abgestellt.

> **WICHTIG!**
> Für die Ermittlung dieser Schwellenwerte werden Leiharbeitnehmer beim Entleiher nicht mitgezählt (BAG vom 16.4.2003, 7 ABR 53/02).

Leiharbeitnehmer sind aber berechtigt, im Betrieb des Entleihers die Sprechstunden der Arbeitnehmervertretungen aufzusuchen und an den Betriebsversammlungen bzw. Jugendversammlungen im Entleiherbetrieb teilzunehmen (§ 14 Abs. 2 AÜG).

Wenn in einem Fall der unerlaubten (illegalen) Arbeitnehmerüberlassung durch die Fiktion des § 10 Abs. 1 AÜG ein Arbeitsverhältnis mit dem Entleiher besteht und der Leiharbeitsvertrag unwirksam ist, erlischt die Betriebszugehörigkeit des Leiharbeitnehmers beim Verleiher. Während der Dauer des fingierten Arbeitsverhältnisses mit dem Entleiher ist der Leiharbeitnehmer nur dem Entleiherbetrieb zugehörig.

> **WICHTIG!**
> Durch die fehlende Betriebszugehörigkeit beim Verleiher erlöschen beim Fiktionsarbeitsverhältnis auch betriebsverfassungsrechtliche Ämter und Mandate des Leiharbeitnehmers beim Verleiher, z. B. das Betriebsratsamt.

21.2 Wahlrecht

Leiharbeitnehmer besitzen beim Verleiherbetrieb das aktive und passive Wahlrecht nach den allgemeinen betriebsverfassungsrechtlichen Vorschriften. Der Betriebsrat beim Verleiher ist zuständig für alle Angelegenheiten, die sich aus einem Leiharbeitsverhältnis ergeben.

Nach § 14 Abs. 2 Satz 1 AÜG sind Leiharbeitnehmer im Betrieb des Entleihers bei Wahlen zu den betriebsverfassungsrechtlichen Arbeitnehmervertretungen z. B. zum Betriebsrat und zur Jugend- und Auszubildendenvertretung nicht wählbar.

Sie dürfen aber mitwählen, wenn sie länger als drei Monate an den Entleiherbetrieb überlassen werden (§ 7 Satz 2 BetrVG). Der Leiharbeitnehmer muss dazu nicht am Wahltag bereits drei Monate beim Entleiher tätig sein.

> **WICHTIG!**
> Für das Wahlrecht des Leiharbeitnehmers gem. § 7 S. 2 BetrVG genügt es, wenn der Leiharbeitnehmer zum Zeitpunkt der Wahl voraussichtlich mehr als drei Monate im Betrieb des Entleihers eingesetzt sein wird.

Betriebsverfassungsrecht

21.3 Rechte des Leiharbeitnehmers

Dem Leiharbeitnehmer stehen auch im Betrieb des Entleihers Arbeitnehmerrechte aus dem Betriebsverfassungsgesetz zu. Nach § 14 Abs. 2 AÜG ist der Arbeitnehmer berechtigt:

- nach § 82 BetrVG zu betrieblichen Angelegenheiten, die ihn betreffen, von den zuständigen Personen beim Entleiher angehört zu werden und dazu Stellung zu nehmen; er darf auch Vorschläge über die Gestaltung seines Arbeitsplatzes und des Arbeitsablaufs einbringen,
- das Beschwerderecht nach §§ 84 ff. BetrVG auszuüben; dies beinhaltet die Beschwerde über Benachteiligungen oder ungerechte Behandlung durch den Entleiher oder Arbeitnehmer des Betriebes.

> **WICHTIG!**
> Der Entleiher ist verpflichtet, den Leiharbeitnehmer nach § 81 BetrVG über das Arbeitsumfeld an seinem Arbeitsplatz, den Betriebsablauf, die Gefahren und die technische Umgebung im Betrieb zu unterrichten und ihn über Änderungen zu informieren.

Zu solchen Gesprächen und Erörterungen kann der Leiharbeitnehmer ein Mitglied des Betriebsrates beim Entleiher hinzuziehen. Das Recht des Leiharbeitnehmers, in den vorgenannten Angelegenheiten Gespräche mit den zuständigen Personen im Betrieb des Entleihers zu führen, beinhaltet einen Anspruch, für diese Zeiten von der Arbeitsleistung freigestellt zu werden, wenn der Besuch, beispielsweise der Sprechstunde des Betriebsrates, erforderlich ist.

> **WICHTIG!**
> In diesen Fällen wird der Entleiher gegenüber dem Verleiher nicht einwenden können, dass der Leiharbeitnehmer nicht zur Verfügung stand. Der Entleiher hat dem Verleiher danach auch für solche Zeiten die Vergütung aus dem Überlassungsvertrag zu zahlen, wenn der Überlassungsvertrag nichts anderes bestimmt.

Die Aufzählung der betriebsverfassungsrechtlichen Rechte in § 14 Abs. 2 AÜG ist nicht abschließend. Für die Leiharbeitnehmer gelten beim Entleiher auch die Grundsätze für die Behandlung von Betriebsangehörigen nach § 75 BetrVG.

21.4 Mitbestimmungsrechte des Betriebsrates im Entleiherbetrieb

Ob für eine Maßnahme der Betriebsrat im Betrieb des Entleihers oder in dem des Verleihers ein Mitbestimmungsrecht besitzt, richtet sich vor allem danach, wer die mitbestimmungspflichtige Entscheidung trifft.

21.4.1 In personellen Angelegenheiten

Für den Betriebsrat beim Entleiher besteht beim Abschluss eines Arbeitnehmerüberlassungsvertrages zwischen Verleiher und Entleiher noch kein Mitbestimmungsrecht. Durch den Abschluss des Überlassungsvertrages werden noch keine Leiharbeitnehmer unmittelbar übernommen. Interessen der Belegschaft des Entleiherbetriebes sind auch sonst durch den Vertragsschluss nicht tangiert.

Für den Entleiher ist die Beschäftigung eines überlassenen Leiharbeitnehmers als Einstellung im Sinne des Betriebsverfassungsgesetzes zu behandeln. Die Übernahme von Leiharbeitnehmern ist nach den Vorschriften über eine Einstellung nach dem Betriebsverfassungsgesetz zu behandeln, da der Leiharbeitnehmer durch die Zuweisung von Arbeitsaufgaben und einem Arbeitsbereich beim Entleiher in den Betrieb des Entleihers eingegliedert und tatsächlich beschäftigt wird. Dieser hat hierfür nach § 14 Abs. 3 AÜG vor der Übernahme die Zustimmung des Betriebsrates nach § 99 BetrVG einzuholen.

ACHTUNG!

Der Verweis auf das Mitbestimmungsrecht des Betriebsrates bei der Einstellung von Leiharbeitnehmern im Betrieb des Entleihers gilt auch dann, wenn der Schwellenwert des § 99 BetrVG, nach dem ein Mitbestimmungsrecht bei Einstellung nur in Betrieben mit in der Regel mehr als 20 wahlberechtigten Arbeitnehmern besteht, nicht erreicht wird.

Für das Mitbestimmungsrecht bei der Übernahme von Leiharbeitnehmern kommt es nicht auf die geplante Dauer der Überlassung an. Mitbestimmungspflichtig ist die Übernahme ab dem ersten Tag. Die Verlängerung eines Einsatzes über die zunächst geplante Dauer hinaus entspricht jedoch wie die Verlängerung einer Befristung einer erneuten Einstellung und ist als solche mitbestimmungspflichtig.

Wird dem Leiharbeitnehmer während der Überlassung ein anderer Arbeitsplatz zugewiesen, kann dies eine beim Entleiher-Betriebsrat mitbestimmungspflichtige Versetzung nach § 99 i.V.m. § 95 Abs. 3 BetrVG darstellen.

Ob der Austausch oder Ersatz eines ausfallenden Leiharbeitnehmers, zu dem der Verleiher aufgrund des Überlassungsvertrages in der Regel verpflichtet ist, erneut das Mitbestimmungsrecht des Entleiherbetriebsrates auslöst, ist umstritten (für ein Mitbestimmungsrecht Schüren, Arbeitnehmerüberlassungsrecht 3. Aufl., § 14 Rn. 151 m.w.N., dagegen Wensing, Freise, BB 2004, S. 2238).

Betriebsverfassungsrecht

Wird ein Leiharbeitnehmer in ein Arbeitsverhältnis beim Entleiher übernommen, ist dies zwar nicht von § 14 Abs. 3 AÜG umfasst, aber mitbestimmungspflichtig nach § 99 BetrVG.

Die Unterrichtung des Betriebsrates mit dem Antrag auf Zustimmung zur Übernahme des Leiharbeitnehmers soll folgende Informationen beinhalten:

- ▶ Zahl der Leiharbeitnehmer,
- ▶ (Person und) Qualifikation der Leiharbeitnehmer,

   Inwieweit der Entleiher Angaben zur Person des Leiharbeitnehmers machen muss, richtet sich auch nach seinem eigenen Kenntnisstand. Der Entleiher ist nicht verpflichtet, Erkundigungen über den Leiharbeitnehmer einzuholen. Sind die Leiharbeitnehmer im Überlassungsvertrag bereits namentlich vereinbart, sind dem Betriebsrat die persönlichen Daten auch mitzuteilen. Üblicherweise sind im Überlassungsvertrag nur die erforderlichen Qualifikationen und geplanten Einsatzfelder benannt. In diesem Fall ist der Betriebsrat berechtigt, Informationen über die tatsächlich eingesetzten Leiharbeitnehmer nachzufordern.

- ▶ vorgesehener Einsatzort und Arbeitsbereich im Betrieb,
- ▶ geplante tägliche und wöchentliche Arbeitszeit im Entleiherbetrieb,
- ▶ Beginn des Einsatzes im Entleiherbetrieb,
- ▶ vorgesehene Dauer der Überlassung, wenn der Arbeitgeber diese bereits bezeichnen kann; eine höchstzulässige Überlassungsdauer für einzelne Leiharbeitnehmer ist seit dem 1.1.2004 nicht mehr gesetzlich geregelt,
- ▶ Auswirkungen auf die Stammbelegschaft,

   Auswirkungen durch die Übernahme von Leiharbeitnehmern können beispielsweise die Zuweisung von Betriebsparkplätzen oder Aufenthalts- bzw. Umkleideräumen sein. Die Informationspflicht beinhaltet aber keine Angaben des Entleihers über sein personalplanerisches Konzept hinsichtlich des Einsatzes von Leiharbeitnehmern.

- ▶ die schriftliche Erklärung des Verleihers über die bestehende gültige Erlaubnis zur Arbeitnehmerüberlassung (§ 14 Abs. 3 Satz 2 AÜG),
- ▶ die Bekanntgabe von Änderungsmitteilungen des Verleihers gemäß § 12 Abs. 2 AÜG.

◁ **HINWEIS:**

Es kommt nicht darauf an, wie lange der Leiharbeitnehmer beim Entleiher eingesetzt werden soll. Die Zustimmung des Betriebsrates ist ab dem ersten Tag erforderlich.

Mitbestimmungsrechte des Betriebsrates im Entleiherbetrieb

Außerdem kann der Betriebsrat die Einsichtnahme in den Überlassungsvertrag zwischen Verleiher und Entleiher verlangen. Der Überlassungsvertrag muss dem Betriebsrat aber nicht ausgehändigt werden.

Der Entleiher muss dem Betriebsrat dagegen nicht die Bewerbungsunterlagen, den Arbeitsvertrag zwischen Verleiher und Leiharbeitnehmer oder die Eingruppierung der Leiharbeitnehmer mitteilen. Dies fällt in den Zuständigkeitsbereich des Betriebsrates beim Verleiher. Ebenso muss der Entleiher dem Betriebsrat keine Angaben über den Leiharbeitsvertrag machen.

Denn die materiellen Arbeitsbedingungen betreffen ausschließlich die Arbeitsbedingungen zwischen Verleiher (Arbeitgeber) und Leiharbeitnehmer. Für die Überwachung dieser Arbeitsverhältnisse ist der Betriebsrat des Verleihers zuständig, nicht der Betriebsrat beim Entleiher.

Nach der vollständigen Unterrichtung durch den Entleiher kann der Betriebsat binnen einer Frist von einer Woche Stellung nehmen (§ 99 Abs. 3 BetrVG). Erfolgt innerhalb der Wochenfrist keine Stellungnahme, gilt die Zustimmung als erteilt.

Eine Zustimmungsverweigerung muss der Betriebsrat innerhalb der Wochenfrist schriftlich und mit Begründung dem Entleiher zuleiten. Der Betriebsrat kann die Zustimmung verweigern, wenn er einen der Gründe des § 99 Abs. 2 BetrVG als gegeben sieht.

Danach kann die Zustimmung insbesondere verweigert werden, wenn:

1. **die Einstellung des Leiharbeitnehmers gegen eine gesetzliche Bestimmung oder Vorschrift, einen Tarifvertrag oder eine Betriebsvereinbarung verstößt,**

    Die Einstellung eines Leiharbeitnehmers kann gegen ein Gesetz verstoßen, wenn beispielsweise ein Beschäftigungsverbot für den betreffenden Leiharbeitnehmer greift, z. B. das Verbot der Beschäftigung einer Schwangeren im Umgang mit bestimmten Gift- und Gefahrstoffen. Auch die Beschäftigung eines ausländischen Leiharbeitnehmers ohne Aufenthaltstitel fällt darunter.

    Ein Gesetzesverstoß liegt dann vor, wenn die Einstellung als solche oder die geplante Beschäftigung des Leiharbeitnehmers gegen zwingende Arbeitsschutzbestimmungen, etwa Verordnungen oder Unfallverhütungsvorschriften verstoßen.

    Der Gesetzesverstoß muss aber in der Übernahme des Leiharbeitnehmers liegen. Die Beschäftigung des Leiharbeitnehmers durch den Verleiher ist dabei vom Betriebsrat nicht zu überprüfen. Er kann an dieser Stelle also keine Inhaltskontrolle des Leiharbeitsvertrages vornehmen. Rechtswidrige Vereinbarungen im Leiharbeitsvertrag rechtfertigen die Zustimmungsverweigerung nicht, da nur die Einstellung (= Eingliederung und Arbeitsaufnahme im Betrieb) gegen ein Gesetz verstoßen darf. Damit ist die Beschäftigung des betreffenden Leiharbeitnehmers auf dem Arbeitsplatz gemeint (arbeitsplatzbezogen).

Es genügt also nicht, wenn nur einzelne Vertragsbestimmungen gegen gesetzliche Vorschriften verstoßen. Die Rechtswirksamkeit des Arbeitsvertrages ist für die Zustimmung des Betriebsrates nicht von Bedeutung.

> **WICHTIG!**
>
> Ein zur Zustimmungsverweigerung berechtigender Grund soll nach dem Bundesarbeitsgericht erst dann vorliegen, wenn eine Rechtsnorm verletzt wird, nach deren Zweck die beabsichtigte Beschäftigung vollständig unterbleiben muss (BAG v. 28.6.1994, AP Nr. 4 zu § 99 BetrVG Einstellung).

Der Betriebsrat soll für die Frage des Rechtsverstoßes keine arbeitnehmerbezogene Prüfung vornehmen und keine Vertragsinhaltskontrolle durchführen.

Der Betriebsrat kann also die Zustimmung nicht etwa mit der Begründung verweigern, der Verleiher verletze z. B. den Gleichstellungsgrundsatz („Equal Pay") oder habe sonst rechtswidrige Vereinbarungen im Leiharbeitsvertrag vereinbart (vgl. entsprechendes Urteil des BAG zur nichtgewerbsmäßigen Arbeitnehmerüberlassung v. 25.1.2005, NZA 2005 S. 1199 und BAG v. 26.10.2004, NZA 2005 S. 535).

Da zwischen dem Entleiher und dem Leiharbeitnehmer kein Arbeitsverhältnis entsteht, ist für Fragen der tarifgemäßen Vergütung oder der richtigen Eingruppierung des Leiharbeitnehmers der Betriebsrat des Verleihers zuständig.

Gemäß § 81 Abs. 1 Satz 1 und 2 SGB IX sind Arbeitgeber verpflichtet zu prüfen, ob freie Arbeitsplätze mit schwerbehinderten Menschen, insbesondere solchen, die bei der Agentur für Arbeit arbeitslos oder arbeitsuchend gemeldet sind, besetzt werden können. Sie müssen hierzu frühzeitig Verbindung mit der Agentur für Arbeit aufnehmen und dürfen schwerbehinderte Menschen nicht wegen ihrer Behinderung benachteiligen. Diese Prüf- und Konsultationspflicht des Arbeitgebers besteht auch dann, wenn der Arbeitgeber beabsichtigt, einen frei werdenden oder neu geschaffenen Arbeitsplatz mit einem Leiharbeitnehmer zu besetzen. Verstößt der Arbeitgeber gegen seine Pflichten aus § 81 Abs. 1 Satz 1 und 2 SGB IX, berechtigt dies den

Mitbestimmungsrechte des Betriebsrates im Entleiherbetrieb

Betriebsrat, die Zustimmung zur Einstellung des Leiharbeitnehmers nach § 99 Abs. 2 Nr. 1 BetrVG zu verweigern (BAG v. 23.6.2010, NZA 2010, 1361).

2. **gegen eine Richtlinie zur Personalauswahl verstoßen wird,**

   Wenn beim Entleiher eine Auswahlrichtlinie besteht, die Bestimmungen für die Auswahl einschließlich Leiharbeitnehmern enthält, ist sie zu beachten.

3. **durch die Einstellung des Leiharbeitnehmers Nachteile für die Beschäftigten des Entleihers zu befürchten sind,**

   Solche Nachteile bestehen z. B. in der Kündigung eines Arbeitnehmers beim Entleiher wegen des Einsatzes des Leiharbeitnehmers.

   Keine Benachteiligung anderer Arbeitnehmer im Betrieb liegt für den Leiharbeitnehmer vor, der durch einen anderen Leiharbeitnehmer ersetzt wird.

   > **WICHTIG!**
   >
   > Die Zustimmung kann insbesondere nicht mit der Begründung verweigert werden, dass der Arbeitgeber Leiharbeitnehmer ständig rotierend und zur dauerhaften Deckung eines Personalbedarfs auf Dauerarbeitsplätzen einsetze. Die Einsatzdauer von Leiharbeitnehmern ist nicht eingeschränkt und ihr Einsatz ist auch nicht auf einen vorübergehenden Arbeitsbedarf beschränkt.

4. **der betreffende Leiharbeitnehmer ungerechtfertigt benachteiligt wird,**

   Benachteiligungen des Leiharbeitnehmers durch den Entleiher werden durch die Übernahme in den Entleiherbetrieb regelmäßig nicht auftreten. Ungünstigere Arbeitsbedingungen, die der Leiharbeitnehmer aufgrund eines beim Verleiher geltenden Tarifvertrages erhält, sind keine ungerechtfertigten Nachteile.

5. **eine Stellenausschreibung im Betrieb hätte erfolgen müssen,**

   Der Betriebsrat kann nach § 93 BetrVG bei der Besetzung von Stellen verlangen, dass diese im Betrieb ausgeschrieben werden. Dies gilt auch für Arbeitsplätze, die dauerhaft mit Leiharbeitnehmern besetzt werden sollen (BAG v. 1.2.2011, DB 2011, S. 1522).

6. **durch die Einstellung des Leiharbeitnehmers der Betriebsfrieden gestört wird.**

   Die Befürchtung der Störung des Betriebsfriedens muss sich in der Person des Leiharbeitnehmers begründen. Es reicht nicht aus, dass der Betriebsrat durch den Einsatz von Leiharbeitnehmern generell eine Störung des Betriebsfriedens befürchtet.

Andere als die in dem gesetzlichen Katalog aufgeführten Gründe für eine Zustimmungsverweigerung können nicht herangezogen werden.

Verweigert der Betriebsrat die Zustimmung zur Übernahme des Leiharbeitnehmers, muss der Entleiher die Zustimmung arbeitsgerichtlich ersetzen lassen, um den Leiharbeitnehmer einstellen zu dürfen.

Er kann den Leiharbeitnehmer in dieser Zeit aber vorläufig einsetzen, wenn der Einsatz des Leiharbeitnehmers aus sachlichen Gründen dringend erforderlich ist (§ 100 BetrVG).

21.4.2 Soziale Angelegenheiten

Der Betriebsrat beim Entleiher hat hinsichtlich der Behandlung der Leiharbeitnehmer ein Mitbestimmungsrecht nach § 87 BetrVG für soziale Angelegenheiten, wenn sie die Leiharbeitnehmer betreffen. Insofern wird zwischen den Leiharbeitnehmern und der Stammbelegschaft beim Entleiher nicht unterschieden.

Insbesondere kommen aus den sozialen Angelegenheiten folgende Regelungen für Leiharbeitnehmer in Frage:

▶ Regelungen zu Fragen der **betrieblichen Ordnung** (§ 87 Abs. 1 Nr. 1 BetrVG), die Leiharbeitnehmer im Betrieb mit einbinden,

▶ die **Lage der Arbeitszeit** (§ 87 Abs. 1 Nr. 2 BetrVG) der Leiharbeitnehmer, soweit der Entleiher hier Regelungen treffen kann,

▶ die Anordnung von **Überstunden** durch den Entleiher und die vorübergehende Verlängerung der Arbeitszeit (§ 87 Abs. 1 Nr. 3 BetrVG) der Leiharbeitnehmer betrifft das Mitbestimmungsrecht des Betriebsrates beim Entleiher,

▶ die Einführung und Anwendung **technischer Einrichtungen,** die auch die Leiharbeitnehmer erfasst, und mittels derer Verhalten und Arbeitsleistung der Leiharbeitnehmer im Betrieb überwacht werden können (§ 87 Abs. 1 Nr. 6 BetrVG),

▶ für die Frage, ob und ggf. welche **Sozialeinrichtungen** (§ 87 Abs. 1 Nr. 8 BetrVG) den Leiharbeitnehmern zugänglich sein sollen und die Einführung solcher Einrichtungen unterliegt der Mitbestimmung beim Betriebsrat des Entleiherbetriebes. Sozialeinrichtungen sind z. B. Kantinen, Firmenparkplätze, Freizeiteinrichtungen etc.

▶ für die Regelung eines **betrieblichen Vorschlagswesens** (§ 87 Abs. 1 Nr. 12 BetrVG) besteht das Mitbestimmungsrecht des Betriebsrates beim Entleiher auch für die Behandlung von Verbesserungsvorschlägen der Leiharbeitnehmer.

Mitbestimmungsrechte des Betriebsrates im Verleiherbetrieb

Für Verbesserungsvorschläge (und Arbeitnehmererfindungen) gilt außerdem der Entleiher nach § 11 Abs. 7 AÜG als verpflichteter Arbeitgeber.

21.4.3 Allgemeine Aufgaben

Der Betriebsrat im Betrieb des Entleihers nimmt darüber hinaus allgemeine betriebsverfassungsrechtliche Aufgaben wahr, die sich auf die Leiharbeitnehmer beim Entleiher erstrecken können.

Der Betriebsrat überwacht im Betrieb die Einhaltung der zugunsten der Arbeitnehmer geltenden Rechtsvorschriften. Das gilt auch für Rechtsvorschriften, die zugunsten der Leiharbeitnehmer gelten. Dazu gehören u. a. Schutzvorschriften, Diskriminierungsverbote. In diesem Zusammenhang hat der Betriebsrat nach § 80 Abs. 2 BetrVG Anspruch auf Information und Vorlage von Unterlagen über den Einsatz von Fremdpersonal und Arbeitskräften, die nicht in einem Arbeitsverhältnis zum Entleiher stehen, z. B. Leiharbeitnehmer, aber auch Werkvertragsarbeitskräfte.

Bedingungen für den Einsatz von Leiharbeitnehmern in einem Betrieb können im Übrigen lediglich Gegenstand freiwilliger Betriebsvereinbarungen werden. Die Vereinbarung von Beschränkungen für den Einsatz von Leiharbeitnehmern in einem Betrieb durch die Festschreibung von Leiharbeitnehmer-Quoten oder Übernahmeverpflichtungen des Entleihers ist nicht Gegenstand der Mitbestimmungsrechte des Betriebsverfassungsgesetzes. Die Einsatzplanung und das personalplanerische Konzept des Entleihers kann Gegenstand der Personalplanung sein, über die der Arbeitgeber gemäß § 92 BetrVG mit dem Betriebsrat beraten soll. Sie sind aber nicht Gegenstand der erzwingbaren Mitbestimmung.

21.5 Mitbestimmungsrechte des Betriebsrates im Verleiherbetrieb

Im Verleiherbetrieb kann in der Überlassung eines Leiharbeitnehmers in einen anderen Betrieb eine Versetzung liegen, für die eine Zustimmung des Betriebsrates einzuholen ist. Dies gilt vor allem für Mischbetriebe, in denen Arbeitnehmer nicht allein zum Zweck der Arbeitnehmerüberlassung beschäftigt werden, sondern ein Arbeitnehmer, der sonst eine ständige Tätigkeit im Betrieb ausübt, an einen anderen Betrieb überlassen wird.

Ausschlaggebend ist aber auch hier, dass eine zustimmungspflichtige personelle Maßnahme nur dann vorliegt, wenn der Arbeitnehmer nicht arbeitsvertragsgemäß in Entleiherbetrieben tätig wird.

> **WICHTIG!**
>
> Der betriebsverfassungsrechtliche Versetzungsbegriff beinhaltet eine Zuweisung eines anderen Arbeitsbereiches, die entweder länger als einen Monat dauern soll oder erhebliche Änderungen der äußeren Arbeitsumstände herbeiführt.

Der Betriebsrat muss also dem Einsatz des Leiharbeitnehmers beim Entleiher zustimmen, wenn für die Überlassung ein nur im Betrieb des Verleihers bestehendes Arbeitsverhältnis in ein Leiharbeitsverhältnis umgewandelt wird.

Für Leiharbeitnehmer, die zur Überlassung an andere Betriebe beschäftigt werden, liegt es im Inhalt des Arbeitsverhältnisses, dass sich ihr Tätigkeitsort regelmäßig durch neue Überlassungen ändert. Für solche Arbeitnehmer liegt in der Überlassung keine Änderung ihrer Arbeitsbedingungen begründet, so dass die Überlassung dann keine Versetzung im betriebsverfassungsrechtlichen Sinne darstellt, und eine Zustimmung des Betriebsrates nicht erforderlich ist.

Für die richtige Eingruppierung kann aufgrund des Gleichstellungsgrundsatzes („Equal Pay") für den Betriebsrat von Bedeutung sein, welche wesentlichen Arbeitsbedingungen hinsichtlich der Vergütung beim Entleiher gelten. Um dies beurteilen zu können, hat der Betriebsrat beim Verleiher einen Auskunftsanspruch gegen den Verleiher über die Arbeitsbedingungen beim Entleiher.

In den sog. sozialen Angelegenheiten hat auch der Betriebsrat im Verleiherbetrieb Mitbestimmungsrechte, wenn durch die Überlassung des Leiharbeitnehmers solche mitbestimmungspflichtigen Sachverhalte für den Betrieb verwirklicht werden.

Beispiel:

Der Verleiher beschäftigt Arbeitnehmer mit einer wöchentlichen Arbeitszeit von 35 Stunden. Solche Arbeitnehmer sollen an einen Entleiher verliehen werden, in dessen Betrieb die wöchentliche Arbeitszeit 40 Stunden beträgt. Deswegen wird mit den betroffenen Arbeitnehmern im Leiharbeitsvertrag vereinbart, dass sie verpflichtet sind, beim Entleiher 40 Stunden wöchentlich zu arbeiten.

Der Betriebsrat im Verleiherbetrieb hat hierbei ein Mitbestimmungsrecht nach § 87 Abs. 1 Nr. 3 BetrVG, da hier eine Regelung über eine vorübergehende Verlängerung der betrieblichen Arbeitszeit getroffen wird.

22. Lohnsteuerrecht

Die Lohnsteuer, den Solidaritätszuschlag und ggf. die Kirchensteuer entrichtet der Arbeitnehmer in Form von laufenden Vorauszahlungen, die der Arbeitgeber mit der Auszahlung des Arbeitsentgelts abzieht und an das Finanzamt abführt. Dieses sog. Lohnsteuerabzugsverfahren endet mit der Lohnsteuerbescheinigung durch das Finanzamt gegenüber dem Arbeitnehmer, der ggf. zuvor eine Einkommensteuererklärung zum Lohnsteuerjahresausgleich abgegeben hat.

Gesamtschuldnerische Haftung von Verleiher und Entleiher

22.1 Steuerschuldner und Arbeitgebereigenschaft

Steuerschuldner für die Lohnsteuer ist der Arbeitnehmer (§ 38 Abs. 2 Satz 1 EStG).

Der Arbeitgeber des Leiharbeitnehmers im steuerrechtlichen Sinne ist grundsätzlich der Verleiher. Die steuerrechtliche Arbeitgebereigenschaft knüpft daran an, wem der Arbeitnehmer die Arbeitsleistung schuldet und nach wessen Weisungen er tätig wird. In der Regel ist das der Vertragspartner im Arbeitsvertrag.

Im Rahmen der Arbeitnehmerüberlassung kann auch der Entleiher steuerrechtlicher Arbeitgeber sein, wenn er das gesamte Arbeitsentgelt im eigenen Namen und auf eigene Rechnung an den Leiharbeitnehmer auszahlt.

> **ACHTUNG!**
>
> Die Fiktion eines Arbeitsverhältnisses bei unerlaubter Arbeitnehmerüberlassung nach § 10 Abs. 1 AÜG gilt nicht für die steuerrechtliche Arbeitgebereigenschaft. Die Verpflichtungen von Verleiher und Entleiher ergeben sich insoweit aber aus den Bestimmungen über die Haftung.

Bei der Überlassung bzw. Entsendung von Arbeitnehmern innerhalb international tätiger Unternehmen nach Deutschland gilt auch das in Deutschland ansässige Unternehmen als Arbeitgeber, wenn es wirtschaftlich tatsächlich das Arbeitsentgelt des Arbeitnehmers trägt (§ 38 Abs. 2 Satz 2 EStG).

22.2 Gesamtschuldnerische Haftung von Verleiher und Entleiher

Als Arbeitgeber haftet grundsätzlich der Verleiher für die nicht abgeführte Lohnsteuer des Leiharbeitnehmers.

Daneben sieht das Einkommensteuergesetz die gesamtschuldnerische Haftung von Verleiher, Entleiher und dem Arbeitnehmer selbst vor. Die Haftung des Entleihers für die Lohnsteuer des Leiharbeitnehmers ist aber hinter der des Verleihers als Arbeitgeber subsidiär und deshalb nachrangig in Anspruch zu nehmen.

Für den Fall, dass aufgrund unerlaubter Arbeitnehmerüberlassung ein Arbeitsverhältnis zwischen Entleiher und Leiharbeitnehmer fingiert wird, und der Entleiher daraufhin das Arbeitsentgelt an den Leiharbeitnehmer zahlt, haftet umgekehrt der Verleiher nach dem Entleiher. Es bleibt aber bei der gemeinsamen Haftung für den Einbehalt und die Abführung der Lohnsteuer. Anders als Sozialversicherungsbeiträge entsteht die Steuer erst dann, wenn tatsächlich Arbeitslohn gezahlt wird bzw. dem Arbeitnehmer zufließt.

Die Haftung umfasst die Lohnsteuer, die für den Zeitraum der Überlassung einzubehalten und abzuführen war (§ 42d Abs. 6 Satz 4 EStG), einschließlich Solidaritätszuschlag und ggf. Kirchensteuer.

22.3 Verfahren

Die steuerrechtliche Bedeutung der Arbeitgebereigenschaft liegt vor allem in den Verpflichtungen des Arbeitgebers, im Rahmen des Lohnsteuerabzugsverfahrens, das Einkünfte des Arbeitnehmers aus nichtselbstständiger Arbeit betrifft,

- ▶ den Arbeitnehmer zur Lohnsteuer anzumelden,
- ▶ die Besteuerungsgrundlagen zu ermitteln und die Lohnsteuer zu berechnen,
- ▶ die Lohnsteuer einzubehalten und abzuführen.

Der Arbeitgeber ist dazu gegenüber dem Arbeitnehmer aufgrund des Arbeitsvertrages und gegenüber dem Finanzamt aufgrund der öffentlich-rechtlichen Vorschriften verpflichtet. Für Fehler hat der Arbeitgeber auch beiden gegenüber einzustehen.

Bei der erlaubten Arbeitnehmerüberlassung bleibt der Verleiher auch dann der Arbeitgeber, wenn der Entleiher Teile des Arbeitsentgelts direkt an den Leiharbeitnehmer auszahlt. Es liegt dann eine sog. Lohnzahlung durch Dritte vor.

ACHTUNG!
Im Fall der Lohnzahlung durch Dritte bleibt es bei den lohnsteuerrechtlichen Pflichten des Arbeitgebers, wenn das Arbeitsentgelt im Rahmen des Dienstverhältnisses und für die Arbeitsleistung des Arbeitnehmers gezahlt wurde.

Ausländische Verleiher, die Leiharbeitnehmer an Betriebe im Inland überlassen, haben ebenfalls die lohnsteuerrechtlichen Arbeitgeberpflichten im Inland zu erfüllen. Dies gilt unabhängig vom Wohnsitz des Leiharbeitnehmers.

In den Fällen, in denen eine Lohnsteuerpflicht des aus dem Ausland überlassenen Leiharbeitnehmers auch in seinem Herkunftsland besteht, kann die Steuerpflicht in Deutschland aufgrund eines Doppelbesteuerungsabkommens bestimmt sein. Auch dann hat sich der Arbeitgeber aber zunächst eine Freistellungsbescheinigung vom Finanzamt zur Befreiung von der Einbehaltungspflicht erteilen zu lassen.

Das zuständige Finanzamt ist grundsätzlich das Betriebsstättenfinanzamt des Verleihers. Bei Überlassung von Arbeitnehmern durch einen ausländischen Verleiher in einen inländischen Betrieb ist das Betriebsstättenfinanzamt des Entleihers zuständig.

Erlaubte Arbeitnehmerüberlassung

Für die Arbeitnehmerüberlassung im Baugewerbe bestehen zentrale Zuständigkeiten eines Finanzamtes, je nachdem, in welchem Land der Leiharbeitnehmer eingesetzt wird.

23. Sozialversicherungsrecht

Die Sozialversicherungspflicht in der Krankenversicherung, Rentenversicherung, sozialen Pflegeversicherung und Arbeitslosenversicherung des Leiharbeitnehmers knüpft an das abhängige Beschäftigungsverhältnis zum Verleiher an. Dabei ist grundsätzlich der Verleiher als Arbeitgeber verpflichtet, Sozialversicherungsbeiträge abzuführen.

23.1 Erlaubte Arbeitnehmerüberlassung

Der Verleiher ist verpflichtet, den Leiharbeitnehmer zur Sozialversicherung zu melden. Für den Verleiher gelten sozialversicherungsrechtlich die üblichen Arbeitgeberpflichten. Er ist daher ferner als Arbeitgeber im Rahmen der erlaubten Arbeitnehmerüberlassung nach § 28e Abs. 1 SGB IV verpflichtet, die Sozialversicherungsbeiträge an die Einzugsstelle zu entrichten.

Der Verleiher ist daher auch zur Umlage in der gesetzlichen Unfallversicherung des Leiharbeitnehmers verpflichtet.

WICHTIG!
Diese Verpflichtung des Verleihers besteht unabhängig davon, ob die Arbeitnehmerüberlassung erlaubnispflichtig oder nicht erlaubnispflichtig erfolgt.

Die Verpflichtung des Verleihers zur Zahlung der Gesamtsozialversicherungsbeiträge gilt auch für Zahlungen, die der Entleiher ohne sein Wissen vertragswidrig an den Leiharbeitnehmer zahlt, z. B. auf Prämien, die der Entleiher an einen in seinem Betrieb eingesetzten Leiharbeitnehmer überweist.

Der Verleiher ist auch verpflichtet, die Lohnunterlagen und Nachweise der Beitragszahlungen für seine Arbeitnehmer zu führen. Dies gilt für Leiharbeitnehmer auch für die Zeiten der Überlassung.

Der Entleiher haftet aber neben dem Verleiher wie ein selbstschuldnerischer Bürge für die Entrichtung der Sozialversicherungsbeiträge (§ 28e Abs. 2 SGB IV). Die Bürgenhaftung des Entleihers gilt für den Zeitraum, in dem der Leiharbeitnehmer tatsächlich an den Entleiher überlassen ist.

Die Vereinbarung eines Haftungsausschlusses zwischen Verleiher und Entleiher ist hinsichtlich der Sozialversicherungsbeiträge nicht möglich.

Sozialversicherungsrecht

Diese Haftung des Entleihers ist auf die Dauer der Überlassung des Leiharbeitnehmers an seinen Betrieb beschränkt.

Der Entleiher kann aber gegen eine Inanspruchnahme einwenden, dass der Verleiher zunächst unter Fristsetzung zur Zahlung gemahnt werden muss.

23.2 Grenzüberschreitende Arbeitnehmerüberlassung

Für die Sozialversicherung von Arbeitnehmern gelten in der Bundesrepublik Deutschland grundsätzlich die Vorschriften über die deutsche Sozialversicherung im Sozialgesetzbuch (SGB), sog. **Territorialprinzip**.

Nach der für den Geltungsbereich des deutschen Sozialrechts maßgeblichen Vorschrift (§ 3 Abs. 1 SGB IV) gelten die Vorschriften über die Sozialversicherung in Deutschland für alle Personen, die im Inland beschäftigt oder selbständig tätig sind.

Die Beschäftigung im Inland stellt die Rechtsprechung des Bundessozialgerichts anhand der sog. **Schwerpunkttheorie** nach folgenden Kriterien fest:

▶ Eingliederung in einen inländischen Betrieb,
▶ Zahlung des Entgelts durch den inländischen Arbeitgeber.

Diese gesetzlichen Bestimmungen haben für sich aber zur Folge, dass bei einem vorübergehenden Einsatz des Arbeitnehmers im Ausland der Anknüpfungspunkt der inländischen Beschäftigung, und damit die sozialversicherungsrechtliche Behandlung nach deutschem Recht unterbrochen werden könnte. Eine Unterbrechung beispielsweise der Biografie der Rentenversicherung führt zu erheblichen Nachteilen bei Beendigung der Erwerbstätigkeit des Arbeitnehmers.

Um dies zu verhindern ist in § 4 SGB IV unter bestimmten Voraussetzungen geregelt, dass das deutsche Sozialversicherungsrecht auch für solche Arbeitnehmer angewandt werden soll, die vorübergehend außerhalb des Geltungsbereichs der gesetzlichen Bestimmungen des SGB beschäftigt werden, beispielsweise im Rahmen eines befristeten Auslandseinsatzes. Man spricht dabei von der sog. **Ausstrahlung** (§ 4 SGB IV). Dadurch besteht in solchen Fällen durchgehend eine Versicherungspflicht bzw. Mitgliedsberechtigung in der deutschen Sozialversicherung.

Wird ein Leiharbeitnehmer in einen ausländischen Betrieb überlassen, richtet sich die Sozialversicherungspflicht nach dem jeweiligen zwischenstaatlichen Recht.

Grenzüberschreitende Arbeitnehmerüberlassung

Innerhalb der EU gilt aufgrund der europäischen Vorschriften immer nur eine nationale Sozialordnung. Grundsätzlich soll dabei die Rechtsordnung des Beschäftigungsstaates, in dem der Arbeitnehmer tätig ist, gelten. Aufgrund der EU Verordnung zur Koordinierung der sozialen Sicherungssysteme (EU VO 883/2004) bleibt es bei vorübergehender Auslandsentsendung von EU-Staatsangehörigen Arbeitnehmern innerhalb der EU bei der inländischen Sozialversicherung, wenn:

- ▶ die Arbeit des entsandten Arbeitnehmers auf Rechnung des entsendenden Unternehmens in einem anderen EU-Mitgliedstaat ausgeführt wird,
- ▶ die voraussichtliche Dauer der Entsendung die Dauer von 24 Monaten nicht überschreitet und
- ▶ der entsandte Arbeitnehmer keinen Arbeitnehmer ablöst, dessen Entsendezeit abgelaufen ist (Entsendungsketten).

Die EU VO 883/2004) hat für die Entsendung von EU-Staatsangehörigen ab 1.5.2010 die Verordnung Nr. 1408/71 abgelöst. Die Verordnung Nr. 1408/71 bleibt aber noch anwendbar für Angehörige der EWR-Staaten Schweiz, Norwegen, Island und Liechtenstein. Danach gilt u. a. noch eine Entsendedauer von zwölf Monaten mit der Möglichkeit einer Verlängerung von weiteren zwölf Monaten.

Liegen diese Voraussetzungen nicht vor, gilt für die Sozialversicherung das Recht des Beschäftigungsstaates. In Einzelfällen, beispielsweise bei Überschreiten der Höchstdauer von 24 Monaten, ist eine Verlängerung oder für die Beschäftigung in mehreren Staaten eine Ausnahmevereinbarung möglich.

Für vorübergehende Tätigkeiten in einem **EU-Mitgliedstaat** stellt der zuständige Sozialversicherungsträger eine Bescheinigung hierüber aus. Diese Bescheinigung (sog. Formular A 1 bzw. im Bereich der VO 1408/71 E 101, für die Verlängerung der Entsendung E 102) kann rechtlich bindend die Anwendung der sozialversicherungsrechtlichen Vorschriften am Ort der Betriebsstätte des Verleihers bescheinigen.

ACHTUNG!

Die Möglichkeit, häufig nur kurzzeitig im Ausland eingesetzten Arbeitnehmern, nach Absprache mit dem Rentenversicherungsträger und der jeweiligen Krankenkasse die E-101-Vordrucke blanko zu erhalten und im Unternehmen selbst auszustellen, besteht im Geltungsbereich der neuen Verordnung 883/2004 nicht mehr Es ist aber geplant, das Antrags- und Meldeverfahren elektronisch durchzuführen.

Sozialversicherungsrecht

Daraus kann entweder die Anwendbarkeit einer nationalen Sozialordnung folgen oder die Fortgeltung (sog. Ausstrahlung) der inländischen Vorschriften über die Sozialversicherung gelten.

> **TIPP!**
>
> Das Formular A1 (bzw. E 101) sollte auch für kurzfristige Auslandseinsätze beantragt werden, um Nachweisschwierigkeiten gegenüber den örtlichen Behörden zu vermeiden. Die Bescheinigung sollte auch auf die tatsächliche Einsatzdauer begrenzt beantragt werden, um Überschneidungen mit evtl. Folgeeinsätzen des Arbeitnehmers zu vermeiden.

Für den Einsatz von Arbeitnehmern in Staaten außerhalb der Europäischen Union gelten für die meisten Staaten **zwischenstaatliche Abkommen** mit der Bundesrepublik Deutschland, in denen die Sozialversicherung geregelt wird.

Besteht eine Regelung aufgrund Europäischen Rechts oder zwischenstaatlichen Abkommen nicht, kann dennoch für den Auslandseinsatz das deutsche Sozialversicherungsrecht anwendbar bleiben, wenn ein Fall der sog. **Ausstrahlung** der Sozialversicherung vorliegt. Voraussetzung ist:

- ▶ Entsendung des Arbeitnehmers ins Ausland;

  Eine Entsendung kann bei einer Arbeitnehmerüberlassung vorliegen, wenn der Verleiher die erforderliche Überlassungserlaubnis besitzt. Ist der Vertrag zwischen Verleiher und Leiharbeitnehmer z. B. wegen fehlender Erlaubnis unwirksam, liegt keine Entsendung i. S. d. Ausstrahlung vor, weil der Verleiher dann nicht Arbeitgeber im sozialversicherungsrechtlichen Sinne ist.

- ▶ Einsatz im Rahmen eines im Inland bestehenden Beschäftigungsverhältnisses und

- ▶ die Dauer der Auslandsbeschäftigung muss im Voraus zeitlich begrenzt sein.

Die Haftung des Entleihers für die Sozialversicherungsbeiträge gilt nur für Sozialversicherungsbeiträge, die der Verleiher im Inland entrichten muss. Bei einer Überlassung eines ausländischen Leiharbeitnehmers haftet der Entleiher daher nicht für Beiträge zur Sozialversicherung, die ein ausländischer Verleiher im Ausland entrichten muss.

Wird aufgrund einer illegalen grenzüberschreitenden Arbeitnehmerüberlassung ein Arbeitsverhältnis im Inland fingiert, führt dies zur Zahlungspflicht des Entleihers im Inland. Denn nur für das im Ausland geschlossene Arbeitsverhältnis zwischen Verleiher und Leiharbeitnehmer gelten nationale Einstrahlungsregeln, aufgrund derer das Arbeitsverhältnis nicht

Illegale Arbeitnehmerüberlassung

nach deutschem Sozialversicherungsrecht behandelt wurde, sie berühren das fingierte Arbeitsverhältnis nicht. Für die illegale Überlassung aus einem anderen EU-Mitgliedstaat gelten die Regelungen der EU-Verordnungen zur Sozialversicherung nicht. Für das fingierte Arbeitsverhältnis gilt im Inland jedenfalls die Sozialversicherungspflicht in Deutschland.

23.3 Illegale Arbeitnehmerüberlassung

Die illegale Arbeitnehmerüberlassung führt die Fiktion eines Arbeitsverhältnisses zwischen Entleiher und Leiharbeitnehmer herbei (§ 10 Abs. 1 AÜG) und führt zur Arbeitgebereigenschaft des Entleihers. Der Entleiher hat gemäß § 28e Abs. 2 S. 3 u. 4 SGB IV und § 10 Abs. 3 AÜG in diesem Fall die Gesamtsozialversicherungsbeiträge und den Beitrag zur gesetzlichen Unfallversicherung zu entrichten.

Neben dem fingierten Arbeitsverhältnis zum Entleiher wird häufig das unwirksame Arbeitsverhältnis zum Verleiher fortgesetzt, indem der Verleiher weiterhin Entgelt an den Leiharbeitnehmer zahlt. In diesem Fall gilt der Verleiher neben dem Entleiher sozialversicherungsrechtlich als Arbeitgeber und es sind Verleiher und Entleiher nebeneinander zur Entrichtung von Sozialversicherungsbeiträgen verpflichtet.

Diese Doppelverpflichtung löst das Gesetz dergestalt, dass die Zahlungspflicht des Entleihers dann eintritt, wenn der Verleiher nicht selbst zahlt.

Der Verleiher bleibt zur Zahlung der Sozialversicherungsbeiträge verpflichtet, wenn er weiterhin Arbeitsentgelt an den Leiharbeitnehmer zahlt, obwohl der Leiharbeitsvertrag zwischen ihm und dem Leiharbeitnehmer unwirksam ist. Die Zahlungspflicht gilt dann für den Verleiher, soweit er an den Leiharbeitnehmer zahlt, auch wenn er nur Teile des Arbeitsentgeltanspruchs erfüllt.

> **WICHTIG!**
>
> Sozialversicherungsbeiträge des Leiharbeitnehmers bei fingiertem Arbeitsverhältnis mit dem Entleiher sind wie folgt zu entrichten:
>
> Verleiher zahlt → Entleiher ist als Gesamtschuldner mitverpflichtet; er gilt neben dem illegalen Verleiher als Arbeitgeber.
>
> Verleiher zahlt nicht → Entleiher muss wegen der arbeitsrechtlichen Ansprüche des Leiharbeitnehmers auch die Sozialversicherungsbeiträge zahlen.

Daneben haften Verleiher und Leiharbeitnehmer weiterhin als Gesamtschuldner (§ 10 Abs. 3 S. 2 AÜG). Für Zeiten, in denen der Leiharbeitnehmer nicht überlassen ist, gilt der Verleiher als Arbeitgeber im Sinne des § 28e Abs. 1 SGB IV.

24. Arbeitsschutzrecht

In einem Arbeitsverhältnis hat grundsätzlich der Arbeitgeber die Verpflichtung, in seinem Betrieb für Arbeitsbedingungen zu sorgen, die Beschäftigte vor Gefahren für Sicherheit, Gesundheit und Leben ausreichend schützen. Er muss dazu Schutzvorkehrungen treffen, die durch zahlreiche gesetzliche und andere Bestimmungen für die verschiedenen Anforderungen geregelt werden.

Solche sind das Arbeitsschutzgesetz (ArbSchG), für den Schutz besonderer Arbeitnehmergruppen das Jugendarbeitsschutzgesetz, Mutterschutzgesetz, die Sozialgesetzbücher, außerdem zahlreiche bundes- und landesrechtliche Gesetze und Verordnungen, Unfallverhütungsvorschriften der Berufsgenossenschaften.

Für die Einhaltung und Organisation ist grundsätzlich der Arbeitgeber verantwortlich. Im Bereich der Arbeitnehmerüberlassung besteht diese Verantwortung für die Leiharbeitnehmer auch für den Entleiher, in dessen Betrieb die Leiharbeitnehmer eingesetzt werden.

Nach § 11 Abs. 6 AÜG bleibt der Verleiher als Arbeitgeber aber mitverantwortlich für die Einhaltung der Arbeitsschutzbestimmungen bei dem Entleiher. Er hat über seinen eigenen Betrieb hinaus die Verpflichtung, die Einhaltung der Schutzvorschriften beim Entleiher zu überwachen.

Verleiher und Entleiher haben sich nach § 8 Abs. 1 ArbSchG gegenseitig über die Gefahren für Sicherheit und Gesundheit zu unterrichten und Maßnahmen zur Verhinderung solcher Gefahren miteinander abzustimmen.

24.1 Pflichten des Verleihers

Nach dem Merkblatt des Hauptverbandes der gewerblichen Berufsgenossenschaften über den Einsatz von Arbeitnehmern in Fremdbetrieben ist davon auszugehen, dass der Verleiher die Einhaltung der Vorschriften des Arbeitsschutzrechts und die ordnungsgemäße Erfüllung seiner Arbeitgeberpflichten nur gewährleisten kann, wenn er im Rahmen der Gestaltung seiner Betriebsorganisation die nachstehenden Kriterien berücksichtigt.

Um die Einhaltung der arbeitsschutzrechtlichen Anforderungen sicherzustellen, soll der Verleiher Folgendes in Arbeitsanweisungen umsetzen und überwachen:

▶ **Anforderungen an und Arbeitsanweisungen für Personalverantwortliche und Führungskräfte:**
   Dies beinhaltet eine sorgfältige Auswahl der Personen im Unternehmen des Verleihers, die fachlich qualifiziert sind, um Personalentschei-

Pflichten des Verleihers

dungen hinsichtlich der Leiharbeitnehmer zu treffen und aufgrund eigener Kenntnis in der Lage sind, Arbeitsanweisungen zu erteilen und die sichere Ausführung der Arbeiten zu überwachen.

▶ **Bestellung geeigneter Sicherheitsbeauftragter bzw. Bestellung oder Verpflichtung von Fachkräften für Arbeitssicherheit:**

Die Verpflichtung zur Bestellung von Sicherheitsbeauftragten besteht nach § 22 SGB VII. Bei der Überlassung von gewerblich-technischem Personal soll ein Sicherheitsbeauftragter unabhängig von der Zahl der Beschäftigten eingesetzt werden.

Fachkräfte für Arbeitssicherheit und Sicherheitsbeauftragte können auch unternehmensexterne Personen sein (§ 5 ff. ASiG).

▶ **Bestellung oder Verpflichtung von Betriebsärzten:**

Nach § 2 ASiG werden Betriebsärzte zur Beratung und Unterstützung beim Arbeits- und Gesundheitsschutz bestimmt.

▶ **Bildung eines Arbeitsschutzausschusses:**

Der Arbeitsschutzausschuss wird nach § 11 ASiG in Unternehmen mit mehr als 20 Beschäftigten bestellt und hat die Aufgabe, die Anliegen des Arbeitsschutzes und der Unfallverhütung in quartalsmäßigen Sitzungen zu beraten.

▶ **Erfassung der Qualifikationen der Leiharbeitnehmer:**

Die Qualifikationen und fachlichen Kenntnisse der Leiharbeitnehmer können z. B. in der Personalakte erfasst werden und sollten durch Ausbildungsnachweise oder Zeugnisse nachgewiesen werden.

▶ **Sicherheitstechnische Unterweisungen der Leiharbeitnehmer:**

Diese Unterweisungen der Leiharbeitnehmer über die jeweils tätigkeitsspezifischen Bestimmungen zu Arbeits- und Gesundheitsschutz sind regelmäßig durchzuführen. Insbesondere hat auch der Verleiher unabhängig von den Gegebenheiten beim Entleiher nach den Vorgaben der Berufsgenossenschaften solche Belehrungen vorzunehmen.

▶ **Auftragsannahme unter Berücksichtigung sicherheitstechnischer Kriterien:**

Der Verleiher hat bei der Vereinbarung der Arbeitnehmerüberlassung mit dem Entleiher zu berücksichtigen, ob die vorgesehenen Tätigkeiten unter Gesichtspunkten der Arbeitssicherheit und des Arbeitsschutzes von den zur Verfügung stehenden Leiharbeitnehmern nach deren Qualifikationen und fachlichen Voraussetzungen übernommen werden können.

- **Ausstattung mit persönlicher Schutzausrüstung:**
  Zu Schutzausrüstungen können Gehörschutz, Atemschutz oder Sicherheitseinrichtungen gegen Abstürze gehören. Solche Ausrüstungsgegenstände sind Leiharbeitnehmern bei entsprechenden Gefahren zur Verfügung zu stellen. Der Verleiher trägt auch die Verantwortung dafür mit, dass die Ausrüstung bei den Tätigkeiten eingesetzt wird.

- **Durchführung und Maßnahmen der arbeitsmedizinischen Vorsorge:**
  Das Erfordernis arbeitsmedizinischer Vorsorge kann z. B. beim Umgang mit Gefahrstoffen zu beachten sein. Dazu gehören Vor- und Nachsorgeuntersuchungen, die durch beauftragte Ärzte durchgeführt werden können.

- **Sicherstellung der ersten Hilfe am Tätigkeitsort:**
  Die Gewährleistung der ersten Hilfe am Arbeitsort betrifft auch den Verleiher. Die erste Hilfe wird durch Vereinbarung zwischen Verleiher und Entleiher, z. B. im Überlassungsvertrag meist durch den Entleiher als Betriebsinhaber sichergestellt.

- **Unterweisung über Sicherheit und Gesundheitsschutz bei der Arbeit am Tätigkeitsort:**
  Zusätzlich zu den allgemeinen Unterrichtungen über Arbeits- und Gesundheitsschutz sind besondere Einweisungen am jeweiligen Arbeitsort erforderlich. Auch hierfür trägt der Verleiher die Mitverantwortung.

- **Sicherheitstechnische Kontrollen am Tätigkeitsort:**
  Die sicherheitstechnische Kontrolle durch den Verleiher beinhaltet vor allem die Prüfung, ob der Leiharbeitnehmer beim Entleiher entsprechend seinen Fähigkeiten eingesetzt ist, und die Bestimmungen über Arbeitssicherheit und -schutz, für deren Durchführung der Verleiher mitverantwortlich ist, eingehalten werden.

- **Maßnahmen bei der Umsetzung von Leiharbeitnehmern:**
  Die Überwachungspflichten und Maßnahmen muss der Verleiher bei jeder Änderung der Tätigkeit und des Einsatzortes des Leiharbeitnehmers beachten.

- **Durchführungen von Unfalluntersuchungen am Tätigkeitsort:**
  Kommt es zu Arbeitsunfällen, ist auch der Verleiher verpflichtet, eine Untersuchung der Unfallereignisse durchzuführen. Der Verleiher ist im Übrigen auch bei Arbeitsunfällen selbst zur Meldung an die Berufsgenossenschaft verpflichtet.

Pflichten des Entleihers

▶ **Analyse des gesamten Unfallgeschehens und arbeitsbedingter Erkrankungen:**

Die Überwachung des sicherheits- und arbeitsschutzrechtlich ordnungsgemäßen Einsatzes der Leiharbeitnehmer erfordert auch die Analyse von arbeitsbedingten Erkrankungen dahingehend, ob solche durch geeignete Maßnahmen zukünftig verhindert werden können. Zu solchen Prüfungen können ebenfalls die Berufsgenossenschaften hinzugezogen werden.

24.2 Pflichten des Entleihers

Für den Entleiher ist nach den Vorgaben der Berufsgenossenschaften davon auszugehen, dass er die Verpflichtung, seinen Betrieb entsprechend den Vorschriften und Bestimmungen des Arbeitsschutz- und Sicherheitsrechts nur gewährleisten kann, wenn er bei der Organisation seines Betriebs folgende Kriterien beachtet und wiederum durch Arbeitsanweisungen einhält und überwacht:

▶ **Auswahl des Vertragspartners:**

Vor der Vergabe eines Auftrages und dem Abschluss des Überlassungsvertrages soll sich der Entleiher davon überzeugen, dass der Verleiher ein in punkto Arbeitssicherheit zuverlässiger Vertragspartner ist.

▶ **Auftragsvergabe unter Berücksichtigung sicherheitstechnischer Kriterien:**

Sicherheitstechnische Aspekte bei der Auftragsvergabe sind insbesondere die ausreichenden Qualifikationen der Leiharbeitnehmer, die spezifischen Anforderungen an den jeweiligen Arbeitsplatz z. B. hinsichtlich erforderlicher Schutzausrüstungen, besonderer Einweisungen etc. Der Entleiher hat den Verleiher hierüber zu informieren und ihm entsprechende Angaben zur Verfügung zu stellen, um dem Verleiher die Möglichkeit der Erfüllung seiner Überwachungspflichten einzuräumen.

▶ **Eingliederung der Leiharbeitnehmer:**

Die arbeitsschutzrechtliche Eingliederung der Leiharbeitnehmer in den Betrieb des Entleihers beinhaltet auch deren Überwachung durch Beauftrage oder Fachkräfte für Arbeitssicherheit, Betriebsärzte etc. beim Entleiher.

▶ **Unterweisung über Sicherheit und Gesundheitsschutz am Tätigkeitsort:**

Die in seinem Betrieb eingesetzten Leiharbeitnehmer hat der Entleiher insbesondere bei Beginn der Beschäftigung sowie bei Änderungen der Tätigkeit oder Veränderungen in seinem Arbeitsbereich über

Gefahren für Sicherheit und Gesundheit, denen die Leiharbeitnehmer bei der Arbeit ausgesetzt sind, zu unterrichten.

▶ **Persönliche Schutzausrüstung:**

Im Zweifel hat auch der Entleiher als Betriebsinhaber für die zur Abwendung von Gefahren erforderlichen Schutzausrüstungen für die Leiharbeitnehmer zur Verfügung zu stellen. Auch diese Verantwortung tragen Verleiher und Entleiher gemeinsam, so dass in diesen Punkten gegenseitige Abstimmungen vereinbart werden können. Zur Überwachung verpflichtet bleiben aber sowohl Verleiher als auch Entleiher.

▶ **Durchführen von Maßnahmen der arbeitsmedizinischen Vorsorge:**

Über die Maßnahmen zur arbeitsmedizinischen Vorsorge sollten sich Verleiher und Entleiher abstimmen. Da der Verleiher als Arbeitgeber besondere Verantwortung trägt, sollte der Entleiher bei einer Übernahme der Maßnahmen verpflichtet sein, eine entsprechende Dokumentation an den Verleiher zu geben.

▶ **Maßnahmen bei Umsetzung von Leiharbeitnehmern:**

Die vorgenannten Maßnahmen müssen bei Veränderungen im Arbeitsumfeld der Leiharbeitnehmer überprüft und gegebenenfalls wiederholt bzw. aufgefrischt werden.

▶ **Unfallmeldungen:**

Arbeitsunfälle muss der Entleiher unverzüglich an den Verleiher melden.

25. Öffentlicher Dienst

25.1 Personalvertretungsrecht

Für die Mitwirkungs- und Mitbestimmungsrechte bestimmt § 14 Abs. 4 AÜG, dass die Beteiligungsrechte der Betriebsräte beim Entleiher auch entsprechend für Personalvertretungen nach dem Bundespersonalvertretungsgesetz (BPersVG) gelten.

Im Geltungsbereich des Bundespersonalvertretungsrechts stehen aber nur Bundesbehörden, das sind Verwaltungen des Bundes und bundesunmittelbare Körperschaften, Anstalten und Stiftungen des öffentlichen Rechts sowie die Gerichte des Bundes. Landesverwaltungen sind davon nicht erfasst. Ebenso gilt § 14 Abs. 4 AÜG nicht im Geltungsbereich des Dienstrechts der Kirchen.

Für die Rechte und Pflichten des Personalrates im Bereich des öffentlichen Dienstes sind die landesgesetzlichen Regelungen der Bundesländer maßgeblich.

Zugehörigkeit zur Dienststelle

Das jeweilige Landespersonalvertretungsgesetz kann eine Bestimmung enthalten, die bei der Überlassung von Arbeitnehmern Mitbestimmungsrecht des Personalrates vorsehen. Ausdrücklich ist dies nur vereinzelt in Landespersonalvertretungsgesetzen geregelt, beispielsweise in Niedersachsen (§ 107c LPVG Nds.) und Nordrhein-Westfalen (§ 72 Abs. 4 Nr. 19 LPVG NRW).

25.2 Arbeitnehmerüberlassung im öffentlichen Dienst

Die Arbeitnehmerüberlassung im öffentlichen Dienst erfasst nur Arbeitnehmer, also Angestellte und Arbeiter im öffentlichen Dienst. Nicht erfasst sind davon Richter, Beamte und Soldaten.

Die Überlassung von Arbeitnehmern kann zwischen zwei Dienststellen stattfinden. Diese Fälle werden regelmäßig Abordnungen im Sinne des Personalvertretungsrechts darstellen. Im Rahmen einer Abordnung werden die Bediensteten vorübergehend, d.h. unter Beibehaltung ihres Amtes in der Heimatbehörde, bei einer anderen Dienststelle des öffentlichen Rechts tätig. Abordnungen sind gemäß § 4 Abs. 1 TVöD, § 12 BAT bzw. § 9 Abs. 7 MTB II auch für Angestellte des öffentlichen Dienstes möglich.

Die Arbeitnehmerüberlassung zwischen Dienststellen der öffentlichen Verwaltung und privatwirtschaftlichen Unternehmen kann sowohl aus der öffentlichen Verwaltung als auch in die Dienststellen hinein vorkommen. Die im Sinne des AÜG Überlassung von Angestellten einer Dienststelle an ein privatrechtliches Unternehmen wird sich auf solche Fälle beschränken, in denen die öffentliche Verwaltung ein privatrechtliches Unternehmen, z. B. Gemeinschaftsunternehmen mehrerer Gemeinden, Verkehrsbetriebe, etc. ist. Umgekehrt können Verleihunternehmen Arbeitskräfte an Dienststellen der öffentlichen Verwaltung überlassen. Der Überlassungsvertrag ist dabei privatrechtlicher Natur. Das AÜG findet uneingeschränkt Anwendung.

25.3 Zugehörigkeit der Leiharbeitnehmer zur Dienststelle

Beschäftigte einer Dienststelle sind Arbeitnehmer, die in die Dienststelle eingegliedert sind und hinsichtlich der Ausübung ihrer Arbeitsaufgaben dem Direktionsrecht des Leiters der Dienststelle unterliegen. Ein Arbeitsvertrag zum Träger der Dienststelle ist für die Beschäftigteneigenschaft im Sinne des Bundespersonalvertretungsgesetzes nicht erforderlich. Überlassene Arbeitnehmer bleiben nach § 14 Abs. 4 i.V.m. Abs. 1 AÜG der verleihenden Dienststelle zugehörig. Insofern gilt für Beschäftigte im öffentlichen Dienst nichts anderes als für Arbeitnehmer im Betrieb eines Unternehmens. Sie sind während der Dauer ihrer Überlassung daneben

Angehörige der aufnehmenden Dienststelle bzw. des aufnehmenden Betriebes, so dass auch hier während der Überlassung eine doppelte Betriebszugehörigkeit begründet wird.

25.4 Rechte und Pflichten der Leiharbeitnehmer im öffentlichen Dienst

25.4.1 Wahlrecht zur Personalvertretung

Die Arbeiter und Angestellten des öffentlichen Dienstes sind gemäß § 14 AÜG ausschließlich in der überlassenden Dienststelle für den Personalrat wahlberechtigt und wählbar.

Etwas anderes gilt für die Abordnung im öffentlichen Dienst in eine andere Dienststelle. Beschäftigte im öffentlichen Dienst sind im Fall einer Abordnung nach § 13 Abs. 2 BPersVG in der Dienststelle, zu der sie abgeordnet sind, wahlberechtigt, sobald die Abordnung länger als drei Monate gedauert hat und nicht auf mehr als neun Monate befristet ist. In diesem Fall sind die Beschäftigten in der abordnenden Dienststelle nicht mehr wahlberechtigt, es sei denn, sie sind als Mitglied einer Stufenvertretung oder des Gesamtpersonalrates freigestellt. Liegen die Voraussetzungen des § 13 Abs. 2 BPersVG über die Dauer der Abordnung nicht vor, können die Beschäftigten zur Wahl der Vertretung der nicht ständig Beschäftigten in der aufnehmenden Dienststelle aktiv und passiv wahlberechtigt sein.

Bei der Abordnung von einer Bundesbehörde im Geltungsbereich des Bundespersonalvertretungsgesetzes in eine Landesbehörde gelten für das Wahlrecht die verschiedenen Vorschriften des BPersVG und dem Landespersonalvertretungsgesetz. Das Wahlrecht richtet sich in diesem Fall für die beteiligten Dienststellen nach dem jeweils für sie geltenden Recht.

Leiharbeitnehmer, die einem privatrechtlichen Verleihunternehmen angehören und an eine Dienststelle der öffentlichen Verwaltung überlassen werden, bleiben gemäß § 14 Abs. 1 AÜG während der Dauer der Überlassung im Betrieb des Verleiher aktiv und passiv wahlberechtigt. Sie sind gemäß § 14 Abs. 2 S. 1 AÜG in der entleihenden Dienststelle nicht wählbar. Ein aktives Wahlrecht zum Personalrat wird Leiharbeitnehmern eines privatrechtlichen Verleihers nicht zugestanden. Die Vorschrift des § 7 S. 2 BetrVG findet für die Dienststelle der öffentlichen Verwaltung keine Anwendung. Ein Wahlrecht für Arbeitnehmer eines privatrechtlichen Arbeitgebers aus § 13 BPersVG wird überwiegend abgelehnt und vertreten, dass die Leiharbeitnehmer privater Verleihunternehmen wahlberechtigt zur Vertretung der nicht ständig Beschäftigten (§ 65 BPersVG) zusteht.

Beteiligung des Personalrats

Die Überlassung der Beschäftigten einer Dienststelle der öffentlichen Verwaltung an einen privatrechtlichen Arbeitgeber kommt praktisch nur im Rahmen nicht gewerbsmäßiger Arbeitnehmerüberlassung in Betracht, da eine gewerbsmäßige Betätigung der Behörde diesbezüglich nicht zulässig ist.

Sobald die Überlassung drei Monate gedauert hat und insgesamt nicht weniger als neun Monate dauern soll, verliert der Beschäftigte sein aktives und passives Wahlrecht in der überlassenden Dienststelle (§ 13 Abs. 2 BPersVG). Im Betrieb des (privatrechtlichen) Entleihers sind die Leiharbeitnehmer gemäß § 7 S. 2 BetrVG aktiv wahlberechtigt. Das passive Wahlrecht ist gemäß § 14 Abs. 2 AÜG nur für die wirtschaftliche Arbeitnehmerüberlassung ausgeschlossen. Im Fall der Überlassung außerhalb des AÜG gelten für das passive Wahlrecht die Vorschriften der §§ 7, 8 BetrVG direkt. Danach ist Voraussetzung, dass die Leiharbeitnehmer zum Zeitpunkt der Wahl noch mindestens drei Monate beim Entleiher eingesetzt sein werden (§ 7 S. 2 BetrVG). Es ist daher möglich, dass die überlassenen Beschäftigten aus der öffentlichen Verwaltung in ihrer Dienststelle nicht mehr wahlberechtigt sind, da die Überlassung länger als neun Monate andauert (§ 13 Abs. 2 BPersVG), beim Entleiher aber ebenfalls kein Wahlrecht besteht, da der Einsatz im Entleiherbetrieb zum Zeitpunkt der Wahl noch weniger als drei Monate fortdauern wird (§ 7 S. 2 BetrVG).

25.4.2 Sonstige Rechte

Für Beschäftigte, die an einen privatrechtlichen Arbeitgeber überlassen werden, gelten die betriebsverfassungsrechtlichen Rechte für Leiharbeitnehmer.

Nach § 14 Abs. 4 AÜG finden die Vorschriften des Bundespersonalvertretungsgesetzes sinngemäß zu den in § 14 Abs. 2 AÜG in Bezug genommenen Vorschriften des Betriebsverfassungsgesetzes Anwendung. Die Beschäftigten sind während der Überlassung an eine Dienststelle der öffentlichen Verwaltung berechtigt, während der Arbeitszeit Sprechstunden des Personalrates (§ 43 BPersVG) oder der Jugendvertretung (§ 62 BPersVG) zu besuchen. Das Gleiche gilt für die Teilnahme an der Personalversammlung oder der Jugendversammlung. Für die überlassenen Beschäftigten in einer Dienststelle gelten daneben die Grundsätze über die Behandlung von Beschäftigten nach § 67 BPersVG.

25.5 Beteiligung des Personalrats

Der Personalrat kann bei der Übernahme eines Leiharbeitnehmers in die Dienststelle die Zustimmung verweigern, wenn:

Öffentlicher Dienst

1. die Übernahme gegen ein Gesetz, eine Verordnung, eine Bestimmung in einem Tarifvertrag, eine gerichtliche Entscheidung, den Frauenförderplan oder eine Verwaltungsanordnung, oder gegen eine Richtlinie über die Personalauswahl verstößt,
2. die durch Tatsachen begründete Besorgnis besteht, dass durch die Maßnahme der betroffene Beschäftigte oder andere Beschäftigte ungerechtfertigt benachteiligt werden,
3. die durch Tatsachen begründete Besorgnis besteht, dass der Beschäftigte oder Bewerber den Frieden in der Dienststelle durch unsoziales oder gesetzwidriges Verhalten stören werde.

Im umgekehrten Fall hat der Personalrat ein Mitbestimmungsrecht, wenn ein Beschäftigter im öffentlichen Dienst an ein privatwirtschaftliches Unternehmen überlassen werden soll.

25.6 Besondere Fälle

Für öffentlich-rechtliche Beschäftigungsverhältnisse bestehen für die Überlassung von Arbeitskräften an Dritte spezialgesetzliche Regelungen, die für bestimmte Fälle eine Arbeitnehmerüberlassung ausschließen. Das Bundesarbeitsgericht nimmt in solchen Fällen eine spezialgesetzliche Regelung an, die den Bestimmungen des Arbeitnehmerüberlassungsgesetzes vorgehen. Dann kann in den Fällen, in denen Beschäftigte zur Arbeitsleistung an andere Behörden oder Dienststellen überlassen werden und dort einem Weisungsrecht unterliegen, dennoch keine Arbeitnehmerüberlassung im Sinne des AÜG vorliegen.

Eine solche Regelung liegt beispielsweise vor für die **Personalgestellung nach § 5 Abs. 4 AsylVfG.** Danach kann der Leiter des Bundesamtes für Migration und Flüchtlinge mit den Ländern vereinbaren, ihm sachliche und personelle Mittel zur notwendigen Erfüllung seiner Aufgaben in den Außenstellen zur Verfügung zu stellen. Die ihm zur Verfügung gestellten Bediensteten unterliegen im gleichen Umfang seinen fachlichen Weisungen wie die Bediensteten des Bundesamtes.

Wird aufgrund dieser Regelungen ein Bediensteter überlassen oder abgeordnet, soll dennoch keine Arbeitnehmerüberlassung vorliegen, weil sich die Überlassung allein nach der spezielleren Verwaltungsvorschrift bestimmt.

Für die Fälle der Beschäftigung von Arbeitslosen im Rahmen von Arbeitsgelegenheiten zum Hinzuverdienst zum Arbeitslosengeld wird ebenfalls keine Arbeitnehmerüberlassung vorliegen.

Beispiele hierfür sind die Beschäftigung im Rahmen von Arbeitsbeschaffungsmaßnahmen **(ABM)** oder sog. **1-Euro-Jobs.** Bei diesen wird ein sozialversicherungspflichtiges Beschäftigungsverhältnis mit dem beschäftigenden Unternehmen begründet, der Beschäftigte wird nicht überlassen.

26. Anhang

26.1 Arbeitnehmerüberlassungsgesetz (AÜG)

Gesetz zur Regelung der Arbeitnehmerüberlassung (Arbeitnehmerüberlassungsgesetz – AÜG)

i.d.F. der Bek. vom 3.2.1995 (BGBl. I S. 158),
zuletzt geändert durch Art. 1 G vom 20.7.2011 (BGBl. I S. 1506)

§ 1
Erlaubnispflicht

(1) Arbeitgeber, die als Verleiher Dritten (Entleihern) Arbeitnehmer (Leiharbeitnehmer) im Rahmen ihrer wirtschaftlichen Tätigkeit zur Arbeitsleistung überlassen wollen, bedürfen der Erlaubnis. Die Überlassung von Arbeitnehmern an Entleiher erfolgt vorübergehend. Die Abordnung von Arbeitnehmern zu einer zur Herstellung eines Werkes gebildeten Arbeitsgemeinschaft ist keine Arbeitnehmerüberlassung, wenn der Arbeitgeber Mitglied der Arbeitsgemeinschaft ist, für alle Mitglieder der Arbeitsgemeinschaft Tarifverträge desselben Wirtschaftszweiges gelten und alle Mitglieder aufgrund des Arbeitsgemeinschaftsvertrages zur selbstständigen Erbringung von Vertragsleistungen verpflichtet sind. Für einen Arbeitgeber mit Geschäftssitz in einem anderen Mitgliedstaat des Europäischen Wirtschaftsraumes ist die Abordnung von Arbeitnehmern zu einer zur Herstellung eines Werkes gebildeten Arbeitsgemeinschaft auch dann keine Arbeitnehmerüberlassung, wenn für ihn deutsche Tarifverträge desselben Wirtschaftszweiges wie für die anderen Mitglieder der Arbeitsgemeinschaft nicht gelten, er aber die übrigen Voraussetzungen des Satzes 2 erfüllt.

(2) Werden Arbeitnehmer Dritten zur Arbeitsleistung überlassen und übernimmt der Überlassende nicht die üblichen Arbeitgeberpflichten oder das Arbeitgeberrisiko (§ 3 Abs. 1 Nr. 1 bis 3), so wird vermutet, dass der Überlassende Arbeitsvermittlung betreibt.

(3) Dieses Gesetz ist mit Ausnahme des § 1b Satz 1, des § 16 Abs. 1 Nr. 1b und Abs. 2 bis 5 sowie der §§ 17 und 18 nicht anzuwenden auf die Arbeitnehmerüberlassung

1. zwischen Arbeitgebern desselben Wirtschaftszweiges zur Vermeidung von Kurzarbeit oder Entlassungen, wenn ein für den Entleiher und Verleiher geltender Tarifvertrag dies vorsieht,
2. zwischen Konzernunternehmen im Sinne des § 18 des Aktiengesetzes, wenn der Arbeitnehmer nicht zum Zweck der Überlassung eingestellt und beschäftigt wird,
2a. zwischen Arbeitgebern, wenn die Überlassung nur gelegentlich erfolgt und der Arbeitnehmer nicht zum Zweck der Überlassung eingestellt und beschäftigt wird, oder
3. in das Ausland, wenn der Leiharbeitnehmer in ein auf der Grundlage zwischenstaatlicher Vereinbarungen begründetes deutsch-ausländisches Gemeinschaftsunternehmen verliehen wird, an dem der Verleiher beteiligt ist.

§ 1a
Anzeige der Überlassung

(1) Keiner Erlaubnis bedarf ein Arbeitgeber mit weniger als 50 Beschäftigten, der zur Vermeidung von Kurzarbeit oder Entlassungen an einen Arbeitgeber einen Arbeitnehmer, der nicht zum Zweck der Überlassung eingestellt und beschäftigt wird, bis zur Dauer von zwölf Monaten überlässt, wenn er die Überlassung vorher schriftlich der Bundesagentur für Arbeit angezeigt hat.

(2) In der Anzeige sind anzugeben
1. Vor- und Familiennamen, Wohnort und Wohnung, Tag und Ort der Geburt des Leiharbeitnehmers,
2. Art der vom Leiharbeitnehmer zu leistenden Tätigkeit und etwaige Pflicht zur auswärtigen Leistung,
3. Beginn und Dauer der Überlassung,
4. Firma und Anschrift des Entleihers.

§ 1b
Einschränkungen im Baugewerbe

Arbeitnehmerüberlassung nach § 1 in Betriebe des Baugewerbes für Arbeiten, die üblicherweise von Arbeitern verrichtet werden, ist unzulässig. Sie ist gestattet
a) zwischen Betrieben des Baugewerbes und anderen Betrieben, wenn diese Betriebe erfassende, für allgemeinverbindlich erklärte Tarifverträge dies bestimmen,
b) zwischen Betrieben des Baugewerbes, wenn der verleihende Betrieb nachweislich seit mindestens drei Jahren von denselben Rahmen-

und Sozialkassentarifverträgen oder von deren Allgemeinverbindlichkeit erfasst wird. Abweichend von Satz 2 ist für Betriebe des Baugewerbes mit Geschäftssitz in einem anderen Mitgliedstaat des Europäischen Wirtschaftsraumes Arbeitnehmerüberlassung auch gestattet, wenn die ausländischen Betriebe nicht von deutschen Rahmen- und Sozialkassentarifverträgen oder für allgemeinverbindlich erklärten Tarifverträgen erfasst werden, sie aber nachweislich seit mindestens drei Jahren überwiegend Tätigkeiten ausüben, die unter den Geltungsbereich derselben Rahmen- und Sozialkassentarifverträge fallen, von denen der Betrieb des Entleihers erfasst wird.

§ 2
Erteilung und Erlöschen der Erlaubnis

(1) Die Erlaubnis wird auf schriftlichen Antrag erteilt.

(2) Die Erlaubnis kann unter Bedingungen erteilt und mit Auflagen verbunden werden, um sicherzustellen, dass keine Tatsachen eintreten, die nach § 3 die Versagung der Erlaubnis rechtfertigen. Die Aufnahme, Änderung oder Ergänzung von Auflagen sind auch nach Erteilung der Erlaubnis zulässig.

(3) Die Erlaubnis kann unter dem Vorbehalt des Widerrufs erteilt werden, wenn eine abschließende Beurteilung des Antrags noch nicht möglich ist.

(4) Die Erlaubnis ist auf ein Jahr zu befristen. Der Antrag auf Verlängerung der Erlaubnis ist spätestens drei Monate vor Ablauf des Jahres zu stellen. Die Erlaubnis verlängert sich um ein weiteres Jahr, wenn die Erlaubnisbehörde die Verlängerung nicht vor Ablauf des Jahres ablehnt. Im Fall der Ablehnung gilt die Erlaubnis für die Abwicklung der nach § 1 erlaubt abgeschlossenen Verträge als fortbestehend, jedoch nicht länger als zwölf Monate.

(5) Die Erlaubnis kann unbefristet erteilt werden, wenn der Verleiher drei aufeinander folgende Jahre lang nach § 1 erlaubt tätig war. Sie erlischt, wenn der Verleiher von der Erlaubnis drei Jahre lang keinen Gebrauch gemacht hat.

§ 2a
Kosten

(1) Für die Bearbeitung von Anträgen auf Erteilung und Verlängerung der Erlaubnis werden vom Antragsteller Kosten (Gebühren und Auslagen) erhoben.

(2) Die Vorschriften des Verwaltungskostengesetzes sind anzuwenden. Die Bundesregierung wird ermächtigt, durch Rechtsverordnung die gebührenpflichtigen Tatbestände näher zu bestimmen und dabei feste Sätze und Rahmensätze vorzusehen. Die Gebühr darf im Einzelfall 2500 Euro nicht überschreiten.

§ 3
Versagung

(1) Die Erlaubnis oder ihre Verlängerung ist zu versagen, wenn Tatsachen die Annahme rechtfertigen, dass der Antragsteller
1. die für die Ausübung der Tätigkeit nach § 1 erforderliche Zuverlässigkeit nicht besitzt, insbesondere weil er die Vorschriften des Sozialversicherungsrechts, über die Einbehaltung und Abführung der Lohnsteuer, über die Arbeitsvermittlung, über die Anwerbung im Ausland oder über die Ausländerbeschäftigung, die Vorschriften des Arbeitsschutzrechts oder die arbeitsrechtlichen Pflichten nicht einhält;
2. nach der Gestaltung seiner Betriebsorganisation nicht in der Lage ist, die üblichen Arbeitgeberpflichten ordnungsgemäß zu erfüllen;
3. dem Leiharbeitnehmer für die Zeit der Überlassung an einen Entleiher die im Betrieb dieses Entleihers für einen vergleichbaren Arbeitnehmer des Entleihers geltenden wesentlichen Arbeitsbedingungen einschließlich des Arbeitsentgelts nicht gewährt. Ein Tarifvertrag kann abweichende Regelungen zulassen, soweit er nicht die in einer Rechtsverordnung nach § 3a Absatz 2 festgesetzten Mindeststundenentgelte unterschreitet. Im Geltungsbereich eines solchen Tarifvertrages können nicht tarifgebundene Arbeitgeber und Arbeitnehmer die Anwendung der tariflichen Regelungen vereinbaren. Eine abweichende tarifliche Regelung gilt nicht für Leiharbeitnehmer, die in den letzten sechs Monaten vor der Überlassung an den Entleiher aus einem Arbeitsverhältnis bei diesem oder einem Arbeitgeber, der mit dem Entleiher einen Konzern im Sinne des § 18 des Aktiengesetzes bildet, ausgeschieden sind.

(2) Die Erlaubnis oder ihre Verlängerung ist ferner zu versagen, wenn für die Ausübung der Tätigkeit nach § 1 Betriebe, Betriebsteile oder Nebenbetriebe vorgesehen sind, die nicht in einem Mitgliedstaat der Europäischen Wirtschaftsgemeinschaft oder einem anderen Vertragsstaat des Abkommens über den Europäischen Wirtschaftsraum liegen.

(3) Die Erlaubnis kann versagt werden, wenn der Antragsteller nicht Deutscher im Sinne des Artikels 116 des Grundgesetzes ist oder wenn eine Gesellschaft oder juristische Person den Antrag stellt, die entweder nicht nach deutschem Recht gegründet ist oder die weder ihren sat-

zungsmäßigen Sitz noch ihre Hauptverwaltung noch ihre Hauptniederlassung im Geltungsbereich dieses Gesetzes hat.

(4) Staatsangehörige der Mitgliedstaaten der Europäischen Wirtschaftsgemeinschaft oder eines anderen Vertragsstaates des Abkommens über den Europäischen Wirtschaftsraum erhalten die Erlaubnis unter den gleichen Voraussetzungen wie deutsche Staatsangehörige. Den Staatsangehörigen dieser Staaten stehen gleich Gesellschaften und juristische Personen, die nach den Rechtsvorschriften dieser Staaten gegründet sind und ihren satzungsgemäßen Sitz, ihre Hauptverwaltung oder ihre Hauptniederlassung innerhalb dieser Staaten haben. Soweit diese Gesellschaften oder juristische Personen zwar ihren satzungsmäßigen Sitz, jedoch weder ihre Hauptverwaltung noch ihre Hauptniederlassung innerhalb dieser Staaten haben, gilt Satz 2 nur, wenn ihre Tätigkeit in tatsächlicher und dauerhafter Verbindung mit der Wirtschaft eines Mitgliedstaates oder eines Vertragsstaates des Abkommens über den Europäischen Wirtschaftsraum steht.

(5) Staatsangehörige anderer als der in Absatz 4 genannten Staaten, die sich aufgrund eines internationalen Abkommens im Geltungsbereich dieses Gesetzes niederlassen und hierbei sowie bei ihrer Geschäftstätigkeit nicht weniger günstig behandelt werden dürfen als deutsche Staatsangehörige, erhalten die Erlaubnis unter den gleichen Voraussetzungen wie deutsche Staatsangehörige. Den Staatsangehörigen nach Satz 1 stehen gleich Gesellschaften, die nach den Rechtsvorschriften des anderen Staates gegründet sind.

§ 3a
Lohnuntergrenze

(1) Gewerkschaften und Vereinigungen von Arbeitgebern, die zumindest auch für ihre jeweiligen in der Arbeitnehmerüberlassung tätigen Mitglieder zuständig sind (vorschlagsberechtigte Tarifvertragsparteien) und bundesweit tarifliche Mindeststundenentgelte im Bereich der Arbeitnehmerüberlassung miteinander vereinbart haben, können dem Bundesministerium für Arbeit und Soziales gemeinsam vorschlagen, diese als Lohnuntergrenze in einer Rechtsverordnung verbindlich festzusetzen; die Mindeststundenentgelte können nach dem jeweiligen Beschäftigungsort differenzieren. Der Vorschlag muss für Verleihzeiten und verleihfreie Zeiten einheitliche Mindeststundenentgelte sowie eine Laufzeit enthalten. Der Vorschlag ist schriftlich zu begründen.

(2) Das Bundesministerium für Arbeit und Soziales kann in einer Rechtsverordnung ohne Zustimmung des Bundesrates bestimmen, dass die vorgeschlagenen tariflichen Mindeststundenentgelte nach Absatz 1

als verbindliche Lohnuntergrenze auf alle in den Geltungsbereich der Verordnung fallenden Arbeitgeber sowie Leiharbeitnehmer Anwendung findet. Der Verordnungsgeber kann den Vorschlag nur inhaltlich unverändert in die Rechtsverordnung übernehmen.

(3) Bei der Entscheidung nach Absatz 2 findet § 5 Absatz 1 Satz 1 Nummer 2 des Tarifvertragsgesetzes entsprechend Anwendung. Der Verordnungsgeber hat bei seiner Entscheidung nach Absatz 2 im Rahmen einer Gesamtabwägung neben den Zielen dieses Gesetzes zu prüfen, ob eine Rechtsverordnung nach Absatz 2 insbesondere geeignet ist, die finanzielle Stabilität der sozialen Sicherungssysteme zu gewährleisten. Der Verordnungsgeber hat zu berücksichtigen

1. die bestehenden bundesweiten Tarifverträge in der Arbeitnehmerüberlassung und
2. die Repräsentativität der vorschlagenden Tarifvertragsparteien.

(4) Liegen mehrere Vorschläge nach Absatz 1 vor, hat der Verordnungsgeber bei seiner Entscheidung nach Absatz 2 im Rahmen der nach Absatz 3 erforderlichen Gesamtabwägung die Repräsentativität der vorschlagenden Tarifvertragsparteien besonders zu berücksichtigen. Bei der Feststellung der Repräsentativität ist vorrangig abzustellen auf

1. die Zahl der jeweils in den Geltungsbereich einer Rechtsverordnung nach Absatz 2 fallenden Arbeitnehmer, die bei Mitgliedern der vorschlagenden Arbeitgebervereinigung beschäftigt sind;
2. die Zahl der jeweils in den Geltungsbereich einer Rechtsverordnung nach Absatz 2 fallenden Mitglieder der vorschlagenden Gewerkschaften.

(5) Vor Erlass ist ein Entwurf der Rechtsverordnung im Bundesanzeiger bekannt zu machen. Das Bundesministerium für Arbeit und Soziales gibt Verleihern und Leiharbeitnehmern sowie den Gewerkschaften und Vereinigungen von Arbeitgebern, die im Geltungsbereich der Rechtsverordnung zumindest teilweise tarifzuständig sind, Gelegenheit zur schriftlichen Stellungnahme innerhalb von drei Wochen ab dem Tag der Bekanntmachung des Entwurfs der Rechtsverordnung im Bundesanzeiger. Nach Ablauf der Stellungnahmefrist wird der in § 5 Absatz 1 Satz 1 des Tarifvertragsgesetzes genannte Ausschuss mit dem Vorschlag befasst.

(6) Nach Absatz 1 vorschlagsberechtigte Tarifvertragsparteien können gemeinsam die Änderung einer nach Absatz 2 erlassenen Rechtsverordnung vorschlagen. Die Absätze 1 bis 5 finden entsprechend Anwendung.

§ 4
Rücknahme

(1) Eine rechtswidrige Erlaubnis kann mit Wirkung für die Zukunft zurückgenommen werden. § 2 Abs. 4 Satz 4 gilt entsprechend.

(2) Die Erlaubnisbehörde hat dem Verleiher auf Antrag den Vermögensnachteil auszugleichen, den dieser dadurch erleidet, dass er auf den Bestand der Erlaubnis vertraut hat, soweit sein Vertrauen unter Abwägung mit dem öffentlichen Interesse schutzwürdig ist. Auf Vertrauen kann sich der Verleiher nicht berufen, wenn er

1. die Erlaubnis durch arglistige Täuschung, Drohung oder eine strafbare Handlung erwirkt hat;
2. die Erlaubnis durch Angaben erwirkt hat, die in wesentlicher Beziehung unrichtig oder unvollständig waren, oder
3. die Rechtswidrigkeit der Erlaubnis kannte oder infolge grober Fahrlässigkeit nicht kannte.

Der Vermögensnachteil ist jedoch nicht über den Betrag des Interesses hinaus zu ersetzen, das der Verleiher an dem Bestand der Erlaubnis hat. Der auszugleichende Vermögensnachteil wird durch die Erlaubnisbehörde festgesetzt. Der Anspruch kann nur innerhalb eines Jahres geltend gemacht werden; die Frist beginnt, sobald die Erlaubnisbehörde den Verleiher auf sie hingewiesen hat.

(3) Die Rücknahme ist nur innerhalb eines Jahres seit dem Zeitpunkt zulässig, in dem die Erlaubnisbehörde von den Tatsachen Kenntnis erhalten hat, die die Rücknahme der Erlaubnis rechtfertigen.

§ 5
Widerruf

(1) Die Erlaubnis kann mit Wirkung für die Zukunft widerrufen werden, wenn

1. der Widerruf bei ihrer Erteilung nach § 2 Abs. 3 vorbehalten worden ist;
2. der Verleiher eine Auflage nach § 2 nicht innerhalb einer ihm gesetzten Frist erfüllt hat;
3. die Erlaubnisbehörde aufgrund nachträglich eingetretener Tatsachen berechtigt wäre, die Erlaubnis zu versagen, oder
4. die Erlaubnisbehörde aufgrund einer geänderten Rechtslage berechtigt wäre, die Erlaubnis zu versagen; § 4 Abs. 2 gilt entsprechend.

(2) Die Erlaubnis wird mit dem Wirksamwerden des Widerrufs unwirksam. § 2 Abs. 4 Satz 4 gilt entsprechend.

(3) Der Widerruf ist unzulässig, wenn eine Erlaubnis gleichen Inhalts erneut erteilt werden müsste.

(4) Der Widerruf ist nur innerhalb eines Jahres seit dem Zeitpunkt zulässig, in dem die Erlaubnisbehörde von den Tatsachen Kenntnis erhalten hat, die den Widerruf der Erlaubnis rechtfertigen.

§ 6
Verwaltungszwang

Werden Leiharbeitnehmer von einem Verleiher ohne die erforderliche Erlaubnis überlassen, so hat die Erlaubnisbehörde dem Verleiher dies zu untersagen und das weitere Überlassen nach den Vorschriften des Verwaltungsvollstreckungsgesetzes zu verhindern.

§ 7
Anzeigen und Auskünfte

(1) Der Verleiher hat der Erlaubnisbehörde nach Erteilung der Erlaubnis unaufgefordert die Verlegung, Schließung und Errichtung von Betrieben, Betriebsteilen oder Nebenbetrieben vorher anzuzeigen, soweit diese die Ausübung der Arbeitnehmerüberlassung zum Gegenstand haben. Wenn die Erlaubnis Personengesamtheiten, Personengesellschaften oder juristischen Personen erteilt ist und nach ihrer Erteilung eine andere Person zur Geschäftsführung oder Vertretung nach Gesetz, Satzung oder Gesellschaftsvertrag berufen wird, ist auch dies unaufgefordert anzuzeigen.

(2) Der Verleiher hat der Erlaubnisbehörde auf Verlangen die Auskünfte zu erteilen, die zur Durchführung des Gesetzes erforderlich sind. Die Auskünfte sind wahrheitsgemäß, vollständig, fristgemäß und unentgeltlich zu erteilen. Auf Verlangen der Erlaubnisbehörde hat der Verleiher die geschäftlichen Unterlagen vorzulegen, aus denen sich die Richtigkeit seiner Angaben ergibt, oder seine Angaben auf sonstige Weise glaubhaft zu machen. Der Verleiher hat seine Geschäftsunterlagen drei Jahre lang aufzubewahren.

(3) In begründeten Einzelfällen sind die von der Erlaubnisbehörde beauftragten Personen befugt, Grundstücke und Geschäftsräume des Verleihers zu betreten und dort Prüfungen vorzunehmen. Der Verleiher hat die Maßnahmen nach Satz 1 zu dulden. Das Grundrecht der Unverletzlichkeit der Wohnung (Artikel 13 des Grundgesetzes) wird insoweit eingeschränkt.

(4) Durchsuchungen können nur auf Anordnung des Richters bei dem Amtsgericht, in dessen Bezirk die Durchsuchung erfolgen soll, vorgenommen werden. Auf die Anfechtung dieser Anordnung finden die §§ 304 bis 310 der Strafprozessordnung entsprechende Anwendung. Bei Gefahr

im Verzug können die von der Erlaubnisbehörde beauftragten Personen während der Geschäftszeit die erforderlichen Durchsuchungen ohne richterliche Anordnung vornehmen. An Ort und Stelle ist eine Niederschrift über die Durchsuchung und ihr wesentliches Ergebnis aufzunehmen, aus der sich, falls keine richterliche Anordnung ergangen ist, auch die Tatsachen ergeben, die zur Annahme einer Gefahr im Verzug geführt haben.

(5) Der Verleiher kann die Auskunft auf solche Fragen verweigern, deren Beantwortung ihn selbst oder einen der in § 383 Abs. 1 Nr. 1 bis 3 der Zivilprozessordnung bezeichneten Angehörigen der Gefahr strafgerichtlicher Verfolgung oder eines Verfahrens nach dem Gesetz über Ordnungswidrigkeiten aussetzen würde.

§ 8
Statistische Meldungen

(1) Der Verleiher hat der Erlaubnisbehörde halbjährlich statistische Meldungen über
1. die Zahl der überlassenen Leiharbeitnehmer getrennt nach Geschlecht, nach der Staatsangehörigkeit, nach Berufsgruppen und nach der Art der vor der Begründung des Vertragsverhältnisses zum Verleiher ausgeübten Beschäftigung,
2. die Zahl der Überlassungsfälle, gegliedert nach Wirtschaftsgruppen,
3. die Zahl der Entleiher, denen er Leiharbeitnehmer überlassen hat, gegliedert nach Wirtschaftsgruppen,
4. die Zahl und die Dauer der Arbeitsverhältnisse, die er mit jedem überlassenen Leiharbeitnehmer eingegangen ist,
5. die Zahl der Beschäftigungstage jedes überlassenen Leiharbeitnehmers, gegliedert nach Überlassungsfällen,

zu erstatten. Die Erlaubnisbehörde kann die Meldepflicht nach Satz 1 einschränken.

(2) Die Meldungen sind für das erste Kalenderhalbjahr bis zum 1. September des laufenden Jahres, für das zweite Kalenderhalbjahr bis zum 1. März des folgenden Jahres zu erstatten.

(3) Die Erlaubnisbehörde gibt zur Durchführung des Absatzes 1 Erhebungsvordrucke aus. Die Meldungen sind auf diesen Vordrucken zu erstatten. Die Richtigkeit der Angaben ist durch Unterschrift zu bestätigen.

(4) Einzelangaben nach Absatz 1 sind von der Erlaubnisbehörde geheim zu halten. Die §§ 93, 97, 105 Abs. 1, § 111 Abs. 5 in Verbindung mit § 105 Abs. 1 sowie § 116 Abs. 1 der Abgabenordnung gelten nicht. Dies gilt nicht, soweit die Finanzbehörden die Kenntnisse für die Durchführung eines Verfahrens wegen einer Steuerstraftat sowie eines damit

zusammenhängenden Besteuerungsverfahrens benötigen, an deren Verfolgung ein zwingendes öffentliches Interesse besteht, oder soweit es sich um vorsätzlich falsche Angaben des Auskunftspflichtigen oder der für ihn tätigen Personen handelt. Veröffentlichungen von Ergebnissen aufgrund von Meldungen nach Absatz 1 dürfen keine Einzelangaben enthalten. Eine Zusammenfassung von Angaben mehrerer Auskunftspflichtiger ist keine Einzelangabe im Sinne dieses Absatzes.

§ 9
Unwirksamkeit

Unwirksam sind:
1. Verträge zwischen Verleihern und Entleihern sowie zwischen Verleihern und Leiharbeitnehmern, wenn der Verleiher nicht die nach § 1 erforderliche Erlaubnis hat,
2. Vereinbarungen, die für den Leiharbeitnehmer für die Zeit der Überlassung an einen Entleiher schlechtere als die im Betrieb des Entleihers für einen vergleichbaren Arbeitnehmer des Entleihers geltenden wesentlichen Arbeitsbedingungen einschließlich des Arbeitsentgelts vorsehen; ein Tarifvertrag kann abweichende Regelungen zulassen, soweit er nicht die in einer Rechtsverordnung nach § 3a Absatz 2 festgesetzten Mindeststundenentgelte unterschreitet; im Geltungsbereich eines solchen Tarifvertrages können nicht tarifgebundene Arbeitgeber und Arbeitnehmer die Anwendung der tariflichen Regelungen vereinbaren; eine abweichende tarifliche Regelung gilt nicht für Leiharbeitnehmer, die in den letzten sechs Monaten vor der Überlassung an den Entleiher aus einem Arbeitsverhältnis bei diesem oder einem Arbeitgeber, der mit dem Entleiher einen Konzern im Sinne des § 18 des Aktiengesetzes bildet, ausgeschieden sind,

2a. Vereinbarungen, die den Zugang des Leiharbeitnehmers zu den Gemeinschaftseinrichtungen oder -diensten im Unternehmen des Entleihers entgegen § 13b beschränken,
3. Vereinbarungen, die dem Entleiher untersagen, den Leiharbeitnehmer zu einem Zeitpunkt einzustellen, in dem dessen Arbeitsverhältnis zum Verleiher nicht mehr besteht; dies schließt die Vereinbarung einer angemessenen Vergütung zwischen Verleiher und Entleiher für die nach vorangegangenem Verleih oder mittels vorangegangenem Verleih erfolgte Vermittlung nicht aus,
4. Vereinbarungen, die dem Leiharbeitnehmer untersagen, mit dem Entleiher zu einem Zeitpunkt, in dem das Arbeitsverhältnis zwischen Verleiher und Leiharbeitnehmer nicht mehr besteht, ein Arbeitsverhältnis einzugehen,

5. Vereinbarungen, nach denen der Leiharbeitnehmer eine Vermittlungsvergütung an den Verleiher zu zahlen hat.

§ 10
Rechtsfolgen bei Unwirksamkeit, Pflichten des Arbeitgebers zur Gewährung von Arbeitsbedingungen

(1) Ist der Vertrag zwischen einem Verleiher und einem Leiharbeitnehmer nach § 9 Nr. 1 unwirksam, so gilt ein Arbeitsverhältnis zwischen Entleiher und Leiharbeitnehmer zu dem zwischen dem Entleiher und dem Verleiher für den Beginn der Tätigkeit vorgesehenen Zeitpunkt als zustande gekommen; tritt die Unwirksamkeit erst nach Aufnahme der Tätigkeit beim Entleiher ein, so gilt das Arbeitsverhältnis zwischen Entleiher und Leiharbeitnehmer mit dem Eintritt der Unwirksamkeit als zustande gekommen. Das Arbeitsverhältnis nach Satz 1 gilt als befristet, wenn die Tätigkeit des Leiharbeitnehmers bei dem Entleiher nur befristet vorgesehen war und ein die Befristung des Arbeitsverhältnisses sachlich rechtfertigender Grund vorliegt. Für das Arbeitsverhältnis nach Satz 1 gilt die zwischen dem Verleiher und dem Entleiher vorgesehene Arbeitszeit als vereinbart. Im Übrigen bestimmen sich Inhalt und Dauer dieses Arbeitsverhältnisses nach den für den Betrieb des Entleihers geltenden Vorschriften und sonstigen Regelungen; sind solche nicht vorhanden, gelten diejenigen vergleichbarer Betriebe. Der Leiharbeitnehmer hat gegen den Entleiher mindestens Anspruch auf das mit dem Verleiher vereinbarte Arbeitsentgelt.

(2) Der Leiharbeitnehmer kann im Fall der Unwirksamkeit seines Vertrags mit dem Verleiher nach § 9 Nr. 1 von diesem Ersatz des Schadens verlangen, den er dadurch erleidet, dass er auf die Gültigkeit des Vertrags vertraut. Die Ersatzpflicht tritt nicht ein, wenn der Leiharbeitnehmer den Grund der Unwirksamkeit kannte.

(3) Zahlt der Verleiher das vereinbarte Arbeitsentgelt oder Teile des Arbeitsentgelts an den Leiharbeitnehmer, obwohl der Vertrag nach § 9 Nr. 1 unwirksam ist, so hat er auch sonstige Teile des Arbeitsentgelts, die bei einem wirksamen Arbeitsvertrag für den Leiharbeitnehmer an einen anderen zu zahlen wären, an den anderen zu zahlen. Hinsichtlich dieser Zahlungspflicht gilt der Verleiher neben dem Entleiher als Arbeitgeber; beide haften insoweit als Gesamtschuldner.

(4) Der Verleiher ist verpflichtet, dem Leiharbeitnehmer für die Zeit der Überlassung an den Entleiher die im Betrieb des Entleihers für einen vergleichbaren Arbeitnehmer des Entleihers geltenden wesentlichen Arbeitsbedingungen einschließlich des Arbeitsentgelts zu gewähren. Soweit ein auf das Arbeitsverhältnis anzuwendender Tarifvertrag abweichende

Regelungen trifft (§ 3 Absatz 1 Nummer 3, § 9 Nummer 2), hat der Verleiher dem Leiharbeitnehmer die nach diesem Tarifvertrag geschuldeten Arbeitsbedingungen zu gewähren. Soweit ein solcher Tarifvertrag die in einer Rechtsverordnung nach § 3a Absatz 2 festgesetzten Mindeststundenentgelte unterschreitet, hat der Verleiher dem Leiharbeitnehmer für jede Arbeitsstunde das im Betrieb des Entleihers für einen vergleichbaren Arbeitnehmer des Entleihers für eine Arbeitsstunde zu zahlende Arbeitsentgelt zu gewähren. Im Falle der Unwirksamkeit der Vereinbarung zwischen Verleiher und Leiharbeitnehmer nach § 9 Nummer 2 hat der Verleiher dem Leiharbeitnehmer die im Betrieb des Entleihers für einen vergleichbaren Arbeitnehmer des Entleihers geltenden wesentlichen Arbeitsbedingungen einschließlich des Arbeitsentgelts zu gewähren.

(5) Der Verleiher ist verpflichtet, dem Leiharbeitnehmer mindestens das in einer Rechtsverordnung nach § 3a Absatz 2 für die Zeit der Überlassung und für Zeiten ohne Überlassung festgesetzte Mindeststundenentgelt zu zahlen.

§ 11
Sonstige Vorschriften über das Leiharbeitsverhältnis

(1) Der Nachweis der wesentlichen Vertragsbedingungen des Leiharbeitsverhältnisses richtet sich nach den Bestimmungen des Nachweisgesetzes. Zusätzlich zu den in § 2 Abs. 1 des Nachweisgesetzes genannten Angaben sind in die Niederschrift aufzunehmen:
1. Firma und Anschrift des Verleihers, die Erlaubnisbehörde sowie Ort und Datum der Erteilung der Erlaubnis nach § 1,
2. Art und Höhe der Leistungen für Zeiten, in denen der Leiharbeitnehmer nicht verliehen ist.

(2) Der Verleiher ist ferner verpflichtet, dem Leiharbeitnehmer bei Vertragsschluss ein Merkblatt der Erlaubnisbehörde über den wesentlichen Inhalt dieses Gesetzes auszuhändigen. Nichtdeutsche Leiharbeitnehmer erhalten das Merkblatt und den Nachweis nach Absatz 1 auf Verlangen in ihrer Muttersprache. Die Kosten des Merkblatts trägt der Verleiher.

(3) Der Verleiher hat den Leiharbeitnehmer unverzüglich über den Zeitpunkt des Wegfalls der Erlaubnis zu unterrichten. In den Fällen der Nichtverlängerung (§ 2 Abs. 4 Satz 3), der Rücknahme (§ 4) oder des Widerrufs (§ 5) hat er ihn ferner auf das voraussichtliche Ende der Abwicklung (§ 2 Abs. 4 Satz 4) und die gesetzliche Abwicklungsfrist (§ 2 Abs. 4 Satz 4 letzter Halbsatz) hinzuweisen.

(4) § 622 Abs. 5 Nr. 1 des Bürgerlichen Gesetzbuchs ist nicht auf Arbeitsverhältnisse zwischen Verleihern und Leiharbeitnehmern anzuwenden. Das Recht des Leiharbeitnehmers auf Vergütung bei Annahme-

verzug des Verleihers (§ 615 Satz 1 des Bürgerlichen Gesetzbuchs) kann nicht durch Vertrag aufgehoben oder beschränkt werden; § 615 Satz 2 des Bürgerlichen Gesetzbuchs bleibt unberührt. Das Recht des Leiharbeitnehmers auf Vergütung kann durch Vereinbarung von Kurzarbeit für die Zeit aufgehoben werden, für die dem Leiharbeitnehmer Kurzarbeitergeld nach dem Dritten Buch Sozialgesetzbuch gezahlt wird; eine solche Vereinbarung kann das Recht des Leiharbeitnehmers auf Vergütung bis längstens zum 31. März 2012 ausschließen.

(5) Der Leiharbeitnehmer ist nicht verpflichtet, bei einem Entleiher tätig zu sein, soweit dieser durch einen Arbeitskampf unmittelbar betroffen ist. In den Fällen eines Arbeitskampfs nach Satz 1 hat der Verleiher den Leiharbeitnehmer auf das Recht, die Arbeitsleistung zu verweigern, hinzuweisen.

(6) Die Tätigkeit des Leiharbeitnehmers bei dem Entleiher unterliegt den für den Betrieb des Entleihers geltenden öffentlich-rechtlichen Vorschriften des Arbeitsschutzrechts; die hieraus sich ergebenden Pflichten für den Arbeitgeber obliegen dem Entleiher unbeschadet der Pflichten des Verleihers. Insbesondere hat der Entleiher den Leiharbeitnehmer vor Beginn der Beschäftigung und bei Veränderungen in seinem Arbeitsbereich über Gefahren für Sicherheit und Gesundheit, denen er bei der Arbeit ausgesetzt sein kann, sowie über die Maßnahmen und Einrichtungen zur Abwendung dieser Gefahren zu unterrichten. Der Entleiher hat den Leiharbeitnehmer zusätzlich über die Notwendigkeit besonderer Qualifikationen oder beruflicher Fähigkeiten oder einer besonderen ärztlichen Überwachung sowie über erhöhte besondere Gefahren des Arbeitsplatzes zu unterrichten.

(7) Hat der Leiharbeitnehmer während der Dauer der Tätigkeit bei dem Entleiher eine Erfindung oder einen technischen Verbesserungsvorschlag gemacht, so gilt der Entleiher als Arbeitgeber im Sinne des Gesetzes über Arbeitnehmererfindungen.

§ 12
Rechtsbeziehungen zwischen Verleiher und Entleiher

(1) Der Vertrag zwischen dem Verleiher und dem Entleiher bedarf der Schriftform. In der Urkunde hat der Verleiher zu erklären, ob er die Erlaubnis nach § 1 besitzt. Der Entleiher hat in der Urkunde anzugeben, welche besonderen Merkmale die für den Leiharbeitnehmer vorgesehene Tätigkeit hat und welche berufliche Qualifikation dafür erforderlich ist sowie welche im Betrieb des Entleihers für einen vergleichbaren Arbeitnehmer des Entleihers wesentlichen Arbeitsbedingungen einschließlich des Arbeitsentgelts gelten; Letzteres gilt nicht, soweit die Voraussetzungen der in § 3 Abs. 1 Nr. 3 und § 9 Nr. 2 genannten Ausnahme vorliegen.

(2) Der Verleiher hat den Entleiher unverzüglich über den Zeitpunkt des Wegfalls der Erlaubnis zu unterrichten. In den Fällen der Nichtverlängerung (§ 2 Abs. 4 Satz 3), der Rücknahme (§ 4) oder des Widerrufs (§ 5) hat er ihn ferner auf das voraussichtliche Ende der Abwicklung (§ 2 Abs. 4 Satz 4) und die gesetzliche Abwicklungsfrist (§ 2 Abs. 4 Satz 4 letzter Halbsatz) hinzuweisen.

(3) – *weggefallen* –

§ 13
Auskunftsanspruch des Leiharbeitnehmers

Der Leiharbeitnehmer kann im Falle der Überlassung von seinem Entleiher Auskunft über die im Betrieb des Entleihers für einen vergleichbaren Arbeitnehmer des Entleihers geltenden wesentlichen Arbeitsbedingungen einschließlich des Arbeitsentgelts verlangen; dies gilt nicht, soweit die Voraussetzungen der in § 3 Abs. 1 Nr. 3 und § 9 Nr. 2 genannten Ausnahme vorliegen.

§ 13a
Informationspflicht des Entleihers über freie Arbeitsplätze

Der Entleiher hat den Leiharbeitnehmer über Arbeitsplätze des Entleihers, die besetzt werden sollen, zu informieren. Die Information kann durch allgemeine Bekanntgabe an geeigneter, dem Leiharbeitnehmer zugänglicher Stelle im Betrieb und Unternehmen des Entleihers erfolgen.

§ 13b
Zugang des Leiharbeitnehmers zu Gemeinschaftseinrichtungen oder -diensten

Der Entleiher hat dem Leiharbeitnehmer Zugang zu den Gemeinschaftseinrichtungen oder -diensten im Unternehmen unter den gleichen Bedingungen zu gewähren wie vergleichbaren Arbeitnehmern in dem Betrieb, in dem der Leiharbeitnehmer seine Arbeitsleistung erbringt, es sei denn, eine unterschiedliche Behandlung ist aus sachlichen Gründen gerechtfertigt. Gemeinschaftseinrichtungen oder -dienste im Sinne des Satzes 1 sind insbesondere Kinderbetreuungseinrichtungen, Gemeinschaftsverpflegung und Beförderungsmittel.

§ 14
Mitwirkungs- und Mitbestimmungsrechte

(1) Leiharbeitnehmer bleiben auch während der Zeit ihrer Arbeitsleistung bei einem Entleiher Angehörige des entsendenden Betriebs des Verleihers.

(2) Leiharbeitnehmer sind bei der Wahl der Arbeitnehmervertreter in den Aufsichtsrat im Entleiherunternehmen und bei der Wahl der betriebsverfassungsrechtlichen Arbeitnehmervertretungen im Entleiherbetrieb nicht wählbar. Sie sind berechtigt, die Sprechstunden dieser Arbeitnehmervertretungen aufzusuchen und an den Betriebs- und Jugendversammlungen im Entleiherbetrieb teilzunehmen. Die §§ 81, 82 Abs. 1 und die §§ 84 bis 86 des Betriebsverfassungsgesetzes gelten im Entleiherbetrieb auch in Bezug auf die dort tätigen Leiharbeitnehmer.

(3) Vor der Übernahme eines Leiharbeitnehmers zur Arbeitsleistung ist der Betriebsrat des Entleiherbetriebs nach § 99 des Betriebsverfassungsgesetzes zu beteiligen. Dabei hat der Entleiher dem Betriebsrat auch die schriftliche Erklärung des Verleihers nach § 12 Abs. 1 Satz 2 vorzulegen. Er ist ferner verpflichtet, Mitteilungen des Verleihers nach § 12 Abs. 2 unverzüglich dem Betriebsrat bekannt zu geben.

(4) Die Absätze 1 und 2 Satz 1 und 2 sowie Absatz 3 gelten für die Anwendung des Bundespersonalvertretungsgesetzes sinngemäß.

§ 15
Ausländische Leiharbeitnehmer ohne Genehmigung

(1) Wer als Verleiher einen Ausländer, der einen erforderlichen Aufenthaltstitel nach § 4 Abs. 3 des Aufenthaltsgesetzes, eine Aufenthaltsgestattung oder eine Duldung, die zur Ausübung der Beschäftigung berechtigen, oder eine Genehmigung nach § 284 Abs. 1 des Dritten Buches Sozialgesetzbuch nicht besitzt, entgegen § 1 einem Dritten ohne Erlaubnis überlässt, wird mit Freiheitsstrafe bis zu drei Jahren oder mit Geldstrafe bestraft.

(2) In besonders schweren Fällen ist die Strafe Freiheitsstrafe von sechs Monaten bis zu fünf Jahren. Ein besonders schwerer Fall liegt in der Regel vor, wenn der Täter gewerbsmäßig oder aus grobem Eigennutz handelt.

§ 15a
Entleihe von Ausländern ohne Genehmigung

(1) Wer als Entleiher einen ihm überlassenen Ausländer, der einen erforderlichen Aufenthaltstitel nach § 4 Abs. 3 des Aufenthaltsgesetzes, eine Aufenthaltsgestattung oder eine Duldung, die zur Ausübung der Beschäftigung berechtigen, oder eine Genehmigung nach § 284 Abs. 1 des Dritten Buches Sozialgesetzbuch nicht besitzt, zu Arbeitsbedingungen des Leiharbeitsverhältnisses tätig werden lässt, die in einem auffälligen Missverhältnis zu den Arbeitsbedingungen deutscher Leiharbeitnehmer stehen, die die gleiche oder eine vergleichbare Tätigkeit ausüben, wird mit

Freiheitsstrafe bis zu drei Jahren oder mit Geldstrafe bestraft. In besonders schweren Fällen ist die Strafe Freiheitsstrafe von sechs Monaten bis zu fünf Jahren; ein besonders schwerer Fall liegt in der Regel vor, wenn der Täter gewerbsmäßig oder aus grobem Eigennutz handelt.

(2) Wer als Entleiher
1. gleichzeitig mehr als fünf Ausländer, die einen erforderlichen Aufenthaltstitel nach § 4 Abs. 3 des Aufenthaltsgesetzes, eine Aufenthaltsgestattung oder eine Duldung, die zur Ausübung der Beschäftigung berechtigen, oder eine Genehmigung nach § 284 Abs. 1 des Dritten Buches Sozialgesetzbuch nicht besitzen, tätig werden lässt oder
2. eine in § 16 Abs. 1 Nr. 2 bezeichnete vorsätzliche Zuwiderhandlung beharrlich wiederholt,

wird mit Freiheitsstrafe bis zu einem Jahr oder mit Geldstrafe bestraft. Handelt der Täter aus grobem Eigennutz, ist die Strafe Freiheitsstrafe bis zu drei Jahren oder Geldstrafe.

§ 16
Ordnungswidrigkeiten

(1) Ordnungswidrig handelt, wer vorsätzlich oder fahrlässig
1. entgegen § 1 einen Leiharbeitnehmer einem Dritten ohne Erlaubnis überlässt,
1a. einen ihm von einem Verleiher ohne Erlaubnis überlassenen Leiharbeitnehmer tätig werden lässt,
1b. entgegen § 1b Satz 1 Arbeitnehmer überlässt oder tätig werden lässt,
2. einen ihm überlassenen ausländischen Leiharbeitnehmer, der einen erforderlichen Aufenthaltstitel nach § 4 Abs. 3 des Aufenthaltsgesetzes, eine Aufenthaltsgestattung oder eine Duldung, die zur Ausübung der Beschäftigung berechtigen, oder eine Genehmigung nach § 284 Abs. 1 des Dritten Buches Sozialgesetzbuch nicht besitzt, tätig werden lässt,
2a. eine Anzeige nach § 1a nicht richtig, nicht vollständig oder nicht rechtzeitig erstattet,
3. einer Auflage nach § 2 Abs. 2 nicht, nicht vollständig oder nicht rechtzeitig nachkommt,
4. eine Anzeige nach § 7 Abs. 1 nicht, nicht richtig, nicht vollständig oder nicht rechtzeitig erstattet,
5. eine Auskunft nach § 7 Abs. 2 Satz 1 nicht, nicht richtig, nicht vollständig oder nicht rechtzeitig erteilt,
6. seiner Aufbewahrungspflicht nach § 7 Abs. 2 Satz 4 nicht nachkommt,

6a. entgegen § 7 Abs. 3 Satz 2 eine dort genannte Maßnahme nicht duldet,
7. eine statistische Meldung nach § 8 Abs. 1 nicht, nicht richtig, nicht vollständig oder nicht rechtzeitig erteilt,
7a. entgegen § 10 Absatz 4 eine Arbeitsbedingung nicht gewährt,
7b. entgegen § 10 Absatz 5 in Verbindung mit einer Rechtsverordnung nach § 3a Absatz 2 Satz 1 das dort genannte Mindeststundenentgelt nicht zahlt,
8. einer Pflicht nach § 11 Abs. 1 oder Abs. 2 nicht nachkommt,
9. entgegen § 13a Satz 1 den Leiharbeitnehmer nicht, nicht richtig oder nicht vollständig informiert,
10. entgegen § 13b Satz 1 Zugang nicht gewährt,
11. entgegen § 17a in Verbindung mit § 5 Absatz 1 Satz 1 des Schwarzarbeitsbekämpfungsgesetzes eine Prüfung nicht duldet oder bei dieser Prüfung nicht mitwirkt,
12. entgegen § 17a in Verbindung mit § 5 Absatz 1 Satz 2 des Schwarzarbeitsbekämpfungsgesetzes das Betreten eines Grundstücks oder Geschäftsraums nicht duldet,
13. entgegen § 17a in Verbindung mit § 5 Absatz 3 Satz 1 des Schwarzarbeitsbekämpfungsgesetzes Daten nicht, nicht richtig, nicht vollständig, nicht in der vorgeschriebenen Weise oder nicht rechtzeitig übermittelt,
14. entgegen § 17b Absatz 1 Satz 1 eine Anmeldung nicht, nicht richtig, nicht vollständig, nicht in der vorgeschriebenen Weise oder nicht rechtzeitig zuleitet,
15. entgegen § 17b Absatz 1 Satz 2 eine Änderungsmeldung nicht, nicht richtig, nicht vollständig, nicht in der vorgeschriebenen Weise oder nicht rechtzeitig macht,
16. entgegen § 17b Absatz 2 eine Versicherung nicht beifügt,
17. entgegen § 17c Absatz 1 eine Aufzeichnung nicht, nicht richtig oder nicht vollständig erstellt oder nicht mindestens zwei Jahre aufbewahrt oder
18. entgegen § 17c Absatz 2 eine Unterlage nicht, nicht richtig, nicht vollständig oder nicht in der vorgeschriebenen Weise bereithält.

(2) Die Ordnungswidrigkeit nach Absatz 1 Nummer 1 bis 1b, 6 und 11 bis 18 kann mit einer Geldbuße bis zu dreißigtausend Euro, die Ordnungswidrigkeit nach Absatz 1 Nummer 2, 7a und 7b mit einer Geldbuße bis zu fünfhunderttausend Euro, die Ordnungswidrigkeit nach Absatz 1 Nummer 2a, 3, 9 und 10 mit einer Geldbuße bis zu zweitausendfünfhun-

dert Euro, die Ordnungswidrigkeit nach Absatz 1 Nummer 4, 5, 6a, 7 und 8 mit einer Geldbuße bis zu tausend Euro geahndet werden.

(3) Verwaltungsbehörden im Sinne des § 36 Abs. 1 Nr. 1 des Gesetzes über Ordnungswidrigkeiten sind für die Ordnungswidrigkeiten nach Absatz 1 Nummer 1 bis 2a, 7b sowie 11 bis 18 die Behörden der Zollverwaltung, für die Ordnungswidrigkeiten nach Absatz 1 Nummer 3 bis 7a sowie 8 bis 10 die Bundesagentur für Arbeit.

(4) § 66 des Zehnten Buches Sozialgesetzbuch gilt entsprechend.

(5) Die Geldbußen fließen in die Kasse der zuständigen Verwaltungsbehörde. Sie trägt abweichend von § 105 Abs. 2 des Gesetzes über Ordnungswidrigkeiten die notwendigen Auslagen und ist auch ersatzpflichtig im Sinne des § 110 Abs. 4 des Gesetzes über Ordnungswidrigkeiten.

§ 17
Durchführung

(1) Die Bundesagentur für Arbeit führt dieses Gesetz nach fachlichen Weisungen des Bundesministeriums für Arbeit und Soziales durch. Verwaltungskosten werden nicht erstattet.

(2) Die Prüfung der Arbeitsbedingungen nach § 10 Absatz 5 obliegt zudem den Behörden der Zollverwaltung nach Maßgabe der §§ 17a bis 18a.

§ 17a
Befugnisse der Behörden der Zollverwaltung

Die §§ 2, 3 bis 6 und 14 bis 20, 22, 23 des Schwarzarbeitsbekämpfungsgesetzes sind entsprechend anzuwenden mit der Maßgabe, dass die dort genannten Behörden auch Einsicht in Arbeitsverträge, Niederschriften nach § 2 des Nachweisgesetzes und andere Geschäftsunterlagen nehmen können, die mittelbar oder unmittelbar Auskunft über die Einhaltung der Arbeitsbedingungen nach § 10 Absatz 5 geben.

§ 17b
Meldepflicht

(1) Überlässt ein Verleiher mit Sitz im Ausland einen Leiharbeitnehmer zur Arbeitsleistung einem Entleiher, hat der Entleiher, sofern eine Rechtsverordnung nach § 3a auf das Arbeitsverhältnis Anwendung findet, vor Beginn jeder Überlassung der zuständigen Behörde der Zollverwaltung eine schriftliche Anmeldung in deutscher Sprache mit folgenden Angaben zuzuleiten:
1. Familienname, Vornamen und Geburtsdatum des überlassenen Leiharbeitnehmers,

2. Beginn und Dauer der Überlassung,
3. Ort der Beschäftigung,
4. Ort im Inland, an dem die nach § 17c erforderlichen Unterlagen bereitgehalten werden,
5. Familienname, Vornamen und Anschrift in Deutschland eines oder einer Zustellungsbevollmächtigten des Verleihers,
6. Branche, in die die Leiharbeitnehmer überlassen werden sollen, und
7. Familienname, Vornamen oder Firma sowie Anschrift des Verleihers.
Änderungen bezüglich dieser Angaben hat der Entleiher unverzüglich zu melden.

(2) Der Entleiher hat der Anmeldung eine Versicherung des Verleihers beizufügen, dass dieser seine Verpflichtungen nach § 10 Absatz 5 einhält.

(3) Das Bundesministerium der Finanzen kann durch Rechtsverordnung im Einvernehmen mit dem Bundesministerium für Arbeit und Soziales ohne Zustimmung des Bundesrates bestimmen,
1. dass, auf welche Weise und unter welchen technischen und organisatorischen Voraussetzungen eine Anmeldung, Änderungsmeldung und Versicherung abweichend von den Absätzen 1 und 2 elektronisch übermittelt werden kann,
2. unter welchen Voraussetzungen eine Änderungsmeldung ausnahmsweise entfallen kann und
3. wie das Meldeverfahren vereinfacht oder abgewandelt werden kann.

(4) Das Bundesministerium der Finanzen kann durch Rechtsverordnung ohne Zustimmung des Bundesrates die zuständige Behörde nach Absatz 1 Satz 1 bestimmen.

§ 17c
Erstellen und Bereithalten von Dokumenten

(1) Sofern eine Rechtsverordnung nach § 3a auf ein Arbeitsverhältnis Anwendung findet, ist der Entleiher verpflichtet, Beginn, Ende und Dauer der täglichen Arbeitszeit des Leiharbeitnehmers aufzuzeichnen und diese Aufzeichnungen mindestens zwei Jahre aufzubewahren.

(2) Jeder Verleiher ist verpflichtet, die für die Kontrolle der Einhaltung einer Rechtsverordnung nach § 3a erforderlichen Unterlagen im Inland für die gesamte Dauer der tatsächlichen Beschäftigung des Leiharbeitnehmers im Geltungsbereich dieses Gesetzes, insgesamt jedoch nicht länger als zwei Jahre, in deutscher Sprache bereitzuhalten. Auf Verlangen der Prüfbehörde sind die Unterlagen auch am Ort der Beschäftigung bereitzuhalten.

§ 18
Zusammenarbeit mit anderen Behörden

(1) Zur Verfolgung und Ahndung der Ordnungswidrigkeiten nach § 16 arbeiten die Bundesagentur für Arbeit und die Behörden der Zollverwaltung insbesondere mit folgenden Behörden zusammen:

1. den Trägern der Krankenversicherung als Einzugsstellen für die Sozialversicherungsbeiträge,
2. den in § 71 des Aufenthaltsgesetzes genannten Behörden,
3. den Finanzbehörden,
4. den nach Landesrecht für die Verfolgung und Ahndung von Ordnungswidrigkeiten nach dem Schwarzarbeitsbekämpfungsgesetz zuständigen Behörden,
5. den Trägern der Unfallversicherung,
6. den für den Arbeitsschutz zuständigen Landesbehörden,
7. den Rentenversicherungsträgern,
8. den Trägern der Sozialhilfe.

(2) Ergeben sich für die Bundesagentur für Arbeit oder die Behörden der Zollverwaltung bei der Durchführung dieses Gesetzes im Einzelfall konkrete Anhaltspunkte für

1. Verstöße gegen das Schwarzarbeitsbekämpfungsgesetz,
2. eine Beschäftigung oder Tätigkeit von Ausländern ohne erforderlichen Aufenthaltstitel nach § 4 Abs. 3 des Aufenthaltsgesetzes, eine Aufenthaltsgestattung oder eine Duldung, die zur Ausübung der Beschäftigung berechtigen, oder eine Genehmigung nach § 284 Abs. 1 des Dritten Buches Sozialgesetzbuch,
3. Verstöße gegen die Mitwirkungspflicht nach § 60 Abs. 1 Satz 1 Nr. 2 des Ersten Buches Sozialgesetzbuch gegenüber einer Dienststelle der Bundesagentur für Arbeit, einem Träger der gesetzlichen Kranken-, Pflege-, Unfall- oder Rentenversicherung oder einem Träger der Sozialhilfe oder gegen die Meldepflicht nach § 8a des Asylbewerberleistungsgesetzes,
4. Verstöße gegen die Vorschriften des Vierten und Siebten Buches Sozialgesetzbuch über die Verpflichtung zur Zahlung von Sozialversicherungsbeiträgen, soweit sie im Zusammenhang mit den in den Nummern 1 bis 3 genannten Verstößen sowie mit Arbeitnehmerüberlassung entgegen § 1 stehen,
5. Verstöße gegen die Steuergesetze,
6. Verstöße gegen das Aufenthaltsgesetz,

Arbeitnehmerüberlassungsgesetz

unterrichten sie die für die Verfolgung und Ahndung zuständigen Behörden, die Träger der Sozialhilfe sowie die Behörden nach § 71 des Aufenthaltsgesetzes.

(3) In Strafsachen, die Straftaten nach den §§ 15 und 15a zum Gegenstand haben, sind der Bundesagentur für Arbeit und den Behörden der Zollverwaltung zur Verfolgung von Ordnungswidrigkeiten
1. bei Einleitung des Strafverfahrens die Personendaten des Beschuldigten, der Straftatbestand, die Tatzeit und der Tatort,
2. im Falle der Erhebung der öffentlichen Klage die das Verfahren abschließende Entscheidung mit Begründung

zu übermitteln. Ist mit der in Nummer 2 genannten Entscheidung ein Rechtsmittel verworfen worden oder wird darin auf die angefochtene Entscheidung Bezug genommen, so ist auch die angefochtene Entscheidung zu übermitteln. Die Übermittlung veranlasst die Strafvollstreckungs- oder die Strafverfolgungsbehörde. Eine Verwendung
1. der Daten der Arbeitnehmer für Maßnahmen zu ihren Gunsten,
2. der Daten des Arbeitgebers zur Besetzung seiner offenen Arbeitsplätze, die im Zusammenhang mit dem Strafverfahren bekannt geworden sind,
3. der in den Nummern 1 und 2 genannten Daten für Entscheidungen über die Einstellung oder Rückforderung von Leistungen der Bundesagentur für Arbeit

ist zulässig.

(4) Gerichte, Strafverfolgungs- oder Strafvollstreckungsbehörden sollen den Behörden der Zollverwaltung Erkenntnisse aus sonstigen Verfahren, die aus ihrer Sicht zur Verfolgung von Ordnungswidrigkeiten nach § 16 Abs. 1 Nr. 1 bis 2 erforderlich sind, übermitteln, soweit nicht für die übermittelnde Stelle erkennbar ist, dass schutzwürdige Interessen des Betroffenen oder anderer Verfahrensbeteiligter an dem Ausschluss der Übermittlung überwiegen. Dabei ist zu berücksichtigen, wie gesichert die zu übermittelnden Erkenntnisse sind.

(5) Die Behörden der Zollverwaltung unterrichten die zuständigen Finanzämter über den Inhalt von Meldungen nach § 17b.

(6) Die Behörden der Zollverwaltung und die übrigen in § 2 des Schwarzarbeitsbekämpfungsgesetzes genannten Behörden dürfen nach Maßgabe der jeweils einschlägigen datenschutzrechtlichen Bestimmungen auch mit Behörden anderer Vertragsstaaten des Abkommens über den Europäischen Wirtschaftsraum zusammenarbeiten, die § 17 Absatz 2 entsprechende Aufgaben durchführen oder für die Bekämpfung illegaler Beschäftigung zuständig sind oder Auskünfte geben können, ob

ein Arbeitgeber seine Verpflichtungen nach § 10 Absatz 5 erfüllt. Die Regelungen über die internationale Rechtshilfe in Strafsachen bleiben hiervon unberührt.

§ 18a
Ersatzzustellung an den Verleiher

Für die Ersatzzustellung an den Verleiher auf Grund von Maßnahmen nach diesem Gesetz gilt der im Inland gelegene Ort der konkreten Beschäftigung des Leiharbeitnehmers sowie das vom Verleiher eingesetzte Fahrzeug als Geschäftsraum im Sinne des § 5 Absatz 2 Satz 2 Nummer 1 des Verwaltungszustellungsgesetzes in Verbindung mit § 178 Absatz 1 Nummer 2 der Zivilprozessordnung.

§ 19
Übergangsvorschrift

§ 3 Absatz 1 Nummer 3 Satz 4 und § 9 Nummer 2 letzter Halbsatz finden keine Anwendung auf Leiharbeitsverhältnisse, die vor dem 15. Dezember 2010 begründet worden sind.

§ 20
– weggefallen –

26.2 Teilzeit- und Befristungsgesetz

Gesetz über Teilzeitarbeit und befristete Arbeitsverträge (Teilzeit- und Befristungsgesetz – TzBfG)[1)][2)]

vom 21.12.2000 (BGBl. I S. 1966),
zuletzt geändert durch Art. 1 G vom 19.4.2007 (BGBl. I S. 538)

---

1) Dieses Gesetz dient der Umsetzung
   - der Richtlinie 97/81/EG des Rates vom 15. Dezember 1997 zu der von UNICE, CEEP und EGB geschlossenen Rahmenvereinbarung über Teilzeitarbeit (ABl. EG 1998 Nr. L 14 S. 9)
   und
   - der Richtlinie 1999/70/EG des Rates vom 28. Juni 1999 zu der EGB-UNICE-CEEP-Rahmenvereinbarung über befristete Arbeitsverträge (ABl. EG 1999 Nr. L 175 S. 43).

2) **Anm. d. Verlages:**
   Dieses Gesetz wurde verkündet als Art. 1 des Gesetzes über Teilzeitarbeit und befristete Arbeitsverträge und zur Änderung und Aufhebung arbeitsrechtlicher Bestimmungen vom 21.12.2000 (BGBl. I S. 1966) und ist am 1.1.2001 in Kraft getreten.

ERSTER ABSCHNITT
Allgemeine Vorschriften

§ 1
Zielsetzung

Ziel des Gesetzes ist, Teilzeitarbeit zu fördern, die Voraussetzungen für die Zulässigkeit befristeter Arbeitsverträge festzulegen und die Diskriminierung von teilzeitbeschäftigten und befristet beschäftigten Arbeitnehmern zu verhindern.

§ 2
Begriff des teilzeitbeschäftigten Arbeitnehmers

(1) Teilzeitbeschäftigt ist ein Arbeitnehmer, dessen regelmäßige Wochenarbeitszeit kürzer ist als die eines vergleichbaren vollzeitbeschäftigten Arbeitnehmers. Ist eine regelmäßige Wochenarbeitszeit nicht vereinbart, so ist ein Arbeitnehmer teilzeitbeschäftigt, wenn seine regelmäßige Arbeitszeit im Durchschnitt eines bis zu einem Jahr reichenden Beschäftigungszeitraums unter der eines vergleichbaren vollzeitbeschäftigten Arbeitnehmers liegt. Vergleichbar ist ein vollzeitbeschäftigter Arbeitnehmer des Betriebes mit derselben Art des Arbeitsverhältnisses und der gleichen oder einer ähnlichen Tätigkeit. Gibt es im Betrieb keinen vergleichbaren vollzeitbeschäftigten Arbeitnehmer, so ist der vergleichbare vollzeitbeschäftigte Arbeitnehmer auf Grund des anwendbaren Tarifvertrages zu bestimmen; in allen anderen Fällen ist darauf abzustellen, wer im jeweiligen Wirtschaftszweig üblicherweise als vergleichbarer vollzeitbeschäftigter Arbeitnehmer anzusehen ist.

(2) Teilzeitbeschäftigt ist auch ein Arbeitnehmer, der eine geringfügige Beschäftigung nach § 8 Abs. 1 Nr. 1 des Vierten Buches Sozialgesetzbuch ausübt.

§ 3
Begriff des befristet beschäftigten Arbeitnehmers

(1) Befristet beschäftigt ist ein Arbeitnehmer mit einem auf bestimmte Zeit geschlossenen Arbeitsvertrag. Ein auf bestimmte Zeit geschlossener Arbeitsvertrag (befristeter Arbeitsvertrag) liegt vor, wenn seine Dauer kalendermäßig bestimmt ist (kalendermäßig befristeter Arbeitsvertrag) oder sich aus Art, Zweck oder Beschaffenheit der Arbeitsleistung ergibt (zweckbefristeter Arbeitsvertrag).

(2) Vergleichbar ist ein unbefristet beschäftigter Arbeitnehmer des Betriebes mit der gleichen oder einer ähnlichen Tätigkeit. Gibt es im Betrieb keinen vergleichbaren unbefristet beschäftigten Arbeitnehmer, so

ist der vergleichbare unbefristet beschäftigte Arbeitnehmer auf Grund des anwendbaren Tarifvertrages zu bestimmen; in allen anderen Fällen ist darauf abzustellen, wer im jeweiligen Wirtschaftszweig üblicherweise als vergleichbarer unbefristet beschäftigter Arbeitnehmer anzusehen ist.

§ 4
Verbot der Diskriminierung

(1) Ein teilzeitbeschäftigter Arbeitnehmer darf wegen der Teilzeitarbeit nicht schlechter behandelt werden als ein vergleichbarer vollzeitbeschäftigter Arbeitnehmer, es sei denn, dass sachliche Gründe eine unterschiedliche Behandlung rechtfertigen. Einem teilzeitbeschäftigten Arbeitnehmer ist Arbeitsentgelt oder eine andere teilbare geldwerte Leistung mindestens in dem Umfang zu gewähren, der dem Anteil seiner Arbeitszeit an der Arbeitszeit eines vergleichbaren vollzeitbeschäftigten Arbeitnehmers entspricht.

(2) Ein befristet beschäftigter Arbeitnehmer darf wegen der Befristung des Arbeitsvertrages nicht schlechter behandelt werden als ein vergleichbarer unbefristet beschäftigter Arbeitnehmer, es sei denn, dass sachliche Gründe eine unterschiedliche Behandlung rechtfertigen. Einem befristet beschäftigten Arbeitnehmer ist Arbeitsentgelt oder eine andere teilbare geldwerte Leistung, die für einen bestimmten Bemessungszeitraum gewährt wird, mindestens in dem Umfang zu gewähren, der dem Anteil seiner Beschäftigungsdauer am Bemessungszeitraum entspricht. Sind bestimmte Beschäftigungsbedingungen von der Dauer des Bestehens des Arbeitsverhältnisses in demselben Betrieb oder Unternehmen abhängig, so sind für befristet beschäftigte Arbeitnehmer dieselben Zeiten zu berücksichtigen wie für unbefristet beschäftigte Arbeitnehmer, es sei denn, dass eine unterschiedliche Berücksichtigung aus sachlichen Gründen gerechtfertigt ist.

§ 5
Benachteiligungsverbot

Der Arbeitgeber darf einen Arbeitnehmer nicht wegen der Inanspruchnahme von Rechten nach diesem Gesetz benachteiligen.

ZWEITER ABSCHNITT
Teilzeitarbeit

§ 6
Förderung von Teilzeitarbeit

Der Arbeitgeber hat den Arbeitnehmern, auch in leitenden Positionen, Teilzeitarbeit nach Maßgabe dieses Gesetzes zu ermöglichen.

Teilzeit- und Befristungsgesetz

§ 7
Ausschreibung; Information über freie Arbeitsplätze

(1) Der Arbeitgeber hat einen Arbeitsplatz, den er öffentlich oder innerhalb des Betriebes ausschreibt, auch als Teilzeitarbeitsplatz auszuschreiben, wenn sich der Arbeitsplatz hierfür eignet.

(2) Der Arbeitgeber hat einen Arbeitnehmer, der ihm den Wunsch nach einer Veränderung von Dauer und Lage seiner vertraglich vereinbarten Arbeitszeit angezeigt hat, über entsprechende Arbeitsplätze zu informieren, die im Betrieb oder Unternehmen besetzt werden sollen.

(3) Der Arbeitgeber hat die Arbeitnehmervertretung über Teilzeitarbeit im Betrieb und Unternehmen zu informieren, insbesondere über vorhandene oder geplante Teilzeitarbeitsplätze und über die Umwandlung von Teilzeit- in Vollzeitarbeitsplätze oder umgekehrt. Der Arbeitnehmervertretung sind auf Verlangen die erforderlichen Unterlagen zur Verfügung zu stellen; § 92 des Betriebsverfassungsgesetzes bleibt unberührt.

§ 8
Verringerung der Arbeitszeit

(1) Ein Arbeitnehmer, dessen Arbeitsverhältnis länger als sechs Monate bestanden hat, kann verlangen, dass seine vertraglich vereinbarte Arbeitszeit verringert wird.

(2) Der Arbeitnehmer muss die Verringerung seiner Arbeitszeit und den Umfang der Verringerung spätestens drei Monate vor deren Beginn geltend machen. Er soll dabei die gewünschte Verteilung der Arbeitszeit angeben.

(3) Der Arbeitgeber hat mit dem Arbeitnehmer die gewünschte Verringerung der Arbeitszeit mit dem Ziel zu erörtern, zu einer Vereinbarung zu gelangen. Er hat mit dem Arbeitnehmer Einvernehmen über die von ihm festzulegende Verteilung der Arbeitszeit zu erzielen.

(4) Der Arbeitgeber hat der Verringerung der Arbeitszeit zuzustimmen und ihre Verteilung entsprechend den Wünschen des Arbeitnehmers festzulegen, soweit betriebliche Gründe nicht entgegenstehen. Ein betrieblicher Grund liegt insbesondere vor, wenn die Verringerung der Arbeitszeit die Organisation, den Arbeitsablauf oder die Sicherheit im Betrieb wesentlich beeinträchtigt oder unverhältnismäßige Kosten verursacht. Die Ablehnungsgründe können durch Tarifvertrag festgelegt werden. Im Geltungsbereich eines solchen Tarifvertrages können nicht tarifgebundene Arbeitgeber und Arbeitnehmer die Anwendung der tariflichen Regelungen über die Ablehnungsgründe vereinbaren.

(5) Die Entscheidung über die Verringerung der Arbeitszeit und ihre Verteilung hat der Arbeitgeber dem Arbeitnehmer spätestens einen Monat vor dem gewünschten Beginn der Verringerung schriftlich mitzuteilen. Haben sich Arbeitgeber und Arbeitnehmer nicht nach Absatz 3 Satz 1 über die Verringerung der Arbeitszeit geeinigt und hat der Arbeitgeber die Arbeitszeitverringerung nicht spätestens einen Monat vor deren gewünschtem Beginn schriftlich abgelehnt, verringert sich die Arbeitszeit in dem vom Arbeitnehmer gewünschten Umfang. Haben Arbeitgeber und Arbeitnehmer über die Verteilung der Arbeitszeit kein Einvernehmen nach Absatz 3 Satz 2 erzielt und hat der Arbeitgeber nicht spätestens einen Monat vor dem gewünschten Beginn der Arbeitszeitverringerung die gewünschte Verteilung der Arbeitszeit schriftlich abgelehnt, gilt die Verteilung der Arbeitszeit entsprechend den Wünschen des Arbeitnehmers als festgelegt. Der Arbeitgeber kann die nach Satz 3 oder Absatz 3 Satz 2 festgelegte Verteilung der Arbeitszeit wieder ändern, wenn das betriebliche Interesse daran das Interesse des Arbeitnehmers an der Beibehaltung erheblich überwiegt und der Arbeitgeber die Änderung spätestens einen Monat vorher angekündigt hat.

(6) Der Arbeitnehmer kann eine erneute Verringerung der Arbeitszeit frühestens nach Ablauf von zwei Jahren verlangen, nachdem der Arbeitgeber einer Verringerung zugestimmt oder sie berechtigt abgelehnt hat.

(7) Für den Anspruch auf Verringerung der Arbeitszeit gilt die Voraussetzung, dass der Arbeitgeber, unabhängig von der Anzahl der Personen in Berufsbildung, in der Regel mehr als 15 Arbeitnehmer beschäftigt.

§ 9
Verlängerung der Arbeitszeit

Der Arbeitgeber hat einen teilzeitbeschäftigten Arbeitnehmer, der ihm den Wunsch nach einer Verlängerung seiner vertraglich vereinbarten Arbeitszeit angezeigt hat, bei der Besetzung eines entsprechenden freien Arbeitsplatzes bei gleicher Eignung bevorzugt zu berücksichtigen, es sei denn, dass dringende betriebliche Gründe oder Arbeitszeitwünsche anderer teilzeitbeschäftigter Arbeitnehmer entgegenstehen.

§ 10
Aus- und Weiterbildung

Der Arbeitgeber hat Sorge zu tragen, dass auch teilzeitbeschäftigte Arbeitnehmer an Aus- und Weiterbildungsmaßnahmen zur Förderung der beruflichen Entwicklung und Mobilität teilnehmen können, es sei denn, dass dringende betriebliche Gründe oder Aus- und Weiterbildungswünsche anderer teilzeit- oder vollzeitbeschäftigter Arbeitnehmer entgegenstehen.

Teilzeit- und Befristungsgesetz

§ 11
Kündigungsverbot

Die Kündigung eines Arbeitsverhältnisses wegen der Weigerung eines Arbeitnehmers, von einem Vollzeit- in ein Teilzeitarbeitsverhältnis oder umgekehrt zu wechseln, ist unwirksam. Das Recht zur Kündigung des Arbeitsverhältnisses aus anderen Gründen bleibt unberührt.

§ 12
Arbeit auf Abruf

(1) Arbeitgeber und Arbeitnehmer können vereinbaren, dass der Arbeitnehmer seine Arbeitsleistung entsprechend dem Arbeitsanfall zu erbringen hat (Arbeit auf Abruf). Die Vereinbarung muss eine bestimmte Dauer der wöchentlichen und täglichen Arbeitszeit festlegen. Wenn die Dauer der wöchentlichen Arbeitszeit nicht festgelegt ist, gilt eine Arbeitszeit von zehn Stunden als vereinbart. Wenn die Dauer der täglichen Arbeitszeit nicht festgelegt ist, hat der Arbeitgeber die Arbeitsleistung des Arbeitnehmers jeweils für mindestens drei aufeinander folgende Stunden in Anspruch zu nehmen.

(2) Der Arbeitnehmer ist nur zur Arbeitsleistung verpflichtet, wenn der Arbeitgeber ihm die Lage seiner Arbeitszeit jeweils mindestens vier Tage im Voraus mitteilt.

(3) Durch Tarifvertrag kann von den Absätzen 1 und 2 auch zuungunsten des Arbeitnehmers abgewichen werden, wenn der Tarifvertrag Regelungen über die tägliche und wöchentliche Arbeitszeit und die Vorankündigungsfrist vorsieht. Im Geltungsbereich eines solchen Tarifvertrages können nicht tarifgebundene Arbeitgeber und Arbeitnehmer die Anwendung der tariflichen Regelungen über die Arbeit auf Abruf vereinbaren.

§ 13
Arbeitsplatzteilung

(1) Arbeitgeber und Arbeitnehmer können vereinbaren, dass mehrere Arbeitnehmer sich die Arbeitszeit an einem Arbeitsplatz teilen (Arbeitsplatzteilung). Ist einer dieser Arbeitnehmer an der Arbeitsleistung verhindert, sind die anderen Arbeitnehmer zur Vertretung verpflichtet, wenn sie der Vertretung im Einzelfall zugestimmt haben. Eine Pflicht zur Vertretung besteht auch, wenn der Arbeitsvertrag bei Vorliegen dringender betrieblicher Gründe eine Vertretung vorsieht und diese im Einzelfall zumutbar ist.

(2) Scheidet ein Arbeitnehmer aus der Arbeitsplatzteilung aus, so ist die darauf gestützte Kündigung des Arbeitsverhältnisses eines anderen in die Arbeitsplatzteilung einbezogenen Arbeitnehmers durch den Arbeitgeber unwirksam. Das Recht zur Änderungskündigung aus diesem Anlass und

zur Kündigung des Arbeitsverhältnisses aus anderen Gründen bleibt unberührt.

(3) Die Absätze 1 und 2 sind entsprechend anzuwenden, wenn sich Gruppen von Arbeitnehmern auf bestimmten Arbeitsplätzen in festgelegten Zeitabschnitten abwechseln, ohne dass eine Arbeitsplatzteilung im Sinne des Absatzes 1 vorliegt.

(4) Durch Tarifvertrag kann von den Absätzen 1 und 3 auch zuungunsten des Arbeitnehmers abgewichen werden, wenn der Tarifvertrag Regelungen über die Vertretung der Arbeitnehmer enthält. Im Geltungsbereich eines solchen Tarifvertrages können nicht tarifgebundene Arbeitgeber und Arbeitnehmer die Anwendung der tariflichen Regelungen über die Arbeitsplatzteilung vereinbaren.

DRITTER ABSCHNITT
Befristete Arbeitsverträge

§ 14
Zulässigkeit der Befristung

(1) Die Befristung eines Arbeitsvertrages ist zulässig, wenn sie durch einen sachlichen Grund gerechtfertigt ist. Ein sachlicher Grund liegt insbesondere vor, wenn

1. der betriebliche Bedarf an der Arbeitsleistung nur vorübergehend besteht,
2. die Befristung im Anschluss an eine Ausbildung oder ein Studium erfolgt, um den Übergang des Arbeitnehmers in eine Anschlussbeschäftigung zu erleichtern,
3. der Arbeitnehmer zur Vertretung eines anderen Arbeitnehmers beschäftigt wird,
4. die Eigenart der Arbeitsleistung die Befristung rechtfertigt,
5. die Befristung zur Erprobung erfolgt,
6. in der Person des Arbeitnehmers liegende Gründe die Befristung rechtfertigen,
7. der Arbeitnehmer aus Haushaltsmitteln vergütet wird, die haushaltsrechtlich für eine befristete Beschäftigung bestimmt sind, und er entsprechend beschäftigt wird oder
8. die Befristung auf einem gerichtlichen Vergleich beruht.

(2) Die kalendermäßige Befristung eines Arbeitsvertrages ohne Vorliegen eines sachlichen Grundes ist bis zur Dauer von zwei Jahren zulässig; bis zu dieser Gesamtdauer von zwei Jahren ist auch die höchstens dreimalige Verlängerung eines kalendermäßig befristeten Arbeitsvertrages

Teilzeit- und Befristungsgesetz

zulässig. Eine Befristung nach Satz 1 ist nicht zulässig, wenn mit demselben Arbeitgeber bereits zuvor ein befristetes oder unbefristetes Arbeitsverhältnis bestanden hat. Durch Tarifvertrag kann die Anzahl der Verlängerungen oder die Höchstdauer der Befristung abweichend von Satz 1 festgelegt werden. Im Geltungsbereich eines solchen Tarifvertrages können nicht tarifgebundene Arbeitgeber und Arbeitnehmer die Anwendung der tariflichen Regelungen vereinbaren.

(2a) In den ersten vier Jahren nach der Gründung eines Unternehmens ist die kalendermäßige Befristung eines Arbeitsvertrages ohne Vorliegen eines sachlichen Grundes bis zur Dauer von vier Jahren zulässig; bis zu dieser Gesamtdauer von vier Jahren ist auch die mehrfache Verlängerung eines kalendermäßig befristeten Arbeitsvertrages zulässig. Dies gilt nicht für Neugründungen im Zusammenhang mit der rechtlichen Umstrukturierung von Unternehmen und Konzernen. Maßgebend für den Zeitpunkt der Gründung des Unternehmens ist die Aufnahme einer Erwerbstätigkeit, die nach § 138 der Abgabenordnung der Gemeinde oder dem Finanzamt mitzuteilen ist. Auf die Befristung eines Arbeitsvertrages nach Satz 1 findet Absatz 2 Satz 2 bis 4 entsprechende Anwendung.

(3) Die kalendermäßige Befristung eines Arbeitsvertrages ohne Vorliegen eines sachlichen Grundes ist bis zu einer Dauer von fünf Jahren zulässig, wenn der Arbeitnehmer bei Beginn des befristeten Arbeitsverhältnisses das 52. Lebensjahr vollendet hat und unmittelbar vor Beginn des befristeten Arbeitsverhältnisses mindestens vier Monate beschäftigungslos im Sinne des § 119 Abs. 1 Nr. 1 des Dritten Buches Sozialgesetzbuch gewesen ist, Transferkurzarbeitergeld bezogen oder an einer öffentlich geförderten Beschäftigungsmaßnahme nach dem Zweiten oder Dritten Buch Sozialgesetzbuch teilgenommen hat. Bis zu der Gesamtdauer von fünf Jahren ist auch die mehrfache Verlängerung des Arbeitsvertrages zulässig.

(4) Die Befristung eines Arbeitsvertrages bedarf zu ihrer Wirksamkeit der Schriftform.

§ 15
Ende des befristeten Arbeitsvertrages

(1) Ein kalendermäßig befristeter Arbeitsvertrag endet mit Ablauf der vereinbarten Zeit.

(2) Ein zweckbefristeter Arbeitsvertrag endet mit Erreichen des Zwecks, frühestens jedoch zwei Wochen nach Zugang der schriftlichen Unterrichtung des Arbeitnehmers durch den Arbeitgeber über den Zeitpunkt der Zweckerreichung.

(3) Ein befristetes Arbeitsverhältnis unterliegt nur dann der ordentlichen Kündigung, wenn dies einzelvertraglich oder im anwendbaren Tarifvertrag vereinbart ist.

(4) Ist das Arbeitsverhältnis für die Lebenszeit einer Person oder für längere Zeit als fünf Jahre eingegangen, so kann es von dem Arbeitnehmer nach Ablauf von fünf Jahren gekündigt werden. Die Kündigungsfrist beträgt sechs Monate.

(5) Wird das Arbeitsverhältnis nach Ablauf der Zeit, für die es eingegangen ist, oder nach Zweckerreichung mit Wissen des Arbeitgebers fortgesetzt, so gilt es als auf unbestimmte Zeit verlängert, wenn der Arbeitgeber nicht unverzüglich widerspricht oder dem Arbeitnehmer die Zweckerreichung nicht unverzüglich mitteilt.

§ 16
Folgen unwirksamer Befristung

Ist die Befristung rechtsunwirksam, so gilt der befristete Arbeitsvertrag als auf unbestimmte Zeit geschlossen; er kann vom Arbeitgeber frühestens zum vereinbarten Ende ordentlich gekündigt werden, sofern nicht nach § 15 Abs. 3 die ordentliche Kündigung zu einem früheren Zeitpunkt möglich ist. Ist die Befristung nur wegen des Mangels der Schriftform unwirksam, kann der Arbeitsvertrag auch vor dem vereinbarten Ende ordentlich gekündigt werden.

§ 17
Anrufung des Arbeitsgerichts

Will der Arbeitnehmer geltend machen, dass die Befristung eines Arbeitsvertrages rechtsunwirksam ist, so muss er innerhalb von drei Wochen nach dem vereinbarten Ende des befristeten Arbeitsvertrages Klage beim Arbeitsgericht auf Feststellung erheben, dass das Arbeitsverhältnis auf Grund der Befristung nicht beendet ist. Die §§ 5 bis 7 des Kündigungsschutzgesetzes gelten entsprechend. Wird das Arbeitsverhältnis nach dem vereinbarten Ende fortgesetzt, so beginnt die Frist nach Satz 1 mit dem Zugang der schriftlichen Erklärung des Arbeitgebers, dass das Arbeitsverhältnis auf Grund der Befristung beendet sei.

§ 18
Information über unbefristete Arbeitsplätze

Der Arbeitgeber hat die befristet beschäftigten Arbeitnehmer über entsprechende unbefristete Arbeitsplätze zu informieren, die besetzt werden sollen. Die Information kann durch allgemeine Bekanntgabe an geeigneter, den Arbeitnehmern zugänglicher Stelle im Betrieb und Unternehmen erfolgen.

Teilzeit- und Befristungsgesetz

§ 19
Aus- und Weiterbildung

Der Arbeitgeber hat Sorge zu tragen, dass auch befristet beschäftigte Arbeitnehmer an angemessenen Aus- und Weiterbildungsmaßnahmen zur Förderung der beruflichen Entwicklung und Mobilität teilnehmen können, es sei denn, dass dringende betriebliche Gründe oder Aus- und Weiterbildungswünsche anderer Arbeitnehmer entgegenstehen.

§ 20
Information der Arbeitnehmervertretung

Der Arbeitgeber hat die Arbeitnehmervertretung über die Anzahl der befristet beschäftigten Arbeitnehmer und ihren Anteil an der Gesamtbelegschaft des Betriebes und des Unternehmens zu informieren.

§ 21
Auflösend bedingte Arbeitsverträge

Wird der Arbeitsvertrag unter einer auflösenden Bedingung geschlossen, gelten § 4 Abs. 2, § 5, § 14 Abs. 1 und 4, § 15 Abs. 2, 3 und 5 sowie die §§ 16 bis 20 entsprechend.

VIERTER ABSCHNITT
Gemeinsame Vorschriften

§ 22
Abweichende Vereinbarungen

(1) Außer in den Fällen des § 12 Abs. 3, § 13 Abs. 4 und § 14 Abs. 2 Satz 3 und 4 kann von den Vorschriften dieses Gesetzes nicht zuungunsten des Arbeitnehmers abgewichen werden.

(2) Enthält ein Tarifvertrag für den öffentlichen Dienst Bestimmungen im Sinne des § 8 Abs. 4 Satz 3 und 4, § 12 Abs. 3, § 13 Abs. 4, § 14 Abs. 2 Satz 3 und 4 oder § 15 Abs. 3, so gelten diese Bestimmungen auch zwischen nicht tarifgebundenen Arbeitgebern und Arbeitnehmern außerhalb des öffentlichen Dienstes, wenn die Anwendung der für den öffentlichen Dienst geltenden tarifvertraglichen Bestimmungen zwischen ihnen vereinbart ist und die Arbeitgeber die Kosten des Betriebes überwiegend mit Zuwendungen im Sinne des Haushaltsrechts decken.

§ 23
Besondere gesetzliche Regelungen

Besondere Regelungen über Teilzeitarbeit und über die Befristung von Arbeitsverträgen nach anderen gesetzlichen Vorschriften bleiben unberührt.

Anhang

26.3 Zuständigkeiten der Regionaldirektionen der Bundesagentur für Arbeit

Regionaldirektion jeweils zuständig für die genannten Bundesländer	und zuständig für Antragsteller aus:
Nord (Hamburg, Schleswig-Holstein, Mecklenburg-Vorpommern) Schwedendamm 9 24106 Kiel	Dänemark Norwegen Schweden Island Estland Lettland Litauen
Niedersachsen-Bremen (Niedersachsen, Bremen) Thurnithstr. 16 305019 Hannover	–
Nordrhein-Westfalen (Nordrhein-Westfalen) Josef-Gockeln-Str. 7 40474 Düsseldorf	Niederlande Großbritannien Irland Malta Polen
Hessen (Hessen) Saonestr. 2–4 60528 Frankfurt	alle Nicht-EU-/EWR-Staaten Bulgarien Rumänien
Rheinland-Pfalz-Saarland (Rheinland-Pfalz, Saarland) Eschberger Weg 68 66121 Saarbrücken	Belgien Frankreich Luxemburg
Baden-Württemberg (Baden-Württemberg) Jägerstr. 14–18 70193 Stuttgart	Spanien Portugal

Zuständigkeiten der Regionaldirektionen

Regionaldirektion jeweils zuständig für die genannten Bundesländer	und zuständig für Antragsteller aus:
Bayern (Bayern) Regensburger Str. 100/104 90478 Nürnberg	Italien Griechenland Österreich Liechtenstein Slowenien Zypern
Berlin-Brandenburg (Berlin, Brandenburg) Friedrichstr. 34 10969 Berlin	–
Sachsen-Anhalt-Thüringen (Sachsen-Anhalt, Thüringen) Frau-von-Selmitz-Str. 6 06110 Halle	Ungarn
Sachsen (Sachsen) Paracelsusstr. 12 09114 Chemnitz	Slowakische Republik Tschechische Republik

Stichwortverzeichnis

Die fetten Zahlen beziehen sich auf die Seiten.

A

Ablauf der Befristung **128**
Abordnung eines Arbeitnehmers **74**
Abwicklungsfrist **120, 124**
Allgemeine Aufgaben **204**
Anfechtungsklage **132**
– Untätigkeitsklage **133**
Annahmeverzug **155**
Antrag **96, 104**
– juristische Personen **114**
– Mitwirkungspflicht **108**
– selbstständige Niederlassungen **114**
– Stellvertretung **114**
Antragsteller **96**
– ausländische **115**
Anzeige **80**
– Formular **81**
Anzeige und Auskunftspflichten **130**
Arbeit auf Abruf **146**
– Ankündigungsfrist **146**
– Arbeitseinsatz **146**
– Festlegung der Arbeitszeit **146**
Arbeitgeber **23**
– Arbeitgeberrisiko **23**
Arbeitnehmer
– ausländische **95**
Arbeitnehmerentsendegesetz AEntG **94, 170**

Arbeitnehmererfindungen **190**
Arbeitnehmerüberlassung **2, 35**
– Abgrenzung zum Arbeitsvertrag **51**
– Abgrenzung zum Dienstvertrag **52**
– Abgrenzung zum Werkvertrag **39, 50**
– beschäftigungspolitische Zielsetzungen **2**
– echte **25**
– Entwicklung **5**
– erlaubnisfreie **74**
– erlaubnispflichtige **89**
– gewerbsmäßige **10, 26**
– Gewinnerzielung **26**
– grenzüberschreitend **92**
– Konzern **30**
– organisatorische Eingliederung **44**
– Rechtsfolgen illegaler **135**
Arbeitnehmerüberlassungsvertrag **57, 85**
– Checkliste **70**
– Form **57, 85**
– Gegenstand **57**
– Leistungsstörungen **183**
– Muster **61**
– Tarifvertrag **66**
– Vertragsinhalt **58**

Stichwortverzeichnis

Arbeitsentgelt **150**
– Prämien **150**
– Sonderzahlungen **150**
– Zulagen **150**
– Zuschläge **150**
Arbeitsgemeinschaft **73**
– Rechtsform **74**
Arbeitskampf **173**
Arbeitslosenversicherung **208**
Arbeitsmarktreformen **6**
– Beschäftigungsförderungsgesetz **6**
– Hartz-Gesetze **6**
Arbeitsmedizinische Vorsorge **215, 217**
Arbeitspapiere **179**
Arbeitsphasen **146**
Arbeitsschutz- und Sicherheitsrecht **216**
Arbeitsschutzausschuss **214**
Arbeitsschutzgesetz **213**
Arbeitsschutzrecht **213**
– Arbeitsanweisungen **213**
– Entleiher **216**
– Verleiher **213**
Arbeitsschutzvorschriften **193**
Arbeitsunfähigkeit **174**
Arbeitsverhältnis
– Arbeitsvertrag **22**
– persönliche Abhängigkeit **22**
– Weisungsbefugnis **22**
Arbeitsverhinderung **174**
Arbeitsvermittlung **34, 36**
Arbeitsvertrag **51**
– tatsächliche Durchführung **39, 144**
Arbeitszeit **146**
Arbeitszeugnis **172**

– Anspruch **173**
– qualifiziertes Arbeitszeugnis **173**
ARGE **73**
Aufenthaltserlaubnis **95**
Auflagen **116, 117**
Auflösung des Unternehmens **129**
Aufwendungen **171**
– Auslösungen **172**
Auskunftsanspruch **190**
Ausländische Arbeitnehmer **176**
– Aufenthaltserlaubnis **95**
– Drittstaatsangehörige **95**
– Niederlassungserlaubnis **95**
– Zuwanderungsgesetz **95**
Ausländische Betriebe **103**
Auslandsentsendung **210**
Auslandstätigkeit **176**
– Ausstrahlung **209**
– Sozialversicherungspflicht **209**
Aussetzung des Vollzugs **133**
Auszubildende **36**

B

Baugewerbe **94**
– grenzüberschreitende Arbeitnehmerüberlassung **94**
Bedingung **118**
Beendigung des Leiharbeitsvertrages **177**
Befristete Erlaubnis **120**
Befristung
– Gesamtdauer **163**
– kalendermäßig **163**
– sachlicher Grund **163, 164**
– Schriftform **163**

Stichwortverzeichnis

Befristungsmöglichkeiten 163
Beschäftigungsgesellschaften 33
Betriebsärzte 214
Betriebsgröße 79
– Auszubildende 79
– geringfügig Beschäftigte 79
– Referenzzeitraum 79
– Zahl der Beschäftigten 79
Betriebsorganisation 101
– Ausstattung 102
– Erreichbarkeit 102
– liquide Mittel 102
Betriebsrat 195, 204
– Allgemeine Aufgaben 204
– Betriebsversammlungen 196
– Größe des Betriebsrates 195
– Jugendversammlungen 196
– Mischbetriebe 204
– Mitbestimmungsrecht 197
– Sprechstunden 196
– Verleiherbetrieb 204
– Wahlrecht 196
– Zustimmungsverweigerung 200
Betriebsübergang 129
– Gesellschafterwechsel 129
– Veräußerung von Geschäftsanteilen 129
– Widerrufsgrund 129
Betriebsverfassung
– Rechte 197
Betriebsverfassungsrecht 195
Bewachungsgewerbe 73
Bundesagentur für Arbeit 10
– Ordnungsfunktion 11
Bundesrahmentarifvertrag für das Baugewerbe 56

D

Dienstvertrag 52
– betriebliche Organisation 52
– Erfüllungsgehilfen 52
– Weisungsrecht des Dienstgebers 52
Direktionsrecht 170, 188
Drittstaatsangehörige 95
Drohung 126

E

Eingliederung
– Überstunden 46
– Wochenendarbeit 46
Entleiher 23, 181
– Annahmeverzug 182
– Arbeitgeberstellung 182, 187
– Arbeitsschutz- und Sicherheitsrecht 216
– Direktionsrecht 170, 188
– Fürsorgepflicht 192
– Haftung 195
– Leistungsstörungen 183
– Mitverschulden 185
– Pflichten 181
– Sozialversicherungsbeiträge 208
– Vergütung 182
– Zahlungsverzug 186
Equal Pay 153
Equal Treatment 153
Erlaubnis 72
– Anspruchsberechtigte 96
– Antrag auf Erteilung 104
– Antragsteller 96
– ausländischer Betrieb 103
– Befreiung 72
– befristete 116
– Befristung 120

Stichwortverzeichnis

- Checkliste zur Antragstellung **106**
- Erlaubnisverfahren **104**
- Erläuterungen zum Antragsvordruck **113**
- Erlöschen **124**
- Ermessensentscheidung **115**
- Erteilung **96, 98**
- Geschäftsführerwechsel **100**
- Inhalt **115**
- inländische Unternehmen **97**
- Kosten **104**
- Mitgliedstaaten der Europäischen Union **97**
- Prognoseentscheidung **99**
- rechtswidrige **125**
- Rücknahme **125**
- unbefristete **116, 123**
- Verlängerung **120**
- Versagung **98**
- Widerruf **126**
- Widerrufsvorbehalt **119**
- Zuständigkeit **72**

Erlaubnisfreie Arbeitnehmer
- Anzeige **80**
- Arbeitnehmerüberlassungsvertrag **85**
- Baugewerbe **89**
- Betriebsrat **88**
- Dauer **78**
- Kurzarbeit **80**
- Vertragsinhalt **85**
- Voraussetzungen **78**

Erlaubnispflicht **72**
- Mischbetriebe **90**
- Nebenzweck **90**

Erlaubnispflichtig **89**

Erlaubnispflichtige Arbeitnehmerüberlassung
- Konzern **30**
- Personalpool **30**

Erlaubnisverfahren **104**
- Gebühren und Auslagen **104**
- Untersuchungsgrundsatz **105**

Erlöschen der Erlaubnis **124**

Europäische Union (EU) **93**
- Mitgliedstaat **93, 210**

Europäischer Wirtschaftsraum (EWR) **93**

F

Fachkräfte für Arbeitssicherheit **214**

Fiktion des Arbeitsverhältnisses **136**

Fiktions-Arbeitsverhältnis **138**
- Arbeitsbedingungen **138**
- Beendigung **139**
- Dauer **139**
- Entgeltzahlung **142**
- Entleiher **139, 141**
- Haftung **141**
- Inhalt **138**
- Leistungen **138**
- Rückabwicklung **142**
- Schadensersatzanspruch **141**
- Überlassungsdauer **140**
- Verleiher **141**

Folgearbeitsverhältnis **154**
- Weitervermittlung **155**

Freie Mitarbeiter **25**

Freizügigkeitsgesetz/EU **95**

Fristberechnung **121**

Fürsorgepflicht **172**

G

Gemeinnützigkeit **92**

Gemeinschaftseinrichtung **162, 191**

Gemeinschaftsunternehmen **77**

Stichwortverzeichnis

Gesamthafenbetriebe 73

Geschäftsbesorgungsvertrag 53

Geschäftsgeheimnisse 174

Gesundheitsschutz 215

Gewerbsmäßig 90
- gewerbsmäßige Betätigung 90
- Wiederholungsabsicht 91

Gewerbsmäßige Arbeitnehmerüberlassung
- Erlaubnispflicht 71

Gewinnerzielung 90

Gewinnerzielungsabsicht 91

Gleichstellungsgrundsatz 102, 153, 154, 166
- Arbeitsbedingungen 153, 167
- Arbeitsentgelt 153
- Auskunftspflichten 170
- ausländische Tarifverträge 169
- Ausnahmen 102, 167
- Tarifvertrag 167, 168
- vergleichbare Arbeitnehmer 166
- wesentliche Arbeitsbedingungen 153
- Zeitpunkt der Überlassung 167

GmbH-Geschäftsführer 25

Grundsatz der Verhältnismäßigkeit 116

Güterkraftverkehrsgesetz 73

H

Haftung 141
- Leistungsstörungen 183

HAG 25

I

Illegale Arbeitnehmerüberlassung 135

Innerbetrieblicher Schadensausgleich 193

Insolvenz 129
- Masseverbindlichkeit 186
- Vergütung 186

J

Juristische Person
- Hauptniederlassung 97
- Hauptverwaltung 97
- satzungsmäßig 97

K

Kettenverleihe 36

Kirchensteuer 205

Kleinunternehmen 78

Kollegenhilfe 78

Konzern 75
- Baugewerbe 76
- Beherrschungsvertrag 75
- Gleichordnungskonzern 75
- Unterordnungskonzern 75
- vorübergehender Arbeitseinsatz 37

Krankenversicherung 208

Kündigung 177
- betriebsbedingte 178
- mangelhafte Arbeitsleistung 177
- soziale Auswahl 178
- verhaltensbedingte 177

Kündigungsfrist 155

Kurzarbeit 78

Stichwortverzeichnis

L

Leiharbeitnehmer **23, 173, 189**
- Arbeitnehmererfindungen **190**
- Arbeitsanweisungen **189**
- Arbeitsaufgaben **189**
- Arbeitsleistung **188**
- Arbeitsumfang **189**
- Arbeitsverhinderung **174**
- Auskunftsanspruch **190**
- ausländische **95**
- Eingliederung **190**
- Ersatz von Aufwendungen **171**
- Gleichstellungsgrundsatz **189**
- Haftung **193**
- Haftungserleichterung **194**
- höhere Dienste **24**
- Leistungsmängel **185**
- Lohnsteuer **206**
- Mitverschulden **185**
- persönliche Abhängigkeit **24**
- persönliche Schutzausrüstung **217**
- Pflichtverletzung **174**
- Qualifikationsmängel **185**
- Rechte und Pflichten **189**
- Schadensverursachung **185**
- Schlechtleistung **184**
- Sozialversicherungsbeiträge **208**
- Verbesserungsvorschläge **191**
- Verpflichtung zur Verschwiegenheit **174**
- Wahlrecht **196**
- Weisungsgebundenheit **24**
- wesentliche Arbeitsbedingungen **189**
- Zurückbehaltungsrecht **175**

Leiharbeitsverhältnis **163**
- Personalpool **32**
- zeitlich befristet **163**

Leiharbeitsvertrag **146, 156**

- Beendigung **177**
- Gleichstellungsgrundsatz **166**
- Überlassungszeiträume **146**
- Unwirksamkeit **136**
- Verleiher **166**
- verleihfreie Zeiten **146**
- Vertragsinhalte **145**
- wesentliche Vertragsbedingungen **144**

Leistungen für Zeiten des Nichtverleihs **145**

Leistungsstörung **183**
- nachholbare Leistungen **184**
- Nichtleistung **183**
- Rechte des Verleihers **187**
- Schaden **183**
- Schlechtleistung **183**
- verschuldet **184**

Lohnsteuer **205**

M

Meldepflichten **85**

Merkblätter **56**

Mietvertrag **55**

Minderjährige **114**

Mischbetriebe **90**

Mitbestimmungsrecht **197**
- Betriebsfrieden **202**
- Einsatz von Fremdpersonal **204**
- Einstellung **198**
- Einstellung des Leiharbeitnehmers **202**
- personelle Angelegenheiten **198**
- soziale Angelegenheiten **203**
- Übernahme des Leiharbeitnehmers **199**
- Unterrichtung **199**
- Zustimmungsverweigerung **200**

Stichwortverzeichnis

N

Nachweisgesetz (NachwG) **145**
Nebenbestimmungen **116, 117**
– Auflagen **117**
– Bedingung **117, 118**
– Befristung **117**
– Widerrufsvorbehalt **119**
Niederlassungserlaubnis **95**

O

Öffentlicher Dienst **217**
– Personalgestellung **221**
Outsourcing **40**

P

Personalakte **178**
– Checkliste **179**
Personalführungsgesellschaft **28**
Personalgestellung **54, 221**
Personalpool **27**
– Arbeitnehmerüberlassung **29**
– Arbeitnehmervermittlung **31**
– Befristung **32**
– Konzern **30**
– Synchronisation **32**
– vermittelnder **28**
Personal-Service-Agenturen **34**
Personalvertretung
– Mitbestimmungsrecht **221**
– Personalrat **220**
Personalvertretungsrecht **217**
Personenbeförderungsgesetz **72**
Personenschäden **194**
Pflegeversicherung **208**
Pflichtverletzung **174, 175**
– Leiharbeitnehmer **174**
– Verleiher **175**
Probezeit **165**

Q

Qualifizierungsvereinbarung **152**

R

Rechtsformzwang **38**
Rechtsmittel **133**
– Anfechtungsklage **132**
– Aussetzung des Vollzugs **133**
– Untätigkeitsklage **133**
– Verpflichtungsklage **132**
– Vorläufiger Rechtsschutz **133**
– Widerspruch **131**
Rentenversicherung **208**
Rücknahme **125**
– Grund **125**
– rechtswidrige Erlaubnis **125**
– Vermögensnachteile **125**
Rückzahlungsverpflichtung **152**

S

Sachschäden **193**
Schadensersatzpflicht **141**
Schadensverursachung **185**
Scheinselbstständigkeit **25**
Schlechtleistung **184**
– Kündigung **186**
– zurückweisen **186**
Service- und Nebenleistungen **54**
Sicherheitstechnische Unterweisungen **214**
Solidaritätszuschlag **205**
Sozialgerichtliche Verfahren **131**
Sozialgerichtsgesetz **131**
Sozialkassentarifverträge **89, 94**

Stichwortverzeichnis

Sozialversicherung
- Ausstrahlung 211
- grenzüberschreitende Arbeitnehmerüberlassung 209
- illegale Arbeitnehmerüberlassung 212
- zwischenstaatliche Abkommen 211

Sozialversicherungspflicht 208

Spaltung 130

Steuerrechtlicher Arbeitgeber 206
- Haftung 206

Synchronisationsverbot 165

T

Tarifvertrag 154
- allgemeinverbindlich 89

Täuschung 126

Tochterunternehmen 79

Tod des Erlaubnisinhabers 129

U

Übertragung 130

Umwandlung
- Abspaltung 130
- Aufspaltung 130
- Ausgliederung 130
- Verschmelzung 130

Umwandlung einer Gesellschaft 130

Unbefristete Erlaubnis 123

Untätigkeitsklage 133

Unternehmensübergang 129

V

Verbesserungsvorschläge 191

Verlängerung 120
- Verlängerungsantrag 120

Verlängerungsantrag 121
- Frist 122

Verleiher 166, 180
- Anzeige und Auskunftspflichten 130
- Arbeitsschutzrecht 213
- ausländische 94
- Direktionsrecht 170
- Fürsorgepflicht 68, 172
- Haftung 194
- Leistungsstörungen 183
- Mitteilungs- und Meldepflichten 181
- Nichtleistung 183
- ordnungsgemäße Auswahl 181
- Pflichten 180
- Sozialversicherungsbeiträge 208
- Zwischenverleiher 37

Verleihertätigkeit 123
- Beanstandungen 123
- Unterbrechungen 123

Verleihfreie Zeiten 146

Vermittlungsgebühr 71

Vermittlungsvermutung 143
- Voraussetzungen 143

Vermögensnachteile 125

Verpflichtungsklage 132

Versagung
- der Erlaubnis 98
- juristische Person 99
- mangelhafte Betriebsorganisation 101
- Prognose 99
- Zuverlässigkeit 98

Versetzung **88**
Vertragsfreiheit **38**
Vertragsverletzungen **183**
Verwaltungsakt **117, 131**
– Rechtsmittel **131**
Verwaltungskostengesetz **104**
Vorläufiger Rechtsschutz **133**
– eilbedürftig **134**

W

Wahlrecht **196**
Weisungsrecht
– Weisungs- und Aufsichtsbefugnisse **45**
– Werkvertragsrecht **45**
– Werkvertragsunternehmer **45**
Werkarbeitsgemeinschaft **56**
Werkvertrag **39**
– Abgrenzung **40**
– Anweisungsrecht **45**
– Betriebsmittel **43**
– Dispositionsfreiheit **40**
– Einsatz eigener Arbeitsmittel **43**
– Erfüllungsgehilfen **40**
– Gegenstand **40**
– Gewährleistungspflicht **47**
– Gewährleistungsrechte **48**
– Inhalt **40, 42**
– Konventionalstrafenvereinbarung **48**
– Outsourcing **40**
– Sachfortschrittskontrolle **46**
– unternehmerische Dispositionsfreiheit **43**
– Vergütung **49**
– Vergütungsgefahr **47**

– Vertragsgegenstand **42**
– Weisungs- und Aufsichtsbefugnisse **45**
– Weisungsrecht **46**
– Werkergebnis **40**
– Werkvertragsunternehmer **45**
Werkvertragsunternehmer **40**
Widerruf **126**
– Frist **127**
– geänderte Rechtslage **127**
– Vermögensnachteile **127**
Widerrufsvorbehalt **119**
Widerspruch **131**
– Behörde **131**
– Frist **131**
Widerspruchsbescheid **132**
Wirtschaftszweig **74**

Z

Zahlungsverzug **186**
Zeitarbeit **33**
Zeitarbeitsunternehmen **90**
Zeitkonto **146**
Zurückbehaltungsrecht **175, 187**
– Verleiher **187**
Zuständigkeitsbereich **200**
Zustimmungsverweigerung **200**
– Auswahlrichtlinie **202**
– Betriebsfrieden **202**
– Einstellung des Leiharbeitnehmers **202**
– Gesetzesverstoß **200**
– Gleichstellungsgrundsatz **201**
– Nachteile **202**
Zuverlässigkeit **100**
Zuwanderungsgesetz **95**

Personalgestellung: §4 III TVöD